国家出版基金项目
NATIONAL PUBLICATION FOUNDATION
“十三五”国家重点图书出版规划项目

台湾通史

陈支平 主编

[第三卷]

清代（上）

王尊旺 李颖 庄林丽 著

海峡出版发行集团
福建人民出版社

本书由闽南师范大学策划并组织撰写

出版说明

这部六卷本《台湾通史》，是由海峡两岸学者通力合作、共同完成的全景式展示台湾从远古到现代的通史性著作。

全书梳理、展现了我国台湾地区政治、经济、社会、文化等各个方面的历史进程，上起距今约5万～3万年前的台湾史前文化时期，下至21世纪初期的当代台湾，分为六卷：第一卷，上古至明代；第二卷，明郑时期；第三卷，清代（上）；第四卷，清代（下）；第五卷，日本殖民统治时期；第六卷，现代。

由于书稿涉及方方面面的史料，时间跨度大，内容复杂，因此在使用和处理过程中可能会存在一些不妥之处，希望读者提出宝贵意见，以便今后再版时修订。

目　　录

第一章

清政府关于台湾弃留的争论与渡台政策的变化

第一节　清政府关于台湾弃留问题的争论与决策

一、台湾弃留问题的提出

康熙二十二年（1683 年）六月，施琅率军进攻澎湖，八月亲赴台湾接受投降，盘踞台湾二十余年的明郑政权宣告覆亡。至次年四月，清政府始在台湾设立一府三县，正式将台湾纳入行政管理范畴。其间近一年的时间里，清廷内部就台湾的弃留问题展开激烈的争论。

澎湖大战甫一结束，施琅即开始筹划进攻台湾与战后相关事宜。在施琅看来，澎湖为台湾咽喉，澎湖攻克，占领台湾指日可待，“但二穴克扫之后，或去或留，臣不敢自专。合请皇上睿夺，或遴差内大臣一员来闽，与督臣商酌主裁，或谕令督抚二臣会议定夺，俾臣得以遵行”①。这是施琅第一次论及台湾的弃留问题。

康熙二十二年（1683年）闰六月初八，郑克塽、刘国轩差礼官郑平英，宾客司林惟荣、曾蜚、朱绍熙等带降表一道至澎湖，请求投降，并希望继续居住台湾，承祀祖先，照管物业。施琅认为这种做法非常不妥，显系诡谲缓兵之计，难以遽信。他指出，郑克塽等人如果真心投诚，必须刘国轩、冯锡范亲自来军前面降，将人民土地悉入大清版图，官兵必须遵制削发，移往大陆，听遵朝廷安辑。七月十五日，郑克塽复差冯锡珪、陈梦炜，刘国轩遣胞弟刘国昌，冯锡范遣胞弟冯锡韩，同曾蜚、朱绍熙赍送降本至澎湖，表示撤回澎湖一带的防守力量，完全按照施琅要求投降，并请求施琅给发安民告示，使台湾早日归附大清。十六日，施琅遣侍卫吴启爵、六品笔帖式常在，同冯锡珪、陈梦炜、曾蜚、朱绍熙，带安插告示五张，先往台湾晓谕，令官兵百姓人等削发，催促郑克塽缴纳印信、缮写降本。同时，施琅也在积极筹备亲自奔赴台湾，“臣俟各船修葺齐备，一面统率船兵，亲抵台湾，看其形势，暂行安辑”。此时，决策台湾弃留显得迫在眉睫了。七月二十四日，施琅疏称：“第查台湾土地千余里，户口数十万，地在琼海之表，或去或留，伪官兵户口繁多，当作何安辑？事关重大，所当亟请皇上迅赐睿裁，敕差才能户、兵二部，迅速前来，会同督、抚主裁料理，安置得宜，毕此大事。”② 至此，施琅对于台湾弃留问题仍然没有明确表态，只是希望康熙帝尽早决策，以便其相机处置。

七月二十七日，郑克塽复差冯锡珪等赍具降本一道并上缴延

---

① 施琅：《靖海纪事》卷上《飞报大捷疏》，“台湾文献丛刊”第13种，台湾银行经济研究室，1958。

② 施琅：《靖海纪事》卷下《台湾就抚疏》，“台湾文献丛刊”第13种，台湾银行经济研究室，1958。

平王册一副、印一颗、辅政公郑聪印一颗、武平侯刘国轩印一颗、忠诚伯冯锡范印一颗、左武卫将军何祐印一颗前来澎湖。施琅奏陈台湾弃留事宜："其台湾地方形势，兵民削发安辑事宜，应去应留，头绪多端，不便繁入疏章。吴启爵、常在亲履其地，俱悉其情，兹专差二员赴阙披陈面奏。"[①] 八月十三日，施琅率福建水师抵达台湾，正式接受郑克塽投降。十九日，他再次陈请康熙皇帝尽快就台湾弃留问题做出决策，"又阅土地肥饶，出产五谷，沃野千里，人民土番杂处，甚为稠密；应去应留，臣经具疏题请，未奉敕旨，仰冀迅赐睿夺，俾得钦遵奉行"[②]。从六月二十六日第一次谈及台湾弃留至此，施琅已经前后四次论及此事，可见他在这一问题上的执着。

在这里，施琅尚未就台湾的弃留做出明确表态，其自称"臣不敢自专"。从当时施琅的身份来看，尽管他是攻占台湾、清剿郑氏的主要决策者和执行者，但涉及土地弃留的问题绝非一水师提督所能定夺。从攻占澎湖之后他颁发给该地民众的示谕看，无疑他将澎湖视为清政府的管辖区域，"照得澎湖各岛，地属荒区，民实穷苦，兼之逆贼蹂躏多年，今幸大师荡平，此日王土、王民，悉隶版图，宜加轸恤，以培生机"[③]。进驻台湾后，他于八月二十日再次颁布安民告示，同样强调了台湾的归属问题，"念土地既入版图，则人民皆属赤子，保义抚绥，倍常加意。……台湾

---

① 施琅：《靖海纪事》卷下《赍缴印册疏》，"台湾文献丛刊"第13种，台湾银行经济研究室，1958。

② 施琅：《靖海纪事》卷下《舟师抵台湾疏》，"台湾文献丛刊"第13种，台湾银行经济研究室，1958。另，根据《辞海》解释，"番族"是明清时期对台湾今少数民族的称谓。本书行文及引用到的大量文献资料也常以"番"字指代台湾少数民族各部，如"生番"、"熟番"、"番贡生"、"番银"等词常有出现。为保持行文流畅，我们对这些用词予以保留。

③ 施琅：《靖海纪事》卷上《晓谕澎湖安民示》，"台湾文献丛刊"第13种，台湾银行经济研究室，1958。

去留，业经题请候旨。或台湾议留，本提督轸念海外荒区，非比内地乐土，年纳正供，当为从轻酌定具题。其官兵人民去住，听从其便。各宜乐业，无事惊心”①。可见，施琅认为，澎湖和台湾悉入大清版图，人民皆为大清赤子，应当令其安居乐业。而且，其言“或台湾议留”，这也暗示其内心还是希望清廷保留台湾而不是占而复弃。

对于施琅的前几次上疏，康熙帝并没有立即做出正面答复，其主要原因可能还在于康熙本人对是否能顺利攻克台湾心存疑虑。六月施琅报告澎湖大捷称“澎湖既克，台湾指日可下”，康熙帝在表示褒扬的同时，也表达了对于海战的担忧：“自用兵以来，凡陆地关山阻隘，相度形势以为进止，朕往往能悬揣而决。海上风涛不测，涉险可虞，是以朕不强之使进，数降明旨，言其难克。”② 不过，对于施琅决意进取台湾的主张，康熙还是给予大力支持。七月，应施琅请求，朝廷派遣工部右侍郎苏拜前往福建料理东征台湾钱粮事宜。苏拜赴闽伊始，施琅尚在澎湖，他关心的头等大事便是台湾能否顺利平复，明郑政权如果投降，必须令其登岸等候安置，不能继续居住在台湾等问题，此时自然无心顾及弃留问题。

二、台湾弃留问题的争论与决策

但是，随着台海形势的日渐明朗，明郑政权接受剃发内渡，归顺大清，康熙帝开始考虑台湾的弃留问题。八月十三日，福建总督姚启圣接到兵部密咨，康熙指令姚氏，若郑氏诚意投降，必须让他们剃发登岸，同时让他就如何安插投降人员和台湾弃守问

---

① 施琅：《靖海纪事》卷下《谕台湾安民生示》，“台湾文献丛刊”第13种，台湾银行经济研究室，1958。

② 中国第一历史档案馆：《康熙起居注》（第2册），中华书局，1984，第1027页。

题进行通盘考虑。十五日清廷就施琅屡次条陈台湾弃留做出正式答复："台湾应弃应守，俟郑克塽等率众登岸，令侍郎苏拜与该督抚、提督会同酌议具奏。"①

八月十七日，姚启圣连上八本，条陈攻克台湾相关事宜。其中第七本奏称，应当将台湾纳入清政府的管辖范围，以免使其再次成为贼穴之地。② 这是我们目前所见第一篇明确主张保留台湾的文献。综观姚氏的论调，确保台湾不再给中央政府带来割据之患是其根本出发点。姚启圣认为，在郑氏占据台湾后，由于未对台湾实行有效控制，弃金厦而不守，置台湾而不问，导致郑氏乘耿精忠叛乱之际鼓棹相应，占领福建、广东等部分地区，几成燎原不可制之势。如今清政府耗费大量人力、物力、财力先平金厦、后得台湾，若得而复弃，恐台湾将再次成为地方势力割据之地，给国家带来隐患。很显然，尽管姚启圣主张保留台湾，但他立论的依据是片面的，甚至是相当荒谬的。姚氏只看到了明郑政权给清政府带来的内忧，完全没有认识到台湾真正的问题在于外患。他将台湾与广东琼州岛、江南崇明岛相提并论，认为系极平常之事，不过为消弭后患之计。

姚启圣此时以个人名义上奏此疏很是突兀。此前，姚氏本人从未论及台湾的弃留问题，也从未对弃留问题进行有倾向性的表态。八月兵部给他的咨报，令其赴金厦或赴澎湖与提督施琅商酌而行，而他在该奏疏中也说，"容臣亲赴台湾、澎湖，与提臣施会商调度，另疏题报"。至该年十一月去世为止，姚启圣仍未能与熟悉台湾形势的施琅就台湾弃留问题进行磋商。其实，此时姚施积怨已深，已经很难就此问题进行沟通。二人先是在进攻台湾

---

① 张本政：《〈清实录〉台湾史资料专辑》，福建人民出版社，1993，第59页。

② 厦门大学台湾研究所、中国第一历史档案馆编辑部：《康熙统一台湾档案史料选辑》，福建人民出版社，1983，第300—301页。

的时机上抵牾，争执不下，施琅由此不断上奏要求获得专征之权。此后在大局已定之时，姚启圣的争功举动，更引起施琅极大的不满。七月，施琅差侍卫吴启爵、笔帖式常在，前往台湾看验投降官兵削发，查考是否真心降服。二人于十九日抵达台湾。与此同时，姚启圣在没有知会施琅的情况下，亦差候选同知林升、抚臣差官头郑瑞生、游击孙熙，于二十日到台湾。施琅认为此“军国之事，故作两途歧视，毋乃有轻国体而贻笑于逆众者乎！”①更有甚者，在施琅先前给姚启圣的奏报中，因明郑官员郑平英、林惟荣到处张盖乘轿，自尊无忌，施氏遂有“摇尾乞怜、袒肉求降”等语，而姚氏所差之员，将此公移悉数抄送台湾与郑氏看阅。在这种情况下，欲令二人协同商讨台湾弃留无异痴人说梦。

姚启圣主张留台的言论并未在朝野上下引起共鸣，他所上八本中过多地凸显自己的功绩，引起康熙帝的极大不满。九月初九，康熙称：“今台湾降附，海贼荡平，该省近海地方应行事件自当酌量陆续施行。姚启圣预行借端陈请，明系沽名市恩，殊为不合！这各本皆不准行。”② 这等于否决了姚启圣保留台湾的建议。

姚启圣的建议被束之高阁，施琅此时仍然在台湾岛处理善后事宜，台湾弃留问题暂时搁置。消灭明郑政权后，清政府开始改变原来的迁界政策，在东南沿海一带拓展边界，以便于沿海居民耕种采捕。十一月十一日，吏部侍郎杜臻、内阁学士石柱奉命往广东、福建勘察边界。二人出行之前，康熙帝特地交代他们福建沿海事宜要多与施琅沟通，“可传谕该督抚，务令安插得所，一切事宜可与将军施琅会商”，“施琅于沿海岛屿情形无不悉知，今

① 施琅：《靖海纪事》卷下《赍缴印册疏》，“台湾文献丛刊”第 13 种，台湾银行经济研究室，1958。

② 中国第一历史档案馆：《康熙起居注》（第 2 册），中华书局，1984，第 1067 页。

在台湾，可移文会商”。① 可见，康熙帝对施琅的意见还是比较看重的。十一月二十七日，施琅从台湾回到厦门。十二月初一，他即奔赴福州，面见工部侍郎苏拜和福建督抚，商议台湾弃留。遗憾的是，现有史料没有留下他们商讨该问题的任何记载，我们无从得知双方在这个问题上的争论。但有一个细节必须注意到：十二月二十二日，施琅是以个人名义上疏阐述保留台湾思想的。尽管施氏本人在统一台湾的过程中发挥了决定性作用，但从其行政序列的官阶而言，他仅仅为福建水师提督，其上不但有福建巡抚、闽浙总督，还有以钦差身份督办钱粮的工部侍郎。这说明，在十二月初商讨台湾弃留问题时，施琅与他们很可能没有达成一致意见，否则按照常理，施琅当不会独自上疏力陈保留台湾。

施琅所上《恭陈台湾弃留疏》，是一篇十分重要的历史文献，兹摘录如下：

> 窃照台湾地方，北连吴会，南接粤峤，延袤数千里，山川峻峭，港道迂回，乃江、浙、闽、粤四省之左护；隔离澎湖一大洋，水道三更余遥。查明季设水澎标于金门所，出汛至澎湖而止，水道亦有七更余遥。台湾一地，原属化外，土番杂处，未入版图也。然其时中国之民潜至、生聚于其间者，已不下万人。郑芝龙为海寇时，以为巢穴。及崇祯元年，郑芝龙就抚，将此地税与红毛为互市之所。红毛遂联络土番，招纳内地人民，成一海外之国，渐作边患。至顺治十八年，为海逆郑成功所攻破，盘踞其地，纠集亡命，挟诱土番，荼毒海疆，窥伺南北，侵犯江、浙。传及其孙克塽，六十余年，无时不仰廑宸衷。

---

① 中国第一历史档案馆：《康熙起居注》（第2册），中华书局，1984，第1101页。

臣奉旨征讨，亲历其地，备见野沃土膏，物产利薄，耕桑并耦，鱼盐滋生，满山皆属茂树，遍处俱植修竹。硫磺、水藤、糖蔗、鹿皮，以及一切日用之需，无所不有。向之所少者布帛耳，兹则木棉盛出，经织不乏。且舟帆四达，丝缕踵至，饬禁虽严，终难杜绝。实肥饶之区，险阻之域。逆孽乃一旦凛天威，怀圣德，纳土归命；此诚天以未辟之方舆，资皇上东南之保障，永绝边海之祸患，岂人力所能致？

夫地方既入版图，土番、人民，均属赤子。善后之计，尤宜周详。此地若弃为荒陬，复置度外，则今台湾人居稠密，户口繁息，农工商贾，各遂其生，一行徙弃，安土重迁，失业流离，殊费经营，实非长策。况以有限之船，渡无限之民，非阅数年难以报竣。使渡载不尽，苟且塞责，则该地之深山穷谷，窜伏潜匿者，实繁有徒，和同土番，从而啸聚，假以内地之逃军闪民，急则走险，纠党为祟，造船制器，剽掠滨海；此所谓借寇兵而赍盗粮，固昭然较著者。甚至此地原为红毛住处，无时不在涎贪，亦必乘隙以图。一为红毛所有，则彼性狡黠，所到之处，善能鼓惑人心。重以夹板船只，精壮坚大，从来乃海外所不敌。未有土地可以托足，尚无伎俩；若以此既得数千里之膏腴复付依泊，必合党伙窃窥边场，迫近门庭。此乃种祸后来，沿海诸省，断难晏然无虑。至时复勤师远征，两涉大洋，波涛不测，恐未易再建成效。如仅守澎湖，而弃台湾，则澎湖孤悬汪洋之中，土地单薄，界于台湾，远隔金厦，岂不受制于彼而能一朝居哉？是守台湾则所以固澎湖。台湾、澎湖，一守兼之。沿边水师，汛防严密，各相犄角，声气关通，应援易及，可以宁息。况昔日郑逆所以得负抗逋诛者，以台湾为老巢，以澎湖为门户，四通八达，游移肆虐，任其所之。我之舟师，往来有阻。今地方既为我得，在在官兵，星罗棋布，风期顺利，片帆可至，虽有奸萌，不敢复发。臣业与部臣苏拜、抚臣金鋐等会议之中。部臣、抚臣未履其地，去留未敢进决；臣阅历周详，不敢遽议轻弃者也。

伏思皇上建极以来，仁风遐扬，宜声远播，四海宾贡，万国咸宁；日月所照，霜露所坠，凡有血气，莫不臣服。以斯方拓之土，奚难设守，以为东南数省之藩篱？且海氛既靖，内地溢设之官兵，尽可陆续汰减，以之分防台湾、澎湖两处。台湾设总兵一员、水师副将一员、陆师参将二员，兵八千名；澎湖设水师副将一员，兵二千名。通共计兵一万名，足以固守。又无添兵增饷之费。其防守总兵、副、参、游等官，定以三年或二年转升内地，无致久任，永为成例。在我皇上优爵重禄，推心置腹，大小将弁，谁不勉励竭忠？然当此地方初辟，该地正赋、杂饷，殊宜蠲豁。见在一万之兵食，权行全给。三年后开征，可以佐需。抑亦寓兵于农，亦能济用，可以减省，无庸尽资内地之转输也。

盖筹天下之形势，必求万全。台湾一地，虽属多岛，实关四省之要害。勿谓彼中耕种，犹能少资兵食，固当议留；即为不毛荒壤，必借内地挽运，亦断断乎其不可弃。惟去留之际，利害攸系，恐有知而不言。如我朝兵力，比于前代，何等强盛，当时封疆大臣，无经国远猷，矢志图贼，狃于目前苟安为计，划迁五省边地以避寇患，致贼势愈炽而民生颠沛。往事不臧，祸延及今，重遗朝廷宵旰之忧。臣仰荷洪恩，天高地厚，行年六十有余，衰老浮生，频虑报称末由。熟审该地形势，而不敢不言。盖臣今日知而不言，至于后来，万或滋蔓难图，窃恐皇上责臣以缄默之罪，又焉所自逭？故当此地方削平，定计去留，莫敢担承，臣思弃之必酿成大祸，留之诚永固边圉。会议之际，臣虽谆谆极道，难尽其词。在部臣、抚臣等耳目未经，又不能尽悉其概，是以臣于会议具疏之外，不避冒渎，以其利害自行详细披陈。①

这里施琅全面阐述了他对台湾的认知。

首先，台湾地理位置非常重要。它连接东海和南海，与大陆仅一海峡相隔，处于中国沿海海岸线的关键节点，延袤数千里，山川峻峭，港道迂回，是苏浙闽粤四省之天然屏障，其重要的战略地位直接关乎中国的安全。若对台湾弃而不守，无论是对内还是对外都将造成极大的隐患。就对内而言，郑芝龙于沿海称雄时，以之为巢穴，据台澎而控制海道。郑成功驱逐荷兰人后，盘踞其地，窥伺南北，侵犯江浙沿海一带，清政府不胜其扰。若弃其地、迁其民，将使台地民众失业流离，引起他们的强烈反弹。部分民众势必潜匿深山，啸聚穷谷，加之大陆逃亡之人，彼此急则走险，纠党为祟，造船制器，剽掠滨海，为害不浅。如若处置不当，郑氏割据的历史必将重演，至时再劳师远征，更费周折。就对外而言，由于先前未将台湾纳入治理范围，荷兰人侵占台湾后，百般笼络岛上少数民族，招纳大陆人民，渐为边患。即便在郑成功将他们驱逐后，荷兰无时不怀贪婪之心，妄想乘隙以图。如果放弃台湾，此地必将为其占据。荷兰人船坚炮利，向来为海外劲敌，如果他们仅仅在海上游弋，还不足以造成大患，若占领台湾，必将以此地为依托，窃窥边场，迫近门庭。如此一来必将后患无穷，沿海诸省，必定难以安然处之。可见，与同样主张保留台湾的姚启圣相比，施琅对台湾地位的认识显然更为深刻。

其次，台湾物产丰富，大量大陆民众迁居台湾，不可弃而不顾。尽管明清政府此前并没有在台湾本岛设立行政机构，但闽粤沿海居民早已纷纷东渡台湾开荒垦种，明末已不下万人。至施琅

---

① 施琅：《靖海纪事》卷下《恭陈台湾弃留疏》，“台湾文献丛刊”第13种，台湾银行经济研究室，1958。

攻克台湾之时，台地已经相当繁荣，“备见野沃土膏，物产利薄，耕桑并耦，鱼盐滋生，满山皆属茂树，遍处俱植修竹。硫磺、水藤、糖蔗、鹿皮，以及一切日用之需，无所不有”。台湾与大陆互通有无，商业贸易繁荣，是一片前景广阔的未经充分开发的沃壤。是故施琅感叹：“此诚天以未辟之方舆，资皇上东南之保障，永绝边海之祸患，岂人力所能致？”

再次，针对有论者守澎湖弃台湾的论调，施琅指出台澎实为一体，如守澎湖弃台湾，则澎湖孤悬汪洋之中，土地单薄，界于台湾，远隔金厦，将使澎湖受制于他人，而守台湾则可以固澎湖。台湾、澎湖，一守则皆守。沿边水师，可以互为依靠，信息沟通便利，互相援助也十分方便。当年明郑政权之所以能够固守台湾负隅顽抗，即以台湾为老巢，以澎湖为门户，两地水路四通八达，任其所之。海氛既靖，大陆增设之官军可以适当缩减，令其防守台湾、澎湖。当地财政收入完全可以应付日常开支，不会额外增加国家的财政负担。

施琅最后指出，台湾实关四省之要害，不要说其地沃野千里，即便是荒无人烟之处，也万万不可弃。正是由于先前的消极治理，才导致划迁五省边地以避寇患，贼势愈炽而民生颠沛。他的结论是“弃之必酿成大祸，留之诚永固边圉”。综观施琅此疏，实系有感而发。从康熙二十二年（1683年）八月进入台湾，朝廷上下对于弃留问题一直犹豫不决。在各种不同的争论中，主张放弃者居多。其理由不外乎是台湾地盘狭小，土地贫瘠，乃海外丸泥之地，与其耗费国家大量人力物力，不如弃而不守。①

施琅此疏上奏后，引起康熙皇帝极大的关注，他特地征询与姚启圣、施琅非常熟稔的李光地的意见。李光地坦言从福建赴京

---

① 郁永河：《裨海纪游》卷下，“台湾文献丛刊”第44种，台湾银行经济研究室，1959。

师之前曾与施琅等人商讨台湾弃留问题，他本人不同意保留台湾，“台湾隔在大洋之外，声息皆不通，小有事则不相救。使人冒不测之险，为其地之官，亦殊不情”，他直言台湾应当放弃，“空其地，任夷人居之，而纳款通贡。即为贺（荷）兰有，亦听之”①。显然，在李光地看来，保留台湾得不偿失。康熙二十三年（1684年）正月二十一日，康熙就施琅奏请保留台湾一事令群臣再行议论。大学士李霨、王熙奏曰：“据施琅奏内称，台湾有地数千里，人民十万，则其地甚要，弃之必为外国所踞，奸宄之徒窜匿其中亦未可料，臣等以为守之便。”康熙帝令李霨等人会同各有司衙门再行确议具奏。“台湾弃取所关甚大，镇守之官三年一易亦非至当之策。若徙其人民，又恐失所，弃而不守，尤为不可。尔等可会同议政王、贝勒、大臣，九卿、詹事、科道再行确议具奏。”② 议政王大臣等议覆，行令福建督抚提镇详议。③ 四月十四日，差往福建料理钱粮侍郎苏拜会同福建督、抚、提督疏言：台湾地方千余里，应设一府三县，设巡道一员分辖。应设总兵官一员、副将二员、兵八千，分为水陆八营。澎湖应设副将一员、兵三千，分为二营。每营各设游、守、千、把等官。④

至此，台湾弃留争议尘埃落定，清政府在台湾设一府三县，隶属福建省。综观台湾弃留问题的争论可以看出，清廷上下，包括康熙帝本人，对台湾历史地位的认识有一个变化的过程。对这一重大历史事件的评价，我们应本着实事求是的态度客观公正地

---

① 李光地著、陈祖武点校：《榕村语录　榕村续语录》（下），中华书局，1995，第709页。

② 中国第一历史档案馆：《康熙起居注》（第2册），中华书局，1984，第1127页。

③ 张本政：《〈清实录〉台湾史资料专辑》，福建人民出版社，1993，第63页。

④ 张本政：《〈清实录〉台湾史资料专辑》，福建人民出版社，1993，第64页。

看待。将施琅平定台湾说成是康熙帝从国家统一、民族统一的高度出发而采取的自觉行动，显然是不成立的。诚如陈孔立所言："不要因为统一台湾具有重大的意义，就从这个后果去'逆推'动机，把康熙塑造成一个英明皇帝的形象，说他早已看出台湾地位的重要，从统一祖国的美好愿望出发而进取台湾。——试问，如果'从统一祖国的愿望出发'，那还需要讨论台湾的弃留问题吗?"① 这种认识是中肯的。

第二节　清代渡台制度的变迁

一、关于给照问题的起源与变化

清统一台湾后，清政府究竟实施了积极还是消极的治理和渡台政策，学界向来争论不一。近年来的研究已经厘清，清政府的渡台政策，实际上包含了给照制度、禁止私渡制度、携眷制度的变化等问题，且政策的形成与变迁有着十分复杂的过程。②

康熙二十三年（1684年）十月，九卿、科道等官上言：今海

---

① 陈在正等：《清代台湾史研究》，厦门大学出版社，1986，第101—102页。

② 具体可参见李祖基：《论清代政府的治台政策——以施琅与清初大陆移民渡台政策之规定为例》，《台湾研究》2001年第3期；邓孔昭：《清政府禁止沿海人民偷渡台湾和禁止赴台者携眷的政策及其对台湾人口的影响》，载陈孔立主编：《台湾研究十年》，厦门大学出版社，1990；施志汶：《台湾史研究的史料运用问题：以清代渡台禁令为例》，《台湾史迹》第36期。以下所引邓孔昭与施志汶相关论述，凡未标注出处者，均据上文。按：偷渡原指偷偷通过封锁的水域或区域，现多指偷越国境。未经许可渡台，当时使用"偷渡"一词没有歧义，涉及文章名、文件名及引用原文等，予以保留，行文中则统一用"私渡"。

外平定，台湾、澎湖均已设立官兵驻扎，直隶、山东、江南、浙江、福建、广东各省，先前拟定海禁处分之例应尽行停止，允许商艘出洋贸易。若有违禁，将硝黄军器等物私载在船出洋贸易者，仍照律处分。① 同年题准，山东、江南、浙江、广东各海口，商民人等有欲出洋贸易者，呈明地方官，登记姓名，取具保结，给发执照，将船身烙号刊名，令守口官弁查验，准其出入贸易。这两条史料表明，清政府于统一台湾后随即开放了海禁，允许正常的中国近海与远洋贸易。至于出洋之时，须"呈明地方官，登记姓名，取具保结，给发执照"，自然属于正常的管理程序。此时台湾已经归属清政府统辖，"台湾、澎湖均已设立官兵驻扎"，上述政策应当同样适用于台湾。

康熙二十六年（1687 年）任台湾府儒学教授的林谦光记载说："台湾，为海中孤岛，地在东隅，形似弯弓。……复有北线尾、鹿耳门，为台湾之门户；大线头、海翁窟，为台城之外障。舡之往来由鹿耳，今设官盘验。"② 康熙四十一年，台湾知县陈瑸指出，要加强对赴台人员的甄别，防止奸宄之徒潜踪匿影于其中。其甄别之法，应令厦门、金门、铜山把口各官，于商船载客渡海，不得因有货物便轻填报单，须把口官逐名验有本地方官照票或关部照牌，方许渡载。船只到台湾后，台湾把口官悉照原报单内逐名验明，方许登岸，仍着本人带照单、照牌赴台湾所属该县印官验明记簿，以便安插查考。"如此不但本人有所顾忌而不敢轻为非法，并一切逃仆、逃厮与内地无籍奸棍，假客渡海之

① 张本政：《〈清实录〉台湾史资料专辑》，福建人民出版社，1993，第 67 页。

② 林谦光：《台湾纪略·形势》，见《澎湖台湾纪略》，"台湾文献丛刊"第 104 种，台湾银行经济研究室，1961。

计，亦无处躲闪矣。”① 不论是“设官盘验”，还是“把口官逐名验有本地方官照票或关部照牌”，都说明从大陆到台湾的船只或人员均要领取一定的票据，以作为其合法渡台的凭证。结合《大清会典》和《清实录》的记载，我们有理由相信，从康熙二十三年清廷统一台湾开始，便实施了渡台给照制度。

从清初实际情况看，时台湾井里萧条，哀鸿遍野，百废待兴。康熙二十三年（1684 年），首任诸罗知县季麒光即谈到，台湾地方东尽山、西尽海，可耕可牧、可猎可渔。得其人以抚之，招徕安辑，防守得宜，则十年生聚、十年教训，自登殷阜。但是，清政府统一台湾之初，当地地广人稀，皆弃为黄茅白苇之区，大量土地尚未开垦。是故，他在《条陈台湾事宜文》中建议仿照奉天四州招民垦种的办法，广招民众以开发台湾：“台湾自伪郑归诚以后，难民丁去之、闲散丁去之、官属兵卒又去之，卑县设法招徕，虽时有授尘附籍之人，然重洋间隔，闻多畏阻而不前。况南北草地一望荒芜，得人开垦，可成沃壤。合无请照昔年奉天四州招民之例，酌议名口，就现任候选官员，或纪录、或加级，广劝召募。在贫民有渡海之费，相率而前。到台之日，按丁授地，并将伪遗生熟牛只照田给配，按三年起科之令，分则征收，不特人民汇集，抑且野无旷土，田赋日增，国势军需有攸赖矣。”② 陈瑸也认为：“北路诸罗县属二千三百余里，南路凤山县属六百余里，台邑中路东西五十余里，其间旷土尚多，弃之可惜。漳泉等郡民居仅一水之隔，应广为招徕，以闲旷之地处之，使之耕食凿饮，安居乐业于其中。但须宽偷渡之禁以来之于先，严保甲之编以防之于后，至计典届期则以垦地之多寡、户口之登

① 陈瑸：《陈清端公文选·条陈台湾县事宜》，“台湾文献丛刊”第 116 种，台湾银行经济研究室，1961。

② 《台湾县志》卷十《艺文志·公移·条陈台湾事宜文》，“台湾文献丛刊”第 103 种，台湾银行经济研究室，1961。

耗为吏治殿最。期于民无失业、地无遗利。”① 可见，康熙时期，在多数台湾治理者看来，当地的主要问题是田地荒芜无人耕种，应当尽可能从大陆招徕民众到台湾从事农业生产，对于成效显著者予以奖励。很显然，对于正当赴台者而言，此时不存在限制或者严禁渡台的问题。

学界在讨论给照渡台问题时，往往有意无意间强调给照的重要性，并以此凸显清政府对台湾的重视。其实，给照制度并非清廷于康熙二十三年（1684 年）统一台湾后专门为台而设。所谓给照，即地方官员以国家的名义给发出海民众或者船只照票，民众或船只经官方查验后凭票通行，这种照票既是合法通行的标志，又是政府征收相关税费的凭证。明清时期，它通行于沿海一带，渡台给照只不过是沿袭了先前的制度而已。根据陈忠纯的研究，清前期的领照渡台制度，初期仅以防止“奸民”渡台为目的，家眷渡台可能还未被严厉禁止。康熙五十年前后，由于担心渡台人口增长过快，清廷提出限制“无产业无家室”的单身民人渡台，对于领照开始有更明确的要求。雍正二年（1724 年）前后开始严格禁止私渡，领照内容更加细化。此后直到乾隆五十三年（1788 年）几乎禁止新的民人渡台。②

沿海开禁后，大批闽粤民众纷纷东渡台湾谋生，“台地自开辟以来，往来人民，络绎不绝”③。当初辟之始，人烟稀少，地利有余，故闽、广沿海之民，不论有无产业家室俱冒险而来，以致人民聚集日众。至康熙后期，台湾已经聚集了相当数量的大陆居

① 陈瑸：《陈清端公文选·台厦条陈利弊四事》，“台湾文献丛刊”第 116 种，台湾银行经济研究室，1961。

② 陈忠纯：《清前期平民领照渡台的范围探析——兼议限制渡台政策的转变及其原因》，《厦门大学学报》2011 年第 2 期。

③ 《清经世文编选录·附录一·正谊堂文集选文·申饬台地应行事宜条款檄》，“台湾文献丛刊”第 229 种，台湾银行经济研究室，1966。

民。大量人口涌入台湾，不但导致当地物资匮乏，粮食生产仅能供应当地民众食用，而且更重要的是，由于渡台人员成分复杂，良莠不齐，容易导致社会出现动乱。康熙五十年（1711年）周元文指出："夫以此弹丸之地，所出地利有几，岂能供此往来无尽之人？匮乏之虞，将恐不免。且此辈偷渡者，俱系闽、广游手之民，其性本非驯良，又无家室顾忌；无怪乎刁悍日甚，而鼠窃之事，日见告闻。倘此辈再为饥寒所驱，则地方隐害，又不知将何底极？"在两岸人员往来无法完全禁止的情况下，周元文提出严格执行给照制度，一定程度上限制渡台人员的数量，分入籍、探亲、贸易三种情况分别处理。嗣后凡有大陆人民欲来台郡，必于原籍州县注明相关情况。其入籍者，必开明前赴台湾某县某里或某坊、某社，倚傍亲友某人；其探亲友者，亦必开明所探亲友之住址、姓名；其贸易者，亦必开明住宿之铺户姓名，方准给照。其探亲友与赴台贸易的照票内，还须注明何时返回大陆。除此之外，凡文武衙门非奉公差遣，不许滥给照票。[①] 周氏的建议显然得到了回应，康熙五十一年覆准，大陆往台湾之人，该县给发照单，如有地方官滥给往台湾照单，经该督抚题参一次者，罚俸六月；二次者，罚俸一年；三次者，降一级留任；四次者，降一级调用。如有良民情愿入台籍居住者，令台湾府县查明，出具印文，移付大陆府县，知照该县，申报该道稽查，仍令报明该督抚存案。[②] 康熙五十七年，清廷又议准，凡往来台湾之人，必令地方官给照，方许渡载；单身游民无照者，不许私渡。如有犯者，官兵民人分别严加治罪，船只入官。如有哨船私载者，将该管官

---

① 《重修台湾府志》卷十《艺文志·申禁无照偷渡客民详稿》，"台湾文献丛刊"第66种，台湾银行经济研究室，1960。

② 嘉庆朝《钦定大清会典事例》卷九十七《吏部·处分例·海防》，文海出版社，1991。

一体参奏处分。[①]

无论是周元文的建议还是康熙五十七年（1718 年）清廷的决策，都没有禁止民众赴台的条文。他们只是强调了两点：第一，闽粤民众到台湾必须严格遵循既定的程序，必须获得官方的许可才能成行；第二，官方对前往台湾者的身份要严格核实，必须确保渡台者为良善之辈，以免造成台地流民日众，并进而导致社会动荡。也就是说，至康熙后期，清政府并没有刻意就大陆人民赴台做出限制性规定，对于任意一个居民而言，只要提出正当的理由，并由籍贯所在地开具可以证明其身份的公文，便可以获得前往台湾的照票。

受朱一贵起事的影响，福建地方官员对台湾的游民问题极为敏感。闽浙总督觉罗满保、福建巡抚黄国材结合新任巡台御史禅济布、丁士一等人的意见，于雍正二年（1724 年）提出系统的福建、广东居民赴台给照的办法。[②] 这是目前所知最为详尽的渡台给照章程，且有证据表明清廷确实已经将该办法付诸实施。因此，对于该章程的解读有助于更为明晰地了解清代给照渡台制度的变迁及其内涵。

该章程规定，福建、广东人民入籍台湾住居，偶因事故暂回，仍欲往台湾者，务须遵照先前定拟制度，原籍地方官将该人台地住址、族邻、保甲姓名、田产坐落地段、纳粮册名逐一开明具呈，该县即为移知台属本县查明。如果此人确系在台住居，并有保人甘结，覆到之日，该县据情详明批允给照，仍备文知会厦门、台湾二同知查照，点验出入。如台属查覆与原呈不符，无人保结，不能给照渡台，若该县擅自给照及未经详明批允而擅给

---

① 张本政：《〈清实录〉台湾史资料专辑》，福建人民出版社，1993，第 81—82 页。

② 台湾史料集成编辑委员会：《明清台湾档案汇编》（第 10 册），远流出版社，2006，第 108—110 页。

者，俱以滥给印照参处。其从前并未入籍台湾住居之人而托称寻亲觅友雇佣耕作欲往台者，应严行禁止各地方官不许擅给一照，再敢故违，将滥给印照之官即行严参。如果福建、广东民众已经在台居住立有产业家口，偶因事故欲回大陆者，须呈明台湾居住地请给印照，照内填明本人因何事回某处，定限几月回销字样，至厦门同知处缴验，该同知于照内填明某年月日验照放行字样，上钤印信，给还本人。依限回台之时仍向厦门同知验照，查明无误后，该同知即于照内填写字样钤印，将照截去一角，给发本人领齐过台，赴台同知衙门验明用印，再截去一角，发县查明销照安插。倘照外夹带或匿照不缴及非台属地方原给之照，即行严拿追照，从重治罪。凡福建、广东人民偶因耕种觅食到台，既未入三县之籍，又无产业家口在台，欲回大陆营生者，台湾属县查明给与回籍小单，至厦门同知处缴验即予以查销，不许该人再行影冒小单赴台。

台湾文武生员岁科二试，往来考试者，将学分及进学年份月日呈明本籍之县，该县查明是实，出具印结详明批允方准给照。文武各衙门差役兵丁往来台、厦者，本衙门给与印信照票，开明事由及所差姓名人数、往回限期，台、厦两同知出入查照，一体点验，假冒夹带者严拿治罪。各营战船及各官差船往来台、厦者，令在台、在厦汛口文武与民船一体盘查。如有夹带无照私渡之人，即行严拿通报重究，该管官弁并行参处。

商贾贸易之人至厦门附搭商船携带货本欲到台湾者，厦门同知验明果有货物，必取行家船户保结方许给与商货姓名印单，准其过台。一面知会台同知查点。如假冒商贾及夹带他人过台查出，将本犯并保结之行家船户一并严究治罪，该同知以失察处分。厦门、安海、澎湖、台湾各汛口地方有借开店铺包揽无照客民串通私渡及用小船搬运接引者，令该地文武严拿通报治罪追赃。其过台一切商、渔船只俱取行家保结，不许偷载无照客民，违犯者严拿船户行家一并治罪追赃，船只入官，其船户、舵工有将无照客民顶替水手姓名私渡者，将船户、舵工行家按名追赃一体治罪。

对比先前的赴台给照制度，觉罗满保等制定的章程有明显的不同。

首先，该章程强调不论何种身份，凡是赴台者必须给照方能成行。给照赴台，先前主要是针对闽粤民众而言，其基本理念是官方通过给发照票的形式，对赴台者进行身份甄别，以防止不良之徒流入台湾后为非作歹，肆意妄为。对于那些提出合理理由申请过台者，官方一般不予阻止，且严禁有司乘机谋取私利，勒索百姓。该章程规定，不但往返的福建、广东一般民众和商业贸易者需要查验照票，而且往来海峡两岸的文武生员、各衙门差役兵丁、各营战船及各官差船都要有相关照票方能通行。这表明，无论何人，无论何种身份，凡是往来台海两地都必须按照规定的程序办理才行。此前在清政府制定的政策中，未见对文武生员、各衙门差役兵丁、各营战船及各官差船做出相关限制，此举意味着清廷加强了对赴台者的审核，严禁无照之人渡台。

其次，强调闽粤民众给照赴台的范围必须是先前曾经在台后因各种原因返回大陆之人。觉罗满保一再声称，此前制定的渡台给照办法，其针对的对象是从台湾返回大陆而后希望再次赴台者，因此，在他拟定的章程中，也特别强调该章程的对象是，“福建、广东内地人民入籍台湾住居，偶因事故暂回内地，仍欲往台湾者”，“福建、广东人民已经在台居住立有产业家口，偶因事故欲回内地者”，“福建、广东人民偶因耕种觅食到台，既未入三县之籍，又无产业家口在台，欲回内地营生者”。觉罗满保罗列的这三种情况，其共同点是上述所谓“福建、广东人民”均系曾经到过台湾的民众，对于“从前并未入籍台湾住居之人而托称寻亲觅友雇佣耕作欲往台者，应严行禁止，各地方官不许擅给一照”，这实际上宣判了首次赴台者的非法性。与此前给照赴台相对比，此举意味着清廷大大收紧了赴台人员的范围，严格控制大陆民众赴台。

综观觉罗满保给照渡台章程，其基本点在于收紧给照制度，控制台湾移入性人口增长，其给照政策由先前限制“无赖之徒”涌入台湾，转变为“未曾入台者”禁赴台谋生。这一转变与台湾人口的急速增长密切相关。康熙时期的渡台政策吸引了大批闽粤民众到台湾谋生。至康熙末年，台湾人口规模已经相当庞大。根据陈绍馨的研究，明郑时期台湾汉人数量大约为十二万，① 蓝鼎元在论及朱一贵起事的情况时说，“贼众至三十万”②。康熙五十四年（1715 年），陈瑸也言及“台湾近日比初开时不同了，人民众多，商旅辏集，竟与内地漳、泉等郡一样了。……数十万户口是有的”③。朱一贵事件后，大陆民众仍源源不断来到台湾。从雍正二年（1724 年）正月至三月十一日，台湾府给照过台者计一千零九人；从雍正元年十一月至二年三月，凤山县赴台民众一千八百八十余人，其中编入保甲者十之二三，未收管结领者十之七八。这些来台民众多数并非从前在台居住之人，他们到台湾主要为谋求生路，官方给其颁发的照票内一般均注明“来台耕种”字样。大量涌入的人口引起执政者的不安，台湾知府高铎忧虑地说：“台湾安有如许闲田，以供外省民人盈千累万接踵而来，势必无田可耕，流为游手匪类，实为地方隐忧。”④ 面对这样一个严

---

① 台湾省文献委员会：《台湾省通志》卷二《人民志·人口篇》，台湾省文献委员会，1964，第 117 页。

② 蓝鼎元：《东征集》卷一《与施提军论止杀书》，“台湾文献丛刊”第 12 种，台湾银行经济研究室，1958。

③ 丁宗洛：《陈清端公年谱》卷下，“台湾文献丛刊”第 207 种，台湾银行经济研究室，1964。

④ 台湾史料集成编辑委员会：《明清台湾档案汇编》（第 10 册），远流出版社，2006，第 108 页。

格限制渡台以确保台湾人口保持稳定的章程，雍正皇帝显然非常满意，他称赞该章程“周详之极，只要严饬属员塞力奉行，防海之道惟一严字耳，此奏甚属可嘉，如此方是实心任事也，勉为之。上下内外果能一体奉行，朕保台湾再无事矣”①。

觉罗满保渡台政策的实施并未像雍正皇帝期望的那样“台湾再无事”，相反，过于严格的渡台措施大大阻碍了海峡两岸的正常往来，带来了始料未及的后果。漳、泉无籍之民，部分无田可耕、无工可雇、无食可觅者，一到台地，上可致富，下可温饱，严禁渡台实际让他们坐而等死。由于雍正二年（1724年）的章程禁止未曾赴台者渡台，先前曾经渡台之人或有亲属遗留在大陆，彼此之间互相隔绝，骨肉分离。在台立有产业者难弃财产回归，各地需赴台寻亲团圆者无法获得照票而渡台。在正常合法途径无法抵达台湾的情况下，私渡成为许多人渡台的必然选择，因此，禁渡章程的颁布不但没有杜绝私渡行为的发生，反而使得私渡者愈来愈多。台湾知府沈起元认为，民众渡台，“有必不可禁、必不可不禁者，以现在之法处之，则二者皆失”②。他建议放开当前过于苛刻的渡台政策，仍照先前所定办法，凡有来台者，令各地州县查明有无过犯，取族邻结保，给照来台入籍，毋使吏胥阻挠，其有作奸为匪，州县不准给照。如此则奸民无可混淆，而良民亦得而乐其业。当然，此事说起来容易，真正实施起来非常困难。面对大量民众赴台的需求，清廷遂采取了一种折中的办法。

二、搬眷渡台问题的变迁

清统一台湾以后，大批闽粤民众赴台谋生，但眷属一律不许

---

① 台湾史料集成编辑委员会：《明清台湾档案汇编》（第10册），远流出版社，2006，第108页。

② 《清经世文编选录·条陈台湾事宜状》，“台湾文献丛刊”第229种，台湾银行经济研究室，1966。

携带，导致台湾出现男多女少的情况。关于不许携带眷属的实施时间，学界多有争论。邓孔昭根据康熙五十六年（1717 年）周钟瑄编纂的《诸罗县志》的记载，[①] 推断该制度于是年之前已经实施；施志汶则推论可能清统一台湾之初便已实施该制度，但未提出令人信服的证据。笔者认为，施志汶的推测可能是准确的。“查得台湾府所属四县之中，台湾一县，皆系老本住台之人，原有妻眷；其诸罗、凤山、彰化三县，皆新住之民，全无妻子”[②]。这里所谓“台湾一县，皆系老本住台之人”可能指明郑时期移居台湾者，清统一台湾以后，大陆移民主要在其他三县垦殖。此或可为佐证之一端。

不论清廷何时开始实施禁止携带眷属渡台的政策，至雍正时期，一个不争的事实是，台湾移民中女少男多，人口比例严重失调。“统计台湾一府，惟中路台邑所属，有夫妻子女之人民。自北路诸罗、彰化以上，淡水、鸡笼山后千有余里，通共妇女不及数百人。南路凤山、新园、琅峤以下四五百里，妇女亦不及数百人”[③]。诸罗县之大埔庄，居民七十九家，计二百五十七人，多潮籍，或有漳泉人杂其间，犹未及十分之一，“中有女眷者一人，年六十以上者六人，十六以下者无一人，皆丁壮力农，无妻室，无老耆幼稚”[④]。禁止携眷带来的后果是严重的，它使得夫妻、父子等分居两地，不但有乖人情伦理，而且大量男性壮年劳力长期

---

① 周钟瑄曰：台湾“男多于女，有村庄数百人而无一眷口者。盖内地各津渡妇女之禁既严，娶一妇动费百金，故庄客佃丁稍有赢余，复其邦族矣。”参见《诸罗县志》卷十二《杂记志·外纪》，“台湾文献丛刊”第 141 种，台湾银行经济研究室，1962。

② 《雍正朱批奏折选辑·浙闽总督高其倬奏闻台湾人民搬眷情节折》，“台湾文献丛刊”第 300 种，台湾银行经济研究室，1972。

③ 蓝鼎元：《鹿洲全集》，厦门大学出版社，1995，第 805 页。

④ 蓝鼎元：《东征集》卷六《纪十八重溪示诸将弁》，“台湾文献丛刊”第 12 种，台湾银行经济研究室，1958。

聚集，极容易引发社会动荡。这些在台耕种之人，由于没有后顾之忧，不但心无系恋，敢于为非，且聚数十人同搭屋寮，共居一处。他们在农忙之时尚有耕耘之事，及田收之后终日无事，唯有相聚赌饮，饮酣、赌输遂致共谋窃劫。若令各有妻子，则内外有分，不至杂沓纷纭。且各顾养赡妻子，则赌饮、花费之事自减；各顾保守家室，则抢夺剽窃之志自消。蓝鼎元认为，允许赴台之人的家眷渡台以使他们合家团圆，是稳定台湾社会的重要手段之一，“盖民生各遂家室，则无轻弃走险之思。设有不肖，欲为盗贼，不能不念妻子亲属之株连。而且一妻入门，则欲衣欲食，有子有女，则衣食日繁，不得不力农负贩，计图升斗，以免妻子一日之饥寒。虽有奸豪意气，亦将销磨净尽，此不待禁令而自然驯服者也”①。

对于决策者而言，这是一个两难的抉择。雍正五年（1727年）七月，闽浙总督高其倬提出系统的搬眷办法。准予搬眷者有两种：其开垦田土，实在耕食之人，欲行搬眷者，俱令呈明地方官详细确查，实有垦种之田满一甲②并有房庐者，即行给照，移明该管地方官，令其搬往，仍查明安插，务期明晰。佃户之中，有佃田满一甲、住台经五年，而业主又肯具状保系诚实不多事之人，亦准其呈明给照搬眷前往，查明着落，业户保领安插。不准予搬眷者有三种：其贸易、雇工及无业之人、全无田地原非安土之辈，概不准搬；其佃田不及一甲，住台未满五年，及虽佃满一甲、住及五年，而业户不肯具保者概不准搬；现今甫往台湾求田耕种之人，一概不准带眷。③ 同年，蓝鼎元曾提议令赴台之人携眷前往，“饬着文武地方官，凡民人欲赴台耕种者，务必带有眷

---

① 蓝鼎元：《鹿洲全集》，厦门大学出版社，1995，第805页。

② “甲”是计算田土面积的单位，一甲大约是0.9699公顷。

③ 《雍正朱批奏折选辑·浙闽总督高其倬奏闻台湾人民搬眷情节折》，“台湾文献丛刊”第300种，台湾银行经济研究室，1972。

口，方许给照载渡，编甲安插，其先在台湾垦田编甲之民，有妻子在内地者，俱听搬取渡台完聚，地方汛口，不得需索留难”①。

我们目前还不清楚两个奏折之间的关系，高其倬所言是否受到蓝鼎元的影响，抑或是对蓝鼎元的一个回应，但这显然是一个非常保守的办法。按照他的设想，只有在台湾从事农业生产且实际产业达到一定规模者方能搬眷，其他从事商业贸易、首次到台者等均不许搬眷。疏上后，雍正皇帝对此事也难以定夺，他既担心台湾人口过度增加带来诸多困扰，又看到高氏所陈确系实情，“朕意生聚日蕃，垦田渐广，年岁久远之后，其利与害亦不可不熟计深筹也”，最后，他朱批“且试行之”。② 九月，户部等衙门讨论后上奏称，台湾远隔重洋，实称要地。旧例闽、粤人民往台垦种者，所有眷属，一概不许携带，只许只身在台，而全家仍住本籍，“若令其搬眷成家，是使伊等弃内地现在之田庐、营台地新迁之产业，在民间徒滋烦扰，非国家向来立法之初意。应将高其倬所请，毋庸议”。至此，雍正帝转变其当初“且试行之”的想法，反称“九卿所议是，台湾人民携带家口应行与否，历来众论不一。朕令高其倬到闽后，详慎酌量，定议具奏。今高其倬所奏亦胸无定见，而为此游移迁就之词。……着仍照旧例行，待朕再加酌量”③。搬眷之事遂寝而不行。

雍正十年（1732 年），大学士鄂尔泰等奏称，台地开垦承佃、雇工贸易均系闽、粤民人，不啻数十万之众，其中淳顽不等，优劣难分。若他们终岁群居，皆无家室，则其心不靖，难以久安。凡查明有田产生业、平日守分循良之人，情愿携眷来台入籍者，

---

① 蓝鼎元：《鹿洲全集》，厦门大学出版社，1995，第 805 页。

② 《雍正朱批奏折选辑·浙闽总督高其倬奏闻台湾人民搬眷情节折》，“台湾文献丛刊”第 300 种，台湾银行经济研究室，1972。

③ 张本政：《〈清实录〉台湾史资料专辑》，福建人民出版社，1993，第 102 页。

地方官申详该管道、府查实给照，令其渡海回籍。同时移明原籍地方官，令其查明本人眷口，填给路引，准其搬眷入台。雍正十一年二月，福建总督郝玉麟会同福州将军阿尔赛、福建巡抚赵国麟、福建观风整俗使刘师恕、福建陆路提督王郡等合计后认为，若按照上述搬眷方法，台湾人口增加量将非常巨大。根据郝玉麟等的计算，大陆来台民众不下十余万，以一半有妻室一半无妻室计算，有妻室者不下五万，每人一妻一子，若全部来台则遽增十余万人，更何况还有部分民众借机携带亲族人等。为防止台湾人口短时期内迅速增长，他建议“凡在台客民止许搬取内地妻子，以系其身心，其余概不准携带”①。此议经部议覆准行。四月，当了解民人因搬眷一事大受鼓舞，郝玉麟又奏请允许其他亲属如祖父、伯叔、兄弟及眷妇之父兄弟侄赴台团聚，但限其五月内必须离台回籍。②

乾隆四年（1739 年）九月，闽浙总督郝玉麟奏称，自雍正十年（1732 年）准许携带眷口之后，解决了很多台湾民众的家属问题，同时，也有很多弊端出现，或捏称妻媳姓氏、或多报子女诡名、或通同奸棍，领出执照贿顶渡台，如此等等不一。他建议再定一年之限，如有业良民未搬家眷过台者，务于限内搬取；逾限不准给照。次年九月，一年期满，清廷禁止携眷渡台。乾隆九年，关于是否允许民众携眷渡台的问题再起波澜。乾隆十年八月，巡台给事中六十七等认为，完全禁止携眷渡台的禁令不切合实际，且不符合中国传统文化。大陆民人，或闻台地亲人衰老，欲来侍奉，或因孤独无依，欲来就养，原图天伦聚顺，永远相亲，无奈格于成例，不得不甘冒风险私渡来台。“此等民人在台

---

① 台湾史料集成编辑委员会：《明清台湾档案汇编》（第 15 册），远流出版社，2006，第 176 页。

② 台湾史料集成编辑委员会：《明清台湾档案汇编》（第 15 册），远流出版社，2006，第 205 页。

置有产业，势□□无罪而勒令抛弃，悉行逐回，又不许其父母妻子前来聚首，骨肉隔绝。在畏法者两处俱抱向隅，在偷渡者一身先蹈不测”。考虑到台湾人口既不能大幅增长，又不能不顾及民间实情，六十七指出，以下三种情况可以给照渡台：有祖父母、父母在台，而子孙欲来侍奉者；子孙在台置有产业，而祖父母、父母别无依靠欲来就养者；本身在台置有产业，而妻子欲来完聚者。大陆游旷之民与在台民众之伯叔父母、兄弟及侄，概不准混行指称呈请给照，仍照例严禁私渡。如此台地民众聚集有限，安分良民生命获全，而无籍棍徒亦不致借端滋弊。[①] 乾隆皇帝朱批令户部议奏。《台案汇录丙集》中收录有《户部副折残本》，显然户部对六十七的上奏做出了明确的回应，由于该篇奏折为残本，其结果不得而知。不过，根据吴士功于乾隆二十五年的上奏和《清实录》的相关记载，可知六十七的建议经户部讨论后，决定再令福建督抚确查定议。从时间上看，福建地方有司对此事可能有比较大的争论，迟至乾隆十一年四月才有最后的定论。户部在综合闽浙总督马尔泰和巡台给事中六十七等意见的基础上，确定搬眷渡台的范畴和程序。在台人民果有祖父母、父母在籍，准其赴台就养；如祖父母、父母在台，准其子孙赴台侍奉；若本人在台，而家中妻少子幼并无嫡亲可托者，亦准其搬移聚处；即赴台侍奉祖父母、父母之子孙，果有幼少妻子，亦准一体赴台。仍照从前搬养成例，令台防、厦防各同知于登簿换文时，留心稽查，验明人照相符，方准配船渡台。并令内外地方官先行关查明确，方准给照。如有借称伯叔、兄弟及妻之兄弟族戚，一概不许滥给照引。[②]

---

① 《台案汇录丙集》卷七《户部为内阁抄出巡台给事中六十七等奏移会》，“台湾文献丛刊”第176种，台湾银行经济研究室，1963。

② 张本政：《〈清实录〉台湾史资料专辑》，福建人民出版社，1993，第147—148页。

不过，允许携眷渡台的政策在乾隆十二年（1747年）很快便因闽浙总督喀尔吉善的反对而终止。在喀尔吉善看来，携眷渡台滋弊甚深，在台之人或捏称妻媳姓氏、或多报子女名口，有些人甚至以此为借口贩卖女子来台，卖与他人为妻，从中牟取暴利。从雍正十二年（1734年）开放携眷禁令至乾隆五年，合计给照不下两万余人，对台湾社会生产和稳定都产生了一定的影响。他建议自乾隆十二年五月为始，定限一年，在台民众如果尚有眷属未搬，或其祖父母、父母、妻子欲往台湾就养者，照例给照允许赴台，一年以后严禁渡台。如此则有眷良民得以搬移，奸徒匪类亦不致顶冒滋弊。乾隆帝朱批"着照所请"。[①] 喀尔吉善是坚定的反对大陆民众渡台者，至乾隆十三年五月一年期限甫过，他立即上奏，"一年限期已满，应自六月为始，停止给照"。他也考虑到由于在台民众多为闽粤之人，搬眷之例既停，私渡势必更加猖獗。同时，虽然相当部分在台民众已经搬眷赴台，但仍有很多人的祖父母、父母在大陆，或有坟墓生业须回照看，绝对禁止民众往返根本不现实。喀尔吉善提出，在台耕种之人，无论家眷在台与否，如本人提出正常的理由，履行正常的程序后，允许其往返两岸，但严厉禁止大陆人民到台湾和无照私自潜回大陆。[②] 乾隆十四年福建巡抚潘思榘称"今过台之人已经限满停止"[③]，可见，从

① 台湾史料集成编辑委员会：《明清台湾档案汇编》（第19册），远流出版社，2006，第325页。

② 台湾史料集成编辑委员会：《明清台湾档案汇编》（第20册），远流出版社，2006，第78页。

③ 台湾史料集成编辑委员会：《明清台湾档案汇编》（第20册），远流出版社，2006，第239页。

乾隆十三年六月起清政府的确执行了禁止渡台的措施。[①]

喀尔吉善的禁渡章程实施后，能够合法到台者仅仅局限于获得官方许可从台湾回大陆而后返台之人。由于种种原因，乾隆十三年（1748年）五月以前未搬眷者不在少数，其父母、妻子之身居大陆者，亦复不少。他们孑身漂流过台，垦辟田园，置办产业，若弃之而归，则失谋生之路；若置父母、妻子于不顾，更非人情所安。他们思念父母、系恋妻孥、冀图完聚，家中父母、妻子为图供养，甘受奸民之愚弄，冒险私渡，导致一幕幕惨绝人寰的悲剧。乾隆十七年，原任台湾县知县鲁鼎梅记载道：大陆穷民在台营生者数十万，其父母妻子俯仰乏资，急欲赴台就养，格于例禁，不得不群贿船户，男子顶冒水手姓名，女眷则用小渔船夜载出口，私上大船。抵台后，复有渔船乘夜接载。更有客头串通习水积匪，用湿漏之船收载数百人，挤入舱中，将舱盖封钉，不使上下，乘黑夜出洋。偶值风涛，尽入鱼腹。比到岸，恐人知觉，遇有沙汕，辄赶骗离船，沙汕断头，距岸尚远，行至深处，全身陷入泥淖中。或潮流适涨，随波漂溺。[②] 福建巡抚吴士功经过一年多的勘察，认定确有此类事件发生。之所以没有因此而告发者，一则事在汪洋大海、人迹罕到之地，一般人难以发现；一则被害者既已没于巨浸，幸免者亦缘自干禁令，莫敢控诉。

---

① 乾隆十五年（1750年）十二月十三日，吏、刑二部议覆：福建按察使顾济美奏："台湾一郡，例由地方官给照往来，不许偷渡；在台犯事，递逐回籍。无如各属每止奉行故事。应请嗣后内地人民，该管官确查来历，系素行良善，方给照放行。至现在流寓之人，犯及徒罪以上及生事不安本分者，一概押令过海。"乾隆从其所请。从这里的记载看，似乎乾隆十五年对禁止渡台政策有所调整，我们后面的论述表明，从乾隆十三年五月禁令生效后，至二十五年止，清廷一直执行禁止渡台政策。由该条材料内容分析，这里所谓"嗣后内地人民，该管官确查来历，系素行良善，方给照放行"，可能指从台湾返回大陆者。参见张本政：《〈清实录〉台湾史资料专辑》，福建人民出版社，1993，第172页。

② 《重修台湾县志》卷二《山水志·海道》，"台湾文献丛刊"第113种，台湾银行经济研究室，1961。

禁令虽严，但民众确有赴台的现实需求。在无法通过正常途径到达台湾的情况下，私渡成为他们的唯一选择。从乾隆二十三年（1758 年）十二月至次年十月止，不到一年的时间共查获私渡案件二十五起，老幼男妇九百九十九名，其他遭风漂没或私渡成功者尚不在少数。先前有司陈请允许民众搬眷渡台，其理由亦多为安分良民既已报垦立业，必定怜惜其父母妻子，勤于力作，顾念身家，各思保聚，不会无事生非。从民众眷属赴台的情况看，亦未发现在台眷口滋衅生事者。严禁渡台政策阻碍了两岸人员的正常往来，致令在台者身因羁旅，常怀内顾之忧，在籍者怅望天涯，不免向隅之泣，以故老幼男妇茕独无依之人，迫欲就养，竟至铤而走险，毕命波涛。

面对这种情况，乾隆二十五年（1760 年），福建巡抚吴士功再次提出开放家眷渡台政策。① 根据吴的建议，大陆只身无业之民，及并无嫡属在台者，仍遵例不许过台，有犯即行查处。其在台有业良民，果有祖父母、父母、妻妾、子女、妇孙男女及同胞兄弟在大陆者，许先赴台地该管县报明，将本籍住处暨眷口姓氏、年岁，开造清册，移明原籍，查对相符，覆到之日，准报明该管道府，给与路照回各原籍搬接过台。其祖父母、父母、妻妾、子女、妇孙男女及同胞兄弟等如欲过台探亲、相依完聚者，即先由该管州县报明造册，移明台地查确，覆到再行督抚给照过台。厦防、台防两同知并守汛武员负责查盘，凡遇过台眷口出入，均须验明人照相符，方准放行；如人照不符，及不先行查确、滥行给照者，将该管查参议处。闽浙总督杨廷璋“因虑及全台大势不便，聚集匪类，奏请定限一年停止，经部议覆准行”②。

---

① 《台案汇录丙集》卷七《吏部为内阁抄出福建巡抚吴士功奏移会》，“台湾文献丛刊”第 176 种，台湾银行经济研究室，1963。

② 《台案汇录丙集》卷七《刑部为内阁抄出浙闽总督杨廷璋奏移会》，“台湾文献丛刊”第 176 种，台湾银行经济研究室，1963。

此次开禁时间从乾隆二十五年五月二十六日起，至次年五月二十五日一年期满，据署厦门同知张采造报，各厅县给照搬眷到厦配船过台民人共四十八户，计男妇大小共二百七十七名，俱经行知台湾府饬令所属，将搬到户口编入保甲册内，稽查管束。杨廷璋还指出，在多次开放搬眷渡台禁令以后，大多数在台湾的人已经夫妻团聚，骨肉相亲。开禁一年，请照过台仅止四十余户，其中漳、泉民人在台湾大小衙门充当书办衙役者居多，至寓居台地贸易民人，多已不愿携眷过台，没有必要再以为小民谋团聚之名，松弛搬眷之禁。

从乾隆二十六年（1761 年）开始，就制度层面而言，携眷渡台便被严厉禁止，加之先前单身民众原本就不许渡台，这实际上说明清政府彻底切断了大陆民众赴台的合法途径。乾隆三十四年，上谕称：台湾流寓内闽人数十万、粤人十余万，而渡台者仍源源不绝，此等渡台民人，多属素无恒产、游手好闲之徒，一经潜渡海洋，窜迹台地，日积日多，必致引类呼朋，毫无顾忌。着传谕崔应阶、李侍尧等，令即通饬各属，将福建、广东赴台人民，严行禁止，仍于各处口岸设法巡逻周密，毋许私行逸漏一人。① 所谓“毋许私行逸漏一人”，即意味着从制度意义上严禁民众渡台。② 搬眷渡台一事，至乾隆五十三年最终完全开禁。福康安在平定林爽文起事之后，历陈台湾积弊，禁止携眷渡台即为其

---

① 乾隆三十四年十二月二十五日上谕，中国第一历史档案馆：《乾隆朝上谕档》（第 5 册），档案出版社，1991。

② 当然，这也不是绝对的。乾隆三十六年（1771 年）五月，署福建巡抚钟音奏：台湾远隔重洋，民人往来，俱向地方官查给印照，俾汛口验放。臣请稍为变通。在台回籍者概免给照，准其自赴鹿耳门总口，将姓名、年貌、在台在籍住址，即由该船户报明，口岸员弁验戳挂号，随时放行；仍令汛口将回籍名单，一月一报抚臣备案。其南北一带口岸，不许大陆船只往来之处，仍照向例严禁。自大陆渡台者，均照定例给照盘验。得旨：允行，下部知之。可见，即便严厉禁止赴台以后，仍有民众通过合法途径抵达台湾。参见张本政：《〈清实录〉台湾史资料专辑》，福建人民出版社，1993，第 252 页。

中之一：“至禁止携眷之例，自雍正十年至乾隆二十五年，屡开屡禁，经前任总督杨廷璋酌请定限一年，永行停止。而挈眷来台湾者，至今未绝。总因内地生齿日繁，闽、粤民人渡海耕种，谋食居住，日久置有房产，自不肯将其父母妻子仍置原籍，搬取同来，亦属人情之常。若一概严行禁绝，转易启私渡情弊。前经臣福康安据实奏明，毋庸禁止。嗣后安分良民，情愿携眷来台湾者，该地方官查实给照，准其渡海，一面移咨台湾地方官，将眷口编入民籍。”① 此议经过乾隆皇帝的批准后颁布实施。至此，大陆民众携眷赴台完全开放。

三、官渡的设立

无论多么严厉的禁渡措施，都无法阻止私渡行为的发生。福康安于平定林爽文起事之时，亲历台地，踏勘四野，留心考察台湾事务，认为在开放眷属渡台禁令以后私渡依然屡禁不止，原因有二：一是台湾地土膏腴，便于谋生，无业民人纷纷渡海营生；二是给照渡台费用高昂，效率低下。由官方渡台，则必经官给照票，海口查验放行，难免兵役留难勒索，而私渡则只需与客头船户说合，即便登舟载渡，其费较官渡为省，其行亦较官渡为速。既然如此，福康安认为，“与其禁之于既渡之后，不如查之于未渡之先，明设官渡，稽核加严，庶良善□人一经查验，即便开行，而无籍之徒，亦无由□迹偷渡”。至于如何给照验放，禁止兵役勒索留难等应妥定章程，使民人等知官渡便于私渡，而私渡并不省于官渡，如此则凡私渡之民不待查禁而自归于官渡。② 乾隆五十四年（1789 年）二月二十七日，乾隆帝上谕：“闽省民人

---

① 中国人民大学清史研究所、中国第一历史档案馆：《天地会》（第 5 册），中国人民大学出版社，1986，第99 页。

② 《台案汇录丙集》卷七《闽督福康安奏折》，“台湾文献丛刊”第 176 种，台湾银行经济研究室，1963。

赴台湾觅食，应于海口查验放行，支港口岸，例禁私渡。但闽省地方，诸事废弛，既不能于沿海地方实力稽查，而官设渡口，又难免兵役等留难勒索，是以申禁虽严，而私渡之弊终未杜绝。今福康安奏请，明设官渡，给照验放，以清私渡之源，所筹均属妥协。现在福康安已调任两广总督，其应如何查禁之处，着伍拉纳、徐嗣曾将折内情形详加体访，与水师、陆路提督、台湾镇道会商妥议，定立章程，即行具奏。”①

接到皇帝的指示后，闽浙总督觉罗伍拉纳、福建巡抚徐嗣曾随即饬令水师、陆路提督、台湾镇道等员会商。此时闽台之间已有三个对渡港口，凡商船货物并搭载民众出口，俱责成福防、厦防、蚶江三厅管理，商船入台后，又有淡防、台防、鹿港三厅会同审查。除三个对渡港口外，其他沿海港口严禁船只私渡。觉罗伍拉纳等指出，上述渡台办法可谓立法严密又不失通融，然而私渡仍层出不穷，其根源在于官渡守候稽延且费用不赀。既然清廷拟正式设立官渡，必须量为变通给照之例，定以限制搭载之价，如此则事归简便而民易乐从。先前官渡费用较高的主要原因在于，大陆民众前往台湾请给护照，一般均需通过胥吏为之操作，他们上下其手，从中渔利。他建议由承担运载的船户为之担保，船户考虑到自身的安全，一般不会运载匪徒之类，而后由船户直接向有司申请给照。嗣后凡遇客民请照前赴台湾，俱责令行保船户开报姓名、籍贯、年貌、住址，并往台湾何处、作何事业，逐一详晰具结呈明，管厅官员查验属实，立即给予执照放行，毋许胥役借端迟延。至于渡台费用，向来商船搭载民人，每名索取番银四五元不等，未免过多，如由厦门至鹿耳门更程较远，每名许收番银三元，由南台至八里坌、蚶江至鹿仔港更程较近，每名只

---

① 乾隆五十四年二月二十七日上谕，中国第一历史档案馆：《乾隆朝上谕档》（第 14 册），档案出版社，1991。

许收番银二元，如挈眷同行者，计名给与，一切船租、饭食俱在其内。倘敢额外多取，许该民人赴厅指禀，立予严究。“似此立定章程，在偷渡船户一被拿获，船货皆不复为其所有，自不敢贪小利而贻大累，而渡海民人知有层层稽察，耳目难遮，纵能偷越于出口之时，亦难侥幸于进口之际。且尽由官渡，一经给照即可验放，其费又得节省，自转惮于私渡之难，无不乐趋于官渡，而私渡之弊可以不禁自除矣”①。

就觉罗伍拉纳等的议案，大学士阿桂等迅速做出回应，认为闽浙总督对该问题的分析是透彻的，同意上述议案。阿桂进一步指出，官渡更重要的问题在于约束地方有司借机勒索百姓，有不肖员弁因沿海小港查禁极严，一切搭载民人非由正口无从觅渡，遂与胥吏、兵役通同婪索，非多方勒掯，即得赃卖放，“是名为严渡之防，而适以饱贪欲之壑。应令该督抚及水陆两提督、台湾镇道随时严密访查，如有此等情弊，立即严参，从重治罪，则稽察既有责成，而防范更为周密”。对于上述建议，乾隆皇帝表示赞同，担心地方上下不法，私渡之弊或可禁绝，而勒掯卖放之端即由此起，遂令福建督抚及台湾镇道等督饬守口文武员弁实力稽查，随时严察。若查出胥吏、兵役人等婪索私放，即行严办示惩，不得视为具文，久而生懈。自此立定章程之后，再有多索搭载船租、饭食银两、故意刁难及得赃卖放、私越海口诸弊，不但要追究文武员弁，连同督抚及镇道一同问罪。至此，由福康安提议设立的官渡正式成为大陆民众往返台湾的基本途径。

官渡正式设立后，从福建到台湾有三口岸可以通行：从厦门到鹿耳门、从蚶江至鹿仔港和从五虎门至八里坌。三口对渡设立的时间，《厦门志》曰：“康熙二十四年以后，台湾则壤成赋，船

---

① 台湾史料集成编辑委员会：《明清台湾档案汇编》（第 38 册），远流出版社，2007，第 464 页。

只往来，在内地惟厦门一口与鹿耳门一口对渡，乾隆四十九年复开鹿仔港口与蚶江对渡，五十三年复开淡水厅辖之八里坌口对渡五虎门，斜渡蚶江，自此三口通行。"① 厦门到鹿耳门的对渡从清初便已设立，起初清政府并未制定一个完备的对渡运作章程，而是随着形势的发展不断完善。如设立厦防厅和台防厅负责稽查对渡事务，商贸船只联腙之法、渡台民众的盘查之法等都是在不同年间陆续出台的。

乾隆四十八年（1783年）三月，福州将军永德奏，台湾北路诸罗、彰化等属，由鹿仔港到蚶江渡口较为便易，台地北路商贩贪便取利往往由此私渡。与其任由民众私渡，不如在鹿仔港、蚶江口一带设立专员管辖稽查，听民自便："奴才于上年兼署福建陆路提督，极力踩缉偷渡人犯。其由厦门拿获者，虽不乏人；而由泉州之蚶江口偷渡盘获者，二十余犯。奴才体访台地往来海面，其南路台湾、凤山等属，系鹿耳门出洋，由厦门进口，是为正道。至北路诸罗、彰化等属，则由鹿港出洋，从蚶江一带进口，较为便易。若责令概由鹿耳门出海，其中尚隔旱路数站，不若蚶江一带进口较近。是以台地北路商贩，贪便取利，即多由此偷渡。以奴才愚见，莫若于鹿港、蚶江口一带，照厦门、鹿耳门之例，设立专员，管辖稽查，听民自便；则民不犯禁，而奸胥亦无能滋弊。倘蒙俞允，其如何设立章程之处，伏乞敕下闽省督、抚，详悉妥议具奏。"②

同年十二月，闽浙总督富勒浑与永德拟定渡口章程。在行政管理上，将福宁府通判移驻蚶江管理渡口相关事务，将台湾府理番同知移驻鹿仔港驻扎，民族间交涉事件，仍可照旧办理。所有

---

① 厦门市地方志编纂委员会办公室整理：《厦门志》卷六《台运略·额数》，鹭江出版社，1996。

② 《彰化县志》卷十二《艺文志·奏疏·请设鹿港正口疏》，"台湾文献丛刊"第156种，台湾银行经济研究室，1962。

蚶口、鹿仔港两处海口出入船只，责成该同知、通判专司查察，挂验放行。在军事防务上，将法石汛原防千总移驻蚶江，酌拨兵四十名，连原防蚶江塘汛兵丁十名，共兵五十名，再拨外委一员、兵丁五十名，移驻其地，新旧共设千总一员、外委一员、兵一百名，专司巡防。鹿仔港原设把总二员，带兵四百名，船二只，分驻名汛系台湾水师协标管辖，将协标左营原驻华港之守备移往驻扎，其港汛即责令原防把总带领，原驻兵丁巡防，仍归鹿仔港守备管辖。在船只稽查上，蚶江商渔船只，系由附近之法石汛挂验出入，往江浙及福州省城、福宁、福安等处贸易。凡由蚶江赴台者，蚶江通判应将船只验明，编号造报，挂号验放，仍设行保，以专责成。由鹿仔港配运大陆米谷，照旧编记册档，出入挂验，不许越赴蚶江渡载。在兵粟配运上，台湾府属拨运大陆兵粟，岁共八万余石，所有台属北路诸罗、彰化二县应运大陆粟石，责令鹿仔港同知专司配运至蚶江卸载。每船配运兵米四十石，谷则配运八十石。查诸罗、彰化二县，每年领运兵粟三万四千余石，蚶江船只多寡，可运若干，尚难预定，应俟查明酌核确数。倘船只稀少，不能全运，所剩仍由鹿耳门配运。在严禁私渡上，蚶江一路既议开通，则他口自可不禁自绝，但稽查防范，不可不严，责成沿海各属及守口文武员弁，实力查禁。倘在别口私渡，即将人船拿究，从重治罪。文武失察贿纵，分别严参究处。①此案经户部覆议并报乾隆皇帝批示后，于乾隆四十九年（1784年）正式开放鹿港至蚶江的海道。

五虎门至八里坌对渡，最早由福康安提出。乾隆五十三年（1788年）三月，福康安条陈台湾善后事宜，建议开通五虎门至八里坌海口。淡水八里坌距离福州五虎门六七百里，林爽文

---

① 《台案汇录丙集》卷七《闽浙总督富勒浑奏折》，“台湾文献丛刊”第176种，台湾银行经济研究室，1963。

起事之时，曾有大量援台士兵从五虎门直通淡水，先前两地的贩运流通名义上虽然严厉禁止，实际商贸往来非常兴盛，“小民等趋利如鹜，势难禁遏，与其阳奉阴违，转滋讹索，不若明设口岸，以便商民。……应请将八里坌对渡五虎门海口，一体准令开设。其无照船只，及照内无名之人，仍行严加查察，以防偷渡”①。福康安的基本思路是，尽管五虎门至八里坌之间的通行被政府禁止，但民间早已突破禁渡令，频繁往来于两港之间，形成“禁者自禁，渡者自渡”的情况。由于两港口属于禁渡行列，自然属于非法性质，官方不能对过往船只征收关税，使国家大量税款白白流失，民间非法从两港口贸易又时刻面临被不法管理人员盘查勒索的境地，亦即无论是国家还是民众都受困其中，只有部分管口员弁借端需索，收受陋规，得其实惠。与其如此，不如直接开放渡口，于国于民皆为有利。六月，清政府对福康安做出回应：“淡水八里岔（坌）距五虎门水程约六七百里，港道宽阔，可容大船载运，应开设口岸以便商民。如有借端需索者，将失察地方官降二级调用，兼辖官降一级调用。”②

乾隆五十四年（1789年）十二月，闽浙总督觉罗伍拉纳等拟定了详细的对渡章程。在行政管理上，淡水八里坌除原设同知巡检各一员、淡水营都司一员外，新添一汛，用于弹压稽查；福州五虎门由福防同知专司查验，该同知可调动闽安、五虎二巡检并闽安协官军维持渡口秩序，稽查往来船只。在给照放行上，凡有贸易船只不克赴原籍领照者，若行保查明确系诚实商贩，并出具甘结开列船只有关情况后，福防同知衙门应就近给照，挂验放行。同时，福州方面还要移明淡水同知互相查核。从淡水内渡船

① 中国人民大学清史研究所、中国第一历史档案馆：《天地会》（第5册），中国人民大学出版社，1986，第101页。

② 张本政：《〈清实录〉台湾史资料专辑》，福建人民出版社，1993，第568页。

只，仍照台湾定例，免其给照，若行保出具甘结，开明船主年貌姓名、在台住址，由船户交管口员弁验戳挂号，随时放行。在贩运米石上，凡淡水回棹船只，横洋船载米四百石，安边船载米三百石，不得违例多带，返回五虎门船只所载米石，文武衙门验明确数，填入印照，俟回大陆照数查验。在征税方式方面，由于五虎门港浅礁多，八里坌到口船只可在就近停泊的闽安口征税给单，免赴距离较远的福州南台交税，其由五虎门出口船只，仍责任南台稽查，按则征税给发税单，由闽安口复验放行。在防止私渡方面，责成沿海各属及守口员弁实力查禁，倘有无照船只及照内无名之人渡台，严拿究问，其有照商船因风漂泊至岸者，一经查明立即放行。在人役费用方面，开设渡口，须招募行保二名、海保口差二名、经书二名，以上人员所需费用，按照新订立的章程，每船文员衙门收银五元、武职衙门收银三元通融给支。其福防同知、巡查人员等饭食、纸张等消耗，每船准收银二元以资贴补。[1] 乾隆五十五年，清廷议准，准许开设五虎门至八里坌对渡。

三口对渡，对闽台商贸和人员往来起到积极的促进作用。按照既定的官渡规则，厦门至鹿耳门、蚶江至鹿仔港、五虎门至八里坌对渡均为平行式双向直接往来，从福建厦门、蚶江、五虎门出发的船只只能分别到达对岸的鹿耳门、鹿仔港、八里坌，反之亦然，各港口之间不能交叉往来。对于从蚶江出发的商船而言，如果其最终目的地是鹿耳门，必须先到达鹿仔港，然后从鹿仔港再转赴鹿耳门，否则以违规处置。随着海峡两岸往来日益频繁，三口对渡越来越不适应形势的发展。嘉庆十四年（1809 年），淡水乡民卢允霞称："缘淡水系产米之区，为内地泉、漳、蚶、厦民食攸关之处，而淡民需用农器货物，全借蚶、厦以资。是淡港

---

① 台湾史料集成编辑委员会：《明清台湾档案汇编》（第 39 册），远流出版社，2007，第 52—55 页。

之八里坌口，正该蚶、厦船只通行交易，以利民便，奚堪禁遏蚶、厦船只，贻累两地民难。”[①] 嘉庆十五年，闽浙总督方维甸奏请改革对渡章程，五月二十八日，嘉庆帝谕令内阁：“商船往来贩易，驶赴海口，自应听其乘风信之便，径往收泊。若必指定口岸，令其对渡，不但守风折戗，来往稽迟，且弊窦丛生，转难究诘。现在台湾未运官谷，积压至十五万余石之多，皆由商船规避不运所致，不可不速筹良策。着照方维甸所请，嗣后准令厦门、蚶江、五虎门船只通行台湾三口，将官谷按船配运。”[②] 道光时期，清政府又开通台湾海丰、乌石二港与大陆通商，从而使台湾与大陆通航的港口达到五个。

与先前严禁渡台相比，官渡的设立为民众往返台湾提供了一条可行的合法路径，尤其官渡章程特别针对费用过高、时间过长做出了应对性规定，更为渡台民众提供了便利。但是，直至清末清政府完全开放渡台禁令，私渡始终是闽粤人民到达台湾的重要方式。嘉庆十四年（1809 年）九月，有台湾民众申陈官渡之弊主要在于勒索导致费用过高，“一民人给照渡台，被索照资银三四元，或女眷便欲倍索，此弊倍害贫民，惨情糜极。切内地民食短乏……出门路费船税尚扰无措，焉能一名受三四元给照之资”[③]。民众万般无奈之际，不得不选择私渡。

综观从清统一台湾之初到道光年间开放海丰、乌石二港，清政府实施了给照渡台的制度。给照渡台，实际上有着无照之人不许渡台的含义。因此，所谓给照制度，其实质是限制民众自由出

---

① 陈支平：《台湾文献汇刊》（第五辑第 10 册），九州出版社、厦门大学出版社，2004，第 179 页。

② 张本政：《〈清实录〉台湾史资料专辑》，福建人民出版社，1993，第 722 页。

③ 陈支平：《台湾文献汇刊》（第五辑第 10 册），九州出版社、厦门大学出版社，2004，第 184 页。

入台湾的制度。同治末年，随着牡丹社事件的爆发，沈葆桢赴台，他深入台湾东部山区，深感很多深谷荒埔有可耕之地而无入耕之民。开禁未有明文，地方官虽思设法招徕，每恐与例不合，不敢轻易召集。开山必先招垦，招垦必先开禁，他恳请“将一切旧禁尽与开豁，以广招徕”[①]。光绪元年（1875年）正月初十，清廷议准，“所有从前不准内地民人渡台各例禁，着悉与开除”[②]。至此，清政府实施了近二百年的禁止渡台政策宣告彻底废除，两岸民众可以自由往返，对晚清台湾社会的发展和刘铭传改革产生了重大的影响。

第三节　清代私渡台湾问题

一、渡台禁令的出台与清代私渡台湾的基本情况

私渡与给照是两个相对应的概念。在民众有赴台需求的情况下，无论给照的规模有多大，其本质都是一种限制性措施，照外之人渡台均属非法。因此，私渡现象从康熙统一台湾之初便已存在，这是毫无疑问的。以常理推论，私渡禁令，应是在私渡达到一定规模且导致台湾社会出现问题时才提上日程的。

康熙四十一年（1702年）台湾知县陈瑸指出，由大陆迁徙而居于台地者良莠不齐，士农工贾云集影附，大有裨益于台湾开发，但亦有奸宄之徒潜踪匿影于其中。这些游手好闲、不事生产之人是台湾社会的不安定因素，其至台湾者应设法驱逐，其未至

---

① 沈葆桢：《福建台湾奏折·台地后山请开旧禁折》，“台湾文献丛刊”第29种，台湾银行经济研究室，1959。

② 张本政：《〈清实录〉台湾史资料专辑》，福建人民出版社，1993，第1021页。

台湾者应设法堵截。“又某商船载多至数十人，某商船载少亦十数人。其人佥报作客生理，查其随带货物，每不出数两至十余两不等。天下有仅值十数两货物，肯冒风波之险渡海作客者乎？其为有托而逃可知也。再查商船载客，利其每人有二三两脚费耳。更有一种匪类，欲潜入台地，并无货物，只多出脚银至五六两、六七两不等，商船便为包载”。这里虽然没有私渡字样，从政府的立场而言，这些人显然是私渡到台湾。陈瑸建议“申饬把口官严为稽察，密为侦探，有前项包顶情弊，察出一人，则将商置重典，船没入官。如把口官书役扶同作弊，隐容匪类，于本地方内发觉之日，许地方官跟究出原初渡海商船，从重究处”。① 从此后清政府的反应看，未见做出明确的政策性规定。

康熙四十六年（1707 年）前后，台湾连年遭灾，米谷不登，不少渡台民众粮食短缺，难以自存，欲归故土又远隔大洋。康熙帝特令地方官查明愿意复归本地者，如遇兵丁换班之船或公务奉差之船，均可搭乘回归。康熙五十年，台湾知府周元文建议严禁私渡台湾，他认为当时私渡现象已经非常严重，奸顽商艘并营哨船只辄将无照之人，每船百余名或多至二百余名私渡来台，其间有拿获通报者，亦不过千百中之十一。在严格审核赴台人员身份的基础上，“倘仍有不请县照偷渡者，必非良民，俱照私越关津例，逐名惩处，押回原籍”②。对于这份呼吁，福建巡抚和闽浙总督都给予了回应。值得注意的是，这里周元文建议对私渡之人的处罚依据是“私越关津例”，也就是说，此时清政府还没有制定专门针对私渡台湾的条文。康熙五十一年，清廷覆准，大陆往台湾之人，该县给发照单。如有地方官滥给往台湾照单，经该督抚

① 陈瑸：《陈清端公文选·条陈台湾县事宜》，“台湾文献丛刊”第 116 种，台湾银行经济研究室，1961。

② 《重修台湾府志》卷十《艺文志·公移·申禁无照偷渡客民详稿》，“台湾文献丛刊”第 66 种，台湾银行经济研究室，1960。

题参一次者，罚俸六月，二次者，罚俸一年，三次者，降一级留任，四次者，降一级调用。如有良民情愿入台籍居住者，令台湾府县查明，出具印文，移付原籍府县，知照该县，申报该道稽查，仍令报明该督抚存案。若台湾府、厅、县不行查明以致奸宄从杂居住，经该督、抚查出题参，照隐讳例议处。[①] 这里可能是对周元文的一个回应，但依然未对私渡做出相关规定。

康熙五十三年（1714 年）十一月，福建巡抚觉罗满保命令有司开垦诸罗县闲旷田土，“其地虽有三十六社蕃人及从内地去人设庄耕田甚多，但因地广，未开垦之地仍然很多，据言土地亦为肥沃。故奴才交令新调往竹（诸）罗县知县周仲轩尽力招工开垦，至于未开垦之地实有几何，仅以本地民力能否尽行开垦之处，俟查明后再作筹划。诚若该地俱行垦出，则于地方有益，对钱粮亦有益”。对于觉罗满保乐观的看法，康熙帝表示一定要谨慎，“在台湾地方广行开田，招募很多人，仍为眼前耳。日后福建地方无穷之患，将由此而生也。尔等宜应共同详商，不可轻忽”[②]。接到皇帝的命令后，觉罗满保随即与闽浙总督范时崇商议，“台湾垦田之事即行停止，唯查明台湾当地人，严巡三县各关口，制止私渡”[③]。随着私渡台湾人员越来越多，觉罗满保的态度逐渐转向严禁私渡。

康熙五十四年（1715 年）十二月，觉罗满保升任闽浙总督。此后，觉罗满保上奏建议对私渡严行禁止。可惜的是，目前我们遍查现有档案史料，未发现该奏折，仅在《清圣祖实录》中有所

---

① 嘉庆朝《钦定大清会典事例》卷九七《吏部·处分例·海防》，文海出版社，1991。

② 中国第一历史档案馆：《康熙朝满文朱批奏折全译》，中国社会科学出版社，1996，第 983—984 页。

③ 中国第一历史档案馆：《康熙朝满文朱批奏折全译》，中国社会科学出版社，1996，第 1000 页。

节录，从中可以窥视一二。他指出，凡往台湾之船，必令到厦门盘验，一体护送，由澎而台；其从台湾回者，亦令盘验护送，由澎到厦。凡往来台湾之人，必令地方官给照，方许渡载。单身游民无照者，不许私渡。如有犯者，官兵民人分别严加治罪，船只入官。如有哨船私载者，将该管官一体参奏处分。兵部等衙门议覆后，建议“应如所请”。① 这里，觉罗满保首次提出对私渡者和参与私渡者的具体处罚措施，经康熙帝的批准后正式实施。至此，清政府严禁私渡令正式出台。在清代具有行政法性质的文献中，另有两处记载康熙末年严禁私渡事宜：

> 康熙五十六年，又覆准，渡海人民，必由地方官给照，守口官弁查验放行，若无照偷渡者，严行禁止。如有巡哨船私带偷渡者，将该管专辖官议处。②
>
> 康熙五十八年覆准：凡往台湾之船，必令到厦门出入盘查，一体护送，由澎而台。从台而归者，亦令一体护送，由澎到厦，出入盘查，方许放行。又往台之人，必由地方官给照，单身游民，无照偷渡者，严行禁止。如有违犯，分别兵民治罪。不许地方官滥给照票。如有哨船偷带者，将该管辖各官，分别议处。③

从上述两条史料的文字表述看，显然也是针对觉罗满保的奏疏做出的规定，且一条出自《钦定大清会典事例》，一条出自《大清会典》，都具有较高的权威性。

---

① 张本政：《〈清实录〉台湾史资料专辑》，福建人民出版社，1993，第82页。

② 嘉庆朝《钦定大清会典事例》卷五〇七《兵部·绿营处分例·海禁一》，文海出版社，1992。

③ 雍正朝《大清会典》卷一三九《兵部·海禁》，文海出版社，1994。

可以肯定的是，从雍正年间开始，清政府便针对各种私渡情形不断颁布相关禁令，最后形成一套完备的私渡惩罚措施。尽管清前中期治台与渡台政策屡有变更，但在严禁私渡问题上的立场是一贯的。根据相关史料，笔者将雍正、乾隆年间抓获的私渡情况列表如下：

表 1-1　雍正乾隆年间抓获的私渡人员情况

时　　间	地　　点	私渡者籍贯	数　　量
雍正八年八月	广东青山仔后江湾	同安、诏安、龙溪	120 余人
雍正九年四月	漳州云霄	漳州平和、漳浦等县	38 名女性
雍正九年六月	漳州云霄	漳州平和、漳浦等县	9 名女性
雍正十三年三月	漳州海澄港尾	漳州海澄	赖考等 63 人
雍正十三年六月	漳州海澄港尾	漳州海澄	2 人
雍正十三年六月	漳州海澄港尾	漳州海澄	男妇幼童 48 人
乾隆十二年四月十八日	诸罗县鲢仔挖地方		2 人
乾隆十二年五月十五日	澎湖金鸡仔	广东省	私渡客犯 142 人，另有女眷 3 人
乾隆十二年五月二十三日	漳州诏安	漳州诏安宗里村	16 人
乾隆十二年五月二十四日	漳州诏安	漳州诏安下传村	13 人
乾隆十二年六月初一	学仔坡，具体不详		8 人
乾隆十二年六月初四	铜山佛望澳	福建	12 人
乾隆十三年四月至七月	沿海各口岸	闽粤	共 15 起

续表

时　　间	地　　点	私渡者籍贯	数　　量
乾隆十四年	漳州龙海浯屿		男妇181人
乾隆二十三至二十四年十月	沿海各口岸	闽粤	共25起，990人，其中死亡34人
乾隆三十五年	广东		共13起
乾隆三十五年	淡水		2起，逃军逃流3人
乾隆三十五年	厦门		2起，民人眷口共264人
乾隆三十五年	漳浦		民人眷口10人
乾隆三十五年	彰化县		民人眷口84人
乾隆三十六年	泉州、漳州、邵武、汀州、台湾		共10起，213人
乾隆三十八年	台湾诸罗县、彰化县、凤山县		逃军逃流、船户水手、客民男妇老幼共115人
乾隆三十九年	泉州、台湾		3起，共4人
乾隆四十年	漳州海澄		41人
乾隆四十年	广东潮州		14人
乾隆四十一年	闽粤两地		5起，共425人
乾隆四十二年	广东海阳		13人
乾隆四十三年	福建		2起，共214人
乾隆四十八年	福建		4起，共5人
乾隆五十一年	广东		31人
乾隆五十二年	广东		11起，共100余人
乾隆五十二年	福建		2起，共218人
乾隆五十二年	台湾鹿耳门、鹿仔港		2起，共263人

续表

时　　间	地　　点	私渡者籍贯	数　　量
乾隆五十三年	台湾	福建	3 起，共 80 人
乾隆五十四年	福建		5 起
乾隆五十五年	福建		6 起
乾隆五十六年	台湾彰化县、淡水县		3 起，共 49 人
乾隆五十七年	台湾		2 起，共 37 人

很显然，这只是雍正、乾隆时期闽粤民众私渡台湾的缩影，无论是私渡频率还是数量都不是上表所能体现的。不过，上述表格仍然可以显示出一个非常具有讽刺意义的趋势，即随着雍乾时期清政府私渡禁令的不断加强，私渡台湾的现象也随之日渐猖獗。

二、清代私渡台湾的具体形式

为顺利到达台湾，私渡者会采取种种方式避开官府的检查。[①]概而言之，清代闽粤民众私渡台湾主要有以下几种形式。

第一，客头招引。所谓“客头”，即专门组织招揽私渡并从中牟取高额利润者，他们多为沿海一带熟悉海道、时常往来海峡两岸之人，又称“蛇头”。雍正八年（1730 年）八月间，广东青山仔后江湾地方查获一只遭风渔船，船中载有男妇一百二十余名，既无牌照，亦无货物。经审问后得知，船中人员系福建省同安、诏安、龙溪各县民人，在客头等的鼓动怂恿下私渡过台，后因风漂流至广东。对于一般民众来说，要想凭借自身的力量私渡到台湾，还是有非常大的难度的，客头在其中的作用非常重要。

---

① 陈孔立指出，私渡所使用的船只，主要有商船、小船，同时，也有清军的哨船参与。参见陈孔立：《清代前期福建平民偷渡台湾》，《台湾研究集刊》2001 年第 4 期。

雍正十三年（1735 年），福建水师提督王郡密令所部中军参将王清会同原厦门海防同知杨翼成密差兵役，扮作私渡客民，在路游移，以探查客头姓名住处。三月二十六日，有客头之伙伴陈基见这些兵役欲行私渡，便主动向前兜揽。经过一番调查，查明当地客头为漳州府海澄县港尾地方人江升等四名，王郡随即派遣官军前往缉拿，在港尾拿获无照客民赖考等六十三名、客头江升及船一只。当年夏天，在海澄港尾地方又查获私渡案件两起，系赖往、黄国、蔡明、曾正、高六等组织。此外，当年在该地，或于饭店，或于幽僻海边，又盘获欲行私渡无照客民十余起。以上所列仅仅为一年之内在海澄县一个不知名小港查获私渡的基本情形，以福建全省而论，私渡规模之大可想而知。其中主要原因便是客头力量十分强大，四处招揽客民。“港尾地方，盖因江、黄二姓恃其族大人强，因此设船诱客，四远招人。招引前来，银钱哄骗到手，日则将人藏匿山坑石洞，夜则乘空偷行出口。甚至伙伴赴各府乡村，四处招引前来，将人藏匿海边，先用小船载渡出口，偷上大船”[①]。是故，乾隆帝亦强调指出：“闽省客头、船户引诱民人偷渡台湾，最为地方之害。”[②]

第二，冒顶水手。为逃避检查，部分私渡者不通过客头组织，而是与船户沟通，顶替船只原有水手，到达台湾后径自定居，船只返回大陆。以横洋船言之，此船每只只需舵水十四名，其后例准二十余名，这些多出来的水手数多为船户私自招揽私渡者以水手名义渡台。与客头组织的私渡专门选择偏僻小港不同，冒顶水手者多以合法的形式堂皇出港，“查偷渡出洋，由厦门大

---

① 《台案汇录丙集》卷七《福建水师提督王郡折》，“台湾文献丛刊”第 176 种，台湾银行经济研究室，1963。

② 乾隆三十五年五月二十四日上谕，中国第一历史档案馆：《乾隆朝上谕档》（第 6 册），档案出版社，1991。

担口正路者，多船主、舵工顶冒水手，招无照之人私往”[①]。船只往返两岸，必须一定数量的水手方能成行，对于沿海守护人员来说，即便是怀疑船只水手为可疑人员，也很难拿出真凭实据指控他们为私渡者，更何况他们还可以从中获利：“商船水手，多空缺数名，所以私载无照，客民而获其利者也。牌照内，大船水手二十五六名，实在止有十七八人。中船水手十七八名，止有十一二人。或遇飓风，不能驾驶，间有误事，出口入口，文武弁员，因以为利。”[②] 雍正十三年（1735 年），闽浙总督郝玉麒即称“惟冒顶水手，最易朦混”。他认为应当在给发照票之时，地方官唤齐在船人等逐加亲验，将出海舵工水手姓名、年貌、籍贯、箕斗、疤痣逐一开列填注明白，凡经过沿海各汛及抵台湾汛口，文武各官细加盘验，如果上列各项与原件不符，立即捉拿归案。[③] 上述查验各项中，姓名、年貌、籍贯、疤痣等较容易辨识，唯箕斗辨识较难，查验耗时。

其实，在雍正时期，为严防民众冒充水手私渡，闽浙总督高其倬两次奏请查验指纹，后均因不便商船通行而作罢。对于郝玉麒的建议，巡台御史白起图等做出回应。[④] 先前为防止民众假冒水手私渡台湾，实行了查验指纹的制度，由于对商民不便，其后该制度多有停止。商船出海，各种变幻莫测的情况时有发生，水

---

① 张本政：《〈清实录〉台湾史资料专辑》，福建人民出版社，1993，第 202 页。

② 蓝鼎元：《鹿洲全集》，厦门大学出版社，1995，第 48 页。

③ 《台案汇录丙集》卷七《闽浙总督郝玉麟揭帖》，“台湾文献丛刊”第 176 种，台湾银行经济研究室，1963。

④ 目前所使用的白起图奏折缺失时间，查白氏于乾隆元年（1736 年）至三年任职巡台御史，与郝玉麟于雍正十三年（1735 年）上奏的时间非常接近，且白氏奏折中有“兹本年九月内，复准部文，令汛口文武官盘查舵水箕斗”字样。所谓部文令盘查舵水箕斗，可能就是接受了郝玉麟的建议。故笔者认为，这里白起图的言论应该是对郝玉麟的回应。

手多有更换，指纹势必与原先登记不符。更严重的是，由于商船众多，查验者应接不暇，不得不委手于胥役，他们借机勒索，困扰商船。船只海上行驶全凭风候，查验指纹耽误时间，延迟了商船的行程："臣等细加访问，查验箕斗，□□□□□商船出口，动以百计，少亦不下五六□□□□舵水或十余人至二十余人不等。以千□□□之手指，汛口各官岂能逐一亲验？不得不假手胥役。此辈借端需索，稍有不遂，则指罗为箕，以箕为罗，势所不免。且渡海船只，全凭风信。若俟挨验毕始准放行，则风信已逾，守候动羁时日。"① 从此后清政府的具体操作看，可能白氏的观点为政府所接受，未见有商船出航之时查验箕斗的记载。

第三，军船私带。清代台湾实行班兵制度，军队定期到台湾换防。早在雍正三年（1725 年），兵丁刘自亨等利用换班军船私自携带无照民人渡台，后被参将吕瑞麟擒获。闽浙总督觉罗满保上奏后，兵部于是年六月三十日对负有失察责任的守备邱延祚提出处罚意见，雍正帝显然对兵部的处分十分不满，"特为此事，朕曾降有严旨禁止，此案于失察官员议处太轻。再，查出拿送之官亦应议叙。将本发回，着再议具奏。嗣后如仍将无照民人夹带船内偷渡者，发觉之日，朕必将该总督、提督一并治罪"②。可惜笔者遍查现有各种档案史料，既未找到觉罗满保的奏疏，亦未发现兵部对此事的详细回复，以至于我们无法厘清刘自亨利用军船私带无照民人渡台的具体过程。

值得一提的是，乾隆五十五年（1790 年），台湾地方有司查获一起兵丁私带民人渡台案件，根据讯问笔录，可以大体清楚了

---

① 《台案汇录丙集》卷七《巡台御史白起图等奏折》，"台湾文献丛刊"第 176 种，台湾银行经济研究室，1963。

② 中国第一历史档案馆、海峡两岸出版交流中心：《明清宫藏台湾档案汇编》（第 9 册），九州出版社，2009，第 383 页。

解官兵如何利用军船私带民众渡台。① 据被擒获的私渡民人沈尧称：他们一行人赴台找寻亲戚，于当年五月十七日，遇到先前相识的官军正准备到台湾，遂央求船上兵丁带他们一同前往。水兵黄得元、林探、洪得成、翁得生、沈万、朱得福、刘高升、张得成、黄得福、陈文斌等揽他们上船，每人要船钱番银三四元。十九日，一行人缴纳船费后随军船出海。后遭风漂没，遂于偏僻处上岸，在笨港地方被官军捉获。后经查实，该船系厦门提标后营清字四号哨船，因装载诏安营马兵四名并马四匹赴台。台湾地方有司遂将该船队目林日升、舵工王希明、水兵黄得元等共二十八人全部缉拿归案。根据队目林日升的供词，该船原系配载诏安营马兵四名，马四匹，赴台湾补额。有水兵起意揽客私渡，从中牟利，其中黄得元揽客五名，林探揽客六名，洪得成揽客六名，翁得生揽客四名，沈万揽客三名，朱得福揽客二名，刘高升揽客二名，张得成揽客一名，黄得福揽客一名，陈文斌揽客一名，共计三十一名。各水兵收受船资后，议定到台湾均分。五月二十六日，船只到达台湾海丰港附近，私渡民众上岸，后在笨港被擒获。这则材料说明一个非常重要的问题，即该船大部分水兵都参与了私渡活动，亦即意味着利用兵船私渡可能为经常性行为。

正如前述，从清政府统一台湾至乾隆四十八年（1783 年）的漫长时期内，只有厦门至鹿耳门一条路线为合法的渡台路线。但是，在福建省漫长的海岸线中，从最北端的福宁府到最南端的漳州府，有大量的港口可以径达台湾海港，“查闽省沿海小口不一，如福州府属之闽安等汛，福宁府属之南镇等汛，兴化府属之涵江等汛，厦门之大小担等汛，漳州府属之马屿等汛，皆可直达台湾

① 台湾史料集成编辑委员会：《明清台湾档案汇编》（第 39 册），远流出版社，2007，第 336—337 页。

之淡水、八里坌等处，亦复港汊纷歧，在在可以偷渡”[①]。很显然，对于福宁府或福州府欲往台湾北部谋生的人来说，如果走合法途径，除了正常的照票等费用外，还必须长途跋涉到厦门，经过一系列烦琐的程序后出海，到达台湾南部的鹿耳门，之后须再次穿越台湾漫长的海岸线抵达北部。若从福州或者福宁的港口直达台湾北部，其成本将大大降低。

当然，从福建私渡台湾，主要地点还是在闽南一带，尤其是厦门周边地区。“偷渡来台，厦门是其总路。又有自小港偷渡上船者，如曾厝垵、白石头、大嶝、南山边、镇海、岐尾，或由刘武店至金门料罗、金龟尾、安海、东石，每乘小渔船私上大船”[②]。“查偷渡之路有二：其由厦门大担口正路出洋者，多属船主舵工，计图渔利，招引无照之人，顶冒水手，私行前往；其由青峙、浯峙、赤码、槟榔峙小路偷渡者，俱系不法客头，包揽客民，先于海澄、龙溪、诏安等县招引，聚集小船，由石码等处潜至厦门，乘夜载赴大船出洋”[③]。从厦门至台湾海港，中间必经过澎湖，厦门至大担、澎湖至台湾均可用小船摆渡，唯自大担至澎湖洋面水宽浪大，必用大船方能渡过。泉、漳一带船户，往往借称到澎湖贸易，驾驶赶罾大船，名曰“短摆”，既不到台湾挂号，又不到厦门挂号，终年逗留澎湖，往来于大担澎湖之间。厦门不法店家客头包揽广东及福建无照私渡之人，用舢板载出大担，送上“短摆”大船，渡到澎湖，又用舢板装载，不入鹿耳门以避巡查，径至台湾北路之笨港、鹿仔港一带幽僻无人之处上岸，散入

① 《台案汇录丙集》卷七《闽浙总督富勒浑奏折》，“台湾文献丛刊”第176种，台湾银行经济研究室，1963。

② 《重修台湾府志》卷二《规制·海防》，“台湾文献丛刊”第105种，台湾银行经济研究室，1961。

③ 《台案汇录丙集》卷七《刑部为内阁抄出浙闽总督杨廷璋奏移会》，“台湾文献丛刊”第176种，台湾银行经济研究室，1963。

台地。

除随时有可能被官方捉拿外，私渡者还面临诸多意料不到的风险。海上风信不定，船只随时会触礁漂没，造成船毁人亡。雍正八年（1730年）八月间，在广东青山仔后江湾地方发现一遭风船只，失去桅舵，船亦撞岸击碎，死亡者不在少数。乾隆元年（1736年），福建水师提督王郡言，私渡人员在缴纳费用后，“方乘夜静，行无路之崇山，下危险之小舟，幸而不被哨巡拿获，始能得上大船。又甘为船户禁锢舱中，昼夜不知，毋论风势之顺逆，不由洋面之正道，任意冒险，其不为倾覆者几希矣”[①]。自乾隆二十三年十二月至二十四年十月，福建省共盘获私渡民人二十五案，老幼男妇九百九十九名，内溺毙男妇三十四名，“已经发觉者如此，其私自过台在海洋被害者恐不知凡几”[②]。蓝鼎元对私渡情形有生动的描述：“累累何为者，西来偷渡人。银铛杂贯索，一队一酸辛。嗟汝为饥驱，谓兹原隰畇。舟子任无咎，拮据买要津。宁知是偷渡，登岸祸及身。可恨在舟子，殛死不足云。汝道经鹭岛，稽察司马门。司马有印照，一纸为良民。汝愚乃至斯，我欲泪沾巾。哀哉此厉禁，犯者仍频频。奸徒畏盘诘，持照竟莫嗔。兹法果息奸，虽冤亦宜勤。如其或未必，宁施法外仁。”[③]

更可恨者，串同习水积匪，用湿漏小船，私载数百人，挤入舱中，将舱盖封钉，不使上下，乘黑夜出洋，偶值风涛，尽入鱼腹。比到岸，恐人知觉，遇有沙汕，辄赶骗离船，名曰“放生”。沙汕断头，距岸尚远，行至深处，全身陷入泥淖中，名曰“种

① 中国第一历史档案馆、海峡两岸出版交流中心：《明清宫藏台湾档案汇编》（第12册），九州出版社，2009，第29—30页。

② 《台案汇录丙集》卷七《吏部为内阁抄出福建巡抚吴士功奏移会》，“台湾文献丛刊”第176种，台湾银行经济研究室，1963。

③ 朱仕玠：《小琉球漫志》卷七《海东剩语（中）》，“台湾文献丛刊”第3种，台湾银行经济研究室，1957。

芋”。或潮流适涨，通波漂溺，名曰“饵鱼”。乾隆九年（1744年），巡台御史六十七等奏，“不肖客头奸梢，将船驶至外洋，如遇荒岛，诡称到台，促客登岸。荒岛人烟断绝，坐而待毙。俄而洲上潮至，群命尽归鱼腹”①。对于“放生”船只，史料中屡有记载。雍正七年（1729年），福建观风整俗使刘师恕奏称：“又有一种奸恶之徒，既取重利，复图泯迹，遂用朽坏之船将人客不分男女共填舱内，以板盖定，行至海中，凿船沉之，自驾小舟而回；又或遇沙洲荒岛，即诡称到台，呼客上岸，客才出舱，不辨何处，欢欣登岸，彼已扬帆而去，谓之放生，迨其知觉，呼号莫救。”② 乾隆十四年，福建水师查获一起利用“放生”船私渡案件，百余名私渡者因为被查获而得以保全性命。

三、清政府对私渡台湾的处罚

随着私渡台湾人员逐年增加，从雍正年间开始，清政府便陆续颁布了处罚私渡的相关法令。

雍正七年（1729年）议准，拿获私渡过台人犯，问明从何处开船，将失察水汛及本地文武各官，照失察奸船出入海口例，罚俸一年。如文武衙门隐匿不报者，或被告发，或被上司查参，将该管之兼专文武各官，皆照讳盗例分别议处。③

乾隆五年（1740年）定，闽省不法棍徒，如有充作客头，在沿海地方引诱私渡之人，包揽过台，索取银两，用小船载出澳口，复上大船者，为首发边卫充军，为从及澳甲、地保、船户、

---

① 《台案汇录丙集》卷七《吏部为内阁抄出福建巡抚吴士功奏移会》，“台湾文献丛刊”第176种，台湾银行经济研究室，1963。

② 台湾史料集成编辑委员会：《明清台湾档案汇编》（第13册），远流出版社，2006，第124页。

③ 《清会典台湾事例·吏部·处分例·海防》，“台湾文献丛刊”第226种，台湾银行经济研究室，1966。

舵工人等知而不举者，俱杖一百，徒三年，均不准折赎。其私渡之人，照私渡关津律，杖八十，递回原籍。倘奸徒中途有谋害情事，人已被害身死者，将谋害之人，不分首从，俱照江洋行劫大盗例，拟斩立决枭示。如被害未死，将为首者比照强盗伤人例，拟斩立决，同谋之人，照未伤人之伙盗免死减等例，发云贵两广极边烟瘴地方，交与该地方官严行管束。虽未同谋下手，但同船知情不首告者，杖一百，徒三年。若有船户私揽无照之人渡台，将哨船私载图利者，俱照此例分别治罪。至拿获私渡人犯，讯明从何处开船，将失察奸船，及隐匿不报之文武官弁，交部分别议处。[①]

乾隆十三年（1748 年）议准：奸民私渡过台，一由客头包揽，一由在台返回民人接引。请凡拿获私渡人犯，必先究客头，如官不能究出，罚俸一年，已供故删者革职。至在台民人欲回原籍，必将情由及原籍村庄，呈明给照，关回原籍，台防同知查明，配船准回。事毕，由原籍州县呈明，厦门同知验人照，配船回台。如招引多人私渡，本人照客头例，发边卫充军；不请印照者，照私渡例杖八十，逐回原籍；地方官滥给照票，照例参处。[②]

乾隆二十六年（1761 年）奏准：民人无照私渡台湾者，该地方官拿获人犯，详报该总督提督，讯明由何处出口入口，一名至九名者，将守口员弁罚俸一年，十名以上，降一级留任，二十名以上，降一级调用。其兵目澳保在本管汛地拿获者，毋庸给赏。如在洋面拿获私渡人犯十名以上同船户客头并获者，赏银四两，每十名以上照数递加。如私渡船只尚未出洋，别汛兵目澳保盘获者，减半赏给。所赏银两，即令地方官先行垫给，俟定案后于私

---

① 《清会典台湾事例·刑部·兵律关津·私出外境及违禁下海》，“台湾文献丛刊”第 226 种，台湾银行经济研究室，1966。

② 张本政：《〈清实录〉台湾史资料专辑》，福建人民出版社，1993，第 164 页。

渡船只变价充公银内给还。守口员弁拿获一起，准其记功一次注册，积至十次者，查其平时居官果属才优，即量予拔擢。若非私渡之人，而员弁兵役敢于妄拿图功邀赏者，一经审出，即行严参，从重治罪。①

乾隆三十五年（1770 年）定，拿获私渡过台客民，若尚在陆路客店道路未登舟以前，客头、船户、客民，俱照本例减一等发落。如已登舟，无分大船小船，已未出口，将客头、船户、客民，及照私渡本例治罪。若不法客头船户内，有积惯在沿海村镇引诱包揽，招集男妇老幼数至三十人以上者，无论已未登舟，一经拿获，即将客头船户年力强壮者，发遣新疆给种地兵丁为奴，年老残废者，改发极边烟瘴充军。至拿获私渡客民，务须研究沿海陆路在何村镇客店会集，将该处兵役、澳甲、地保、客店人等杖七十。如有贿纵情弊，计赃从重论。兵役澳甲人等，能于客店聚集时拿获，及首报私渡客民者，虽在本汛，亦按照拿获私渡客民，计名给赏。若将并非私渡之人，辄行妄拿，图功邀赏，及挟嫌吓诈情事，仍各照本例分别从重治罪。②

乾隆三十七年（1772 年）定例：闽省不法棍徒，如有充作客头，在沿海地方引诱私渡之人，包揽过台，索取银两，用小船载出澳口，复上大船者，为首发近边充军，为从及澳甲、地保、船户、舵工人等知而不举者，俱杖一百，徒三年。遇有拿获揽载私渡船只，将搭载大船及雇请小船各船户，俱照客头例，分别首从治罪，船只变价充公。出具连环互结之船户，并原保澳甲，及开张歇寓之人，知情容隐者，俱杖一百，枷号一月，均不准折赎。其私渡之人，照私渡关津律，杖八十，递回原籍。若将哨船偷载

---

① 《清会典台湾事例・兵部・绿营处分例・海禁二》，"台湾文献丛刊"第 226 种，台湾银行经济研究室，1966。

② 《清会典台湾事例・刑部・兵律关津・私出外境及违禁下海》，"台湾文献丛刊"第 226 种，台湾银行经济研究室，1966。

图利者，亦照此例分别治罪。倘奸徒中途有谋害情事，人已被害身死者，将谋害之人，不分首从，俱照江洋行劫大盗例，拟斩立决枭示。如被害未死，将为首者比照强盗伤人例，拟斩立决，同谋之人，照未伤人之伙盗免死减等例，发宁古塔等处，给披甲人为奴。虽未同谋下手，但同船知情不首告者，杖一百徒三年。至拿获私渡人犯，讯明从何处开船，将失察奸船，及隐匿不报之文武官弁，交部分别议处。①

嘉庆五年（1800 年）奏准，拿获私渡过台人犯，问明何处开船，将失察口岸官，无论名数多寡，系携眷渡台者降二级调用，系只身私渡者降一级调用，如口岸各官隐匿不报，照讳盗例分别议处。②

道光十四年（1834 年）议准，嗣后渡台民人，照例由地方官给发照票，至正口验放配渡，赴台湾投缴原照，仍责成给照之州、县验放。验收之台内管口厅员，按月造册通报，如查无照票，或人照不符，及所执系口员私票，即将本人照例治罪。仍严究客头、船户、澳甲、汛兵姓名，指拿究办，如不将客头人等据实供指，即将本人坐以客头等应得之罪，商船、哨船，夹带坐船户及管驾弁目，以客头之罪。至各处偏僻港澳及泉州府属之崇武等处，责令文武印官，督率分汛官弁，逐段清查，凡有渔船之可放大洋者，一概押归正口，以便稽查。不得停泊私澳，其梁头短窄，不能远涉者，仍听其便，并令台湾水陆汛弁，在于浅水浮埔、支河汊港，互相稽查，见有船只，亦即押赴正口。如遇涉水登岸之人，将人船一并拿交地方官讯办，仍严饬分汛官弁，不得借此需索扰累，别滋事端。疏于防范者，照例参处。“私给照票

① 《清会典台湾事例·刑部·兵律关津·私出外境及违禁下海》，“台湾文献丛刊”第 226 种，台湾银行经济研究室，1966。

② 《清会典台湾事例·吏部·处分例·海防》，“台湾文献丛刊”第 226 种，台湾银行经济研究室，1966。

者，□□情卖放例，革职治罪。”①

在整个私渡的环节中，作为组织者的蛇头和作为监管者的地方政府扮演的角色十分重要。综观清政府历年制定的各种处罚私渡措施，其主要目标亦对准了蛇头和地方监管者。乾隆十二年（1747年），闽浙总督强调指出：“客头包揽乃偷渡之根株，汛口兵役实客头之凭借，若辈狼狈作奸，牢不可破。”② 鼓浪屿有郑和者，有船三四只，内最大者价值千余金。雍正六年（1728年）十一月，郑和大船运载私渡人员驶往台湾，在鹿耳门港口，值守千总私自放行，当地文员因为勒索金钱未果而报官。地方官府将郑和擒拿后，并未加以处罚，仅仅将船只入官，郑和嘱估价者以破烂船报，价值千余金的船只估价五十两，此船后又被郑和买去继续从事私渡。面对这种情况，刘师恕也备感无奈，“沿海地方广阔，随处可以上船，本难稽查，而澳甲、地保通同私纵者又复不少。其被拿获者，偷渡男妇递回原籍，而客头仅坐杖、徒，且许折赎，出所得百分之一便可脱然无事，利重罚轻，彼亦何惮而不为也”③。“地方有司承审偷渡案件，往往止就现获客民解籍责释，而客头、船户多闻风远扬，或差役受贿，不肯实力拿解，以致奸徒无所畏惧，包揽之弊，未能杜绝。窃思偷渡者……实为隐忧，然非有客头为之包揽，船户为之渡载，断不能飞越大洋”④。私渡台湾的罪魁是蛇头和船户，本来已经制定对他们的处罚措施，但地方有司在查处有关案件时，往往只惩罚私渡民众，而将蛇头和

① 道光十四年一月二十三日朱批，中国第一历史档案馆：《嘉庆道光两朝上谕档》（第39册），广西师范大学出版社，2000。

② 台湾史料集成编辑委员会：《明清台湾档案汇编》（第19册），远流出版社，2006，第365页。

③ 台湾史料集成编辑委员会：《明清台湾档案汇编》（第13册），远流出版社，2006，第124页。

④ 台湾史料集成编辑委员会：《明清台湾档案汇编》（第20册），远流出版社，2006，第67页。

船户放过。这可能是私渡不止的主要原因之一。

乾隆三十四年（1769年）十月二十五日上谕：将福建、广东赴台人民严行禁止，仍于各处口岸设法巡逻周密，毋许私行逸漏一人。其现今流寓在台者，虽不能尽行驱回，而编设保甲，互相觉察，勿任匪类得以藏奸。或原编保甲外查出新增人户，即系此次禁后复行私渡之人，该管官查明来历，申报督、抚，将原查疏漏之员弁严参重处。则凡有稽查汉口之责者，自不敢以具文塞责，庶足防弭于未形。……仍令该督等将如何实力查禁、有无审出偷漏之人，于岁底汇奏一次。① 以此上谕为分界线，清政府对私渡台湾的处罚可以分为两个时期。

乾隆三十四年（1769年）之前，对私渡案件的处理，多属一案一议，每逢抓获私渡人员，有司层层上报，并提出各自的处罚意见。这些处罚意见经皇帝批示后又成为以后处罚私渡者的基本准则之一。

雍正九年（1731年），漳州漳浦县查获两起私渡案件，其中私渡男妇四十九人，客头三人，在押解他们到漳浦县途中，被平和县民众百余人围困抢走部分私渡之人。经事后调查，平和何棣地方有何姓大族，其族人多组织私渡和贩卖女性到台湾。对于这种公然抗法的行为，当政者并未深究，仅仅将之作为一起平常的私渡事件处理。

乾隆元年（1736年），鉴于船户在私渡案件中的作用，福建水师提督王郡提出要加大对船户的处罚。私渡屡禁不止，在于揽载之船户串通勾引客头。在王郡看来，台湾孤悬海外，非船只不能成行，如果船户奉公守法，不提供渡载之船只，即便是客头、窝家亦无计可施，所以船户之罪应重于客头。但在雍正八年

① 乾隆三十四年十月二十五日上谕，中国第一历史档案馆：《乾隆朝上谕档》（第5册），档案出版社，1991。

（1730 年）订立的处罚则例中，客头在沿海地方包揽客人上船，为首之人发边卫充军，为从者减一等，杖一百、徒三年，船户知而不举者亦杖一百、徒三年，对船户的处罚明显轻于客头。实际上，船户一船载数十人或上百人，所得远远高于客头，“而客头虽代为勾引，实仗船户之装载，今船户之罪过轻于客头，故奸梢得以暗结，牢不可破”[①]。因此，他建议重新考虑对船户的处罚问题。

乾隆十三年（1748 年）四月至七月间，福建地方共查获私渡案件十五起，每起男妇多者七八十人，少者亦有一二十人。闽浙总督喀尔吉善指出，民众私渡，“其弊端虽百不出穷，紧要情节不过两端，一在内地客头之包揽，一在台回民之接引。偷渡民人散处各方，若无客头包揽，断难飞渡。是偷渡一事，当首严客头，客头渐少，则偷渡渐稀”[②]。是故，他认为如欲断绝私渡，必先严惩客头。若有司纵放客头则严加参处。八月，吏部等议准：请凡拿获私渡人犯，必先究客头；如官不能究出，罚俸一年，已供故删者革职。至在台民人欲回原籍，必将情由及原籍村庄，呈明给照，关回原籍；台防同知查明，配船准回。事毕，由原籍州县呈明，厦门同知验人照，配船回台。如招引多人私渡，本人照客头例，发边卫充军；不请印照者，照私渡例杖八十，逐回原籍；地方官滥给印照，照例参处。[③]

乾隆三十四年（1769 年）以后，清廷制定了私渡案件年报制度，闽粤两省不论当年是否查获私渡案件，都必须将该年度查获

---

① 中国第一历史档案馆、海峡两岸出版交流中心：《明清宫藏台湾档案汇编》（第 12 册），九州出版社，2009，第 31 页。

② 台湾史料集成编辑委员会：《明清台湾档案汇编》（第 20 册），远流出版社，2006，第 78 页。

③ 张本政：《〈清实录〉台湾史资料专辑》，福建人民出版社，1993，第 164 页。

情况和具体处罚结果上报北京，从而形成对私渡案件的程序化处理。从档案材料看，乾隆三十四年以后，闽粤两省地方官每年均上报当地私渡情况。结合现存有司审讯私渡案件分析，对私渡的处罚有一套固定的规程。一般情况下，查获私渡者层层上报至闽浙总督、福建巡抚或福建水师提督，而后由他们联合或者单独上奏请示如何处罚。奏折经皇帝批示后转交刑部议定处罚办法，最后皇帝再对刑部议处予以确认。这一过程有时相当漫长。乾隆五十五年三月二十七日凤山县县丞韦崇雅拿获私渡船只二只及舵工蔡牙，水手蔡江、陈内，客民陈文滔共四人。此案经层层上报，次年四月十八日乾隆皇帝才做出批示，命令刑部议奏。

清统一台湾后，在嘉庆以前，对于是否积极开发台湾问题，清廷内部始终存在较大的争论。支持开发者坚持在台湾开辟荒地，招养穷民，以图生聚；反对开发者多称台地孤悬海外，所聚民人半属游惰，虽有旷土可耕而万难开辟，遽行召垦，致游棍私渡日多，利小而害大。康雍乾三朝渡台政策，便在这种争执不下的言论中左右摇摆。但是，无论争论者对开放台湾持何种态度，维持台湾的稳定，避免重蹈明郑政权的覆辙，是所有人的共识。看似变动不居的渡台政策实际上有其共同点，无论是给照还是禁止私渡，都是为了防止赴台之人在台湾引发社会动荡，这也决定了限制渡台是决策者的必然选择。

第二章

清代台湾的政治体制①

第一节　清代台湾的行政区划沿革

一、一府三县时期

施琅平定台湾后，康熙二十三年（1684 年），康熙皇帝最终下定决心在台湾建立地方行政机构进行管理，并形成了一府三县的格局。之后，随着局势的变化，清政府对台湾的行政区划进行了多次调整，经历了一府三县、一府四县、二府八县的府治之后，于光绪十一年（1885 年）进入省治阶段，并最终形成了三府一直隶州十一县三厅的行政区划格局。

---

① 本章由福建工程学院马克思主义学院庄林丽撰写。

康熙二十三年（1684年）四月，派往福建料理钱粮的侍郎苏拜会同福建督抚、提督上疏奏请："台湾地方千余里，应设一府三县，设巡道一员分辖。"① 这一奏请得到了康熙帝的批准，谕户部、兵部："台湾僻处海外，新入版图，应设立郡县营伍，俾善良宁宇，奸宄消萌。教化既行，风俗自美；着于赤嵌设台湾府，附郭为台湾县，凤山为凤山县，诸罗为诸罗县；设一道员分辖。又设总兵一员、副将二员、兵八千名，分为水陆八营。澎湖设副将一员、兵二千名，分二营，设游击、千、把等官。"② 由此，台湾的政治、军事体制基本建立。

当时，台湾的行政区划主要是沿袭了明郑时代的旧制，《裨海纪游》中就记载："台湾既入版图，改伪承天府为台湾府，伪天兴州为诸罗县，分伪万年州为台湾、凤山二县。"③ 此时，整个台湾的行政区划格局大致如下：台湾府治位于东安坊，以台湾县为附郭；台湾县署在东安坊，由于台湾县位于三县之中，故名中路，其疆界东到大山，西到大海，南到二层行溪的北支界凤山县，北到蔦松溪，与诸罗县为界，东西宽四十五里，南北长三十六里，此外，澎湖归属台湾县管辖；凤山县在府治南方，成为南路，暂附府治治事，其疆界北以二层行溪与台湾县为邻，南到沙马矶头，南北二百七十五里，西北临大海，东北界诸罗县，东西宽三十五里；自诸罗县而北，称北路，暂驻佳里兴，其疆界东到大山，西抵大海，南界凤山县，北到大鸡笼，东西宽五十一里，南北长九百一十九里。这样，就基本形成了以台湾府及台湾县、

① 张本政：《〈清实录〉台湾史资料专辑》，福建人民出版社，1993，第64页。

② 《澎湖厅志》卷首《皇言录》，"台湾文献丛刊"第164种，台湾银行经济研究室，1963。

③ 郁永河：《裨海纪游》卷上，"台湾文献丛刊"第44种，台湾银行经济研究室，1959。

凤山县、诸罗县为基础的一府三县的行政区划格局。

这种一府三县的行政区划在当时而言，具有重要的创建意义，标志着台湾正式归入大清的管辖之下，并隶属于福建省。但是，这种行政区划毕竟只是草创，所以，不可避免地存在着缺陷。嘉庆年间任台湾教谕的谢金銮就曾指出："当康熙时，彰化、淡水未曾设官，政令巡防，北至斗六门而止，或至半线，扼要不越诸罗辖内二百余里之地。自半线以北至于鸡笼七八百里，悉荒弃之，亦委于番；即台邑之罗汉门，凤山之琅娇，皆摈弗治。当事者逡巡畏缩，志存苟安，屡为画地自守之计。"①这段话充分说明康熙朝的这种一府三县的行政区划格局对面积相当于当时福、兴、漳、泉四府的台湾府来讲，是无法真正管理到辖地的各个角落的，这也是康熙朝台湾各地骚动不断的一个重要原因。特别是随着康熙六十年（1721 年）朱一贵事件的发生，清朝统治者也认识到随着人口的增加，一府三县的行政区划格局无法满足治理台湾的需要，尤其要对诸罗县北半线的"荒弃"之地加强管理。

二、一府四县时期

一府三县的行政区划格局最终被打破是在雍正元年（1723 年），该年设立了彰化县，由此开始一直到光绪元年（1875 年），台湾的行政区划格局都是一府四县。

康熙六十年（1721 年），朱一贵事件爆发，起事者攻占府城，全台震动，这给了清政府很大的刺激。事平之后，曾参加平乱的南澳镇总兵蓝廷珍的幕僚蓝鼎元建议，"诸罗地方辽阔，鞭长不

---

① 丁日健：《治台必告录》卷二《蛤仔难纪略》，"台湾文献丛刊"第 17 种，台湾银行经济研究室，1959。

及；应划虎尾溪以上另设一县，驻扎半线，管辖六七百里”[1]，也就是说要在台湾北部半线另设一县管辖自虎尾溪至淡水地区。此建议到雍正皇帝即位后，才得以施行。

雍正元年（1723 年），巡台御史吴达礼亦上奏言设置新县的问题。他说：“诸罗县北半线地方，民番杂处”，治理艰难，因此奏请“分设知县一员、典史一员”，且“淡水系海岸要口，形势辽阔；并增设捕盗同知一员”。清廷鉴于朱一贵事件的教训，此时也在积极考虑改革台湾行政建置的问题，所以该奏请很快就得到了批准，该年，“定诸罗分设县曰彰化”，并设立了淡水厅。[2]这样就形成了包括新设立的彰化县、淡水厅在内的一府四县一厅的行政区划格局。

朱一贵事件所带来的影响还在于使清政府进一步认识到澎湖的重要性。

澎湖的重要战略地位，在施琅平定台湾之役中已经凸显，所以，郁永河在其工作记录中就提道：“然守台湾，尤宜以澎湖为重。澎湖者，台湾之门户也；三十六岛，绝无暗礁，在在可以泊船。故欲犯台湾，必先攻澎湖；澎湖既得，进战退守无不宜。欲守台湾，亦先守澎湖；澎湖坚壁，敌舟漂荡无泊，即坐而自困矣。畴昔郑氏，虽尚与王师鏖战，澎湖既失，遂至穷蹙，盖可鉴也！”[3]《澎湖厅志》里亦言：“澎湖不过海上一沤耳；然岛屿回环，港汊错杂，为中外之关键，作台、厦之逆旅。前者施侯争之以进取，郑氏失之而议降。既入版图，凡台湾有事、内地舟师东

---

① 蓝鼎元：《东征集》卷三《覆制军台疆经理书》，“台湾文献丛刊”第12种，台湾银行经济研究室，1958。

② 张本政：《〈清实录〉台湾史资料专辑》，福建人民出版社，1993，第96页。

③ 郁永河：《裨海纪游》卷下，“台湾文献丛刊”第44种，台湾银行经济研究室，1959。

征，皆恃澎湖为进战退守之地，所关于沿海大局者，正匪浅矣。”[①] 这两份资料里提到的情况，便是施琅“率师往征（澎湖），一战克之”[②]，从而取得了攻克台湾的关键性胜利的情形。正是基于此，清政府对澎湖地区也是很重视的，早在康熙二十三年（1684 年），便在澎湖设“巡检一员驻守”，隶台湾县。

而朱一贵之役，全台震动，唯有澎湖没有失陷，在此基础上，清政府才最终得以迅速复台，这使清朝统治者更加深刻地认识到澎湖的重要性。因此，雍正五年（1727 年），根据高其倬的奏请，“以澎湖孤悬海岛，巡检微员不足以弹压”[③]，清政府又下令“添设台湾府通判一员，驻澎湖，裁澎湖巡检一员”[④]，这样，澎湖厅设立，厅治在大山屿之妈宫澳。随着澎湖厅的设立，台湾的行政区划格局进入了一府四县二厅的阶段。

因此，雍正朝时期清政府对台湾的行政区划格局进行了较大的改进，添置了彰化县、淡水厅、澎湖厅。在雍正九年（1731 年）至十二年之间，对原设的台湾、凤山、诸罗三县的行政区划也进行了调整。

雍正九年（1731 年）二月初七，根据福建总督刘世明的奏请，将“台湾府南面向隶凤山、北面向隶诸罗管辖者，俱改归台湾县管辖”[⑤]。

---

① 《澎湖厅志》卷一《封域志》，“台湾文献丛刊”第 164 种，台湾银行经济研究室，1963。

② 丁绍仪：《东瀛识略》卷一《建置》，“台湾文献丛刊”第 2 种，台湾银行经济研究室，1957。

③ 胡建伟：《澎湖纪略》卷三《官师纪·建官》，“台湾文献丛刊”第 109 种，台湾银行经济研究室，1961。

④ 张本政：《〈清实录〉台湾史资料专辑》，福建人民出版社，1993，第 101 页。

⑤ 张本政：《〈清实录〉台湾史资料专辑》，福建人民出版社，1993，第 107 页。

雍正十二年（1734年），以原属凤山县二层行溪以北之土堑埕、喜树仔、新昌、永宁四堡及安平镇地区，又二层行溪南支迤北之依仁里，又及东北部之罗溪门庄，皆划归台湾县管辖。而原台湾县二层行溪以南文贤里部分地区，则尽归凤山县管辖。又以新港溪南诸罗县新化里，划归台湾县管辖。经过调整之后的各县的辖区具体范围，我们可以从《重修福建台湾府志》的记载中窥视一二。该书成书于乾隆六年（1741年），距离雍正朝最近，记载的也最为接近这一时期的情况。大致格局如下：

> 台湾县（附郭）：东至罗汉门庄内门，六十五里；西至澎湖辖地，水程四更外，三十里（澎湖地方纵横皆三十里）；南至文贤里二层行溪凤山县界，二十里（原至依仁里交界，仅十里；雍正十二年，奉文改至此）；北至新港溪诸罗县界，二十里（溪以南有新港社、新化里，原属诸罗；雍正十二年，改归台湾。今溪南属台、溪北属诸）。广九十五里、袤四十里。
>
> 凤山县：东至傀儡山，五十里；西至打鼓港，一十里；南至沙马矶头，三百七十里；北至二层行溪台湾县界，七十里。东西广六十里、南北袤四百四十里。距府九十里。
>
> 诸罗县：东至大龟佛山，二十里；西至大海，三十里；南至新港溪台湾县界，八十里；北至虎尾溪彰北县界，五十里。广五十里、袤一百三十里。距府一百里。
>
> 彰化县：东至南、北投大山，二十里；西至大海，二十里；南至虎尾溪诸罗县界，五十里；北至淡水大鸡笼城，四百三十四里。广四十里、袤四百八十四里。距府二百里。①

---

① 《重修福建台湾府志》卷四《疆域》，“台湾文献丛刊”第74种，台湾银行经济研究室，1961。

也就是说，雍正朝的行政区划调整，“使原本之台湾、凤山、诸罗三县之辖区均大幅缩小，即诸罗县分出彰化县、淡水厅，并割新化里一半给台湾县；凤山县之永宁里、新昌里、依仁里、效忠里，并入台湾县；台湾县之澎湖独立成一厅”①。

乾隆朝台湾仍然维持了一府四县二厅的行政区划格局，但各厅县的辖区仍有小范围的调整。乾隆三年（1738 年），“割大甲溪以北至大鸡笼城归淡水防厅管辖，驻扎竹堑”②。此外，在乾隆十二年刊行的范咸的《重修台湾府志》与乾隆二十九年成书的余文仪的《续修台湾府志》中，分别对台湾的行政区划情况进行了记录，二者显示的信息可证明，到乾隆二十九年，台湾的行政区划格局仍是台湾府所领之下台湾县、凤山县、诸罗县、彰化县、淡水厅、澎湖厅的一府四县二厅格局，而且，除了凤山县和诸罗县的辖区略微有所调整之外，各厅县的辖区基本保持不变，整个台湾的行政区划格局基本维持了稳定状态。这种状况一直持续到乾隆五十一年林爽文事件发生。

乾隆五十一年（1786 年）十一月，林爽文率众起事，这是比朱一贵事件持续时间更长且影响更深远的一次民变事件，该事件的发生虽然没有直接改变台湾一府四县二厅的格局，但却对台湾行政区划格局带来了较为深远的影响，主要表现在三个方面。

第一，将诸罗县改名为嘉义县。林爽文事件中，诸罗军民坚守城池，使起事师败。鉴于诸罗县军民的英勇表现，乾隆五十二年（1787 年）十一月初三，乾隆皇帝下发谕旨：“台湾逆匪林爽文纠众倡乱以来，提督柴大纪，统兵剿捕，收复诸罗后，贼匪屡经攻扰，城内义民，帮同官兵，奋力守御，保护无虞，该处民人，急公向义，众志成城，应锡嘉名，以旌斯邑。着将诸罗县改

① 张胜彦：《清代台湾厅县制度之研究》，台北华世出版社，1993，第 17 页。

② 《重修福建台湾府志》卷四《疆域》，“台湾文献丛刊”第 74 种，台湾银行经济研究室，1961。

为嘉义县，俾阖县良民，倍加奋励，以昭奖励。”[①] 也就是说，乾隆皇帝为嘉许诸罗县民的忠义取“嘉其忠义”赐名嘉义，诸罗县正式改名为嘉义县，这一名称一直沿用至今。

第二，移凤山县治于埤头。因林爽文事件中，南路庄大田一再蹂躏凤山县城，事件平定之后，福康安奏称：“查勘凤山县城地势低洼，既不足以资控制，自应察看形势，酌量移建。”[②] 此建议得到准许，清政府移凤山县治于埤头。

第三，噶玛兰地区“入图籍”被提上议事日程。噶玛兰，“本名蛤仔难，在淡水东北三貂、鸡笼大山之后社番地也……自乌石港至苏澳山下，绵亘不及百里，然一望平畴，溪港分注，实天生沃壤也”，但此前没有得到很好的开发。林爽文事件发生之后，“虑贼北窜内山”，淡水同知徐梦麟奉命派兵进入后山搜查，这是继朱一贵事件之后，官府势力再度进入蛤仔难。徐梦麟探知有漳人吴沙久住三貂，又得知蛤仔难地区各部落尚未归化，无须担心乱民余党潜入后山，他说：“三貂有吴沙，民番素信，可堵贼，毋使遁入者是也。”而且此时，吴沙“既通番久，尝深入蛤仔难，知其地平广而腴，思入垦”，于是，乾隆五十三年（1788年）林爽文事件平定之后，徐梦麟向知府杨廷理报告，“吴沙可信用，及蛤仔难生番易于招抚”，而且噶玛兰地区土地广阔，土壤肥沃，可收为版图，设治经理。杨廷理认为此议可行，于是呈报巡抚徐嗣曾，但徐嗣曾却以“经费无出，且系界外，恐肇番衅”为由弗许。[③]

---

① 张本政：《〈清实录〉台湾史资料专辑》，福建人民出版社，1993，第453页。

② 张本政：《〈清实录〉台湾史资料专辑》，福建人民出版社，1993，第540页。

③ 姚莹：《东槎纪略》卷三《噶玛兰原始》，“台湾文献丛刊”第7种，台湾银行经济研究室，1957。

这件事在陈淑均的《噶玛兰厅志》里亦有记载，其文曰：

> 乾隆五十一年丙午岁秋八月，廷理由侯官令升补台防同知。到任三月，值彰邑林爽文之变，以守城微劳，五十二年秋九月，升补台湾知府。五十三年随福郡王康安驻军平台庄，攻克大理杙后，理筹防林逆窜路，始知有三貂、蛤仔难之名。及该逆率伙越山逃遁，理请檄饬淡防同知徐梦麟赶赴三貂堵缉。嗣接覆文，方知有漳人吴沙久住三貂，民番信服，可保无疏纵弊，及隔港蛤仔难生番尚未归化，并无居民，毋须顾虑等情。次年，林逆就获，大兵凯旋，徐署郡篆，每向理称吴沙可信及蛤仔难生番易于招抚、地方广袤、土性膏腴情形；屡会理禀商徐抚宪嗣曾。抚宪以经费无出，且系界外，恐肇番衅，弗允奏办。[①]

从这段记载更可以明显感觉到，林爽文事件之时，清政府并未对噶玛兰地区进行开发治理，林爽文事件的发生促使了部分官员开始注意到这一地区，噶玛兰入图籍，“其议倡自淡水同知徐梦麟”[②]。

虽然，上述变化表面上并未给台湾一府四县二厅的行政区划格局带来改变，但是这些变化其实都预示着台湾行政区划格局将再次出现较大的调整，其中最大的影响就是促成了噶玛兰厅的设立。

乾隆末年，徐梦麟和杨廷理开发噶玛兰地区的建议虽未被采纳，但是，至噶玛兰地区开垦者却越来越多。嘉庆十一年（1806

---

① 《噶玛兰厅志》卷七《议开台湾后山噶玛兰即蛤仔难节略》，“台湾文献丛刊”第160种，台湾银行经济研究室，1963。

② 姚莹：《东槎纪略》卷三《噶玛兰入籍》，“台湾文献丛刊”第7种，台湾银行经济研究室，1957。

年），海盗蔡牵率众至噶玛兰地区之乌石港，欲占领之，当地民众合力将之击退。福州将军赛冲阿向清政府奏报“该处（指噶玛兰地区）膏腴为蔡逆窥伺”，于是清政府开始注意到淡水以北有一处膏腴之地。夏四月，上谕：“朕闻淡水、沪尾以北，山内有膏腴之地一处，为蔡逆素所窥伺；年来屡次在彼游奕，希图抢占。着询明此处系何地名，派令官兵前往筹备，相机办理，钦此。”① 饬令查明办理，但未提及设官事。

嘉庆十一年（1806 年）九月，为镇压另一海盗朱濆，清政府又起用杨廷理补授台湾知府。九月二十一日，杨廷理在觐见嘉庆皇帝时称，“垂询噶玛兰地方，予时已悉大概情形，因直奏当开”，再次建议开发噶玛兰地区。上谕：“禀商督抚。”十一月杨廷理抵闽，“具陈兼院阿公林保，颇不以为然”②，又禀商赛冲阿将军，未遂筹办。

嘉庆十二年（1807 年）秋七月，朱濆又“满载农椇收泊苏澳”，企图据该地为根据地，杨廷理与南澳总兵王得禄联合击退朱濆。在此过程中，杨廷理进入噶玛兰地区，看见该地区土地肥沃，汉人已多入垦，于是“度阡越陌，得悉险要情形”，并又一次向福州将军赛冲阿禀请在噶玛兰地区“设官经理，丈升田园”，但结果仍是弗许。③

杨廷理三次奏请开发噶玛兰地区都未获得施行，但他的建议最终还是被认同了。嘉庆十三年（1808 年）四月二十五日，赛冲阿在奏折中就指出：“查蛤仔难本系界外番地，今民人熟番越界

---

① 《噶玛兰厅志》卷七《议开台湾后山噶玛兰即蛤仔难节略》，“台湾文献丛刊”第 160 种，台湾银行经济研究室，1963。

② 《杨廷理诗文集·劳生节略》，转引自刘汉忠：《杨廷理年谱》，云南民族出版社，2003，第 316 页。

③ 《噶玛兰厅志》卷七《议开台湾后山噶玛兰即蛤仔难节略》，“台湾文献丛刊”第 160 种，台湾银行经济研究室，1963。

私垦，本应驱逐治罪，惟是开垦有年，已成永业，一经驱逐，不仅沃土抛荒，而无业游民盈千累万，实亦碍难办理。因思该处民番久已相安，且经为官出力，自应归入版图以广声教。虽番地初辟，设官安兵，均多窒碍，而为之有渐，可期獉狉日开。”说明，赛冲阿已经同意了杨廷理的看法，主张要开发噶玛兰地区，设官治理。但是，他认为并不是马上就要施行，而是要先使“该生番等涵濡圣化，不过数年之后，生番自必尽为熟番。彼时田土日辟，民番情洽，应□□履亩勘丈、设官安兵之处，再行查看情形办理”①。

噶玛兰地区真正开始受到清政府重视则是在嘉庆十三年（1808 年）少詹事梁上国上奏之后。梁上国奏曰：“噶玛兰地势平旷……其间田土丰饶，居民不少。……是以贼屡窥伺，欲得其地为负隅计。夫其地未入于版图，其人遂域于化外。万一不能自守，沦为贼巢，恐海洋从兹多事矣。考雍正元年收诸罗县之北地增置彰化一县、淡水一厅，雍正九年又增置彰化县属巡检二员、淡水厅巡检二员。今噶玛兰之地宜遵雍正元年、九年之例收而抚之，则海疆之获益有四。一以绝盗贼觊觎之患。……一以使海疆无化外之民。……一以使全台增土田之利。……一以使番社怀朝廷之德。”② 他的分析引起了清政府的极大重视。十二月，嘉庆皇帝就下发谕旨：“少詹事梁上国陈奏：‘台湾淡水厅属之蛤仔难地方，田土平旷丰饶，每为盗所觊觎。从前蔡牵、朱濆曾欲占其地，俱为官兵击退。若收入版图，不特绝洋盗窥伺之端，且可获海疆之利’等语；并分别各条，详悉具奏。梁上国籍隶闽中，于本省情形，自应素悉，所言不为无见。着将原折拨交阿林保、张

① 《台案汇录辛集》卷四《户部为内阁抄出福州将军赛冲阿奏移会》，“台湾文献丛刊”第 205 种，台湾银行经济研究室，1964。

② 《福建通志台湾府·人物·梁上国》，“台湾文献丛刊”第 84 种，台湾银行经济研究室，1960。

师诚，悉心妥议奏闻。将此谕令知之。”① 可见，此时，清政府已经有意在噶玛兰地区设置厅县。

不久之后，即嘉庆十四年（1809 年）正月，嘉庆皇帝再次谕令：“阿林保等片奏：查勘蛤仔难地势番情，另行酌办一折。蛤仔难北境居民，现已聚至六万余人，且于盗匪窥伺之时，能知协力备御，帮同杀贼，实为深明大义。自应收入版图，岂可置之化外？况其地又膏腴，素为贼匪觊觎。若不官为经理，妥协防守，设竟为贼匪占踞，岂不成其巢穴，更为台湾添肘腋之患乎？着该督抚等熟筹定议，应如何设官经理、安立厅县，或用文职，或驻武营，随宜斟酌，期于经久尽善为要。”② 可见，此时清政府已经决定开发噶玛兰地区。

嘉庆十五年（1810 年），清政府又派闽浙总督方维甸过台查办，“行次艋舺，即有蛤仔难生番头目，带领社番叩送户口清册，请入版图”。方维甸大受感动，而积极进行噶玛兰设治的筹划工作。他上折奏陈：“噶玛兰田土膏腴，米价较贱，流寓日多，又有朱濆帮内散去余党，及逃凶逸犯潜匿其中。前年漳人亦与泉人械斗，熟番互相党护。泉人为漳人所困，大半避出。以强凌弱，相习成风。良善民番，皆思设官纳赋。若竟置之化外，恐台湾日后或添肘腋之患。镇道佥议，皆以设官经理为宜。”③ 嘉庆皇帝看过之后，终于下定决心在噶玛兰地区设治，并谕令“至所设官职，应视其地方之广狭，酌量议添，或建为一邑，或设为分防厅镇。俱无不可。其应设官长及营汛等事，该督于回省后，俟杨廷

---

① 张本政：《〈清实录〉台湾史资料专辑》，福建人民出版社，1993，第 700 页。

② 《噶玛兰厅志》卷七《议开台湾后山噶玛兰即蛤仔难节略》，“台湾文献丛刊”第 160 种，台湾银行经济研究室，1963。

③ 姚莹：《东槎纪略》卷三《噶玛兰入籍》，“台湾文献丛刊”第 7 种，台湾银行经济研究室，1957。

理等查禀到时，即会同张师诚悉心详议具奏”[1]。

之后，杨廷理赴噶玛兰覆勘察。嘉庆十六年（1811 年）九月，由闽浙总督汪志伊与福建巡抚张师诚联衔会奏，建议在噶玛兰设通判，并驻兵巡防。十月，清政府正式下旨：“建福建台湾噶玛兰城楼四座，北关一座、炮台一座，并立山川、社稷坛庙。设通判、县丞各一员，听淡水同知就近控制。守备、千总各一员，把总、外委各二员，额外外委三员，战兵二百五十五名，守兵一百四十名，归艋舺营游击兼辖。建设衙署，给予关防。”[2] 嘉庆十七年八月，各级官员到任，噶玛兰厅正式设立，厅治在五围，其辖区范围如下：“厅治东至过岭仔，以海为界，十五里；西至枕头山后大坡山，与内山生番界，十里；南至零工围山，与生番界，二十五里；北至三貂远望坑，与淡水厅交界，六十五里；东南至苏澳过山大南澳界，八十里；西南至叭哩沙喃与额刺‘王’字生番界，三十里；东北至泖鼻山与淡水洋面界，水程九十五里；西北至宰牛寮内山，与淡水界，八十里。”[3]

随着噶玛兰厅的设立，台湾行政区划格局也随之变为一府四县三厅，这种建制一直沿用到光绪元年（1875 年）。根据同治十二年（1873 年）付梓的《东瀛识略》的记载，各厅县的辖区大致如下：

台湾县附府，东至罗汉门内山七十里，西至安平镇大海二十里，南至二赞溪凤山县界二十里，北至新港溪嘉义县界

① 张本政：《〈清实录〉台湾史资料专辑》，福建人民出版社，1993，第 723 页。

② 张本政：《〈清实录〉台湾史资料专辑》，福建人民出版社，1993，第 726 页。

③ 《噶玛兰厅志》卷一《封域・疆域》，“台湾文献丛刊”第 160 种，台湾银行经济研究室，1963。

二十里：东西广九十里、南北袤四十里。东北至大穆降庄内山五十五里，东南至角带围山凤山县界三十里，西北至新港溪海口二十余里，西南至喜树港海口二十里。……

凤山县埤头新城在府治南，距府八十里。东至傀儡山番界六十里，西至打鼓山（俗呼打狗港）海口二十里（打鼓与旗后两山对峙，中环巨澳，可泊大舟百余，故又名旗后口），南至大秀房庄番界一百七十里，北至二赞溪台湾县界六十里：东西广八十里，南北袤二百三十里。东北至大泽机内山五十里。东南至老佛山番地一百九十余里。西北至二赞溪海口六十余里，西南至沙马矶头大海一百八十里（沙马矶今称龟鼻山）。……

嘉义县在府治北，距府一百里。东至大武营内山九十里，西至笨港海口三十里，南至新港溪台湾县界八十里，北至虎尾溪彰化县界五十里：东西广一百二十里、南北袤一百三十里。东北至鼎盖梁内山六十里，东南至琅包内山一百里，西北至虎尾溪海口四十余里，西南至卓加港海口八十余里（卓加港即新港溪下流入海处）。更有北门、荷包等数屿，在距县三十余里西南海中。

彰化县在府治北，距府二百一十里。东至平林仔庄内山七十五里，西至鹿仔港海口二十里，南至虎尾溪嘉义县界六十里，北至大甲溪淡水厅界四十里：东西广九十五里、南北袤一百里。东北至东势庄内山七十里，东南至水沙连堡番界六十余里，西北至牛骂溪海口五十里，西南至海丰港海口七十余里。南距嘉义县治一百一十里，北距淡水厅治一百四十五里。

淡水厅在府治北，距府三百十五里。东至九芎林内山二十里，西至香山海口一十里，南至大甲溪彰化县界一百五里，北至大鸡笼山海滨一百九十五里：东西广三十里、南北袤三百里。东北至三貂溪噶玛兰界二百三十五里，东南至银锭山番界九十五里，西北至八尺门海口二百余里，西南至大安街海口九十五里。……

澎湖厅在府治西，距府三百二十里。东至椗钩屿四十五里，西至西屿三十里，南至铁砧屿九十里，北至吉贝屿八十里：东西广七十五里、南北袤一百七十里。东北至白沙屿四十五里，东南至东、西吉屿一百二十里，西北至月眉屿六十里，西南至小猫屿八十五里。……

噶玛兰厅在府治东北，距府六百五十里。东至过岭仔海滨十五里，西至枕头山番界十里，南至马赛山番界三十里，北至三貂溪淡水厅界六十里：东西广二十五里、南北袤九十里。东北至泖鼻山淡水厅界九十余里，东南至苏澳南大南澳番界八十里，西北至隆隆铺淡水厅界六十里，西南至叭里沙喃番界三十里，距淡水厅治二百九十五里。……①

根据这段记载，对比台湾行政建制初设之时的情况，可以很清楚地看到，到同治末年，除了新设置了彰化县、淡水厅、澎湖厅、噶玛兰厅之外，台湾各厅县辖区都有所扩大。比如从康熙五十三年（1714年）至乾隆四十九年（1784年）的七十年间，台湾县管辖的区域向东扩展了三十五里，几乎扩大了一倍。从康熙五十三年至乾隆二十九年的五十年间，凤山县实际管辖的疆域也向东扩展了三十多里。从雍正元年（1723年）至道光六年（1826年）的一百多年间，由诸罗县分出的彰化县实际管辖的区域也向东扩展了五十五里，增加了一倍多。这些都说明了整个台湾的开发面积都大大增加，也说明了清政府在台湾的统治力量有所

① 丁绍仪：《东瀛识略》卷一，"台湾文献丛刊"第2种，台湾银行经济研究室，1957。

加强。①

三、二府八县时期

一府四县三厅的行政区划格局历经道光、咸丰、同治三朝，逾半个世纪未有变更。但随着人口的增加和山地的开发，对旧制进行改革和调整也成为必然趋势。特别是同治十三年（1874 年）牡丹社事件发生，清政府令总理船政大臣沈葆桢赴台办理海防事务。沈葆桢对台湾地方行政建置非常重视，连续上奏折建议进行行政区划的改革和调整。在他的积极推动下，清政府于光绪元年（1875 年）进行了大规模的调整。

首先，同治十三年（1874 年）十一月十五日，沈葆桢便上奏曰，“尝综前后山之幅员计之，可建郡者三，可建县者有十数，固非一府所能辖”②，认为台湾应增设为三府十数县，方易于统治。十二月二十三日，沈葆桢再上奏说，“为履勘琅峤形势，拟即筑城设官，以镇民番而消窥伺……县名，谨拟曰：‘恒春’；可否之处，伏候钦定。如蒙允准，拟先设知县一员，审理词讼，俾民、番有所凭依。畀之亲勇一旗，以资号召。其余武营、学官、佐贰，且置为缓图，以一事权，而节糜费”③，提出了增设恒春县的建议。

不久之后，即光绪元年（1875 年）正月十二日，清政府批准了他的建议，谕军机大臣曰：“沈葆桢等奏‘履勘琅峤形势，拟建城设官’一折，沈葆桢于上年十二月，亲往琅峤，详加履勘，拟于车城南猴洞地方建设县治，名曰‘恒春’。先设知县一员，

① 陈捷先、阎崇年：《清代台湾》，九州出版社，2009，第 58—59 页。

② 吴元炳辑：《沈文肃公政书》卷五《请移驻巡抚折》，“近代中国史料丛刊”第 6 辑，文海出版社，1967。

③ 吴元炳辑：《沈文肃公政书》卷五《请琅峤筑城设官折》，“近代中国史料丛刊”第 6 辑，文海出版社，1967。

以资治理。系因地制宜起见，即着照所议行。该大臣等即饬令委员将筑城建邑等事实力筹办。其余未尽事宜，并着随时具奏。”① 这样，恒春县便正式设立了。恒春县的辖区范围为：“县治在府南二百四十里（作六站）。东：二十五里，猪胜束社。届海。海之中，距岸八十里为红头屿。西：一十二里，后湾港，届海；南：三十里鹅銮鼻，届海；北：九十里，观音石前加尔仑溪，与台东之埤南交界。右四至，东西广三十七里，南北袤一百二十里（番山不计）。东北：三十二里，万里得，届海；西北：七十五里，率芒溪，与凤山县枋寮汛交界；东南：二十里，大港口，届海；西南：一十三里，蚒广嘴，届海。右八到，东北距西南四十六里，西北距东南九十五里。”②

该年六月十八日，沈葆桢又上《台北拟建一府三县折》，向清政府提出应在台湾北部别置一府，增设厅县的建议。他所规划的格局如下：

伏查艋舺当鸡笼、龟仑两大山之间，沃壤平原，两溪环抱，村落衢市，蔚成大观。西至海口三十里，直达八里坌、沪尾两口，并有观音山、大屯山以为屏障，且与省城五虎门遥对。非特淡、兰扼要之区，实全台北门之管（钥）。拟于该处创建府治，名之曰台北府，自彰化以北直达后山胥归控制，仍隶于台湾兵备道。其附府一县，南划中枥以上至头重溪为界，计五十里而遥，北划远望坑为界，计一百二十五里而近；东西相距五六十里不等，方圆折算百里有余，拟名之曰淡水县。自头重溪以南至彰化界之大甲溪止，南北相距百

① 张本政：《〈清实录〉台湾史资料专辑》，福建人民出版社，1993，第1023页。

② 《恒春县志》卷一《疆域》，“台湾文献丛刊”第75种，台湾银行经济研究室，1960。

> 五十里，其间之竹堑即淡水厅旧治也。拟裁淡水同知，改设一县，名之曰新竹县。自远望坑迤北而东，仍噶玛兰厅之旧治疆域，拟设一县，名之曰宜兰县。惟鸡笼一区，以建县治，则其地不足；而通商以后竟成都会，且煤务方兴，末技之民四集，海防既重，讼事尤繁，该处向未设官，亦非佐杂微员所能镇压。若事事受成于艋舺，则又官与民交困。应请改噶玛兰通判为台北府分防通判，移驻鸡笼以治之。①

对沈葆桢的这份调整台湾行政区划格局的规划书，清政府于十二月二十日给出了答复，上谕内阁曰："前据沈葆桢等先后具奏'台北拟建府厅县治，请移扎南北路同知……'各折片，当派军机大臣会同该部妥议具奏。兹据奏称'沈葆桢等所奏各节系为因时制宜起见，自应准如所请'等语。着照军机大臣等所议，准其于福建台北艋舺地方添设知府一缺，名为'台北府'，仍隶于台湾兵备道，附府添设知县一缺，名为'淡水县'。其竹堑地方原设淡水厅同知，即行裁汰，改设新竹县知县一缺，并于噶玛兰厅旧治添设宜兰县知县一缺，即改噶玛兰厅通判为台北府分防通判，移扎鸡笼地方。……至所请移扎南北路同知……等语，台湾南路同知，即着移扎卑南，北路同知改为中路，移扎水沙连，各加'抚民'字样。"② 该上谕的下发，标志着沈葆桢增设台北府、调整厅县的建议正式得到了批准。由此，台湾的行政区划格局也随之变成了二府八县，台湾设台湾、台北二府：台湾府统辖台湾、凤山、嘉义、彰化、恒春五县和澎湖、埔里社、卑南三厅；台北府管辖淡水、新竹、宜兰三县和台北府分防通判（即鸡笼

---

① 吴元炳辑：《沈文肃公政书》卷五《台北拟建一府三县折》，"近代中国史料丛刊"第6辑，文海出版社，1967。

② 张本政：《〈清实录〉台湾史资料专辑》，福建人民出版社，1993，第1032页。

厅）。

这种二府八县的行政区划格局的显著特点是，台湾北部地区在整个行政区划中的比重大为加强。但其分配仍是不平衡的，加上列强对台湾的窥伺，台湾的重要战略地位日益凸显，这意味着台湾的行政区划必将迎来新的调整，而这一调整是在刘铭传的推动下进行的。

四、台湾建省

光绪十一年（1885 年），中法战争之后，清政府筹办善后事宜，此时在列强环伺下的台湾，颇需一个政治、军事的中心。是年十月十九日，清朝统治者提出了这样一个规划："台南北地舆袤延甚远，以形势而论，台北各海口尤为紧要，原设台湾道一员，远驻台南，深虑难以兼顾，且巡抚常川驻扎，一切钱谷、刑名事宜，必须分员管理，各专责成。应否于台湾道之外添设台北道一员？着杨昌浚、刘铭传悉心会商，妥议具奏。"① 即在原来台湾道的基础上，清朝统治者考虑在台北再专设一道，以加强对台北的管理。对此，时任闽浙总督的杨昌浚的态度是添设台北道，不如添设藩司，这一建议也得到了清朝统治者的同意，于十二月十二日下发上谕，"杨昌浚所奏添设台北道不如添藩司，系为因地制宜起见，自可准行"②。至此，另设台北道的规划便宣告结束。虽然，台北道最终未能设立，但清朝统治者的这一规划表现其对台湾重要性的认识已经更进一步了，并最终代之以在台湾建省来解决南北兼顾之问题。

光绪十一年（1885 年）九月初五，慈禧太后下旨："台湾为

---

① 张本政：《〈清实录〉台湾史资料专辑》，福建人民出版社，1993，第 1145 页。

② 张本政：《〈清实录〉台湾史资料专辑》，福建人民出版社，1993，第 1146 页。

南洋门户，关系紧要，自应因时变通，以资控制。着将福建巡抚改为台湾巡抚，常川驻扎。福建巡抚事，即着闽浙总督兼管。所有一切改设事宜，该督抚详细筹议，奏明办理。钦此。”“遵旨议定：台湾改设行省，仿照甘肃、新疆，名曰福建台湾巡抚；司道以下各官考核大计均由巡抚主政，仍照旧会总督衔办理。添设福建台湾布政使一员、布库大使一员；台湾道向兼按察使衔，毋庸另设臬司，添按司狱一员。”① 由此基本拟定了台湾建省事宜。建省之后，在刘铭传的主持下，台湾的行政区划格局又经过了一次大规模的调整。

光绪十二年（1886 年）六月三十日，刘铭传就上奏言：“台湾各县地舆太广，最大如彰化、嘉义、淡水、新竹四县，亟须添官分治。统计四县，按周围百里为城，约可分出四五厅县。将来彰化即可改驻首府，另设首县为台湾县，将台湾县改为安平县，应俟添设藩司再行酌办。”② 说明此时刘铭传已经着手准备对台湾厅县格局进行大幅度的调整。光绪十三年八月十七日，刘铭传再上《台湾郡县添改撤裁折》，对台湾行政区划的调整进行了详细的规划。

刘铭传认为，建置之法，形势为先，制治之方，均平为要。他分析了台湾的行政建置情况是：“台疆治法，视内地为独难，各县幅员，反较多于内地；如彰化、嘉义、凤山、新竹、淡水等县，纵横多至二三百里，鞭长莫及，治化何由？且防务为治台要领，辖境太广，则耳目难周，控制太宽，则声气多阻。至山后中、北两路，延袤三四百里，仅区五段，分设碉堡，并无专驻治理之员，前实后虚，亦难遥制”。基于此，他指出：“现当改设伊

---

① 《清会典台湾事例·吏部·台湾调补》，“台湾文献丛刊”第 226 种，台湾银行经济研究室，1966。

② 刘铭传：《刘壮肃公奏议》卷六《台湾郡县添改撤裁折》，“台湾文献丛刊”第 27 种，台湾银行经济研究室，1958。

始，百废俱兴，若非量予变通，何以定责成而垂久远?”因此，在做了充足的准备的情况下，根据他上年九月亲赴中路“沿途察勘地势，并据各地方官将境内河山厄塞，道里田园，绘图贴说，呈送前来，又据抚番清赋各员将抚垦地方分条续报”所得到的各种信息，刘铭传详细列出了台湾厅县应添设者、应改设者和应裁撤者，具体情况如下：

查彰化桥孜图地方，山环水复，中开平原，气象宏开，又当全台适中之地，拟照前抚臣岑毓英原议，建立省城。分彰化东北之境，设首府曰台湾府，附郭首县曰台湾县。将原有之台湾府县改为台南府、安平县。嘉义之东，彰化之南，自浊水溪始，石圭溪止，截长补短，方长约百余里，拟添设一县曰云林县。新竹苗栗街一带，扼内山之冲，东连大湖，沿山新垦荒地甚多，拟分新竹西南各境，添设一县曰苗栗县。合原有之彰化县及埔里社通判，四县、一厅，均隶台湾府属。其鹿港同知一缺，应即撤裁。淡水之北，东抵三貂岭，番社纷歧，距城过远；基隆为台北第一门户，通商建埠，交涉纷繁，现值开采煤矿，修造铁路，商民麇集，尤赖抚绥；拟分淡水东北四保之地拨归基隆厅管辖，将原设通判改为抚民理事同知，以重事权。此前路添改之大略也。

后山形势，北以苏澳为总隘，南以埤南为要区，控扼中权，厥惟水尾。其地与拟设之云林县东西相直，声气未通。现开山路百八十余里，由丹社岭、集集街径达彰化。将来省城建立，中路前后脉络，呼吸相通，实为台东锁钥；拟添设直隶州知州一员，曰台东直隶州，左界宜兰，右界恒春，计长五百里，宽三四十里、十余里不等，统归该州管辖，仍隶于台湾兵备道。其埤南厅旧治，拟改设直隶州同知一员。水尾迤北，为花莲港，所垦熟田约数千亩，其外海口，水深数丈，稽查商舶，弹压民番，拟请添设直隶州判一员，常川驻扎，均隶台东直隶州。此后路添改之大略也。[1]

刘铭传这一添置厅县的规划被清政府采纳了，九月初八朱批："该部议奏。钦此。"[2] 这样，从光绪十三年（1887 年）九月开始，在刘铭传的主持下，台湾的行政区划格局又一次进行了大规模的调整，台湾形成了三府一直隶州十一县三厅的行政区划格局。

虽然不久之后，甲午中日战争爆发，台湾被日本侵占，但刘铭传所调整的台湾行政区划格局却影响深远，今天台湾的行政设置，也在很大程度上以此次调整为基础。

总之，两百多年间，台湾的行政区划格局经历了多次大规模的调整。这些调整虽然都是清朝统治者出于自身的统治需要而进行的，但是，经过不断的改革调整，整体的格局也不断合理完善。这对整个台湾地区的开发和发展都是十分重要的，从而为今天台湾的发展奠定了良好的基础。

第二节　清代台湾的巡台御史制度

巡台御史，全称"巡视台湾监察御史"，设立于康熙六十年（1721 年），乾隆五十三年（1788 年）被废止。虽然，巡台御史存在的时间较短，但其设立和废止都与清政府对台湾的治理政策密切相关，对台湾政局也产生了重要的影响。

---

① 刘铭传：《刘壮肃公奏议》卷六《台湾郡县添改撤裁折》，"台湾文献丛刊"第 27 种，台湾银行经济研究室，1958。

② 刘铭传：《刘壮肃公奏议》卷六《台湾郡县添改撤裁折》，"台湾文献丛刊"第 27 种，台湾银行经济研究室，1958。

一、巡台御史的设立

从康熙二十三年（1684 年）开始，清政府就在台湾设立了一支以台湾道员为首的官僚队伍来管理台湾，那么，为什么在康熙末年又专设了巡台御史呢？究其原因，主要是因为康熙皇帝对以台湾道员为首的台湾官员寄予厚望，但这些官员并没有如其所愿，康熙皇帝对他们的治台成效并不满意。特别是被称为台湾三大民变之一的朱一贵事件的发生，使康熙皇帝最终下定决心，对台湾官僚队伍进行一次大整顿。

首先，从康熙皇帝的主观愿望来看，他对台湾官员的选派及他们的任官情况是十分重视的，希望能建立一支勤政、廉洁、高效的官僚队伍来管理台湾。所以，康熙皇帝一再强调：“台湾远处海外，两隔大洋，为闽省东南要区；国家设立重兵镇守其地，于以控制外彝、藩维内地，任綦重也。”① 康熙五十年（1711 年）在调补官缺时，康熙皇帝还强调：“台湾总兵官，殊属紧要。”② 康熙五十四年十月，曾任台厦兵备道的陈瑸陛见时，康熙皇帝又向其详细询问了台湾官员的情况，兹举其中主要部分如下：

问：“台湾总兵姚堂何如？”

奏：“做官甚好，约束兵丁最严。”

上云：“汉仗好、弓马好；他做古北口游击时，朕知。他昨任满，就要升他。因汝来了，地方无人弹压，所以再留他。”

奏：“圣鉴甚明，果然汉仗好、弓马好。臣与共事三年，

---

① 《台湾府志》卷十《艺文志·会荐台厦监司第一疏》，“台湾文献丛刊”第 65 种，台湾银行经济研究室，1960。

② 张本政：《〈清实录〉台湾史资料专辑》，福建人民出版社，1993，第 77 页。

深知道。”

问：“台厦道是谁？”

奏：“是梁文科。”

问：“那（哪）里人？”

奏：“是旗下。”

问：“做官何如？”

奏：“做官好，原是福建粮驿道，皇上特放的。”

问：“知府何如？”

奏：“旧知府冯协一，做官好，办事有才，因耳病，告休了。新知府尚未到任。”①

这一段对话，虽只有短短数语，但也体现了康熙皇帝尤其关注台湾官员“做官何如”，可见康熙皇帝对台湾官员是寄予厚望的。可惜，这些官员并没有能够做到勤政爱民，这使康熙皇帝十分失望，不得不另设巡台御史加强对这些官员的监察。

其次，从当时的客观实际来看，朱一贵事件使康熙皇帝认清了台湾吏治败坏的真实情况，使他最终下定决心进行整顿。康熙六十年（1721 年）四月，朱一贵事件爆发，全台震动，而导致这场大规模民乱的主要原因则是台湾地方官员不仅不能对台湾进行有效治理，反而对台湾民众进行压迫剥削，最终才导致了官逼民反。所以，康熙皇帝在多份上谕中都对台湾官员进行了严厉的斥责。六月三日，上谕曰：台湾百姓“非同贼寇，或为饥寒所迫，或因不肖官员刻剥”②；八月二十二日，下旨：“台湾府文职官员，

① 丁宗洛：《陈清端公年谱》卷下，“台湾文献丛刊”第 207 种，台湾银行经济研究室，1964。

② 张本政：《〈清实录〉台湾史资料专辑》，福建人民出版社，1993，第 84 页。

平日并不爱民，但知图利苛索……殊属可恶”[①]；十月九日，又谕大学士等：“台湾地方官平日但知肥己，刻剥小民，激变人心，聚众叛逆”[②]。可见，康熙皇帝对台湾地方官在台所作所为已经十分不满意了。更严重的是，作为守土官的台湾道员梁文煊不但没有能够有效地平息这次民变，致使乱民迅速攻占台湾府城，还带头弃职潜逃，这使康熙皇帝更为震怒，从而对台湾官员治理台湾的能力产生了极大的怀疑。所以，朱一贵事件之后，康熙皇帝采取了一系列的措施加强对台湾的管理力度，这其中就包括了派出作为自己耳目的巡台御史。

康熙六十年（1721 年）十月，康熙皇帝谕令：“每年自京派出御史一员，前往台湾巡查。此御史往来行走，彼处一切信息，可得速闻。凡有应条奏事宜，亦可条奏，而彼处之人皆知畏惧，至地方事务，御史不必管理。”[③] 后经九卿决议，从康熙六十年十月开始，“每年自京派出满、汉御史各一员，前往巡查，一年更换。如有应行条奏事件，具本条奏”[④]，这就标志着巡台御史制度的确立。

二、巡台御史的选派制度

巡台御史存在的时间虽然较短，但康熙、雍正、乾隆三朝，在巡台御史的选派上，形成了一套相应的制度和程序。

根据康熙皇帝的规划，巡台御史由都察院各道监察御史充

---

① 张本政：《〈清实录〉台湾史资料专辑》，福建人民出版社，1993，第 87 页。

② 张本政：《〈清实录〉台湾史资料专辑》，福建人民出版社，1993，第 88—89 页。

③ 张本政：《〈清实录〉台湾史资料专辑》，福建人民出版社，1993，第 88 页。

④ 《台湾汇录乙集》卷一《吏部题本》，“台湾文献丛刊”第 173 种，台湾银行经济研究室，1963。

任，后又经九卿决议，进一步规定巡台御史是旗籍和汉籍各一人。所以，康熙六十一年（1722 年）派出的第一任巡台御史就有两名，即满洲正红旗的吴达礼与祖籍顺天大兴的黄叔璥。不过，雍正皇帝即位后，很快对此进行了改革。

因清初实行的是科道分立的制度，六科自为一署，与都察院并行设置，所以，康熙时期，都察院只从监察御史中遴选巡台御史。而从雍正元年（1723 年）开始，六科给事中并入都察院，所以，雍正三年任职的景考祥和四年任职的汪继景二人，虽然仍是由监察御史任命，但到台后，二人在任上又都改补给事中。到雍正五年，雍正皇帝正式下旨：每逢巡台御史应派之时，将应开满、汉给事中、监察御史职名，各按资俸，通行开列具题。皇帝从中选择“敦实廉能，娴猷略、知治体，可以任以股肱耳目者”加以钦命。① 在此规定之下，雍正六年，满洲正红旗赫硕色便是以吏科掌印给事中身份被差往巡台的。

除了在巡台御史来源上发生变化之外，雍正还规定：在巡台御史遴选时，凡“现在出差奏明亲老停派远差、奏明兼办工程等项、本省应行回避各员、内陛批本稽查内务府人员”，一律排除，不予开列，此亦体现了雍正对巡台御史的选任是十分严格和慎重的。

乾隆朝则基本上沿用了康雍两朝对巡台御史选任条件的规定，即除亲老、兼办工程和应行回避各员外，六科给事中和十五道监察御史都有可能被选中赴台巡察。

如上文所提及的，康熙皇帝最初的想法是“每年自京派出御史一员，前往台湾巡查”，经内阁研究后，定下了“每年由都察院报请派遣满、汉御史各一人，前往台湾巡察，驻台湾府城，任

---

① 《重修台湾府志》卷二十二《艺文三 · 送黄侍御巡按台湾序》，“台湾文献丛刊”第 105 种，台湾银行经济研究室，1961。

期一年，有成绩者留任一年”的制度。

雍正皇帝更是颇为重视巡台御史。他于雍正八年（1730 年）指示：“台湾地方关系紧要，巡察御史新旧并用，始为有益。奚德慎已留任一年，这差着御史柏修去，高山再留巡视一年。”① 这样，就改变了康熙时期满、汉巡台御史同时赴任的规定，而这实际上延长了巡台御史的任期，由原来的每年一任改为两年一任，每年仅调换一名，“新旧并用，克服了以往两名同时调换，新任御史俱是新手人地生疏的弊病，更有利于其发挥稽查督察的功能”②。

到乾隆皇帝时，巡台御史的任期又被多次改动。首先是乾隆十七年（1752 年），因巡台御史立柱、钱琦对彰化县发生“凶番”戕杀兵民一案奏事支吾，乾隆皇帝大为不满，于六月下旨：“台湾文有道府，武有镇营。足资弹压。巡察三年更替，徒拥虚名，事权则不如督抚，切近又不如守令，介在其间，在有志向上者或以多事致败，而循分供职者多致志气堕颓，或且难为摈斥外出也，于公事殊无裨益。所有巡察台湾御史，着三年一次命往，事竣即回，不必留驻候代。着为令。”③ 这样，巡台御史由原来的常川驻台改为三年一莅，半岁辄回。

这种做法到乾隆三十年（1765 年）就再一次被乾隆皇帝更改了。原因在于，乾隆二十九年巡台御史李宜青归京复命之后，又单独上《敬陈台湾事宜仰祈圣鉴事折》，乾隆皇帝认为李宜青的

---

① 《重修台湾府志》卷三《职官》，“台湾文献丛刊”第 105 种，台湾银行经济研究室，1961。

② 厦门大学台湾研究所、台湾历史研究室编：《海峡两岸首次台湾史学术交流论文集》，厦门大学出版社，1990，第 174 页。

③ 《台案汇录乙集》卷一《都察院奏副》，“台湾文献丛刊”第 173 种，台湾银行经济研究室，1963。

做法“违例专折独奏，有失言官之体”[①]，对巡台御史更为不满，最终在福建督、抚、布政使的推波助澜之下，于乾隆三十年五月初三，又颁发上谕：“巡视台湾御史，前已降旨三年简派一次，事竣即回，无庸留驻候代。今思该处现有道、镇大员驻扎，一应地方事务，俱可随时经理，而向来巡察御史在彼，并未闻有所建白，原属有名无实，若遽行裁撤，则地方官或以远隔海洋，无人稽察，日久不免废弛，亦不可不防其流弊。嗣后届三年请派之期，该衙门仍照例奏请，或暂停派往，或数次后派员一往巡查，候朕随时酌量办理。”[②] 经过这次变动，巡台御史的派任变成由皇帝根据需要随时自行选派及罢免，由原来定时变为不定时，派往的间隔时间也变得更长了，短者四年派往一次，长者六年才派一次，而且即使派往也只是“走过场”的形式而已，真正的稽查督察功能已丧失殆尽，巡台御史制度至此已名存实亡了。

到乾隆四十六年（1781 年），巡台御史塞岱、雷轮对“诸罗县盗犯洪笼”一案“仅饬各县审完，以图了事”的表现，使乾隆皇帝愤而下谕旨：“台湾孤悬海外，最关紧要。该地方官平日因循玩愒，以致积弊相仍，可谓废弛已极。乃本日据巡台御史塞岱、雷轮，奏‘巡视台湾应行查办各事宜’。内称‘城垣坚稳完固，弁兵技艺认真，库帑仓谷，并无短少亏缺’各等语。所奏不实，已于折内批示。巡台御史，三年始行派往巡视一次，所有该处地方，一切事务皆应实力查察，随时据实奏闻。现在该处地方官玩误疏纵之案，经杨魁查明参奏者不一而足，该御史等岂无闻见，何竟无一语入告！虽该抚等业经查参办理，而该御史等亦应细加查访，据实具奏。即该抚所奏，或有屈抑地方之处，亦应据

---

① 张本政：《〈清实录〉台湾史资料专辑》，福建人民出版社，1993，第206 页。

② 张本政：《〈清实录〉台湾史资料专辑》，福建人民出版社，1993，第206 页。

实为之申理。今所奏不过寻常照例敷衍了事，即如盘查仓库一事，使地方官果有亏缺，该御史等行走长途，经过重洋，未免多须时日，早可豫为弥补，仍属有名无实，又何必以此一奏塞责，则巡察台湾之御史，可不必派往矣。塞岱、雷轮，俱着交部察议。"① 该谕旨下发之后，巡台御史进入停派状态。

而巡台御史制度最终被废止，则是在乾隆五十三年（1788年）三月初四，上谕："台湾孤悬海外，远隔重洋，民情刁悍，奸徒易于滋事，向来只派御史前往巡视，职分较小，且不能备悉该处情形，殊属有名无实，着将请派巡台御史之例停止。令该督、抚及水师、陆路两提督，每年轮值一人前渡台湾，严行稽察。"② 由此，选派巡台御史巡视台湾之例最终被废止了。

巡台御史制度虽只存在了短短六十七年不到的时间，却经历了较为频繁的调整变化，在这些变化中，巡台御史的职权和作用也随之发生了很大的变化。

三、巡台御史的品级及职能

1. 巡台御史品级的变化

根据《清史稿·职官志》所载："十五道掌印监察御史，初制，满洲、汉军三品，顺治十六年改七品。康熙六年升四品，九年复为七品。雍正七年，改由编、检、郎员授者正五品。由主事、中、行、评、博授者正六品。乾隆十七年并定从五品。"也就是说，康熙末年，巡台御史设立时，品级是七品。雍正元年（1723年）开始，监察六部的六科给事中并入都察院，而雍正五年令选派巡台御史时科道一并开列，六科给事中为正五品官。所

---

① 张本政：《〈清实录〉台湾史资料专辑》，福建人民出版社，1993，第262—263页。

② 张本政：《〈清实录〉台湾史资料专辑》，福建人民出版社，1993，第525页。

以，雍正五年开始，由任职资格不同，巡台御史的品级分为正五品或正六品。从乾隆十七年（1752 年）开始，巡台御史又被统一定为从五品官。

巡台御史的品级虽时有变化，但基本上都属于较低的品级，在台湾官僚系统中，其品级是低于台湾总兵和台湾道员的。尽管如此，巡台御史是皇帝钦派的，对台湾大小官吏都有威慑作用，而且在皇帝的授权之下，对台湾官吏有监察之权，则更是让大小官员心存敬畏。

2. 巡台御史的主要职能

按清制，御史掌纠察内外百司之官邪，在内刷卷、巡视京营、监文武乡会试、稽查部院诸司，在外巡盐、巡漕、巡仓等及提督学政，各以其事专纠察，朝会纠仪，祭祀监礼，有大事集阙廷预议。也就是说，御史最主要的职能是纠察百官。

同样，根据康熙六十年（1721 年）十月的谕旨可以看出康熙皇帝派出巡台御史的目的有两个：一个是把巡台御史作为可以直接向他提供各种台湾情况的渠道，“此御史往来行走，彼处一切信息可得速闻”；第二个便是希望通过“钦差大臣”巡台御史的监察，使“彼处之人（主要是台地官员）皆知畏惧”。[①] 对朝廷派遣巡台御史的目的，蓝鼎元将其进一步诠释为“朝廷以台疆僻处天外，民间疾苦，无由上达，特命满、汉御史各一员，岁奉差到台巡视”[②]。因此，巡台御史一设立就被赋予了“上奏台情，下察台吏”两大职能。

此外，从雍正五年（1727 年）开始一直到乾隆十七年（1752 年），巡台御史还承担了办理台湾学政的职能。雍正五年，上谕：

---

① 张本政：《〈清实录〉台湾史资料专辑》，福建人民出版社，1993，第 88 页。

② 蓝鼎元：《平台纪略》，“台湾文献丛刊”第 14 种，台湾银行经济研究室，1958。

“台湾远隔海洋，向来督学官员，难以按临考试，是以将学政交与台湾道兼管。朕思道员管理地方之事又兼学政，未免稍繁，每年既派御史二员前往台湾巡察，应将学政交与汉御史管理，甚为妥协。现今御史尹秦在彼，着即办理台湾学政。嗣后永着为例。”① 此后，巡台御史开始兼理台湾学政，成为台湾教育事业的最高主管。

四、巡台御史的作用

康熙、雍正、乾隆三朝共派出巡台御史五十名，虽然存在时间不长，但这些巡台御史对当时台湾社会的发展也起到了很大的推动作用。

1. 建言献策，推动治台政策的调整

因为巡台御史有“上奏台情”的使命，所以，他们要向皇帝奏报台湾的各种情况，大到台湾的镇道关系、官民关系、民族关系等，小到台湾降雨、风灾、旱灾、水灾、地震、收成、物价等情况，都是巡台御史奏报的内容。除了将台湾的各种情况上报之外，巡台御史常常还会根据在台湾的亲身体验，对台湾的发展提出各种建议。

第一任巡台御史吴达礼和黄叔璥就开始为台湾的发展建言献策。康熙六十一年（1722 年），黄叔璥针对康熙六十年兵部奏准的“移台湾总兵驻澎湖”的做法，奏请“将总兵仍设台湾”，认为这才是“庶得居重驭轻之道，以造海宇无疆之福”。黄叔璥提出台湾总兵不可移驻澎湖的理由是：“澎湖虽称三十六岛居于台、厦之中，究皆一抔之土，错落弹丸，除妈宫、八罩略有人烟，余悉冷落荒屿，原设副将仅堪防守。兹台湾南北延袤二千余里，村

① 《福建通志台湾府·诏谕》，“台湾文献丛刊”第 84 种，台湾银行经济研究室，1960。

庄、番社、闾井，户口不下百余万。丛山深林，最易藏奸，非总兵不足以资弹压。况安平水师及南北路副、参各员，与台湾副将职位不相上下，有事势必各怀己见，非如总兵可行调度。今若将总兵设在澎湖，与台湾悬隔，往来船只俱候风时；台湾水、陆各营倘有紧急事机，不能朝发夕至。是澎湖固台湾之门户，而台湾实澎湖之腹心，形势重于澎湖，关系沿海各省要害。”此建议有理有据，最终“得奉俞允，仍照旧制驻扎”。①

上文已提及，雍正元年（1723年）八月，吴达礼亦建言：在诸罗县北半线地方设知县一员、典史一员，在淡水海口设捕盗同知一员。此建议经兵部议覆最终被采纳，朝廷“寻定诸罗分设县曰彰化”②。

之后的各任巡台御史也常有所建言。如雍正六年（1728年），巡台吏科给事中赫硕色、兼理学政御史夏之芳在“悉心体察，逐一采访”的基础上，一同上《敬陈台地事宜折》，提出了四条建议：一、宜严定处分以重稽查也；二、宜严定条例以惩奸匪也；三、宜互相查察以肃军纪也；四、宜添设官员以密防守也。对此，雍正皇帝朱批：“前三条果能照所奏实力奉行，朕不为台郡顾虑矣！”对他们的前三条建议深表赞同。而在最后一条建议中，二人建议“于彰化县之东南沿山一带，并彰化县之西北沿海一路适中地方，添设巡检各一员，带领民壮，专司巡缉”。他们认为这样做可以“庶南北呼应灵通，而稽查亦易遍矣”，理由是“台湾一府内，台湾、凤山、诸罗三县，开垦已久，人民凑集，文武员弁驻扎相近，耳目易周；惟彰化一县，地方空阔，谷邃山深，奸民易匿。其地文官止同知、知县、典史各一员，知县有刑名、

① 黄叔璥：《台海使槎录》卷二《赤嵌笔谈·武备》，“台湾文献丛刊”第4种，台湾银行经济研究室，1957。

② 张本政：《〈清实录〉台湾史资料专辑》，福建人民出版社，1993，第96页。

钱谷之责，典史力微，不能远巡，止靠同知一员巡查七八百里崎岖之地，实难遍及”，分析中肯，所以皇帝也表示首肯，朱批：“与该督、抚商酌具题请旨。”①

又如乾隆二年（1737年），巡台御史白起图就台湾善后事宜也提出了四条建议：“一，归还番地，宜分别办理，以安民生；二，严禁班兵扰累，以安番众；三，严禁民人私娶番妇，以防煽惑；四，请饬文武互相稽查，以重海防。”这四条建议最后都被采纳。巡台御史六十七对台湾发展更是建言颇多。乾隆十年二月，六十七更定台郡营弁事宜：一，台地武官，以到台日起俸结算；二，照水师之例，拔补台兵。② 九月，六十七又奏请恢复台湾道、府巡察之旧例。按例，各省、州、县、道、府都按季巡察地方。六十七认为，“台郡远隔重洋，方圆二千里，一应钱粮、仓库、刑名事件俱归道、府管理。若令按季出巡，广袤两千里之地，非月余不能遍及，且旷废公事”，所以建议“请照台湾镇、道巡察旧例，一年之内道、府各巡一次”。③ 乾隆十一年四月，六十七则对携眷入台之规定提出建言，他建议“内地民人有祖父母、父母在台，子孙欲来侍奉，或子孙在台，祖父母、父母、妻子内地无依，欲来就养者，准其给照来台”④。六十七的这些奏请基本上都被朝廷采纳。

可见，巡台御史常常能根据台湾的实际情况和需要，为台湾的发展提出各种切实可行的建议。他们的不少建议都对台湾社会

---

① 《雍正朱批奏折选辑·巡台吏科给事中赫硕色兼理学政夏之芳敬陈台地事宜折》，“台湾文献丛刊”第300种，台湾银行经济研究室，1972。

② 张本政：《〈清实录〉台湾史资料专辑》，福建人民出版社，1993，第142—143页。

③ 《清高宗实录选辑》，“台湾文献丛刊”第186种，台湾银行经济研究室，1964。

④ 张本政：《〈清实录〉台湾史资料专辑》，福建人民出版社，1993，第147—148页。

的发展起到了很大的促进作用，如吴达礼、赫硕色、夏之芳等所提出的设立彰化县、淡水同知以及北路各巡检的建议，“加强了政府对该地区的有效管理，对加快台湾中、北部开发具有重要意义”。而六十七所提出的开放台民搬眷过台之议，“对于改善台湾地方的人口结构，促进移民社区的建设与岛上经济的发展实有很大裨益”。[①] 当然，并不是巡台御史的所有建议都能被采纳，但是他们从台湾的实际情况出发，陈奏了自己的见解，这就为朝廷决策提供重要的信息和建议，从而促使朝廷制定真正切合台湾实际情况的政策，并促进整个台湾社会的发展。

2. 弹劾不法官吏，整顿台湾吏治

巡台御史的另一重要职责就是“下察台吏”。所以，在巡台御史的奏报中，有很大一部分内容是弹劾台湾的不法官员的，特别是康熙、雍正朝，此方面的内容尤多。

如吴达礼于雍正二年（1724 年）弹劾安平游击游全兴；禅济布于雍正二年弹劾台湾知县周钟瑄“贪婪不法”，雍正三年又弹劾台湾知府范廷“谋徇庇、姑容属员”；尹秦于雍正五年与索琳弹劾台湾县典史、署新港巡检事徐履谦“虚冒兵粮，监役滋扰”；夏之芳于雍正七年与赫硕色弹劾凤山知县彭之昙“怠玩推诿，殊为溺职”；高山于雍正九年弹劾台湾道员刘藩长“违例纵容工役私入番界采船木料，致遭生番杀害”、弹劾安平水协右营将弁所属兵丁“违例在台藏眷”、弹劾淡水同知张宏章“激变熟番，贻误地方”；觉罗柏修于雍正十年弹劾台湾道员倪象恺“邀功饰过，屡致民怨”、弹劾凤山知县熊琴“推诿捏饰，养奸贻害”、弹劾台湾及彰化二县各文武员弁“看守不力，重犯脱逃”；林天木于雍正十年弹劾台湾知县路以周“草率塞责，因循怠忽”；图尔泰于

① 厦门大学台湾研究所、台湾历史研究室编：《海峡两岸首次台湾史学术交流论文集》，厦门大学出版社，1990，第 169—171 页。

雍正十二年与林天木弹劾城守营守备刘灏“斋戒之日酗酒不法，无故鞭民”等等。[①]

巡台御史通过专折直接向皇帝奏报台湾地方官员的违法失职情况，弹劾纠举不法官吏，这对台湾官员起到了一定的震慑作用，从而使他们稍有收敛，在一定程度上整治了台湾吏治败坏的现象。当然，巡台御史越是忠于职守，就越容易招来台湾地方官员的反感与报复，在一定程度上加剧乾隆对巡台御史失去信任，最终导致了该制度的废止。

3. 兼理学政，推动台湾文教的发展

从雍正五年（1727 年）开始的二十五年间，共有十四位巡台御史兼理学政，他们是台湾教育事务的最高主管，亦十分重视台湾文教事业的发展。他们的不少关于台湾文教发展的奏请得到了批准，大大推动了台湾文教的发展。

雍正六年（1728 年），巡台御史兼理学政夏之芳认为“海外文风稍逊内地，且文场中试皆系内地冒籍之人”，所以奏请“乡试从内地八府外，另立台字号，于正额内分中一二名，以励之”。第二年朝廷恩准，援照旧例，台湾应试士子另编台字号，于闽省中额内取中一名，恢复闽省乡试中台湾另编字号的规定。[②] 这样做更加符合实际情况，使台湾本土学子在乡试中能有机会中举。

雍正十三年（1735 年），巡道张嗣昌请加台湾解额，于是在闽省解额八十九名之外，将台字号再加一名，共取九十名，[③] 为台湾学子争取了更多的机会。

---

① 以上内容根据尹全海《清代渡海巡台制度研究》（九州出版社，2007）的相关内容整理。

② 转引自何孟兴：《清初巡台御史制度之研究》，台湾东海大学文学院历史学系硕士学位论文，第 140 页。

③ 《重修福建台湾府志》卷二十《艺文・题请会试额中部覆疏》，“台湾文献丛刊”第 74 种，台湾银行经济研究室，1961。

乾隆二年（1737年）十月，兼理学政的巡台御史单德谟在主持台湾文教事务时发现，“台湾考试童生向来未建考棚，止就东海书院之便，而地方湫隘，实不能容。遂别开门，径于圣庙戟门外，搭盖棚场，未免杂沓喧嚣，邻于亵慢，且虑关防不密，易滋弊端”，因而立即奏请“照内地之例建立考棚，以昭严肃”。在他的努力之下，该年十二月，朝廷下发谕旨：“向因台湾应试人少，故未建立考棚。今人文日盛、生童众多，非复畴昔之比。着该督、抚转敕地方有司，相度地方情形，修造试院，俾宫墙肃静，考试谨严，以重造士育才之典。”① 从而为台湾学子提供了更好的考试环境。

乾隆四年（1739年），单德谟又继续与另一位巡台御史兼理台湾学政诺穆布为争取台湾会试录送名额而努力。两位巡台御史认为台湾数年以来中乡试者中未见入会试者，“海外僻处，岂能与内地士子一体较量？”所以，奏请“嗣后会试之期，台郡士子照乡试之例，于福省名额内编台字号取中一名；俟数年之后，台郡举人增添数目，再为酌改”。对于二人的这个建议，当时朝廷并没有直接同意，但采取了一个折中的方法，将来台郡士子来京会试果至十名以上之多，礼部再行奏闻。② 到乾隆九年，巡台御史书山又上折奏请此事，他指出：“部议台郡举人积至十名以上，再定中额。查福建乡试，每科台湾取中举人二名，积至五考以后方满十名以上，当此五科之久，阅历一十五年。……恐台湾举人虽有会试有名，究无中式之日”。书山建议“嗣后台湾会试举人到京，十名以上，仍照原议定以中额外，其未至十名，礼部别编字号，不必拘定中额。届期令考试官凭文酌量，有可取者，取中

① 中国第一历史档案馆、海峡两岸出版交流中心：《明清宫藏台湾档案汇编》（第13册），九州出版社，2009，第232—233页。

② 《重修福建台湾府志》卷十六《选举》，“台湾文献丛刊”第74种，台湾银行经济研究室，1961。

一名；无可取者，仍缺无滥”①。虽然最后朝廷还是没有同意这个奏请，但从这件事情中可见巡台御史是竭尽全力为台湾学子争取名额的。

乾隆八年（1743 年）八月初八，巡台御史熊学鹏针对台湾向例额中举人二名，录送科举五百名，今定额仅送二百名，应裁减过半的新规定，提出台湾孤悬海外，情形与大陆不同，这样做恐无法鼓励台湾学子，上奏请求增加台湾学额，最终礼部从熊学鹏所请，于定额二百名外，择其文理清通者酌量宽余录送。② 这就为更多的台湾学子提供了赴考应试的机会。

此外，巡台御史还积极在台湾建立书院。如巡台御史兼督学杨二酉复建海东书院等。据统计，“清初巡台御史奉旨或鼓励绅民兴建台湾书院共 16 所，分布台湾全境”③。这就为更多的台湾民众提供了受教育的机会，促进了台湾文教的兴盛。

巡台御史兢兢业业，致力于台湾文教事业的发展，他们为台湾学子争取学额、名额，建立书院，为台湾学子能有公平、公正的考试机会而积极努力，从而为台湾教育事业之发展做出了不可磨灭的贡献。

当然，除了上述三个方面的作用之外，巡台御史还参与处理台湾的司法、经济和军事事务。极盛时，巡台御史的权力甚至超越了台湾名誉上的最高行政长官——台湾道员。《海东札记》中云：“（巡台御史）至则厘核案牍，查盘仓库，阅视军伍，周巡南

---

① 中国第一历史档案馆、海峡两岸出版交流中心：《明清宫藏台湾档案汇编》（第 20 册），九州出版社，2009，第 266 页。

② 《清会典台湾事例·礼部上·贡举·录送乡试》，“台湾文献丛刊”第 226 种，台湾银行经济研究室，1966。

③ 王启宗：《台湾的书院》，台北“行政院”文化建设委员会，1984，第 20—23 页。

北疆圉，据实以告。”[①] 所以，通过巡台御史在台湾的各种活动，使下情上达，加强了中央政府对台湾的管理和控制，这在政局尚不稳定的情况下，对台湾而言是有重要意义的，加强了台湾社会的稳定，促进了台湾社会的进一步发展。可惜，因巡台御史制度本身的缺陷和清朝统治者政策的调整，巡台御史制度最终被废止，这样，台湾道员的权力得到了加强，再一次成为台湾最有实权的官员。

第三节　清代台湾的道员制度

清统一台湾之初，将台湾划归福建省管辖，并在台湾建立了一府三县的行政区划格局。在府之上，又设置“分巡台湾厦门兵备道”，由此也开始形成了独特的台湾道员制度。

一、台湾道的设置及变迁

康熙二十二年（1683 年），清政府已经设立厦门道专管台湾运粮事，这是台湾道制建立发展的起点。之后，随着台湾行政制度的改革，该道名称及职权也不断改变，它先是台厦道，后改为台澎道，多数时候也兼兵备衔，皆应时局而动。

康熙二十三年（1684 年）四月十四日，康熙皇帝谕户部、兵部：“台湾……设一道员分辖”[②]，标志着台厦兵备道正式设立。

但到康熙六十一年（1722 年）时，因朱一贵事件中台厦兵备道道员梁文煊竟然弃职潜逃，康熙皇帝大为震怒，于是，在四月

---

① 朱景英：《海东札记》卷二《纪政记》，“台湾文献丛刊”第 19 种，台湾银行经济研究室，1958。

② 《澎湖厅志》卷首《皇言录》，“台湾文献丛刊”第 164 种，台湾银行经济研究室，1963。

十日又发了一道圣谕，下令将台厦兵备道所属之“备弁兵丁，分设于南北两路，战船拨归台镇”①。由此，台厦兵备道失去了兵备衔这一特殊职能，转而成为台厦道。这是整个台湾道员制度发展过程中的第一次大变动，而这实际上无形中削减了道员的权力。

整个康熙朝，甚至直到雍正五年（1727 年），清政府所实行的都是台厦共属一道的行政体制。直到雍正五年二月十七日“加福建兴泉道巡海道衔，移驻厦门；改台厦道为台湾道，添设台湾府通判一员，驻澎湖，裁澎湖巡检一员”②；而且又“因澎湖居台、厦之中，为台、厦门口，去台湾为近，特归台湾道控制，故台湾道曰台澎道”③。也就是说，分巡台厦道辖区缩小为台湾澎湖之地，故而雍正六年其名称也相应改为“分巡台湾道”，亦称“台澎道”。这是台湾道制发展过程中非常重要的一次改革，专管台湾，职权更加集中，更有利于发挥其管理台湾的职能。

从雍正五年（1727 年）开始的四十年的时间里，分巡台湾（台澎）道不仅辖区缩小，且行使的也只是道员的一般职权。直到乾隆三十二年（1767 年），“吏部议准：‘闽浙总督苏昌遵旨议奏：查闽省道员，除粮驿、盐道同驻福州省会及延建邵道只与副将同城，兵额无多，均无庸加衔；惟兴泉永道驻厦门、汀漳龙道驻漳州府，系与各提镇同城，又台湾道海疆保障，抚御诸番，与台湾镇同驻，均请加兵备道衔，并铸给关防。’从之”④。这样，才又恢复了其兵备衔，其名称也相应改为“分巡台湾（台澎）兵

---

① 张本政：《〈清实录〉台湾史资料专辑》，福建人民出版社，1993，第 91 页。

② 张本政：《〈清实录〉台湾史资料专辑》，福建人民出版社，1993，第 101 页。

③ 唐赞衮：《台阳见闻录》卷上《建置》，“台湾文献丛刊”第 30 种，台湾银行经济研究室，1958。

④ 《清高宗实录》卷七百八十一，乾隆三十二年三月。

备道”。

光绪十一年（1885 年），台湾成为独立的省级行政单位，但光绪皇帝强调“台湾虽设行省，必须与福建联成一气，如甘肃、新疆之制，庶可内外相维”[①]，所以建省之后，其名称为“福建台湾道”，进一步突出了闽台间的特殊关系。最终，台湾的道员制度随着台湾被日本侵占而退出了历史舞台。

二、台湾道员的品级与职衔

不仅台湾道员的名称变动频繁，随着清代道制的发展演变，台湾道员的品级和职衔也出现各种变化。

1. 清代台湾道员的品级

清代道员品级的变化有一个重要的转折点，即乾隆十八年（1753 年），上谕直省守巡各道，着俱为正四品，停其兼衔。由此，正式确定了道员的品级统一为正四品。而在此之前，各道因原职不同，其品级差别也较大，“参政道从三品，副使道正四品，参议道从四品，佥事道正五品”[②]，品级最高的是参政道，最低的是佥事道。根据这个规定，设立于康熙二十三年（1684 年）的分巡台厦兵备道，其道员是由按察使司副使兼任的，故乾隆十八年之前，台湾道员的品级是正四品。

乾隆十八年（1753 年），“罢各省守道兼布政司参政、参议衔，巡道兼按察司副使、佥事衔，定为守巡各道秩正四品”[③]。从此以后，道员开始以自己所掌管的部门或地区定衔，品级一律为正四品。也就是说，乾隆十八年之后，台湾道员的品级亦是正四

---

① 张本政：《〈清实录〉台湾史资料专辑》，福建人民出版社，1993，第 1146 页。

② 《清史稿》卷一百十六《志第九十一·职官三》，中华书局，1977。

③ 嘉庆朝《钦定大清会典事例》卷二十二《吏部·官制·各省道员》，文海出版社，1991，第 931 页。

品。当然，也出现因有功而加级的情况，如吴大廷和刘璈任分巡台澎兵备道时，其品级都是二品，[①] 显示了特殊的荣耀。

除特殊的加级情况之外，台湾道员的品级看似未有变化。但是，以乾隆十八年（1753 年）为分界点，其实暗含了台湾道逐渐成为一级独立的行政区的重大变化。故而，这前后的“正四品”实际上在职权上是有很大差别的。

2. 台湾道员的基本职能

作为一个正四品的分巡道道员，台湾道员必然要承担起处理台湾各项基本事务的职能。康熙朝，高拱乾在《台湾府志》中所收录的《会荐台厦监司第一疏》里就曾总结台湾道员的日常事务包括“安民靖盗、御兵足饷、表帅属僚诸事”[②]，短短数语概括了台湾道员负有察吏安民、御兵足饷的职能。

康熙五十二年（1713 年）五月十九日，陈瑸历俸满三年时，开具履历，详细记录了其在台厦道道员任上的各项事务：

> 一、本道莅任以来，每逢朔望率所属官员会台湾镇营传集师生、里老于公所，宣讲“上谕十六条”务使明晰、民番尽晓，以兴教化。一、府庠文庙、启圣祠颓塌，本道详明修盖，并修建名宦、乡贤祠及明伦堂西廊、教官斋舍等处。又新建朱子祠，以崇正学。一、本道兼理学政，岁、科两试，凛遵定例，矢公矢慎，杜绝苞苴，务拔真才。按月发题到

---

① 同治六年（1867 年）《严禁窃砍竹城碑记》中记：“钦加二品顶戴按察使司衔、福建分巡台澎兵备道、兼提督学政吴，为严禁事。”参见《台湾南部碑文集成》，“台湾文献丛刊”第 218 种，台湾银行经济研究室，1966；光绪七年（1881 年）刘璈书其品级与职衔为“钦命二品顶戴、按察使衔、分巡台澎兵备道、兼提督学政、音德本巴图鲁、加十级、纪录十次刘”，见《淡新档案选录行政编初集》，“台湾文献丛刊”第 295 种，台湾银行经济研究室，1971。

② 《台湾府志》卷十《艺文志·会荐台厦监司第一疏》，“台湾文献丛刊”第 65 种，台湾银行经济研究室，1960。

学，课卷亲加评阅。仍将《御制训饬士子文》刻板刷印，分给四学生员人各一张，并令教官面加讲解；俾得通晓，以敦德行。一、本道设立四坊社学，礼请文学兼优之士为师，年给馆谷；凡孤寒有志者俱令从学，按期督课。又于季终亲行会考阖郡生童，优者奖赏，以示鼓励。一、台俗健讼，本道从不轻准词状。凡户婚、田土，俱批府、县审详，据理断结。如有情词迫切、准亲审理者，随到随审，当堂发落；从不问赎、酷刑，亦不滥差提人。一、台、澎水陆各营兵饷粮米，台镇移咨到道，随即批发台湾府按期照数给发，不许稽延挂欠，以资饱腾。一、本道素甘淡薄，凡日用米薪、蔬菜等项俱发现银，照价平买；不许买办赊取一物，短少分厘。①

到乾隆朝，乾隆皇帝进一步明确和细化了台湾道员的职能。乾隆三十年（1765 年）二月初九，敕福建台湾道曰：

兹命尔分巡台湾道，专管运粮事务，驻扎台湾府，管辖台湾府县等处地方及台湾洋面。其经管钱谷各官，仍照旧听尔统辖。首在抚绥黎民，勤宣德意，约束衙门官吏胥役，使之恪遵法纪，无致作弊生事，扰害官民。监司本源既正，方可表率属员，用循职业。宜加意修浚城池，积聚粮饷，督修战舰。仍诫谕有司简讼清刑，洁己爱民。生聚教训，共图保障，抚绥彝人，善加鼓励，劝课农桑，使服教化，查验各岛澳出入船只，以防奸宄。其台湾府仓库钱粮，不时察盘，毋致亏空。所属官员，有贪残溺职者，转报该督、抚参处。尔仍听督、抚节制，年终将行过事迹，开送该抚咨部察考。尔

① 丁宗洛：《陈清端公年谱》卷下，“台湾文献丛刊”第 207 种，台湾银行经济研究室，1964。

受兹委任，须持廉秉公，殚心竭力，使小民乐业，斯称厥职。如或贪黩乖张，因循怠忽，贻误地方，责有所归，尔其慎之！故敕。[①]

从这里亦可见，台湾道员的职能包括了政治、军事、经济、文教等各个方面。

朱景英于乾隆三十七年（1772 年）所撰之《海东札记》中亦载：凡台湾“厅县刑名，由府审转者，道复核审移司。钱谷册案，亦多经道稽核。举岁科试，甄录文武生童；其恩拔岁贡，亦由道考取汇卷册送本省学政。岁会台湾镇两阅水陆军务，又设厂督修台澎战船八十一号。责纂重矣”[②]。可以说，此时台湾道员是集司法、财税、科举教育、军务、船政等重任于一身了。

从上述敕文和朱景英的记载可见，台湾道员在地方行政中起到“承上启下”的作用，其基本职能主要包括“巡查地方、考课属员、稽查钱粮、清理词讼、督修战舰”等各个方面。虽后来随着时局的变动，台湾道员的职能也一直有所变化，但其一直是一个主管民政的台湾地方官。

3. 台湾道员的兼衔

品级相同的官员常常又由于其所带的特殊的职衔而具有特殊的权力，所以除了上述基本职能之外，台湾道员因其兼衔而享有更多的权力。同治五年（1866 年）九月初八左宗棠在奏稿中曾强

① 《台案汇录乙集》卷二《给福建台湾道敕》，“台湾文献丛刊”第 173 种，台湾银行经济研究室，1963。

② 朱景英：《海东札记》卷二《记政纪》，“台湾文献丛刊”第 19 种，台湾银行经济研究室，1958。

调“台湾道例加按察使衔并兼学政，专治一方，事权较重”①，说明台湾道员的兼衔除了前面已提及的兵备衔之外，还加“按察使衔并兼学政”，所以其在台湾文官系统中的地位一直较高。当然，在不同时期，台湾道员的兼衔亦时有变化，三大兼衔的变动情况如下：

（1）带兵备衔。因台湾道员带兵备衔，故台湾道员除了在必要的时候可以调动绿营兵力之外，其手中还握有一定数量的道标，以辅助其实现防止并镇压台湾地方动乱的职能。除了雍正朝和乾隆朝前期之外，台湾道员多数时候是带有兵备衔的，这与台湾道员所掌有的“保境安民”的职能是密切联系在一起的。

（2）加按察使衔。道员加按察使衔乃清代道制发展过程中一个较为特殊的规定，清代加按察使衔的道员并不多。据朱东安提供的不完全统计数据，“有清一代先后曾加过按察使衔的道员共八个”②，其中最早者乃福建台湾道员，且台湾道员加按察使衔也并非一时之情况。从乾隆五十三年（1788年）起，“凡遇有补放台湾道员者俱着加按察使衔，俾得自行奏事”③，台湾道员加按察使衔成为定例，并一直延续到清朝官员退出台湾。台湾道员加按察使衔便可以越过督抚及藩臬两司，也不必与总兵会衔而可以直接具本上奏朝廷，大大加强了其监察地方的权力，也对督抚和两司形成一定的监督作用。

（3）兼理学政。学政全名为提督学政，学政的主要职责是管理地方教育，主持岁、科两试，并督查各地学官和生员。但是，台湾远隔重洋，交通较为不便，故台湾学政工作很多时候也是由

---

① 左宗棠：《左文襄公奏牍》卷一《奏稿·请以吴大廷调补台湾道缺折》，“台湾文献丛刊”第88种，台湾银行经济研究室，1960。

② 朱东安：《关于清代的道和道员》，《近代史研究》1982年第4期。

③ 嘉庆朝《钦定大清会典事例》卷二十二《吏部·官制·各省道员》，文海出版社，1991。

台湾道员兼理的，并且集中在三个阶段：一是康熙二十三年（1684 年）到雍正五年（1727 年），二是乾隆十七年（1752 年）到光绪二年（1876 年），三是光绪四年到光绪十四年。雍正五年到乾隆十七年之间则是由巡台御史兼理学政事务；光绪三年到光绪四年，台湾学政事务归福建巡抚掌理；而台湾建省之后，则是由台湾巡抚兼理。也就是说，台湾道员是台湾教育的主要主持者和管理者，从而也就为台湾文化教育事业的发展做出了很大的贡献。

三、台湾道员的选任制度

清朝统治者为了加强对台湾的统治和管理，对长期作为台湾最高文官的台湾道员是非常重视的，在台湾道员的选任上，颇费了一番心思，从而建立了一套较为特殊的选任制度。

清代文官的选任制度本身非常复杂，包括授官方式、任用条件等诸多方面。而台湾道员的选任制度既要严格遵守清代文官选任制度的总原则，又因其本身的特殊性而具有自己的特点。

1. 授官方式

清代道员缺出，主要有简放、吏部铨选、外补（就是题调，由督抚补授）三种方式，也就是说皇帝有最终的任命权，而吏部和督抚则都有一定的选任权，后二者也常常互相争夺选任地方官的权力，这一点在台湾道员的选任过程中表现得尤为明显。

台湾归入大清版图之初即有规定，所有“台湾及澎湖文职员缺，听吏部补授具题”①。康熙二十三年（1684 年）四月，福建提督施琅奏请派文员至台湾任职时，吏部覆疏称：“台湾系新定地方，正需才能官员之时，于闽省现任官员内选择调补，嗣后缺

① 《台案汇录乙集》卷一《署理闽浙总督宜兆熊残题本》，“台湾文献丛刊”第 173 种，台湾银行经济研究室，1963。

出臣部照常补授。”同时吏部亦声明：“嗣后如有文员缺出，由吏部依例补授。”[①] 由此可知，“在闽省现任官员内选择人员赴台任职，仅系一种临时性之措施”[②]，这一点在首任台厦兵备道的任命上得到了充分的体现。康熙二十二年十月十六日，福建水师提督施琅奏请以援台汀漳道道员周昌担任首任台厦兵备道，康熙皇帝当即表示：“周昌正宜用于此处，令其效力。”但是，十二月十三日，科臣任辰旦条奏：“提督施琅所保周昌，系被参之员……施琅虽建大功，不宜干预此事。此二员或即行解任，或俟事平令其罢职，仰候睿裁事。”康熙皇帝犹豫了，他说：“这本说的是。尔等云何？”转而征求臣下意见。此时，大学士明珠奏曰：“前奉谕旨，因海氛未靖，凡施琅所奏事宜，不许掣肘，一概准行。此乃皇上破格录用，嗣后料无此录用之例，亦无有如台湾之事也。”康熙皇帝最终同意了施琅之请，但如大学士明珠所言，“此乃皇上破格录用，乃为征服台湾之便宜行事”，并强调“嗣后料无此录用之例”。[③] 由此也说明在首任台厦兵备道的任命上，有临时因事制宜的特点。

这种临时性的授官方式只是特殊时期的一种应对举措，首任道员周昌于康熙二十五年（1686 年）解任之后，在如何选任台湾道员这一问题上，福建督抚与吏部开始了长时间的争夺。

首先，负责考核台湾文官的福建巡抚张仲举联合闽浙总督王新命奏请继续沿用“于闽省现任官员内选择调补”的选任方式，其奏疏曰：

---

① 《台案汇录乙集》卷二《暂署闽浙总督策揭帖》，“台湾文献丛刊”第 173 种，台湾银行经济研究室，1963。

② 汤熙勇：《清代台湾文官的任用方法及其相关问题（1684—1887）》，台湾“中央研究院”三民主义研究所，1988，第 6 页。

③ 中国第一历史档案馆：《康熙起居注》（第 2 册），中华书局，1984，第 1115 页。

> 台湾平定，初年所设各官，皆于闽省内地就近题补，是以准到部文之日，即可催令视事。在闽省内地各官莅位既久，其于台湾土俗民情、地方险要，莫不习闻。故一当受事，不虞棘手，人地相宜，诚至善也。今海宇乂安日久，何可轻言曩例。嗣后遇有台湾文职员缺，吏部即于闽省内地现任官员内论俸升补；如无应升之员，即于闽□□□□□官员内对品调补，停其给凭，催令□□□□□员缺，不致久悬。[①]

康熙皇帝令吏部讨论此事，吏部认为，“凡升补官员赴任，俱有定限。且官员例内，即行委官署理。台湾地方平定已久，应将该抚等所题就近调补之处，毋庸议”，也就是主张以常制来处理台湾文官的任用事宜。但康熙皇帝此时又有了新的想法，下旨：“台湾系海外远疆，应否照广西南宁等府例准其调补，着再议具奏。”最后，吏部不得不同意，“台湾系海外远疆，嗣后缺出，亦应照广西南宁等府之例，将现任官员调补可也”，并于康熙二十七年（1688 年）九月开始实行此制。[②] 由此，台湾道员的任用，便不经吏部铨选，而由闽浙总督于闽省现任官员内拣选调补，说明在督抚与吏部的争夺中，督抚最终掌握了台湾道员的选任权。当然，吏部也并没有完全放弃对台湾道员的选任权，康熙三十年又规定：“如无品级相当堪调之员，仍归部选。”[③] 此外，还规定“如果任内有参罚记录、任期未满，或年力及办事才情均

---

① 《台案汇录乙集》卷二《暂署闽浙总督策揭帖》，“台湾文献丛刊”第 173 种，台湾银行经济研究室，1963。

② 《台案汇录乙集》卷二《暂署闽浙总督策揭帖》，“台湾文献丛刊”第 173 种，台湾银行经济研究室，1963。

③ 《重修台湾县志》卷九《职官志·列宪题名》，“台湾文献丛刊”第 113 种，台湾银行经济研究室，1961。

有不逮之闽省现任官员，福建督抚亦皆不能将其调赴台湾任职”[①]。通过这些规定，吏部在一定程度上削减了督抚对台湾道员的人事选任权。

雍正元年（1723年），在福建巡抚黄国材的奏请下，又进一步取消了对台湾文官选任过程中有参罚记录者不准录用的规定，从而进一步扩大了福建督抚在台湾道员的选任过程中的权力。

那么，福建督抚是如何挑选台湾道员的人选呢？台湾所属之文官的署补，是由巡抚主稿，并须知会总督，再联合“会疏保题”，或“合词恭折具奏”的，也就是说，在台湾道员的选任上，福建督抚具有专折奏请的权力。所以，虽然吏部规定了一系列台湾道员选任的限制条件，但督抚仍可以通过专折奏请保举与定制不符之官担任此职。如康熙二十九年（1690年），台厦道王效宗因案被解任，所遗之道员缺，依例须于闽省五位道员中拣选，但因“粮道尚未到任，驿道尚未补授，延建、汀漳二道有叛盗之案挂误，兴泉永道又不适宜”，因此，闽浙总督兴永朝与福建巡抚卞宝第合疏保题，保举泉州知府高拱乾升补台湾道，虽高拱乾“于例未合”，但最终仍得到康熙皇帝的特准，下旨“道员缺，着将该督、抚前所保题高拱乾补授”[②]。又如乾隆二十九年（1764年）十二月，闽浙总督苏昌、福建巡抚定长以台湾道员缺，因闽省的五位道员中，“除盐法道尚未到任外，其粮道孙孝愉颇有才情，但任闽不久，于海疆情况究未谙练；汀漳龙道杨景素系由台湾道俸满调任；兴泉永道蔡琛驻扎厦门，亦系海疆要缺；延建邵道陈国华才具不胜要任”，没有合适的人选，欲升补兴化府知府奇宠格为台湾道员，由于奇宠格“历任知府不久，与例不符，但

① 《台案汇录乙集》卷一《福建巡抚黄国材奏折》，“台湾文献丛刊”第173种，台湾银行经济研究室，1963。

② 《台湾府志》卷十《艺文志·会荐台厦监司第二疏》，“台湾文献丛刊”第65种，台湾银行经济研究室，1960。

人地实属相需，例得专折奏”①。

所以，虽然全国的文官铨选是由吏部主持的，但是，在台湾道员的选任过程中，福建督抚作为其地方行政长官，是有很大的发言权的。对于福建督抚违例奏请任用的台湾道员，虽然吏部议驳，但仍可以“因其人地实在相需，特降旨如该督抚所请行”②。

到乾隆后期，情况又发生了改变。乾隆因林爽文事件大为恼怒，他认为台湾“孤悬海外，远隔重洋，地方辽阔，民情刁悍，无籍奸徒，往往借端滋事，皆由地方官吏任意侵婪，累民敛怨”；并认为台湾吏治败坏的原因乃在于“督抚遇有台湾道府厅县缺出，又以该处地土丰饶，不问属员能胜任与否，每用其私人，率请调补，俾得侵渔肥橐。所调各员，不以涉险为虞，转以调美缺为喜，到任后利其津益，贪黩无厌，而于地方案件，惟知将就完结，希图了事，以致奸民无所畏惮，始而作奸犯科，互相械斗，甚至倡立会名，纠众不法，遂尔酿成巨案”。所以，乾隆五十二年（1787 年）乾隆下旨：“台湾道府，向有缺出，俱由该督奏请调补，易启夤缘瞻徇之弊，嗣后该处道府缺出，俱着请旨简放，倘该督抚提督等，于奉有此旨后，仍前玩弛，并不实力整顿，又复虚应故事，或致地方有滋事之案，惟该督抚提督是问。”③ 这样，因林爽文事件，台湾道员的选任改为“请旨简放”。嘉庆十九年（1814 年）又进一步明确规定：“台湾道并台湾府知府缺出，俱由吏部请旨简用。”④

---

① 台北故宫博物院图书文献处文献科：《宫中档乾隆朝奏折》（第 23 辑），台北故宫博物院，1987，第 376 页。

② 光绪朝《钦定大清会典》卷五十九《吏部·汉官遴选·官员题升》，光绪二十五年（1899 年）石印本。

③ 张本政：《〈清实录〉台湾史资料专辑》，福建人民出版社，1993，第 473 页。

④ 《清会典台湾事例·吏部·官制·各省道员》，“台湾文献丛刊”第 226 种，台湾银行经济研究室，1966。

“请旨简放”，又称“简放”、“请旨”，即请旨简用补放。其具体办法是：“得到保举的道员送吏部引见后在军机处记名，遇简放缺出，由军机处论俸开列十员，呈请皇帝钦点简用。另外，大计考绩优异或未及应行投供月分赴部验到的候补道员……遇简放缺出亦可开列名单，请旨简放。”① 这就是说，请旨简放的方法实际上是清政府收回了福建督抚对台湾道员的选任权，不过在具体选任过程中，福建督抚仍然保有对台湾道员人选的影响力。

虽然福建督抚和吏部争夺台湾道员的选任权，但是任何官员最终的任命权都是掌握在皇帝手中的。在福建督抚以“专折奏请”的方式来任用与例不符的人员时，也并不是每次都能够如愿的，皇帝本人也会有自己的主张。如乾隆十四年（1749 年）十月，因台湾道员出缺，闽浙总督喀尔吉善和福建巡抚潘思榘奏请以福建延建邵道来谦鸣调任，奏折中对来谦鸣的评价是“年力强壮，居心诚朴，才具明白，办事切实”②，但乾隆皇帝却深不以为然，他认为来谦鸣“系小有聪明，居心并非诚实，办事亦不过循分塞责，初无干练之才，且年力亦不甚强壮矣。台湾地方紧要，岂伊所能胜任！该督等所出考语甚属错误，现已另降谕旨简用”，并严厉批评“该督抚身任封疆不能知人善任，殊非衙鉴之道，亦可见外任大员不留心人材之明验”。③ 又如同治十一年（1872 年）署台湾道黎兆棠因人地不宜，被福建督抚奏请撤回，并奏请以福建兴泉永道定保调署，但是同治皇帝认为定保不能胜任此职，而

---

① 朱东安：《关于清代的道和道员》，《近代史研究》1982 年第 4 期。

② 中国第一历史档案馆、海峡两岸出版交流中心：《明清宫藏台湾档案汇编》（第 29 册），九州出版社，2009，第 308 页。

③ 中国第一历史档案馆、海峡两岸出版交流中心：《明清宫藏台湾档案汇编》（第 29 册），九州出版社，2009，第 327 页。

改以夏献纶调任台湾道员。①

综上所述，在台湾道员的授官方式上，基本不由吏部铨选，而是委任福建督抚行外补之权，并且在乾隆末年，为了防止福建督抚“夤缘瞻徇之弊”，又收回了督抚对台湾道员的选任权，改由“中央简派”，但督抚仍保有对道员人选的影响力。当然，在台湾建省之后，台湾巡抚成为台湾的最高行政长官，台湾道员的选任权也就主要掌握在台湾巡抚手中，因其时间跨度很短，故不具体展开论述。

2. 任用条件

不论是采用督抚外补还是中央简派的授官方式，清朝统治者对台湾官员任用的总体原则是：“在闽省内地各官莅任既久，其于台湾土俗民情、地方险要，莫不习闻。故一当受事，不虞棘手，人地相宜，诚至善也。”② 也就是说，要挑选熟悉台湾事务的闽省官员，从而达到“人地相宜”的效果。

而对台湾道员的选任，清政府亦特别重视，康熙年间即强调：“会看得台湾远处海外，两隔大洋，为闽省东南要区；国家设立重兵镇守其地，于以控制外彝、藩维内地，任綦重也。台厦一道特设标兵，与台湾总兵权位略等。其间安戢兵民、抚绥地方，皆该道之责。其人必才猷练达、年力富强，既有廉洁之操持，复具深沉之胆识，方克胜任而愉快。苟非其人，则险远之区，凡安民靖盗、御兵足饷、表帅属僚诸事，其足上廑宪虑者，正自不少也。”③ 乾隆十二年（1747 年）上谕曰：“今该督抚既请

① 张本政：《〈清实录〉台湾史资料专辑》，福建人民出版社，1993，第 994—995 页。

② 《台案汇录乙集》卷二《暂署闽浙总督策揭帖》，“台湾文献丛刊”第 173 种，台湾银行经济研究室，1963。

③ 《台湾府志》卷十《艺文志・会荐台厦监司第一疏》，“台湾文献丛刊”第 65 种，台湾银行经济研究室，1960。

选择道府大员，以重海疆，不拘资格，务必择老成干练、有为有守、可以整饬地方者，使之统率属员，加意振刷。”[①] 到同治年间，左宗棠在其奏稿中进一步强调：“台湾道例加按察使衔并兼学政，专治一方，事权较重，非操守清严、学识闳伟兼具应变之才者，难胜其任。”[②] 说明，清朝统治者选任台湾道员的原则是：有才、有识、廉洁、能干。

在这些原则之下，在台湾道员的选任过程中，清朝统治者又规定了一系列的条件，务必求得其人。

首先，在出身上，正途是任命道员的主要途径，被任命的台湾道员多数是科甲出身。而且，由于台湾道员很多时候都兼学政职，故而清政府在台湾道员的出身问题上也曾有一系列的规定。

按清制，“提督学政，省各一人。以侍郎、京堂、翰、詹、科、道、部属等官进士出身人员内简用”[③]。所以，自乾隆五十二年（1787 年），台湾道员员缺改为请旨简放后，因台湾道员兼理学政，有主持科考、衡文拔才之责，所以，以科甲出身人员出任台湾道员，以示慎重之意，此法成为一种定例。[④]

其次，在来源上，台湾道员者中，由知府升任者占大多数。台湾知府与道员同驻府城，对台事又最熟悉，自然成了台湾道员的最先人选，特别是在闽省其他道员均不符合规定，“难议请调补，若请旨简用别省人员到任，既需时日，又恐才虽干练，而人地生疏，未谙台疆风土人情，一时骤难整饬”的情况下，常不得

---

① 张本政：《〈清实录〉台湾史资料专辑》，福建人民出版社，1993，第 156 页。

② 左宗棠：《左文襄公奏牍》卷一《奏稿·请以吴大廷调补台湾道缺折》，“台湾文献丛刊”第 88 种，台湾银行经济研究室，1960。

③ 《清史稿》卷一百十六《志九十一·职官三》，中华书局，1977。

④ 汤熙勇：《清代台湾文官的任用方法及其相关问题（1684—1877）》，台北“中央研究院”三民主义研究所，1988，第 17 页。

不“于知府内慎选堪以胜任之人”。[①] 而且，乾隆十二年（1747年）根据福建督抚喀尔吉善和陈大受的奏请，批允“台湾道府二缺，最为紧要，于知府中选择一员升署巡道”[②]，这样就从制度层面上进一步规定了台湾知府作为台湾道员来源的合理性。

除升进之外，台湾道员的任官方式以调任为主。康熙二十七年（1688年）九月，“命台湾文职员缺，准该抚于闽省见任官内拣选调补”[③]。康熙三十年又规定，台湾道员员缺“照广西南宁等府之例，于闽省现在各道内，选择详请具题调补”[④]。由此，遇有台湾道员员缺，一般情况下是由该省督抚于福建省道员内拣员调补。福建省内与台湾道同级之道有延建邵道、汀漳龙道、兴泉永道、福宁道及粮道、盐道等。所以，这些道的道员就成为台湾道道员的一个重要来源。乾隆四十四年（1779年）还出台了一个特别的规定，即遇有缺则令台湾道与兴泉永道互调。福建其他各道道员成为台湾道员的重要来源，原因在于，他们具备了道员工作的经验，并且与台湾同属一省，对台湾情况较为熟悉，赴台之后更容易快速接手台湾道员事务。

再次，在籍属上，台湾道员属于旗人和汉人都可以任职的职位。鸦片战争之前，旗籍的比例颇大。鸦片战争之后，因局势的转变，汉籍仕宦势力加强了，清政府不能不重用汉人，所以汉籍人士任台湾道员的比例也持续增加。

第四，在地区回避上，清代台湾的地方官除本籍回避外，还

---

① 中国第一历史档案馆、海峡两岸出版交流中心：《明清宫藏台湾档案汇编》（第52册），九州出版社，2009，第86页。

② 张本政：《〈清实录〉台湾史资料专辑》，福建人民出版社，1993，第156页。

③ 张本政：《〈清实录〉台湾史资料专辑》，福建人民出版社，1993，第72页。

④ 《台湾府志》卷十《艺文志·会荐台厦监司第一疏》，“台湾文献丛刊”第65种，台湾银行经济研究室，1960。

有一个非常特殊的规定，即回避粤籍。乾隆三十四年（1769 年）时，闽浙总督崔应阶以“台湾地方半系粤庄，俱广东人民居住，若地方官亦系粤人，恐不无瞻徇同乡，即或遇事秉公，又易生滋事，办理颇为掣肘”为由，奏请“令广东人任台湾文职者，概令回避”，同年八月“以其为调剂官民起见，似亦防微杜渐之道”，是以议准：“嗣后台湾文职各官，凡籍隶广东人员，俱令回避，不准升调。”但乾隆三十六年又因金门镇总兵龚宣来京陛见陈情：

前岁冬间闽、粤庄民仇杀一案，曾经派委文武员弁内籍隶闽、粤者分庄晓谕，伊等以同乡相信，易于听从，旋即解散。况现在台湾郡武职闽籍并不回避，而文职则概屏粤人；设遇两庄间有构争之事，若专令闽籍武弁往谕粤庄，未必不疑其偏向，恐不足以服其心，于海外情形转属无益。

乾隆皇帝认为龚宣“所奏似属有理”，并进一步分析了台湾文官回避粤籍的弊端，他指出：

台地闽、粤错居，易生仇衅，若不过私相聚斗，岂能尽以官法绳之！又不便听其积嫌滋事。是员弁等之随宜调辑，亦不可少，而佐杂兼用粤人，颇觉相宜。况闽人仕台地武职之例并未更改，独于粤籍文员申以例禁，事理亦未平允。即或因县令职司民牧，倘于寄居粤户瞻徇乡情，公事不无掣肘，尚可云杜渐防微，若佐杂微员本非亲民之官，既无虑其迹涉嫌疑，且可资以消弭衅斗。慎选粤籍中之明干者，迁调数人任隶台郡，于地方公务实有益而无损。崔应阶前奏仍不拘大小文员概令回避，未免因噎废食，所谓知其一而不知其又有一也。

因此，乾隆皇帝“传谕钟音，将此另行详细妥议具奏”，并最后议定，“嗣后调台文员，照武职不回避闽人之例，无分粤籍。惟知县与民切近，除惠、潮、嘉三属人员不预选调外，余俱与别省通行精择。其佐杂中但有粤籍明白干练之员，仍旧选调”，从而免去了粤籍回避之令。①

除了有出身、来源、籍贯三个基本条件的限制外，因台湾自身的特殊性，清朝统治者在选任台湾道员时，还规定了一系列特殊的条件。关于清政府在选任台湾道员过程中的特殊规定，在雍正元年（1723年）二月初一福建巡抚黄国材所上的一份奏折中得到了充分的体现。奏折内容如下：

> 查得福建台湾文职缺出，向例于本省内地官员内遴选无参罚之员调补。但思台湾系海外要区，必得在闽日久、熟悉风土、办事才能之员，方为人地相宜。若必欲无参罚之员，方准调补；查无参罚人员，或因到任未久，或人地不甚相宜，俱未便调补。且调台各官，俱系对品调补，并非升转；如遇俸满升转，仍查该员并无参罚，方得升转。以后台湾文职缺出，可否不论有无参罚之员，俱准调补？伏乞主子指示，以便具题请旨。
>
> 再查对品调补，武官俱不引见。今调补台湾文官，仍行引见，不但文武之例不一，而且台湾地在海外，远隔重洋，风信不利，难计时日。如丁忧、病故等事缺出之日，内地闻报已迟，若再引见赴任，时日必久。近奉主子上谕：凡推升官员赴京引见，有路途遥远之处，着吏、兵二部会议具奏，钦此。仰见我皇上至圣至明，无微不照。以后凡对品调补台

---

① 《清会典台湾事例·吏部·台湾调补》，“台湾文献丛刊”第226种，台湾银行经济研究室，1966。

> 湾文官，可否照武职免其引见？一面具题请调，一面即令赴任，料理地方，庶要地员缺不致久悬，即署印之官不致日久多事矣。奴才未敢擅便，伏乞主子批示，以便一并具题请旨遵行。为此具折，谨具奏闻。[①]

从这份奏折中可以看出，康熙朝台湾道员的选任，必须要满足三个条件，即品级相当、久任官员、任内无参罚记录。所谓品级相当，即上文所述之台湾道员多由闽省其他各道调任，兹不赘述。久任官员，即要选择熟悉台情、有经验者，其具体要求是要达到在闽“历俸三年”，这和“任内无参罚记录”一样都是选任台湾道员的特殊要求。

这三个条件的制定，说明清朝统治者在选任台湾道员时是非常严格的，体现了其治台的慎重之意。而且该制度也一度被严格执行，最典型的例子便是，雍正六年（1728 年）朱鸿绪已被授命升任台湾道员，但后因被告发其在凤阳知府任内“钱粮未清”而最终被改为他用。所以，台湾道员缺出，福建督抚和藩臬两司都先要对闽省其他各道道员进行摸底，查其是否符合条件并上报结果。

但是严格的选任条件，常常会导致很难找到合适的人选来补缺的情况，所以在乾隆年间，清政府对这些条件进行了调整。

最先是前文提到的雍正元年（1723 年）二月福建巡抚黄国材奏请取消“任内无参罚者方可任用”的限例。乾隆六年（1741 年），闽浙总督德沛、署福建巡抚广东布政使王恕又奏，“台湾最号难治，求胜任之员，必于繁缺知县拣选，而繁缺多有处分，若不变通，合例者短于才，胜任者格于例。请调台官员，任内虽有

---

① 《台案汇录乙集》卷一《福建巡抚黄国材奏折》，“台湾文献丛刊”第 173 种，台湾银行经济研究室，1963。

参展各案，但实系才干，准予题调”。得旨“照此定例则不可，或随本奏请则可耳”。① 这实际上是已经通融放宽了对“无参罚记录”的要求。乾隆三十四年又议准，对闽省现任官员俸满应升人员，“凡题升人员，遇员缺紧要，人地实在相需，而所议升补之员，任内有督催民借籽种口粮降俸处分，未逾十案以外，准其专折声明保奏”②。其后，乃形成定例：“台湾各缺，俱令该督、抚拣选调补。……调补官员，除降革、留任、例有展参及督催分数钱粮、承追亏空赃罚不准调补外，其承追督催不作分数之杂项钱粮及降俸、住俸、罚俸、缉拿之案，仍准调补。”③

“历俸年限”之规定最终被取消，乾隆十四年（1749 年）九月，闽浙总督喀尔吉善等上奏，提出“台湾一府，远在海外，大小各官，均由内地调补，若照内地要缺，亦以三年俸满，始准调补，合例者未必胜任，胜任者又难合例”，故而奏请“请嗣后调台各官，仍照向例办理”。乾隆皇帝亦认为此一规定，“于海外要区，鲜有裨益”，最终议准：“如该督所请，嗣后台属各官，准其无论历俸年限，仍照旧例拣选调补。”④ 从而取消了对台湾道员“久任”的规定。

而对“品级相当”之规定，则早在康熙年间就已根据现实需要进行调整，规定“俸满升转之文官亦可调台”⑤。乾隆四年

---

① 张本政：《〈清实录〉台湾史资料专辑》，福建人民出版社，1993，第 129 页。

② 光绪朝《钦定大清会典》卷五十九《吏部·汉官遴选·官员题升》，光绪二十五年（1899 年）石印本。

③ 《台案汇录乙集》卷二《吏部题本》，“台湾文献丛刊”第 173 种，台湾银行经济研究室，1963。

④ 《台案汇录乙集》卷二《吏部题本》，“台湾文献丛刊”第 173 种，台湾银行经济研究室，1963。

⑤ 《台案汇录乙集》卷一《福建巡抚黄国材奏折》，“台湾文献丛刊”第 173 种，台湾银行经济研究室，1963。

(1739 年)，督臣郝玉麟又提出："台湾道、府、厅、县任满，虽例应在内地拣选调补，一时如未得其人，请于任满之员查，其果能治理得宜，绥靖地方，临时另行请旨定夺。"皇帝朱批："将此折交与新总督德沛，令其临时酌议。"①

清朝统治者本着"拣选贤员"的原则，经过严格的甄选，任命了九十一位台湾道员，但是不论经由何种选任途径，台湾道员被任命之后，作为官僚体系中的一员，其作用都是为清朝统治者服务的。在台湾道员的选任过程中，呈现了前紧后松的突出特点，其原因何在呢？

清初，台湾初辟，治理不易，故清朝统治者在选任台湾官员时，要求很高，除了是闽省现任官员外，还必须要有实际的行政经验，在任职期间没有任何参罚记录，在品级上亦须相当，可以说此时清政府的选任标准很严格，力求"人地相宜"，并要求"务必得其人"，其所选之人也是福建文官中的优秀者。

其后，因为人才选择的困难，对赴台文官任用的资格不断变更与调整，其目的仍然是力求能够甄选到"人地相宜"之人，官员的能力如何仍是最优先考虑的条件。但是，因常找不到合适的人选，所以清朝统治者也常常"因事制宜"降低标准，特别是到了乾隆时期，对台文官的选任条件已经大大放宽了。这一发展演变的过程，亦体现了清代台湾政局的复杂及台湾的特殊性。

四、台湾道员与当地其他机构的关系

如上文所述，从康熙二十三年（1684 年）开始，台湾各行政机构逐步建立。一直到光绪二十一年（1895 年）日本侵占台湾为止，二百一十二年间，台湾的行政机构在维持基本稳定的前提

---

① 中国第一历史档案馆、海峡两岸出版交流中心：《明清宫藏台湾档案汇编》（第 15 册），九州出版社，2009，第 170 页。

下，也时有变化，特别是建省前后，变化最为明显。总体而言，清代台湾的行政机构分为文职和武职两大系统。建省之前，除了上级的福建督抚之外，清政府设置的台湾行政机构主要有道、府、州、县、厅，故其文职官僚系统官员包括了道员、知府、知州、知县等，此外还有设立时间较短的巡台御史；武职官僚系统的官员则主要有总兵、副将、参将、游击、都司、守备、千总、把总等。建省之后，最大的变化是增加了台湾巡抚和台湾布政使二职，这对台湾官僚集团特别是文官队伍影响颇大。

台湾文、武两大官僚队伍各自有一套自上而下的从属关系，同时，文武官员之间又有各种微妙的关系。从品级上来讲，台湾道员是正四品，这就决定了其在清政府所制定的官僚行政制度中是处于中层，也决定了其与台湾大小文武官员之间不可避免地存在各种各样的复杂关系。故下面在论述清代台湾各机构间的相互关系时，主要以台湾道员为中心展开论述。

1. 巡台御史与台湾道员的关系

随着巡台御史的设立及其职权的变化，台湾道员与巡台御史之间的关系也随之变化，二者之间职权消长的情况大致可以分为两个阶段。

第一阶段：康熙六十年（1721 年）至乾隆十二年（1747 年）巡台御史权力日隆，台湾道员权力不断被削减。

首先，巡台御史设立的原因在于朱一贵事件发生前后以台湾道员为首的台湾文武官员未能采取有效的应对措施，康熙皇帝认为必须对台湾官员进行有效的监督，于是决定设立巡台御史。这显示了清政府对台湾进一步的重视，却也多少意味着皇帝对台湾道员是否能担当重责大任有了怀疑。虽然巡台御史品级不高，但皇帝却赋予其监察台地大小文武官员的权力，台湾道员的活动也必然要受其监督，这是台湾道员在台湾官僚集团中行政地位的第一次动摇。

其次，巡台御史被赋予各种重任。巡台御史的基本职责是“表正风俗、稽查弹压，除剔弊端”①。雍正皇帝强调，“和辑兵民，安靖地方乃巡台第一要务”②，乾隆皇帝更是认为，“国家设立满汉巡台御史各一员，有稽查、抚绥之责；弹压地方，以佐督抚耳目之所以不及，固边圉而收效也”③。历任巡台御史也深知，“巡察一官，任职匪轻，仓库钱粮、命盗案件、治民驭兵之事，巡台御史均可参与”④。这就说明，原本属于台湾道员管理的军事、民政等事务，巡台御史都可以直接参与管理，加上其有直接上报皇帝的权力，所以，在许多问题的处理上，巡台御史比道员有更大的发言权。如为闽台人民请命准予携眷过台、为台民向闽省督抚争取台谷权益等事，巡台御史都起到了非常重要的作用。巡台御史的发言权愈大，也就意味着台湾道员的权势愈被削弱。

最后，巡台御史兼理学政权的获得，使台湾道员的权力进一步被剥夺了。雍正五年（1727年），上谕：“台湾远隔海洋，向来督学官员，难以按临考试，是以将学政交与台湾道兼管。朕思道员管理地方之责；又兼学政，未免稍繁”，且当时已有“每年派御史二员前往台湾巡察”的规定，所以，“应将学政交与汉御史管理，甚为妥协”，并规定“嗣后永着为例”。⑤ 这样，台湾道员兼理学政的权力被取消了，一直到乾隆十七年（1752年），台湾学政事务都由巡台御史管理，台湾道员的权力进一步被削减了。

---

① 张本政：《〈清实录〉台湾史资料专辑》，福建人民出版社，1993，第153页。

② 尹全海：《清代渡海巡台制度研究》，九州出版社，2007，第80—81页。

③ 六十七：《使署闲情》卷三《熊学鹏奏请查核案件疏》，“台湾文献丛刊”第122种，台湾银行经济研究室，1961。

④ 国学文献馆：《台湾研究资料汇编》（第1辑），联经出版事业公司，1993，第3731—3734页。

⑤ 《清会典台湾事例·吏部·各省学政等官》，“台湾文献丛刊”第226种，台湾银行经济研究室，1966。

第二阶段：乾隆十二年（1747 年）至乾隆五十三年巡台御史逐渐式微并最终被废止，台湾道员地位又逐渐上升。

第一，乾隆十二年（1747 年）发生了巡台御史被劾案。[①] 表面上，巡台御史六十七被弹劾的原因是他提出的台湾米谷采买计划未合圣意，实则是巡台御史和闽省督抚的权力斗争的结果。但这件事导致的一个严重后果是，乾隆皇帝开始怀疑巡台御史存在的必要性，甚至直接提出“台湾本有总兵、道、府大员足资弹压，一切案件原属本省督抚察核，似可以不必另派巡察，以滋烦扰”[②]。也就是说，此时乾隆皇帝已经开始着手限制巡台御史的职权，将弹压地方之权还归台湾总兵、道、府，案件察核之权亦归还福建督、抚，唯一剩下的便是“汉籍御史仍兼理台湾学政”，但自此以后的四任汉御史，基本上无所作为。[③] 由此，巡台御史对台湾地方事务的最大“发言权”已经不复存在，虽巡台御史仍照例差往，但已形同虚设，而台湾道员的部分职权则得以恢复。

第二，乾隆十七年（1752 年）又发生了“巡台御史立柱、钱琦对彰化县发生的凶番戕杀兵民案奏事支吾”的事件，这又使乾隆皇帝大为恼怒，也进一步证实了其“对巡台御史继续存在价值和意义的怀疑是正确的”。[④] 于是他下令：“台湾文有道府，武有镇营，足资弹压。巡察三年更替，徒拥虚名，事权则不如督抚，切近则又不如守令，介在其间，在有志向上者或以多事致败，而循分供职者多致志气堕颓，或且难为摈斥外出也，于公事殊无裨益。所有巡察台湾御史，着三年一次命往，事竣即回，不必留驻

---

① 尹全海：《清代渡海巡台制度研究》，九州出版社，2007，第 101—106 页。

② 张本政：《〈清实录〉台湾史资料专辑》，福建人民出版社，1993，第 154 页。

③ 尹全海：《清代渡海巡台制度研究》，九州出版社，2007，第 105 页。

④ 尹全海：《清代渡海巡台制度研究》，九州出版社，2007，第 107—109 页。

候代，着为例。”① 改巡台御史为“三年一巡”，使巡台御史的重要性大大降低。更重要的是，同时还议准“提督台湾学政关防，仍令台湾道兼管”②，这就将学政权交还台湾道员，巡台御史的权力进一步被削减了。

第三，乾隆三十年（1765 年）巡台御史李宜青单独上奏折条陈台湾事宜，这再一次惹恼了乾隆皇帝，并大大加速了乾隆皇帝废止巡台御史的进程。他不仅对李宜青进行严厉的申饬，而且颁发上谕：“巡视台湾御史，前已降旨三年简派一次，事竣即回，无庸留驻候代。今思该处现有道、镇大员驻扎，一应地方事务，俱可随时经理，而向来巡察御史在彼，并未闻有所建白，原属有名无实，若遽行裁撤，则地方官或以远隔海洋，无人稽查，日久不免废弛，亦不可不防其流弊。嗣后届三年请派之期，该衙门仍照例奏请，或暂停派往，或数次后派员一往巡查，候朕随时酌量办理。”③ 这里，虽没有直接将巡台御史裁撤，但巡察的形式变为“因事酌派”，乾隆皇帝对巡台御史的疏离已经十分明显，废止巡台御史只是时间问题，台湾地方事务的管理权又重新回到了台湾道员手中。

最后，乾隆五十三年（1788 年）三月初四，清政府正式下发上谕：“台湾孤悬海外，远隔重洋，民情刁悍，奸徒易于滋事，向来只派御史前往巡视，职分较小，且不能备悉该处情形，殊属有名无实，着将请派巡台御史之例停止。”④ 由此，存在六十余年

① 张本政：《〈清实录〉台湾史资料专辑》，福建人民出版社，1993，第 178—179 页。

② 光绪朝《钦定大清会典》卷三百六十六《学校·设官》，光绪二十五年（1899 年）石印本。

③ 张本政：《〈清实录〉台湾史资料专辑》，福建人民出版社，1993，第 206 页。

④ 张本政：《〈清实录〉台湾史资料专辑》，福建人民出版社，1993，第 525 页。

的巡台御史制度正式宣告结束。台湾道员也终于摆脱了巡台御史的监控，军事、民政、学政等权力又回到台湾道员的手中，其地位又大大上升了。

总之，巡台御史与台湾道员的职权是一种此消彼长的关系。当巡台御史被皇帝倚重时，台湾道员的部分权力被剥夺；而一旦巡台御史的地位降低，权力自然又落到台湾道员的肩上。在二者职权消长的过程中，巡台御史早早走向消亡，而台湾道员又继续存在了一百多年，可见道员制度有更深刻的根基和存在意义，巡台御史制度则是康熙、雍正、乾隆三朝皇帝为实现对台湾官员的进一步监控而采取的临时应对之策，其早早走向消亡也是台湾社会发展的必然结果。

2. 台湾镇道关系

清统一台湾之后，在台湾设立的军事组织最高机关为镇，由总兵统之，这样就形成了台湾镇道文武共同管理台湾的机制。台湾镇道虽名位不相辖，却事有相关，“清廷为确保一地之安宁及文武官员的和谐，故对文武官员的设置与安排均极用心”[①]，台湾镇道间就形成了既相互配合又相互监视的微妙关系。对台湾镇道间的关系，张世贤、许雪姬、薛鼎霖等人都做过深入的研究。[②]笔者主要是在前人研究的基础上，将台湾不同时期镇道势力的消长情况进行梳理。

第一阶段：康熙二十三年（1684年）至康熙六十年，台镇统

---

① 许雪姬：《北京的辫子——清代台湾的官僚体系》，自立晚报社文化出版部，1993，第62页。

② 参见张世贤：《清代台湾道镇关系》，《台湾风物》第26卷第5期；许雪姬：《北京的辫子——清代台湾的官僚体系》，自立晚报社文化出版部，1993；许雪姬：《清代台湾的绿营》，“中央研究院”近代史研究所，1987；薛鼎霖：《同治前清代台湾镇道府职权研究（1683—1874）》，台湾成功大学历史研究所硕士学位论文，2008。

兵一万，台道带兵备衔。

康熙二十三年（1684年）在台湾道设立的同时，“设总兵官一员，副将二员，兵八千，分为水陆八营。澎湖厅设副将一员，兵二千，分为二营”①，说明总兵拥有十营共一万兵力。另一方面，因为台湾道员带兵备衔，所以清朝统治者规定从镇标中拨五百人为道标，作为台湾道员直接指挥的武装力量。此时的道员可监督辖区的军政，台厦道署兼设文职厅与武职厅，所以总兵的地位反而不如道员。

第二阶段：康熙六十一年（1722年）至乾隆三十一年（1766年），台道去兵备衔，台镇“挂印”，台道逐渐式微。

由于朱一贵事件中，台厦兵备道梁文煊潜逃，康熙皇帝下令将台厦兵备道所属之“备弁兵丁，分设于南北两路，战船拨归台镇”②。由此，台厦兵备道失去了兵备衔这一特殊职能，转而成为“台厦道”，这实际上无形中削弱了道员的权力，加强了总兵的权力，从而也成为后来台湾镇道不和的一个重要的伏笔。

雍正五年（1727年），又改台厦道为台湾道，道员不但失其监督军政及统道标之权，且辖区缩小，与总兵权位相当，镇道分治兵民，但同驻于府城。

雍正十一年（1733年），据福建总督郝玉麟所请改革台湾营制，“台湾孤悬海外，总兵一官有统驭民番之责，照山陕沿边之例，改为挂印总兵官”③。台镇“挂印”，从此亦理民事，且有民事、刑事的审判权，总兵的地位逐渐高于道员。

---

① 张本政：《〈清实录〉台湾史资料专辑》，福建人民出版社，1993，第64页。

② 张本政：《〈清实录〉台湾史资料专辑》，福建人民出版社，1993，第91页。

③ 张本政：《〈清实录〉台湾史资料专辑》，福建人民出版社，1993，第111页。

清政府此阶段对总兵优遇有加，主要原因是受朱一贵事件的影响，其对台湾的戒心加深，所以，有意加重台湾的军事力量，从而使总兵逐渐侵夺了道员的权职。

第三阶段：乾隆三十二年（1767 年）至乾隆五十二年，台道恢复兵备衔，镇、道互相配合，共存共损。

总兵权力太大容易成患，所以，乾隆三十二年（1767 年）道制改革，议定与提镇同城之道均加兵备衔。三月二十一日，吏部议准，“台湾道海疆保障，抚御诸番，与台湾镇同驻，请加兵备道衔，并铸给关防”①。台湾道由此恢复了兵备衔，道员得到率兵平乱、调度军队之权，道权看似又有升高之势。但实际上，兵备衔的恢复对台道而言，并没有真正加强其权力，提高其威望，反而时常因兵备衔而被连坐，成为总兵不法时共同承担责任者。最突出的例子便是乾隆三十三年，黄教事件发生之后，台道张珽被福建巡抚鄂宁弹劾：“道为监司大员，且又兼兵备衔，正宜同总兵督率调度剿捕贼匪，何故转令知府剿贼，该道安坐郡城？”② 后来，朝廷以张珽“于办理黄教一案，先于发觉时，安坐郡城，并不亲身督捕”的罪名将其革职。③ 说明恢复兵备衔之后，台道也必须投入军旅和总兵一起参与军事行动，从而常受总兵牵连而被治罪。

第四阶段：乾隆五十三年（1788 年）至同治八年（1869 年），台道加按察使衔，镇、道斗争激烈，台镇仍占上风。

如前文所述，乾隆五十三年（1788 年），清政府给台湾道员

---

① 《大清高宗纯皇帝实录》卷七百八十一，乾隆三十二年三月二十一日乙酉。

② 许雪姬：《清代台湾的绿营》，“中央研究院”近代史研究所，1987，第 227 页。

③ 张本政：《〈清实录〉台湾史资料专辑》，福建人民出版社，1993，第 246 页。

加按察使衔，有专折奏事之权，“盖台镇兵额为天下最，又专制海外，设有异谋，内地难制，故使台道奏事，弭患之意甚深远也”[①]。台湾道员对总兵的监察权进一步强化了，此亦加深了台湾镇、道之间的矛盾。

总兵常恐奏折中有不利于自己的言辞，所以要求会衔。镇、道会衔奏事也最终成为定制，“故每奏，皆在台言台，无一语他涉。……一稿往复商改，至于三四。恐台道见长，或掩之也”，“若得知折中未涉及总兵，则悦而不顾”，道员通过专折奏事监察总兵的作用就大大减弱了。而且，后来“廷寄至台，竟使总兵传谕台道，而总兵每次称加提督衔，台道则屡去其加衔，盖军机亦不知台道加衔之所由来矣”[②]，说明在奏事权之争中，道员仍是处于下风的。

除了奏事的摩擦外，镇、道之间也常有地位之争，《清稗类钞》中就有一段耐人深思的短文：“台湾镇为挂印总兵，王命在焉。旧例：台湾镇、道得封章奏事。每决囚，道至镇署会鞫行刑。奏事列衔，道居镇后，决囚坐次如之。上元叶抚部世倬为台湾道，谓坐次不合，力争。奏事亦由道主稿，他镇武人悉听之。都统音登额兼娴吏治，为台湾镇时，阅道中稿，常有商改。遂为叶所衔。道光初，叶方大用，陛见，奏音有微词，宣宗犹念音功，第令改镇天津而已。”[③] 叶世倬与音登额之争中，叶世倬虽力争，但亦时常受台镇压制，后叶世倬升任巡抚还对此耿耿于怀。

此外，台道徐宗幹与台镇恒裕、台道吴大廷与台镇刘明灯之

---

① 姚莹：《东溟奏稿·自序》，“台湾文献丛刊”第49种，台湾银行经济研究室，1959。

② 姚莹：《东溟奏稿·自序》，“台湾文献丛刊”第49种，台湾银行经济研究室，1959。

③ 徐珂：《清稗类钞选录·台湾镇道奏事》，“台湾文献丛刊”第214种，台湾银行经济研究室，1965。

争更是闹得沸沸扬扬，镇道不和之事层出不穷。清政府亦注意到此问题，对镇道之争的态度是，强调“办理地方要务，必须文武和衷协力，方于公事有济”，但特别叮嘱督抚“不可偏袒文员，以免文武生隙”。① 说明清政府采取的是压制文官的做法，这也使道员在与总兵的斗争中常受钳制。

另一方面，从乾隆三十二年（1767 年）开始，台湾道员虽带兵备衔却无道标可辖，乱事一起就要依赖总兵援助。所以，在清政府的要求和总兵的钳制下，道员实际上已丧失了监督武职的权力，只好尽量息事宁人，台镇仍然是处于上风的。

第五阶段：同治八年（1869 年）至光绪十二年（1886 年），台道先复统道标，后又加营务处，总兵撤去“挂印”，道权渐张。

同治八年（1869 年），“改台湾镇标右营为道标，专隶台湾道管辖”②，道员复统道标。加上同治五年起，吴大廷开始带自募的勇营来台赴任，道员手中已有私人武力，如今又加上道标，使道员掌握了较强的武装力量，也使道员在使用剿捕盗贼等职权时，不必事事看总兵的脸色，从此道权渐张。

同治十三年（1874 年），沈葆桢对台湾镇道不和的情况做了这样的分析：“镇治兵、道治民，本两相辅也。转两相妨，职分不相统摄，意见不免参差，上各有所疑，下各有所恃，不贤者以为推卸地步，其贤者亦时时存形迹于其间。”③ 说明镇、道间的争斗仍十分严重，但道权尚未凌驾于台镇之上。

光绪元年（1875 年），清政府又议定福建巡抚半年驻台，其

---

① 张本政：《〈清实录〉台湾史资料专辑》，福建人民出版社，1993，第 273 页。

② 张本政：《〈清实录〉台湾史资料专辑》，福建人民出版社，1993，第 989 页。

③ 沈葆桢：《福建台湾奏折·请移驻巡抚折》，“台湾文献丛刊”第 29 种，台湾银行经济研究室，1959。

中一个重要的目的就是“驻巡抚则统属文武，权归一尊，镇道不敢不各修其职”[①]。同时，该年十二月二十日，上谕“台湾镇总兵撤去挂印字样，归巡抚节制”[②]，台镇的民事管理权被取消了。

另一方面，台湾道员刘璈任职期间又管营务处，可以管理勇营，这又加强了道员的武装力量。且台镇因有开山抚番之责，又常年不在府城，这就使道员的权力逐渐压过总兵，这也使镇道间的矛盾进一步激化，道员刘璈与总兵吴光亮的意气之争便是突出表现。刘吴之争的结果是“吴光亮调省”[③]，这在一定程度上反映了此时道员在气势上压过了总兵。

第六阶段：光绪十二年（1886 年）至光绪二十一年，台道仍有一定权力，台镇则地位日下。

台湾建省之后，台湾的文武官僚体制大规模改革。对总兵而言，不但营兵被大规模裁撤，其直接掌握的武装力量也大大减少。光绪十二年（1886 年）清政府又设立澎湖总兵，使台镇的辖区更小了，再加上勇营多、带有总兵衔来台者比比皆是，这些都使台镇的地位日下。而另一方面台湾道员虽然不再是台湾的最高文官，成为台湾巡抚的下属，但仍有审判权，成为三品官，地位远比总兵高。

总之，台湾镇道之间虽有相互配合的时候，但更多的时候是互相监督、争斗不休的关系。台湾镇道不和也成为台湾官僚集团中的一个积弊，使许多政令难以顺利推行，遇到战事更无法同心协力，对台湾的政治产生了极大的影响，清代台湾的政风败坏，

---

① 沈葆桢：《福建台湾奏折·请移驻巡抚折》，“台湾文献丛刊”第 29 种，台湾银行经济研究室，1959。

② 张本政：《〈清实录〉台湾史资料专辑》，福建人民出版社，1993，第 1032 页。

③ 张本政：《〈清实录〉台湾史资料专辑》，福建人民出版社，1993，第 1076 页。

此亦重要原因。

3. 台湾道员与其下属官吏关系

台湾道员的下属官员主要有知府、知州、知县等，并有道员衙署中的属吏，如书吏、差役等。根据上文所述，台湾道员的一个重要任务是“为督抚布教令，监察所属府州县，综核属吏”，并且要“约束衙门官吏胥役，使之恪遵法纪，无致作弊生事，扰害官民”。①所以，对下属官吏，台湾道员有监察、考核、管理之权。

第一，对属官的管理考核。

道员对知府、知州、知县等下属官员有管理权。清政府尤为重视上级官员对下级官员的监督，锐意改革台湾吏治者尤其重视下属官员的廉政建设。

康熙年间，台厦道陈瑸针对州县官中不法之徒“供粟不收本色，勒民折价；审理案件，无分为命、为盗，动用夹审”之情况，发《台厦道禁酷刑滥派示》，饬令州县官“征收无论何项钱粮，不得于正项外私行加派；非真命、真盗，不许滥用夹刑，滥禁无辜人等”，以期官员们“洁己爱民、勤修职业”。②

道咸年间任台湾道员的徐宗幹更是曾作《与台阳属吏书》劝诫下属官员，文曰：

> 我辈出身加民，除莠安良，原分内应为之事。如不能弭患于未萌，以致糜帑殃民，方引罪之不暇，遑曰计功。仰荷圣恩垂念海外宣劳，无不准其请奖；而或因以饰词取巧，清夜实属难安。然得之昭昭，终失之冥冥。仆阅历官场将三十

① 《台案汇录乙集》卷二《给福建台湾道敕》，“台湾文献丛刊”第173种，台湾银行经济研究室，1963。

② 陈瑸：《陈清端公文选·台厦道禁酷刑滥派示》，“台湾文献丛刊”第116种，台湾银行经济研究室，1961。

年，凡窃虚名而得捷径者，非徒无益，有因他案而挂误者、有别出事故者，甚至未久而身亡者，历历可征。章服，天命也，不应得而得，是谓逆天。果尔实心实力，诛锄凶暴，造福无量；朱绂方来，不期而至，是谓顺天。闽中近日升官而易者，无过陈云谷、罗子扬二君；皆台湾之官，而未及来台获犯也。夫重囚，罪有应得，原无可矜；而以彼首级换我头衔，以私心得之，终亦必亡而已。官于此者，大概为两端所误。一则以海外可便宜行事，一则以重洋可展宕多时。圜扉人满，淹禁累累。死者固求其生而不得，生者且求其死而不能；黑狱沉埋，罪未定而幽闭瘐毙者，亦不可胜计。怨气充塞，何怪天灾人祸，叠见不休？幕丁延压，咎在本官；省费有限，造孽无穷。盍于欢娱宴乐时，一抚心思之？果因公赔累，于心无憾，天亦终必佑之。呜呼！罔民犯法，而又视之如几上之肉，昭昭之律例尚可规避，冥冥之律例其能通融耶？地方治理，全在亲民官尽其力之所到、行其心之所安，必先立于无过之地，乃共安于无事之天。二者切中时弊，有则改之，助我非浅。是用忠告，书不尽言。①

该文言之凿凿，从天命人伦、法令制度等各个方面分析，极力劝诫下属官员要做廉政爱民的好官。《治台必告录》还收录了大量徐宗幹致僚属的手札，包括对下属官员的工作指导、对他们的廉政要求等等，这亦是道员管理、监督下属官员的一种方式。

在日常工作中，知府、知州、知县等下属官员要执行道员的指令，并将有关工作情况汇报给道员。除此之外，道员对下属官员在特殊情况下有临时调派的权力。如咸丰元年（1851 年）八月

---

① 丁曰健：《治台必告录》卷五《与台阳属吏书》，“台湾文献丛刊”第 17 种，台湾银行经济研究室，1959。

十四日，“噶玛兰通判董正官，会营剿捕梅州贼匪，中途遇害”，道台徐宗幹正好公出，“在凤邑粤庄地方接报，当即飞檄署头围县丞即补府经历县丞本任兴隆巡检王衢暂行代理，一面委令曾经署理该厅之本任澎湖通判杨承泽前往接署”①。诸如此类的例子不少。当然，这是动乱中采取的临时应变措施，实际上道员并没有任命下级官员的权力，人事调动权仍掌握在朝廷和督抚手中。

但是，下级官员有时也并不会遵从道员的命令行事。如道光年间任职的台湾道员平庆“性软多疑，不能严厉率属”，张丙叛乱发生时，“平庆以（嘉义县知县）邵用之不协舆情，谆嘱（台湾府知府）吕志恒到彼先行撤任，吕志恒不惟不遵，转以邵用之可靠禀复”②。可见，道员有暂时调派撤换下属的权力，但“知府等亦可便宜行事，未必遵从道员的命令”③。

当然，平庆的例子较为少见，这与平庆本身的能力也有很大关系。整体而言，台湾道员与下属官员的等级制度是很严格的，不能随意僭越，下属官员亦不敢任意妄为，因为平时，特别是“大计”之年，道员对下属官员是有考核权的。

按清制：“台湾地方文职自同知以下有贪酷乖张情事，该道、府失于揭报，知府降三级调用、道员降二级调用；若徇隐纵容以致启衅生事者，革职治罪；如武职游击以下有贪酷乖张之员，文职不告知提、镇者，降一级留任。”④ 可见，若是台湾道员对下属官员的违法犯罪之事知情不报或者纵容，则也是会受到严厉的惩

① 徐宗幹：《斯未信斋文编·一·军书·上春岩制军书（五）》，“台湾文献丛刊”第87种，台湾银行经济研究室，1960。

② 《台案汇录甲集》卷二《福州将军瑚松额闽浙总督程祖洛覆奏台匪起衅根由折》，“台湾文献丛刊”第31种，台湾银行经济研究室，1959。

③ 薛鼎霖：《同治前清代台湾镇道府职权研究（1683—1874）》，台湾成功大学历史研究所硕士学位论文，2008。

④ 《清会典台湾事例·吏部·处分例·军政》，“台湾文献丛刊”第226种，台湾银行经济研究室，1966。

罚的。乾隆年间的台湾道员俞成，即因“于理番同知衙役索诈番银一案漫无觉察，且听捐职书吏陈朝梁把持垄断”，后经陈辉祖、杨魁“参奏革职”。[1] 因而，道员必然要对下属官员严加考核和监督。

特别是在大计之年，根据清政府的规定：“凡大计，藩臬、道、府、州、县递察其属之职。”具体的程序是：“州县察其属出考详府；直隶州之属县，亦察其属出考详直隶州知州；知府、直隶州知州复遍察其属出考详道；直隶厅亦察其属出考详道；道复遍察其属出考移司；司核汇加考详总督、巡抚……而申于总督、巡抚；总督、巡抚乃遍察而注考焉。”[2] 也就是说，府、州、县长官要将考核材料上交道员，由道员审查后再上交督、抚，道员是这些属官的第一阶段也是最直接的考核者。由此，这些下属官员自然不敢随便得罪上级道员。

而且，在战争中，道员还可表荐下属，如道光年间姚莹任台湾道员时就曾表荐台湾府知府熊一本。“该府随同臣等办理夷务，实心经理，深明机要。两次获解夷犯、汉奸一百七十余名，遵奉谕旨，逐一研讯，同各委员日夜熬炼，翻译明妥，尽得夷情，可否加三品顶戴？”[3] 可见，在论功行赏时，道员的表荐也很重要。所以，这些下属官员自然更是要处理好与道员的关系。

第二，对属吏的严格管理。

前文已述及，清代胥吏之弊台湾尤甚，台湾道员的一个重要职责就是要严格管理属吏，“约束衙门官吏胥役，使之恪遵法纪，无致作弊生事，扰害官民”。在台湾道员中，亦有在革除胥吏流

---

① 中国第一历史档案馆、海峡两岸出版交流中心：《明清宫藏台湾档案汇编》（第68册），九州出版社，2009，第47页。

② 光绪朝《清会典》卷十一《吏部》，中华书局，1991，第96页。

③ 姚莹：《东溟奏稿》卷四《大安破舟擒夷出力人员奏》，“台湾文献丛刊”第49种，台湾银行经济研究室，1959。

弊方面取得了不错成绩的。如乾隆三十一年（1766 年）至乾隆三十五年间任职的张珽“为厘革旧弊，绳奸猾之胥役，加之以法，少许亦不宽恕，政以之得清”。再如乾隆四十七年任职的穆和蔺“甫下车，首力除衙蠹，胥役如有不法者，痛惩之，曰：‘官失德者由此辈也’”。[1] 反之，那些未能管束好属吏的道员也会受到惩罚，如上文所言乾隆四十六年的道员俞成就因此而被革职。

因此，官员们亦采取各种措施对属吏进行严格的管理。道光年间任职的徐宗幹曾在其致僚属的手札中指出，在台湾盗贼、讼师、胥役三者合而为一，“胥役勾通匪徒为盗窝；及事主报官，又与讼师代为捏告。愚民无知，讼累经年；赃物丝毫未得，又添出许多费用。卒之，盗匪与棍徒逍遥事外。在官受累者，大半皆被牵良民；于是胥役既分盗赃，又得讼费。失事者固冤无可伸，而未失事者亦不知祸从何来”[2]。说明当时“吏差与盗贼串通，坐分盗赃”的现象已经十分严重，台湾胥吏败坏至此，又有何事不敢为？徐宗幹认为必须大力整顿，乃特意作书谕其书吏、差役：

谕　书　吏

尔等入公门为吏，原为顾体面、保身家起见。如作奸犯科，甘蹈刑章，岂非自投法网？尔等将来考得吏员，亦将为朝廷官职；若有刑伤过犯，后悔何及？

大家要勉励做个好书吏，不要包揽词讼，不要串通衿棍，挟制官长。县官是尔等父母，不得以身充上司衙门经书，便敢藐视。

自家子弟及所居乡邻有为匪者，尔等在官知法，当劝戒

---

① 伊能嘉矩：《台湾文化志》（中译本）卷上，台湾省文献委员会，1985，第 288—289 页。

② 丁曰健：《治台必告录》卷五《致僚属手札》，“台湾文献丛刊”第 17 种，台湾银行经济研究室，1959。

之；如不听从，即密禀查究。

居乡时，遇事排解。

公门中好修行，刑房公事尤为紧要；如招详早办一时，则人证少羁候一时。

尔等亦曾读书，尔等子孙亦可成名。无心过失，不以笞杖辱之；有心作恶，立毙杖下。

本司道整饬地方，先从各衙门起。尔等不能尽解官话，是以简明晓示。既往不咎，咸与维新。慎之！①

谕 差 役

尔等入衙门当差，名为官役；还是本地百姓，皆我子民。要尔等做好人，不可凌虐愚弱，鱼肉乡邻；不可串通匪徒，扰害良善。如问出抢夺掳掠，曾与尔等结识者；究出盗贼窃劫，曾经尔等包庇者；访出纠斗滋事，曾同尔等串谋者；查出刁告架讼，曾由尔等指引者；即提至堂下，或囚木笼、或断其胫骨，必置之死地以示众。

尔等各有父母妻子，但求足以养家糊口。小心当差，勿造恶孽，鬼神亦保佑尔。如任意索诈害人，本司道衙门，即阳间之速报司也。凛之！②

从此二文可见当时台湾胥吏积蠹之深，徐宗幹在苦心劝诫的基础上，也采取了严厉的处罚措施加以整治，“当时被认为平台之一妙着”③。但胥吏之弊积重难返，一直到日本割占台湾之前，

---

① 丁日健：《治台必告录》卷五《谕书吏》，“台湾文献丛刊”第17种，台湾银行经济研究室，1959。

② 丁日健：《治台必告录》卷五《谕差役》，“台湾文献丛刊”第17种，台湾银行经济研究室，1959。

③ 伊能嘉矩：《台湾文化志》（中译本）卷上，台湾省文献委员会，1985，第289页。

整治胥吏之弊仍是道员的一个重要任务。

4. 台湾巡抚、台湾布政使与台湾道员关系

除了巡台御史、总兵、知府、知州、知县及下属官吏之外，建省之后，台湾还设置了台湾巡抚、台湾布政使。台湾道员与他们的关系又是如何的呢？

光绪十一年（1885 年）九月初五，慈禧太后下旨拟定了台湾建省事宜，并制定了台湾官制的初步规划，也确定了建省后台湾道与各方的关系。

光绪皇帝强调“台湾虽设行省，必须与福建联成一气，如甘肃、新疆之制，庶可内外相维”[①]。所以建省之后，中央政府便规定：“台湾改设行省，司道以下各官考核大计，闽省由总督主政，台湾由巡抚主政，照旧会衔办理。惟台湾分省甫定，添改府、厅、州、县教佐各官，事在创始，一时尚多拣员未定，实任人员无多，所有大计举劾之案，仍由台抚核实贤否，分别加考，咨送总督饬发福藩司附于闽省大计册后会题。”[②] 也就是说，台湾官员的考核大计等主要是由台湾巡抚负责，再咨送闽省总督。同样，台湾道员的任用、考核等仍是由福建台湾巡抚咨调，而且此时的台湾道员不再是台湾的最高文官，虽仍驻台南，但主要是办理南部事务，成为台湾巡抚的辅弼，不能再左右台湾政局了。

台湾建省之后，于光绪十三年（1887 年）设台湾布政使。这样，原本由台湾道管理的户版、税役、钱谷、田亩等政，就全移于台湾布政使，不过因其事务繁多，故有关人民田土的审判案

---

① 张本政：《〈清实录〉台湾史资料专辑》，福建人民出版社，1993，第 1146 页。

② 唐赞衮：《台阳见闻录》卷上《政事·计典》，“台湾文献丛刊”第 30 种，台湾银行经济研究室，1958。

件，则仍交由台湾道员来办理。① 上文已经提及在设置台湾布政使的同时，因台湾道员向兼按察使衔，所以不再设台湾按察使，全台刑名仍归台湾道员管理。

综上所述，在处理台湾事务的过程中，台湾道员与台湾大小文武官员之间不可避免地存在各种各样的复杂关系，镇、道、府及其他下属官员互相分工又共同配合，负责台湾的军事、监察和一般行政事务。虽其内部斗争不断，但清政府亦采取各种措施维持各官之间的权力平衡，从而使清代台湾官僚集团保持了相对的稳定性。

① 许雪姬：《北京的辫子：清代台湾的官僚体系》，自立晚报社文化出版部，1993，第12页。

第三章

清代台湾的军制[①]

第一节　清代台湾的军事建制

一、康熙雍正时期台湾军制变化

清政府统一台湾后，经康熙皇帝批准，台湾设立总兵一员、副将二员、兵八千，分水陆八营；澎湖设立副将一员、兵三千，分为二营。每营各设游、守、千、把等官。合计台湾地区总兵一员、副将三员、十营兵共一万一千。

从蒋毓英修《台湾府志·武卫》的记载看，在具体设立台湾

① 本章兵将等人数俱为所引文献中的数目，个别地方存在分项之和与总数不一致的情况。

武装力量时，考虑到实际情况，对上述规定有所变更。清统一台湾之初，台湾陆路设总兵一员，辖中、左、右三营，另有南路和北路各一营，陆路军丁五千名，每营一千人。水路设台湾水师副将一员，辖中、左、右三营，每营配大小战船十六只，三营共四十八只。澎湖水师副将一员，辖左、右二营，水路兵丁五千，每营配大小战船十六只，二营共三十二只。以上共总兵一员、副将二员、十营，水陆军丁一万名。

上述兵力配置体现出清政府以水路和府治为中心的防守特点。全部一万名军丁中，台湾和澎湖水师达到五千人，总兵统帅防守府城周边区域者共三千人，南北二路的广袤区域仅各一千人。当时担任诸罗知县的季麟光即指出，台湾府城一带南北相去不过数十余里，镇标三营之兵绰绰有余。南路自大岗山以下至下淡水琅峤社五百余里，北路自大岗山以上至上淡水鸡笼城一千五百余里。如凤山、傀儡山、诸罗山、半线山等处皆扼要冲，为陆汛所必防；如下淡水、硫磺溪、大线头、鹿仔港等处皆当入海之道，为水汛所必守。广袤的北部区域不设一官，不置一卒，万一事起不测，在最北端防守的半线仅有二百名士兵，且相距有七八日之路程，根本无法有效处置。为此，他建议鸡笼、淡水应添设一营，“请于水师三营之内，调拨一营驻防于彼，使依营耕种，为久驻之计。营将一人，尤当慎择人地相宜、谙晓事理者，格外遴拔，拨船十只，令其弹制番社、巡缉港洋，不特内外相维，为台湾全势之依借，即招商赎社、开灶煮磺，亦无奸民野番草窃惊扰之患”[①]。季麟光的意思很明显，设兵淡水并非增加台湾戍守军队总额，所添之兵在原设十营抽调，所拨之船在两协匀拨，无增兵之损而收增兵之用，有增营之利而无增营之费。从康熙中期台

① 台湾史料集成委员会：《明清台湾档案汇编》（第9册），远流出版社，2006，第83页。

湾军队力量防守配备情况看，季麟光当年的建议并没有被采纳。是故高拱乾感叹道："台地沿边……北尽鸡笼山，延袤几二千三百余里。而自半线北尽鸡笼城，皆番部；浮海四达要路，议防宜密。前此已有北路添兵之请，诚为要议。"[①] 当然，清政府没有采纳季麟光的建议也是可以理解的。诸罗设县之始，县治草莱，文武各官侨居佳里兴，流移开垦民众，极远不过斗六门。北部虎尾垅、大肚社一带，人已视为畏途，再往北走则鲜有知其地理险易者，故当时北路防汛至半线、牛骂而止。

康熙中期，台湾防守力量分布如下：总兵所属中、左、右三营。中营驻扎台湾府中路口，总兵亲自率领，步战守兵额定一千名，内拨归台厦道标兵一百名，实在九百名，分防旧社汛；左营驻扎台湾府北路口，步战守兵额定一千名，内拨兵二百名归入道标，实在八百名，分防大目降汛；右营驻扎台湾府南路口，步战守兵额定一千名，内拨兵二百名归入道标，实在八百名，分防桶盘栈汛、中港岗汛。台湾南路营驻扎凤山县统领营地方，步战守兵一千名，内拨归镇闽将军标兵六十名，实在九百四十名，分防下淡水汛、凤弹汛、观音山汛、康篷林汛。台湾北路营驻扎诸罗县佳里兴地方，步战守兵一千名，内拨归镇闽将军标兵六十名，实在九百四十名，分防半线汛、斗六门汛、下加冬汛、目加溜湾汛。台湾水师所属中、左、右三营。中营驻扎台湾红毛城地方，副将一员，步战守兵一千名，内拨归镇闽将军标兵一百名，实在九百名，大小战船十八艘，防守鹿耳门汛、大线头汛、蚊港汛、大港汛、鲲身汛、蛲港汛；左营驻扎台湾红毛城地方，步战守兵一千名，内拨归镇闽将军标兵一百名，实在九百名，大小战船十八艘，分防猴树港汛、笨港汛、鹿仔港汛；右营驻扎台湾红毛城

---

① 《台湾府志》卷四《武备志·总论》，"台湾文献丛刊"第65种，台湾银行经济研究室，1960。

地方，步战守兵一千名，内拨归镇闽将军标兵一百名，实在九百名，大小战船十八艘，分防打狗汛、岐后汛。澎湖水师所属左、右二营。左营驻扎妈宫汛兼防虎井等澳屿，副将一员、游击一员，步战守兵一千名，大小战船十八艘，分防里汛兼防双头挂等澳屿、分防文良港汛兼防龟鳖港等澳屿、分防八罩汛兼防将军澳等澳屿；右营驻扎妈宫汛，步战守兵一千名，大小船只十八艘，分防西屿头汛兼防内外堑、竹篙湾、缉马湾等澳屿，分防北山汛兼防瓦硐港、通梁港、赤嵌等澳屿。[①] 从防区看，此时台湾的防守范围尤其是北部边疆的防守范围并没有明显增加，与康熙二十四年（1685 年）的兵力配置相比，仅仅在每营战船数量上由十六只增加为十八只。

18 世纪初以后，台湾北部区域日渐开拓，人口聚集，防守任务也更加繁重。自康熙三十五年（1696 年）以后，北路相继发生吴球、吞霄淡水土官、刘却等引发的动乱，数年之间，台湾北路动荡不安。康熙四十三年，诸罗秩官、营汛悉数移归县治。陈瑸任职台厦道期间，对北路已经忧虑重重，曾建议添设塘汛加强防守力量，“查本营设塘，仅至大肚社止。由大肚社往北，更有水里、沙辘、牛骂与崩山之大甲、房里、茅盂、宛里、吞霄、后垄、中港、竹堑、南坎等社，无数聚落，方至淡水，岂可漫无稽察？应于各社之聚族处所及里数太旷远处，添设塘汛，以南援半线，北连淡水。至淡水一汛，即鹿仔港汛，为船只出入要口，额设官兵、船只，应令其常川驻防，加谨巡查，乃有备无患之至计也”[②]。康熙四十九年，海盗郑尽心潜伏在江浙交界一带，给台湾北部边防造成一定的压力，遂设淡水分防千总，增大甲以北茅

---

① 《台湾府志》卷四《武备志·水陆营制》，“台湾文献丛刊”第 65 种，台湾银行经济研究室，1960。

② 陈瑸：《陈清端公文选·条陈经理海疆北路事宜》，“台湾文献丛刊”第 116 种，台湾银行经济研究室，1961。

孟、通霄、后垅、中港、竹堑、南嵌、八里坌七塘。但当时戍守官兵，不习水土，无事空抱瘴疠之忧，有事莫济缓急之用。“凡隶役闻鸡笼、淡水之遣，皆欷歔悲叹，如使绝域；水师例春秋更戍，以得生还为幸”①。在这种情况下，大甲以北区域的防守问题再次成为议论的焦点。有主张清革流民以大甲溪为界，撤回淡水一汛、七塘官兵，放弃当地的防守力量；持不同意见者则指出要加强防守，他们认为以大甲为界又撤淡水七塘防汛，是将该七百里的区域弃为政教不施、稽查不及之乡，势必造成更大的动荡。

康熙五十一年（1712年）五月，闽浙总督范时崇疏言，淡水营为台湾极边要地，请以佳里兴官移拨驻防，将台湾镇标官兵，拨防佳里兴。兵部议覆后认为应如所题并得到康熙帝的批准。②但是，这一经过康熙帝批准的建议并没有立即实施。③康熙五十六年，诸罗县令周钟瑄又提出新的建议：陆路方面，在半线设置游击一营，与北路营汛联络，额定兵员一千人，在淡水设立巡检一员，分千把总于后垄、竹堑；海路方面，酌拨台湾水师于鸡笼。至于增兵来源，他认为台湾镇标三营防守有余，可裁镇标一营改设于半线，其官兵俸薪、粮饷一无所增。半线既自为一营，

---

① 郁永河：《裨海纪游》卷中，“台湾文献丛刊”第44种，台湾银行经济研究室，1959。

② 张本政：《〈清实录〉台湾史资料专辑》，福建人民出版社，1993，第78页。

③ 康熙五十一年（1712年），周元文重修《台湾府志》，周志以高拱乾《台湾府志》为蓝本，将康熙三十五年至四十九年之新修部分另行刻板编入。周志《秩官志》所载职官到任或卸任年月多在康熙五十一年以后，竟有迟至五十七年者，可见本书曾经增补，其问世应在五十七年以后。也就是说，周志以高志为蓝本，不但增补了康熙三十五年至四十九年间的有关内容，而且自五十一年修成后，根据当时台湾的一些变化情况，周志前后又进行了不少的补充。但对比周志和高志《武备志》部分可知，周志没有任何变化。这足以证明，康熙五十一年前后台湾防守力量没有什么变化。

则北路营之兵自足防诸罗一县之汛，参与防守诸罗县目加溜湾、佳里兴两处的镇标官兵便可撤回府治，于备御毫无所阙。这种配置调整，“则自大肚、大甲以至淡水，皆为官兵之所屯聚、往来之所周历，有司耳目之所稽察、政教之所浸灌；即淡水至山后三百余里，望风悚息，永无意外之虞矣”①。

康熙五十七年（1718年），闽浙总督觉罗满保奏称：福建台湾北路之淡水、鸡笼地方，实为贩洋要路，又为台郡后门，向系台协水师左营汛地，并未安兵屯驻。请于台湾营各额兵内酌量抽调兵五百名、战船六只，设立淡水营，令北路营参将管辖。并请移兴化城守右营守备驻防淡水，于台镇标中营拨千总一员、台协左营拨把总一员为淡水营千、把，每半年轮流分防鸡笼。该建议经兵部覆议后正式实施。② 此后，淡水营正式设立，合计台湾水陆共十一营，但军队总数并没有增加。康熙六十年，觉罗满保称，台湾三县相距辽阔，远隔重洋，防汛额兵单薄，请添兵丁。其中府治增一千名，四面协护。南路增一千名，以五百驻冈山，前护本营，后护府东，并保护罗汉门口；以五百驻下淡水、新园，后护本营，前查龙桥东之阿猴林等处。北路增一千名，以五百驻斗六门，后护半线，前护本营，并查笨港海口，防御高山族各社；以五百驻半线，后护淡水，前护斗六门，稽查鹿仔港，防护大江口。再北路营去府两日，又有大河，不能实时接应，于适中之地亦应增五百名，前则协护府治，后则稽查北路横港海口，堵截内山。以上共增兵三千五百名。③ 康熙帝则认为，台湾动荡

---

① 《诸罗县志》卷七《兵防志·总论》，“台湾文献丛刊”第141种，台湾银行经济研究室，1962。

② 张本政：《〈清实录〉台湾史资料专辑》，福建人民出版社，1993，第83页。

③ 黄叔璥：《台海使槎录》卷二《赤嵌笔谈·武备》，“台湾文献丛刊”第4种，台湾银行经济研究室，1957。

频繁，并非由于兵力不足所致，“福建总督、巡抚、提督俱奏请台湾添兵，朕意添兵无用也。台湾地方，水师营着副将一员、兵二千名，陆路营着副将一员、兵二千驻扎。水师有事，陆路可以照应；陆路有事，水师亦可以照应。其台湾总兵官移于澎湖，亦着兵二千名驻扎。令其管辖，均有裨益”[①]。康熙时期，台湾总兵力维持在一万人，其间最重大的变化是淡水营的设立。

雍正时期，台湾军务防守出现一次较大的变动。雍正元年（1723年），在闽浙总督觉罗满保的建议下，拨镇标右营守备领把总一员、兵二百四十名驻扎岗山，镇标左营守备领兵一百五十名驻扎下加冬，台协水师中营千总一员领兵一百二十名驻扎盐水港，台协水师左营千总一员领兵一百五十名驻扎笨港，水师副将领守备一员、兵五百名驻扎安平城内。雍正三年，巡台御史禅济布奏请改拨马兵三百名，考虑到马兵对台湾实际意义不大，闽浙总督高其倬将三百马兵改为步兵，并增四百守兵。[②] 经兵部核准后，这一增兵计划于雍正七年十月正式实施。雍正九年十月，抽调镇标各营汛兵丁四百名用于加强部分区域的防守，添设淡水汛守备一员，带武洛汛把总一员、新东势汛外委一员、兵一百六十名驻扎山猪毛口，土地公崎、大崎、顶兰坡岭三处，各设一塘，每塘安兵五名。[③]

雍正九年（1731年）至雍正十年，台湾接连发生吴福生事变和大甲西社反抗事件，虽然吴福生事变很快就被平息，但大甲西社反抗引发的连锁反应还是让清政府调兵遣将，大费周章。这充

① 张本政：《〈清实录〉台湾史资料专辑》，福建人民出版社，1993，第88页。

② 台湾史料集成委员会：《明清台湾档案汇编》（第11册），远流出版社，2006，第336—337页。

③ 张本政：《〈清实录〉台湾史资料专辑》，福建人民出版社，1993，第108页。

分暴露了清代台湾防守的漏洞和兵力的缺失，雍正十一年，福建总督郝玉麟等奏请改革台湾军制并得到批准。府治为全台心腹，原设兵丁，实在不敷，府治准添设城守一营，参将一员、守备二员、千总二员、把总四员、兵一千名。至南路地方广阔、民居稠密，原设各汛不足以资防范，将驻扎山猪毛口之守备改为下淡水都司佥书，再添设千总一员、把总二员、兵五百名，合原额设兵共一千五百名。北路地方部落众多，稽查宜严，官兵分防不足以资防范，参将准其改为副将，再添设都司一员、守备一员、千总四员、把总八员、兵一千二百八十名，合原额设兵共二千四百名，分为中、左、右三营。以都司为中军，原设守备与添设守备分左、右二营。① 这是自康熙二十四年（1685 年）设定台湾防守规制后第一次大规模变更防守力量。根据这一规划，清政府再次加强了台湾府城的力量。先前在台湾由总兵统领的镇标三营负责守护府城一带，其后三营军丁不断调拨他处，导致府城防守空虚。本次调整不但将镇标三营之兵全数撤回府治，还增加城守一营，分左右二军。在南路，增兵五百人，将驻扎山猪毛口之守备改为下淡水都司，划定淡水溪为界，溪西属千、把汛地，溪东归都司管辖，都司仍听南路营参将管辖。在北路，原有参将升格为副将，增兵一千二百八十名，合原额官军共二千四百名，分为中、左、右三营。至此，台湾一镇共设十五营，水陆官军一万二千七百八十人。雍正十三年，在台湾府城东南大东门内春牛埔地方又添设一营，拨镇标守备一员带兵三百名驻防；小南门添设一营，拨水师千总一员带兵一百五十名驻防。需要说明的是，这里所谓的“营”，并非清政府军事建制意义上的营，而是两个防守据点。

---

① 《重修福建台湾府志》卷十《兵制》，“台湾文献丛刊”第 74 种，台湾银行经济研究室，1961。

二、乾隆嘉庆道光时期台湾军制变迁

乾隆三年（1738 年），清政府对北路营的防守做出新的调整。北路柳树湳庄口另建营盘，安兵一百名，拨猫雾束兵五十名、彰化汛兵五十名驻防。其猫雾束原驻都司移彰化，另建衙署驻扎，仍于彰化汛派把总一员。该协中营调千总一员往猫雾束防守，其千总即令驻扎都司衙署，南北投汛归该协中营属。所有原设外委一员、兵二十名，撤防虎尾溪塘。其中营分防蓬山汛之千总带兵一百名，内除牛马等三塘分兵十五名照旧安防外，余兵八十五名随该千总移驻中营之南北投汛。将蓬山汛在该协右营内拨把总一员、兵八十五名防守。①

据乾隆六年（1741 年）《重修福建台湾府志》的记载，当时台湾水陆官军防守布置如下。

台湾镇标分中、左、右三营。中营步战守兵九百一十名，驻防台湾府中路口；左营步战守兵九百三十名，驻防台湾府北路口；右营步战守兵九百三十名，驻防台湾府南路口。

台湾城守营分左、右二军。左军步战守兵五百名，驻防台湾府治一百四十名，驻防岗山汛兼辖山头、山腰、山尾、狗匂昆、南安店等塘一百八十名，分防罗汉门汛兼辖猴洞口汛八十名，拨防康蓬林汛、大湖、半路竹等塘兵五十名，拨防盐水埔汛、港岗、角带围、濑口、涂墼埕等塘兵五十名；右军步战守兵五百名，驻防台湾府治一百九十名，驻防下加冬汛兼辖哆啰嘓汛、乌山头、八桨溪、急水溪、铁线桥等塘一百三十三名，拨防佳里兴汛、茅港尾、水堀头、茇仔林等塘二十七名，分防目加溜湾汛兼辖溪边、木栅、柴头港、水仔尾等塘五十名，拨防大穆降汛茑

① 张本政：《〈清实录〉台湾史资料专辑》，福建人民出版社，1993，第124—125 页。

松、小桥等塘五十名，拨防旧社汛大湾、嵌下等塘五十名。

南路营步战守兵原额、新添共一千五百名，驻防凤山县汛五百名，驻扎凤弹分防下埤头等汛二百五十名，分防下淡水驻扎山猪毛口兼防阿里港等汛三百名，分防新园等汛一百五十名，防守万丹等汛五十名，分汛防守游巡南路地方二百五十名。

北路营分中、左、右三营，步战守兵原额、新添共二千四百名。中营驻扎彰化县治五百四十名，驻扎猫雾束汛一百六十五名，分防南、北投汛八十五名，分防蓬山等汛兼游巡牛骂、沙辘、大肚等处一百名；左营驻扎诸罗县治四百七十名，分防斗六门等汛一百名，分防石榴班汛三十名，分防笨港汛一百五十名，分防盐水港六十名；右营驻扎竹堑五百名，分防中港五十名，分防后垄一百名，分防南崁、淡水等汛五十名。

淡水营步战守兵共五百名，驻防淡水港二百九十名，分防炮台汛兼辖港北、小鸡笼等塘五十名，分防大鸡笼城兼辖大鸡笼港、金包里塘一百六十名，战船六只。

台湾水师协镇标中、左、右三营。中营步战守兵八百五十名，随防安平镇兵四十名，分防内海安平镇汛八十五名，轮防内海鹿耳门汛一百五十名，分防内海盐水港汛一百二十名，分防外海蚊港汛兼辖外海北门屿、马沙沟、青鲲身等汛九十五名，分防外海大港汛兼辖外海鲲身头、蛲港等汛六十名，拨随副将出洋总巡兵九十名，分巡鹿耳门外中路洋面一百六十名，贴防北路营半线汛兵五十名；左营步战守兵八百名，驻防安平镇汛一百名，随防安平镇城兵七十名，分防内海安平镇汛兼辖内海水城海口一百三十名，分防内海笨港汛二百三十名，拨防内海猴树港汛并海丰港炮台兵十名，分防内海三林港汛兼辖三林港炮台五十名，分防内海鹿仔港汛兼辖鹿仔港炮台九十名，拨随副将出洋总巡四十名，拨巡本汛洋面一百八十名；右营步战守兵八百五十名，驻防安平镇汛一百名，随防安平镇城七十名，轮防内海鹿耳门汛一百五十名，分防外海打狗汛兼辖岐后、万丹、西溪、东港、淡水港、茄藤港、放索、大昆麓等汛一百三十名，分防打狗、岐后、西溪、东港、淡水港汛洋面一百二十名，拨随本标左营游击出洋总巡五十名，分巡本汛洋面一百八十名，贴防北路营半线汛五十名；战船共五十六只。

澎湖水师协镇标左、右二营。左营步战守兵一千名，驻防内海妈宫汛二百二十七名，轮防妈宫澳、新城内海港口二十八名，拨防内海妈宫澳、新城、东港并港口七十八名，分防外海八罩汛兼辖外海八罩、挽门、水埯、将军澳等汛并将军澳炮台二百八十四名，分防外海莳里汛兼辖双头跨、风柜尾、文良港、龟毛港等汛一百三十五名，拨随副将出洋总巡一百一名，分巡八罩洋面一百四十七名；右营步战守兵一千名，驻防内海妈宫汛三百三十三名，拨防妈祖澳、新城并内海新城、西港五十六名，分防内海妈祖澳港口五十名，分巡外海西屿头、内外堑兼辖竹篙湾、缉马湾、小门等汛一百七十三名，分巡外海大北山、瓦峒港、赤崁澳、通梁港等汛一百名，拨随副将出洋总巡九十名，分巡西屿头洋面一百九十八名；战船三十六只。①

此后《台湾府志》分别于乾隆十二年（1747 年）和乾隆二十九年重修，在《武备志》的有关记载中，基本与上述乾隆五年的记载一致。可见，从雍正十一年（1733 年）定制后，至乾隆中期，台湾的防守力量没有大的变化。乾隆三十年，对淡水营做出调整。该营向设一都司、一千总、二把总，俱从陆路人员调补，但淡水营驻地八里坌系贩洋要路，又为台郡北路门户，陆路人员不熟悉洋面情形，该营原系水陆兼辖，改都司为水师调缺，把总、外委改用一半水师，督率水兵巡洋；其余千总及把总、外委

---

① 《重修福建台湾府志》卷十《兵制》，“台湾文献丛刊”第 74 种，台湾银行经济研究室，1961。

仍从陆路人员内拔补，专防陆路地方。① 乾隆中期，南路营的一个重大变动是，乾隆三十三年分设南路下淡水营。该营设都司一员、千总一员、把总二员、外委三员、额外二员、马十四、配马兵十名、步战兵三百四十四名、守兵二百一十五名，共兵五百六十九名。其中二百五十九名驻防山猪毛口汛，一百六十名分防新园，兼辖东港、枋寮各塘汛，八十五名分防万丹汛，七十名分防阿里港兼武洛塘汛。② 至林爽文事件前，除乾隆四十七年增添四百名养廉兵外，台湾军队数量没有大的变化。

乾隆五十三年（1788年）五月，在福康安的建议下，清政府对台湾军事力量再次进行调整。在北路，彰化县城添兵一百八十六名，并于八卦山新立卡座处添设外委一员、兵四十名。大里杙添设外委一员、兵五十名。水沙连添设千总一员、兵一百名，在集集埔驻扎。嵌顶添设外委一员、兵五十名，内分十名在虎仔坑设塘巡哨。牛骂头设额外外委一员、兵二十名。大甲溪添设外委一员、兵二十五名，归蓬山汛把总兼管。八里坌添设外委一员、兵三十名，石门添设外委一员、兵三十名。在中路，嘉义县城添兵一百二十三名，改设都司一员管辖；原设守备一员、添设外委一员、兵一百三十名，移驻斗六门。于大武垄之外霄间庄，添设千总一员、兵一百名；内分兵二十名，添设外委一员，在本县庄防守。元长庄添设外委一员、兵二十名。大埔林添设外委一员、兵十五名。西螺添设外委一员、兵二十名。大排竹添设外委一员、兵二十名。麻豆庄添设外委一员、兵三十名。茂功庄添设外委一员、兵二十八名。鹿仔草添兵十名，三坎店添兵二十名，冈山汛添兵四十五名。在南路，凤山县添兵三十八名。将凤弹汛内

① 张本政：《〈清实录〉台湾史资料专辑》，福建人民出版社，1993，第207页。

② 《台湾采访册·全台军制条目·南路下淡水营》，“台湾文献丛刊”第55种，台湾银行经济研究室，1959。

拨兵一百一十六名，添设千总一员，在旧城龟山卡座驻守；又拨兵一百名、添五十名，与原设守备一员、把总一员，在水底寮驻守；并于番薯寮添设额外外委一员、兵二十名。① 据乾隆五十五年闽浙总督觉罗伍拉纳的报告，台湾、澎湖各营原额及新添戍兵计一万三千二百九十二名。②

嘉庆道光时期，台湾军制最大的变化是艋舺营、噶玛兰营和嘉义营的设立。

嘉庆间，蔡牵之乱给清代台湾的海防带来巨大的冲击，蔡氏甚至深入北部噶玛兰地区，鼓动当地人一起兴风作浪。同时，随着大陆居民赴台开垦步伐的加快，广阔的北部边疆也日渐开发。为应对北部复杂的局势，清政府决定加强台湾北部地区的防卫力量。先是北路淡水营原设都司一员、马步战守兵丁六百二十九名，分防艋舺渡头汛、大鸡笼汛、海山口汛、八里坌汛、右石门汛、金包里汛、炮台塘、北港塘、小鸡笼塘、烟墩塘、长道坑塘等地方。因蔡牵之乱，淡水营基本丧失了防守能力。后因兵力单薄，嘉庆十一年（1806 年）在淡水当地招募水兵一百五十名。嘉庆十三年，淡水营与原在艋舺防守的军事力量合并成为艋舺营，其官兵配备如下：陆路方面，将台湾水师右营游击和延平协左营守备移驻艋舺，管理淡水北路营务和陆路弁兵；水路方面，将兴

① 张本政：《〈清实录〉台湾史资料专辑》，福建人民出版社，1993，第554—555 页。

② 张本政：《〈清实录〉台湾史资料专辑》，福建人民出版社，1993，第602 页。需要说明的是，由于不同时期人们统计的口径不一致，有时军队数量仅指军丁数，有时又将各级武职官员计算在内，导致在不同记载中，台湾军队总数有所差异。如乾隆五十四年（1789 年）四月，闽浙总督觉罗伍拉纳和福建巡抚徐嗣曾奏称，台湾、澎湖各营原额戍守班兵一万二千一百七十六名，新增戍防一千二百名。以两数合计，共一万三千三百七十六名。同样是他们二人，在乾隆五十五年的上奏中则说台湾、澎湖原额及新增共计一万三千二百九十二人。

化协右营守备改为艋舺水师守备，移驻沪尾炮台。原淡水营都司移驻台湾水师右营，作为台湾水师右营都司。①

嘉庆十五年（1810 年），闽浙总督方维甸奏请调整裁并部分塘汛，集中兵力以应对各种不测事件。城守营左军移驻外委二员，裁移十汛兵丁，并入三汛、移改一汛；右军移驻外委二员，裁移十一汛兵丁，并入五汛。南路营移驻千总一员，裁移三汛并减三汛兵丁，并入三汛、移改一汛。下淡水营移驻外委一员，裁移三汛兵丁，并入一汛。北路协中营共移把总一员、外委三员，裁移九汛兵丁，并入四汛、添设二汛二塘；左营移驻把总一员、外委三员，裁移十八汛兵丁，并入六汛；右营撤回额外外委一员，移驻把总一员、外委一员，裁移三汛并减二汛兵丁，并入三汛、添设一汛、移改二汛。艋舺营酌拨外委二员，裁移三汛，并拨本营兵丁并入一汛、添设二汛。沪尾水师营酌拨把总一员，并本营兵丁添防一汛。② 有些位置紧要地方，或者原未设汛，或原设塘汛兵数太少，另外一些偏僻塘汛却设兵过多，不能有效发挥作用。这次塘汛的裁撤变革，并未额外增兵，只是对现有防守力量进行合理配置和调整。

在闽台大员的呼吁下，嘉庆十五年（1810 年）五月，嘉庆皇帝终于表态，在噶玛兰设立行政机构，实施积极治理。嘉庆十六年十月，噶玛兰设通判、县丞各一员，归淡水同知统辖；守备、千总各一员，把总、外委各二员，额外外委三员，战兵二百五十五名、守兵一百四十名，归艋舺营游击兼辖。“自嘉庆十七年设厅置营，十八年四月分汛安防”③。道光四年（1824 年）二月，

---

① 《台湾采访册·全台军制条目·艋舺营》，“台湾文献丛刊”第 55 种，台湾银行经济研究室，1959。

② 张本政：《〈清实录〉台湾史资料专辑》，福建人民出版社，1993，第 720 页。

③ 柯培元：《噶玛兰志略》卷九《兵制志》，“台湾文献丛刊”第 92 种，台湾银行经济研究室，1961。

在总督赵慎畛的建议下，改艋舺营游击为水师参将，驻噶玛兰，添设噶玛兰营都司一员、千总一员、外委二员，都司驻伍围，移伍围守备驻头围、头围千总驻三貂。拨台湾陆路左营及城守营兵二百名、艋舺营兵一百名隶噶玛兰，换防台湾北路及城守营兵四百四十名隶艋舺营，均归艋舺参将管辖。[①] 道光十三年，闽浙总督程祖洛鉴于嘉义一带防守空虚，遂请再次调整防守力量，将北路左营改设为嘉义营，恢复台湾镇标右营。

道光十年（1830 年）前后，有关人员经过实地采访，台湾各营人数和军事防务设置如下：

镇标三营。镇标中营马兵四十名、步战守兵七百八十六名，共八百二十六名，俱驻府治中路口。镇标左营马兵八十名、战守兵一千三百十二名，共一千三百九十二名，驻府治南北路口。镇标右营马兵四十名、战守兵八百零六名，道光六年（1826 年）裁撤右营，裁战守兵二百名，归北路右营添防；其马兵四十名、战守兵六百零六名，归府治左营兼管。

城守营分左右二军。城守营左军马兵二十名、步战兵二百二十一名、守兵二百九十四名，共兵五百三十五名。道光五年（1825 年）裁归噶玛兰营，添防战守兵四十名，现制马步战守兵四百九十五名，八十五名随防府治，一百四十五名分防冈山汛，兼辖山头、山腰、山尾等塘，七十七名分防罗汉门，八十一名分防猴洞口，二十八名分防茂公汛，十九名分防盐水埔，六十名分防涂墼埕、南炮台、港冈、埤仔头、角带围、大湖、半路竹各塘。右军马兵二十名、步战兵二百六十名、守兵三百五十二名，共兵六百三十二名。道光五年裁归噶玛兰营战守兵三十名，现制马步战守兵六百零二名，一百七十三名随防府治，七十名分防大

① 张本政：《〈清实录〉台湾史资料专辑》，福建人民出版社，1993，第 745 页。

武垄，九十一名分防下加冬，四十一名分防目加溜湾，四十六名分防大穆降，四十四名分防旧社，三十名分防麻豆，四十五名分防大排竹，六十二名分防北炮台、柴头港、茑松、木栅、湾里港、茅港尾、铁线桥、水堀头、急水溪、八奖溪、北势埔各塘。

南路营马兵三十名、步战兵四百零九名、守兵六百名，共兵一千零三十九名，五百二十名驻防凤山县治，兼辖坪仔头、打鹿潭、苦苓门等塘，一百五十名分防水底寮汛，一百六十名分防石井汛，兼辖兰坡岭、观音山、小店、竿蓁、二滥、溪边各塘，一百一十六名分防番薯寮汛。南路下淡水营马兵十名、步战兵三百四十四名、守兵二百一十五名，共兵五百六十九名，二百五十九名驻防山猪毛口汛，一百六十名分防新园，兼辖东港、枋寮各塘汛，八十五名分防万丹汛，七十名分防阿里港兼武洛塘汛。

北路协分中、左、右三营。北路中营马兵五十名、步战兵五百二十一名、守兵六百五十三名，共兵一千二百二十四名，六百零九名驻防彰化县治，八十五名分防猫雾汛塘，九十九名分防南北投汛塘，九十二名分防燕雾束汛塘，五十名分防岽顶汛，五十名分防大里杙，三十名分防触口汛，四十名分防葫芦墩，三十名分防四张犁，二十名分防牛骂头，二十五名巡防外四汛，一百名分防八卦山汛。北路左营马兵二十五名、步战兵五百八十八名、守兵六百五十五名，共兵一千二百六十八名，道光五年（1825年）裁归噶玛兰营，添防战守兵一百三十名，现制马步战守兵一千一百三十八名，五百名驻扎嘉义县治，六百三十八名分防斗六门、笨港、水沙连、西螺、盐水港、大埔林、虎尾溪、他里雾、林圯埔、大仑脚等汛塘。北路右营马兵十五名、战守兵旧制七百零一名，道光六年添二百名，共兵九百一十六名。

艋舺营马兵十名、步战兵三百一十九名、守兵四百六十一名，共八百名，道光五年（1825年）裁归噶玛兰营，添防战守兵一百名，现制马步战守兵七百名，四百名驻防艋舺，三百名分防大鸡笼、三貂港、海山口、马炼等汛。沪尾水师步战兵三百八十八名、守兵三百一十二名，共兵七百名，五百五十名驻防沪尾炮台，出洋巡哨，五十名分防金包里，四十六名分防八里坌，三十名分防石门汛，二十四名分防小鸡笼、北港各港口，战船六只，道光四年添设守港战船八只。

噶玛兰营步战兵四百五十五名、守兵二百四十名，共兵六百九十五名，三百六十名驻五围噶玛兰厅治，三百四十五名分防头围、溪洲、梗北关、三貂各汛塘。

台湾水师分中、左、右三营。台协中营步战兵三百五十一名、守兵四百二十二名，内除舵工和炊粮十五名、乌龙江水兵一名，实共兵七百五十七名，四百十七名驻防安平镇，一百五十名分防鹿耳门汛，五十名分防大港汛，一百名分防蚊港汛，四十名分防茄藤仔、喜树仔、鲲身头、蛲港、南鲲身、青鲲身、北门屿、马沙沟各塘，战船十五只。台协左营步战兵三百二十六名、守兵三百九十八名，内除舵工和炊粮十六名、乌龙江水兵一名，实共兵七百零七名，三百零七名驻防鹿仔港，一百名分防王功大突港口，一百十五名分防笨港，七十五名分防新店，五十名分防三林港，十名分防水里港，二十名分防海丰港，三十名分防番仔挖、鳀仔挖、猴树各塘，战船十六只。台协右营步战兵三百五十一名、守兵四百二十二名，内除舵工和炊粮十五名、乌龙江水兵一名，实共兵七百五十七名，四百二十七名驻防安平镇，一百五十五名分防鹿耳门汛，六十名分防打鼓山，五十名分防东港汛，六十名分防蛲港、赤嵌、万丹、岐后、大林埔、下淡水、西溪、加藤、大军麓各塘，战船十五只。

澎湖水师协分左、右二营。澎湖左营步战兵四百十九名、守兵五百名，内除舵工与炊粮十六名、水兵一名，实共兵九百零二名，四百五十六名驻防妈宫，一百名分防妈祖澳港口，二十八名分防妈祖澳新城内，二十八名分防挽门汛，二十八名分防新城东港，二十八名分防水掩汛，三十名分防蔚里汛，二十五名分防蔚里炮台，六十名分防将军澳，九十名分防文良港，十名分防风柜炮台，战船七只。澎湖右营步战兵四百十九名、守兵五百名，内除舵工与炊粮十五名、水兵一名，实共兵九百零三名，三百二十三名驻防妈宫西路，一百名分防妈祖澳，二十八名分防新城西炮台，二十八名分防妈祖澳新城内，一百名分防西屿内堑汛，二十八名分防内堑炮台，五十名分防外堑汛，五十名分防外堑炮台，三十名分防小门汛，一百名分防北山汛，一百名分防吉贝汛，战船十六只。①

以上合计台湾澎湖马步水陆官军共一万四千七百六十八人，这与道光十三年（1833 年）记载的“台湾一镇设班军一万四千六百有奇”基本一致。② 与此同时，道光时期《福建通志》中，开列的台湾镇水陆马步官军数为一万四千六百三十九名。③ 道光末年，丁绍仪称：“今计全台共设水陆马步战守兵一万四千六百五十七名。”④ 也就是说，道光时期台湾军队一万四千余人的数据是可信的。同时，这一数据也是我们所看到台湾军队数量的最高值。

三、同治光绪时期台湾军制变更

同治初年戴潮春事件，凸显了台湾军务的废弛问题。一时间，议裁班军募士兵者有之，议选精兵勤训练者有之。同治五年

---

① 《台湾采访册·全台军制条目》，“台湾文献丛刊”第 55 种，台湾银行经济研究室，1959。

② 张本政：《〈清实录〉台湾史资料专辑》，福建人民出版社，1993，第 824 页。

③ 《福建通志台湾府·兵制》，“台湾文献丛刊”第 84 种，台湾银行经济研究室，1960。

④ 丁绍仪：《东瀛识略》卷四《营制》，“台湾文献丛刊”第 2 种，台湾银行经济研究室，1957。

（1866 年），闽浙总督左宗棠请复设道标，以重事权。同治六年，有司以台湾防务积弊难返，遂请裁汰台湾澎湖防守力量。同治八年，清廷改革台湾兵制，具体方案为：改台湾镇标右营、台湾协中营、澎湖协左右二营都司、台湾镇标右营守备为千总，噶玛兰守备为把总。裁台湾协中右二营、澎湖协左右二营各一守备，裁台湾镇中左二营、台湾城守右军、北路协中营、台湾协中左右三营、澎湖协左右二营、噶玛兰营、沪尾营、南路营、嘉义营、北路协右营十四千总，裁台湾镇标中营、南路下淡水营、北路协中营右营、台湾协中左右营、沪尾营、澎湖协右营十七把总、四十六外委，裁马兵五十名、战兵三千七百四十七名、守兵三千一百五十六名。改台湾镇标右营为道标，专隶台湾道管辖。[1] 裁减兵员将官后，合计全台总兵一员、副将三员、参将四员、游击四员、都司九员、守备十员、千总十七员、把总四十一员、外委五十六员、马兵七十人、步战兵三千一百四十六人、守兵四千四百八十八人。

光绪时期，台湾面临严重的内忧外患，为适应形势的变化，军制有较大的变动。同治十三年（1874 年）牡丹社之役，沈葆桢赴台指挥对日作战，他见台湾营制混乱，军务废弛，遂建议更改营制。沈葆桢的核心思路是裁汛并练，即分汛裁撤、并营操练。他拟仿淮、楚军营制归并，“以五百人为一营，将南、淡、嘉义三营调至府城，合府城三营、安平三营为一支，专顾台、凤、嘉三县；其北路协副将所辖中、右两营，合鹿港一营为一支，专顾彰化一带；艋舺、沪尾、噶玛兰三营为一支，专顾淡、兰一带”。同时，巡抚拟驻守台湾，营伍应归其统辖，台湾镇总兵，应撤去“挂印”字样，并归巡抚节制。[2] 与此前的修修补补相比，沈葆桢

---

① 张本政：《〈清实录〉台湾史资料专辑》，福建人民出版社，1993，第989 页。

② 沈葆桢：《福建台湾奏折・请改台地营制折》，“台湾文献丛刊”第 29 种，台湾银行经济研究室，1959。

的方案是比较大胆的，他一举突破了此前的防守格局，大力合并各营，希望建立一支具有较强机动性和战斗力的新式军队。可惜当时台湾建制未定，沈氏的设想未能付诸实施。

光绪五年（1879 年），清廷将驻守在恒春县的台湾镇标左营直接更名为恒春营，设游击一员、守备一员、千总一员、把总二员、外委三名、额外二名、马兵三名、战兵一百七十七名、守兵二百五十五名。光绪十一年台湾建省，首任巡抚刘铭传即奏称，“澎湖为闽、台门户，非特设重镇，不足以资守御”[①]。光绪十三年，在杨昌浚和刘铭传的共同筹划下，光绪帝批准设立澎湖镇总兵。同时，刘铭传还提出了将水师改为陆营、设立台东协加强东部防守的建议，惜由于时间较为短暂和人事纷争，最终未能实施。

据光绪二十年（1894 年）编纂的《台湾通志》记载，甲午战前台湾的军事力量配置如下：

总兵所属镇标中营马兵二名、战兵一百九十名、守兵二百七十四名，额定马步战守兵丁共四百六十六名，内除抽裁革故停募未补兵丁四十四名，又抽配左翼练兵二百三十九名外，实在存营派练差操兵丁一百八十三名，另稿字识号令手三十二名。

恒春营马兵三名、战兵一百七十七名、守兵二百五十五名，额定马步战守兵丁四百三十五名。该营系新改营头，奉文补足。内除抽练兵丁一百八十六名，又派防各汛一百八十五名外，实在存营兵丁六十四名，另稿字识号令手一十二名。分防鹅銮鼻汛、船蓬石塘、大沙塘塘、车城汛、枫港汛、大树房汛、牡丹湾汛、高士佛汛等汛塘。

道标营马兵三名、战兵一百八十六名、守兵二百七十二名，

---

① 张本政：《〈清实录〉台湾史资料专辑》，福建人民出版社，1993，第1148 页。

额定马步战守兵丁共四百六十一名，内除挑裁革故停募未补兵丁一百三十名外，实存营派练差操兵丁三百三十一名，另稿字识号令手五名。

城守营分左、右二军。城守营左军战兵一百三十名、守兵一百八十三名，额设共步战守兵丁三百一十三名，内除挑裁革故停募未补兵丁六十名，又抽配左翼练兵一百二十六名，又分派跑兵暨练兵九十一名外，实存营安防汛塘兵丁三十六名，另稿字识号令手一十二名。分防存城府汛、岗山汛、大湖塘、半路竹塘、罗汉门汛、茂公汛、猴洞口汛、盐水埔汛、埤仔头塘、港岗塘等汛塘。城守营右军战兵一百五十四名、守兵二百二十五名，额设步战守兵丁共三百七十九名，内除挑裁革故停募未补兵丁一百一十七名，又抽配左翼练兵一百零七名、分防八城堆兵并跑兵共七十六名外，实存营安防汛塘兵丁七十九名，另稿字识号令手四名。分防存城府汛、目加溜湾汛、茑松塘、木栅塘、溪边塘、麻豆汛、茅港尾塘、下加冬汛、铁线桥塘、急水溪塘、八掌溪塘、大穆降汛、旧社塘、大武垄汛、萧垄汛等汛塘。

南路营战兵一百七十六名、守兵二百四十四名，额定步战守兵丁共四百二十名，内除挑裁及陆续革故停募未补兵丁二百五十三名外，实存营安防汛塘兵丁一百六十七名，另新添稿字识号令手一十二名。分防凤山存城汛、旧城汛、观音山汛、阿公店汛、攀桂桥汛、枋寮汛、石井塘等汛塘。

下淡水营战兵一百三十四名、守兵一百九十六名，额定步战守兵丁共三百三十名，内除挑汰及陆续革故停募未补兵丁二百零三名外，实存营安防汛塘兵丁一百二十七名，另稿字识号令手五名。分防山猪毛口汛、万丹汛、阿猴汛、阿里港汛、潮州庄汛、东港汛、新园塘、九块厝塘等汛塘。

嘉义营战兵三百一十五名、守兵三百七十九名，额定步战守兵丁六百九十四名，内除挑裁革故停募未补兵丁三百八十八名、又抽练兵丁七十二名外，实存营安防汛塘兵丁二百三十四名，另新添稿字识号令手一十二名。分防嘉义城内汛、城外汛、山底塘、店仔口塘、笨港汛、朴仔脚塘、盐水港汛、斗六门汛、虎尾溪塘、西螺汛、林圮埔汛、水沙连汛、他里雾汛、涂库塘、大莆林汛、打猫塘等汛塘。

北路协分二营。北路中营战兵三百零八名、守兵四百四十六名，额设步战守兵丁共七百五十四名，内除挑裁及陆续革故停募未补兵丁四百六十八名，又抽调赴埔操防兵丁一百七十二名；外实存营安防汛塘兵丁一百一十四名，另稿字识号令手一十七名。分防彰化县城汛、八卦汛、大墩汛、葫芦墩汛、外泗汛、大肚塘、许厝埔汛、南北投汛、燕雾汛、东螺塘、沙仔仑汛、二林汛、集集汛等汛塘。北路右营战兵二百一十九名、守兵三百一十六名，额设步战守兵丁共五百三十五名，内除挑裁老弱及陆续革故停募未补兵丁三百二十八名外，实存营安防汛塘兵丁二百零七名，另稿字识号令手一十二名。分防竹堑城汛、大甲汛、后垄汛、杨梅坜汛、大安汛、铜锣湾汛、中港汛、桃仔园汛、吞霄汛、斗换坪汛、海口塘、香山塘、嘉志阁塘、老鸡笼汛、磺油山等汛塘。

艋舺营分陆路营和沪尾水师营。艋舺营陆路营马兵一名、战兵一百七十五名、守兵二百五十六名，额定马步战守兵丁四百三十二名，内除挑汰及陆续革故停募未补兵丁二百二十五名外，实存营安防汛塘兵丁二百零七名，另稿字识号令手十二名。分防艋舺汛、海山口汛、龟仑岭塘、水转脚汛、大基隆汛、三爪仔汛、暖暖塘、大三貂港汛、灿光寮塘、马炼汛、北投汛、板曲桥汛等汛塘。艋舺营沪尾水师营战兵九十六名、守兵一百四十四名，额定步战守兵丁二百四十名，内除裁汰及陆续革故停募未补兵丁一百四十二名外，实存营安防汛塘兵丁九十八名，另稿字识号令手四名。分防炮台汛、八里坌汛、北港塘、金包里汛、石门汛。

噶玛兰营战兵一百五十二名、守兵二百二十八名，额定步战守兵丁三百八十名，内除裁汰及陆续革故停募未补兵丁一百七十名外，实存营安防汛塘兵丁二百一十名，另稿字识号令手五名。分防五围城汛、头园汛、三围塘、炮台塘、三貂汛、溪洲汛、北关汛、加礼远汛、苏澳汛、南风澳、龟山屿等汛塘。

安平水师左营战兵一百三十二名、守兵一百九十八名，额定步战守兵丁共三百三十名，内除挑汰及陆续革故停募未补兵丁一百六十三名，又原配乌龙江水兵一名外，实存营安防汛塘并配船巡哨及巡逻守局等项兵丁一百六十六名，另舵炊一十六名，新添稿字识号令手十二名。分防鹿港汛、水里汛、王海口汛、三林汛、番仔挖汛、笨港汛、海丰汛、鲢仔挖汛、猴树汛、新店汛等汛。

台东陆路协分中营和右营。台东陆路中营战兵一百四十四名、守兵二百一十六名，额定步战守兵丁共三百六十名，内除挑汰及陆续革故停募未补兵丁一百九十五名，又抽配练兵六十八名，又乌龙江水兵一名，外实存营安防汛塘兵丁九十六名，另舵炊一十五名，新添稿字识号令手一十八名。分防安平汛、大港汛、鲲身塘、鲲身头汛、喜树仔汛、茄萣仔汛、蚝仔港汛、鹿耳门口汛、蚊港汛、青鲲身汛、马沙沟汛、北门屿汛、南鲲身汛等塘汛。台东陆路右营战兵一百三十二名、守兵一百九十八名，额定步战守兵丁共三百三十名，内除挑汰及陆续革故停募未补兵丁一百八十三名，又配拨练兵六十名，又原配乌龙江水兵一名，外实存营安防汛塘并配船巡哨及巡逻派守军局等项兵丁八十六名，另舵炊一十五名，新添稿字识号令手五名。分防安平汛、岐后汛、打狗汛、蚝港汛、赤崁汛、万丹汛、大林蒲汛、西溪汛、下淡水汛、东港汛、茄苳汛、放索汛、大军麓汛、小琉球汛等塘汛。

第二节　清代台湾的班军制度

一、清统一台湾之初的班屯争论

清政府决定保留台湾后，便随即开始布置当地的防务工作。据康熙二十二年（1683 年）十二月施琅的设想，陆续裁撤大陆溢设之官兵分防台湾、澎湖两处，其中台湾八千名，澎湖二千名。至于这一万名官军的军费问题，由福建省先行支付，待台湾一切安定下来，征收赋税作为官军开支费用，或者实行寓兵于农的办法也未尝不可。“见在一万之兵食，权行全给。三年后开征，可以佐需。抑亦寓兵于农，亦能济用，可以减省，无庸尽资内地之转输也。”① 仔细分析施琅的这一建议，似乎与班兵制的设立并无太大的关系。他仅仅是建议要在台湾建立完备的军事防务，将大陆裁撤的官军调动到台湾防守，至于这些官军是永久性在台湾戍守还是轮换制，他并没有明确表明自己的立场。但是，从其认为“寓兵于农”也未尝不可的表态看，他可能更倾向于永戍制，并希望以台地所产养台湾之兵，亦即中国古代传统的“兵屯”。②

康熙二十四年（1685 年）三月，福建兴化镇总兵吴英上任之前受到康熙帝的召见，他建议“台湾设兵八千，请半为镇守、半为屯种”。康熙的答复是，“边地屯田，古有成法。尔具疏来，朕

---

① 施琅：《靖海纪事》卷下《恭陈台湾弃留疏》，“台湾文献丛刊”第 13 种，台湾银行经济研究室，1958。

② 季云飞引用施琅《恭陈台湾弃留疏》，称在施琅的建议下，清政府决定实施班兵制，显然有误。参见季云飞：《清代台湾班兵制研究》，《台湾研究》1996 年第 4 期。

自酌行”。① 这里的记载非常简略。《康熙起居注》中对吴英的言论有较为详细的记载。吴氏称：“臣前同提督施琅进征台湾，仰伏天威，郑克塽纳土投降，已经安插得所，不敢渎奏。但台湾设兵八千名，若彼处钱粮不足赡养，岁需内地协饷数万金，似非长计。今臣愚见，请将八千兵丁，半为镇守，半为屯种。每兵给田三十亩，督令尽力耕获。除费用外，收其余粒，可以充饷。况牛只、田器，彼处俱有存者，耕种甚易，收获颇饶。行之有法，可以永省协济。伏望睿裁。”② 对此，康熙的答复与《清实录》基本一致，要求吴英具疏上奏屯田事宜。现存各种史料中未见吴英的奏议，诸罗县知县季麟光曾引用吴氏的言论说明在台湾屯田的可行性：“总镇吴疏请开屯，以为台湾虽属海洋，而各彝效顺，震邻无忍，空糜饷税，故欲计兵耕屯，以一兵之所耕、为一兵之所食，岁省金钱六万两。一利也。就台湾之兵，耕台湾之地，可使野无旷土，兵有余积。二利也。台湾水、陆两协十营，计兵一万，留之则兵多饷重，去之则应援不足，缓急难资，今使之有事则兵，无事则农，有兵之用，无兵之费。三利也。”而且，季麟光继续说道：“今既部议报可，而各宪经国远猷，皆以耕屯为节省之至计。”③ 以上引文足以说明，吴英的确就台湾屯田事宜上奏朝廷，且清政府中央各部门已经达成一致意见，认为屯田养兵是可行的。

但是，在闽台地方和中央政府内部，在台湾是否实行寓兵于

① 张本政：《〈清实录〉台湾史资料专辑》，福建人民出版社，1993，第69页。

② 中国第一历史档案馆：《康熙起居注》，中华书局，1984，第1307页。

③ 台湾史料集成委员会：《明清台湾档案汇编》（第9册），远流出版社，2006，第67页。该文出自《福建通志台湾府》，原书将季氏撰写该文的时间定为康熙二十三年（1684年），这是明显错误的。康熙二十四年三月，康熙帝始和吴英论及屯田事宜，季麟光《复议屯田详文》引用吴英的奏折，显然应在二十四年三月之后。

农的制度上仍然存在较大的争议，康熙一时难以定夺。从史料分析，有两个人的意见可能影响到康熙皇帝的决策。对于大兴屯田的论调，首任台湾总兵杨文魁指出："台湾之田皆民业，夺为兵田，已万不可。况兵皆内地调徙，父母妻子，隔海相望，谁肯举家渡海，以事屯田乎？"[①] 就台湾屯田事宜，康熙帝也曾经征求过福建安溪人李光地的意见。李氏认为，在台湾实行寓兵于农的永戍制根本行不通。"以臣之见，不可。何也？试问，万人如何永戍法？如令其孤身永戍耶，以万人之众，令其去祖宗之坟墓，离父母弃妻子，孤孑终身，是万人皆流犯，彼能安之若素耶？若说迁其父母家室而往，是万人即有十万之众不止。无论一台湾之地，即屯种不足以供其食用，即可足用，而万兵一无所系恋于内地矣，何所顾忌！兵不换而换将，是为将者如传舍，而兵皆室家相保，婚姻相结，兵为主而将为客，势必至弁髦其将，而加之以不堪，且继之以叛据矣。如何行得？……不得已，宁不辞劳费。已万人戍，而三年一更番归省，一番三千人。"[②] 笔者认为，清代台湾最终实行班兵制，与李光地有极大的关系。此前无论是施琅、吴英还是季麟光，他们之所以支持屯戍，多从经济的角度讨论此事，希望"兵不增饷不加"。其实，对于最高统治者而言，军饷绝非其考虑这一问题的关键性因素，如何确保台湾不再成为盗贼出没之处和反抗清政府的根据地是康熙帝首先考虑的事情。李光地所言可以说正中其下怀。是故，对于李光地的意见，康熙认为，"李某所奏狠是，你们可出于细商，即依此票签可也"。清政府决议实施班兵制的时间大致在康熙二十五年（1686 年）前后。[③]

---

① 连横：《台湾通史》卷三十《列传二·杨文魁》，商务印书馆，1983。

② 李光地著、陈祖武点校：《榕村语录　榕村续语录》（下），中华书局，1995，第710 页。

③ 康熙二十五年（1686 年）八月，福建总督王国安奏请台湾驻防兵丁三年之中，陆续更换。下部议行。参见张本政：《〈清实录〉台湾史资料专辑》，福建人民出版社，1993，第 70 页。

康熙以后，尽管地方官员时有行屯田募士兵的建议，但作为一种制度设计，班兵制始终为当政者所强调，不能招募台湾本地人进入军队系统是既定方针。雍正六年（1728年），当得知部分换班船只的舵工、缭手、斗手、椗手等系在台湾招募时，雍正皇帝即指出："海洋操练水师，惟舵、缭、斗、椗关系最为紧要，凡在船兵丁之身命，皆操于数十人之手，若不更换内地兵丁，而常令彼地之人执司其事，似有未便。"① 道光时期，针对募集台湾民众充军伍的建议，姚莹反驳说："今罢止班兵，改为召募，则以台人守台，是以台与台人也。"② 可见，清政府实施班兵制的初衷在于防止台湾重新成为国家的心腹大患，当政者非常担心招募台湾民众原本希望"台人守台"，最后却沦为"台与台人"。同时，清代台湾班兵制的实施还有另外一个考虑。高拱乾指出："皇上不忍置之化外，风声所及，版籍来归；复设重镇以卫民。皆由皇仁浩荡，轸念周全。而又恐兵有故土之思，立为更番之制。"③ 高氏这里的意思很明显，大陆渡台民众，以漳州人和泉州人居多，最初从福建派往台湾驻守的军队，亦多为漳泉人。一旦让他们长期在台湾驻防，难免出现军队和地方民众由于乡土之谊而彼此勾结的情况，从而再次引发台湾的动荡。三年轮番更替正是为此而设定。

二、清代台湾班兵制的实施

台湾戍守官兵系由五十三营遣戍，这些士兵到达台湾后再分

---

① 雍正六年十一月初六上谕，中国第一历史档案馆：《雍正朝汉文谕旨汇编》（第7册），广西师范大学出版社，1999。

② 丁绍仪：《东瀛识略》卷四《营制》，"台湾文献丛刊"第2种，台湾银行经济研究室，1957。

③ 《台湾府志》卷十《艺文志·公移·初至台湾晓谕兵民示》，"台湾文献丛刊"第65种，台湾银行经济研究室，1960。

入所属各营驻防。根据班兵制度设定的原则，从大陆出发的某营官兵到达台湾后，会被分散到不同的地点防守，这就使得台湾所属各营的官兵组成更加复杂，每一营的官兵可能由数个、十数个，甚至数十个不同的营属而来。由于史料不足，我们无法还原各营赴台班兵和台湾各营官兵组成之间的一一对应关系。目前仅能以记载较为详细的台湾北部各营和澎湖水陆各营为例，讨论大陆赴台官兵在台湾的防守情形。

艋舺营参将辖艋舺陆营兵七百零七名。罗源营兵一百零七名，内外委一员；桐山营兵七十名，内外委一员；长福营右军兵三十六名，内额外一员；福宁镇右营兵一十八名，内外委一员；建宁镇中营兵一十六名，内外委一员；督标右营额外一员；枫岭营兵六名；延平协右营兵一十三名。以上艋舺营旧额上府兵二百六十七名。海坛镇右营兵一十八名；海坛镇左营兵四十六名；烽火营兵一十八名；闽安协左营兵三十三名；闽安协右营兵五十名；督标水师营兵五十名。以上艋舺营新拨入上府兵二百一十五名。金门镇左营兵五十名；金门镇右营兵五十名；水提标中营兵二十五名；水提标左营兵二十五名；水提标右营兵二十五名；水提标前营兵二十五名；水提标后营兵二十五名。以上艋舺营新拨下府兵二百二十五名。

艋舺营参将辖沪尾水师营兵七百零七名。督标水师营兵一十五名；海坛镇左营兵五十六名，内外委一员；海坛镇右营兵五十九名；烽火门营兵二百四十四名，内外委一员；福宁镇左营兵一十九名，内额外一员；闽安协左营兵二十一名；闽安协右营兵二十一名。以上沪尾水师营上府兵四百三十五名。铜山营兵七十九名，内额外一员；金门镇右营兵二十六名，内外委一员，额外一员；水提标中营兵二十三名；水提标左营兵二十三名；水提标右营兵二十四名，内外委一员；水提标前营兵二十三名；水提标后营兵二十三名；金门镇左营兵二十四名；南澳镇左营兵二十七名。以上沪尾营下府水师兵二百七十二名。

艋舺营参将辖噶玛兰营新旧兵七百零二名。延平协左营兵四十二名，内外委一员；延平协右营兵四十一名，内外委一员；建宁镇中营兵四十二名；建宁镇左营兵四十一名；建宁镇右营兵四十一名；汀州营中营兵三十五名；汀州营左营兵三十六名；汀州镇右营兵三十七名，内额外一员；邵武协左营兵四十一名，内额外一员；邵武协右营兵四十一名，内额外一员。以上噶玛兰营旧额上府兵三百九十七名。福宁镇右营兵三十三名；海坛镇右营兵七名；建宁镇中营兵一十四名；建宁镇左营兵十名；建宁镇右营兵六名；福宁镇中营兵三十名；连江营兵五十名；长福营右军兵五十名；罗源营兵三十五名；长福营左军兵十名；连江营兵十二名；延平左营兵十三名；兴化协左营兵十五名；兴化协右营兵十五名。以上噶玛兰营新拨上府兵三百名。

北路协辖竹堑右营兵七百二十六名。福宁镇中营外委一名；福宁镇右营兵一百三十三名，内外委一员；福州协右军兵一十八名；建宁镇右营兵一百六十四名，内外委一员；长福营左军兵七十三名，内外委一员；桐山营兵一百零五名；枫岭营兵一百零八名，内外委一员；海坛镇左营兵二十二名。以上北路右营上府兵六百二十四名。陆提标前营兵五十四名，内外委一员；陆提标后营兵四十三名，内外委一员，额外二员；漳州镇右营兵五名。以上北路右营下府兵一百零二名。

通计艋舺、沪尾、噶玛兰、北路各营上府兵二千二百四十一名，下府兵五百九十九名，共计二千八百四十名。①

澎协左营操防戍守战兵四百一十九名、守兵四百八十三名。具体来源如下：厦门水师提标前营应拨班兵战兵九十五名、守兵

① 姚莹：《东槎纪略》卷一《改配台北班兵》，“台湾文献丛刊”第7种，台湾银行经济研究室，1957。

九十七名，厦门水师提标后营应拨班兵战兵九十二名、守兵九十五名，海坛镇标左营应拨班兵战兵五十二名、守兵七十一名，海坛镇标右营应拨班兵战兵二十二名、守兵二十七名，南澳镇标左营应拨班兵战兵三十一名、守兵三十七名，闽安协镇右营应拨班兵战兵三十四名、守兵五十六名，烽火门营应拨班兵战兵一十六名、守兵二十名，铜山营应拨班兵战兵五十四名、守兵五十八名，金门镇标左营应拨班兵战兵一十二名、守兵一十一名，金门镇标右营应拨班兵战兵一十一名、守兵一十一名。

澎协右营操防戍守战兵四百一十九名、守兵四百八十四名。具体来源如下：金门镇标左营应拨班兵战兵一百三十五名、守兵一百四十六名，金门镇标右营应拨班兵战兵一百二十二名、守兵一百四十八名，海坛镇标右营应拨班兵战兵三十三名、守兵四十六名，南澳镇标左营应拨班兵战兵三十五名、守兵三十四名，闽安协标左营应拨班兵战兵四十七名、守兵六十名，闽安协标右营应拨班兵战兵九名、守兵九名，烽火门营应拨班兵战兵二十八名、守兵二十八名，铜山营应拨班兵战兵一十名、守兵一十三名。①

通过上述台湾所属各营军伍配置情况，我们对台湾班兵的基本情形可以得出如下结论：

首先，台湾同一营的士兵来自福建各地不同的营别。如艋舺营参将辖艋舺陆营共计七百零七名官军，分别来自福建二十一营；艋舺营参将辖沪尾水师七百零七名官军，分别来自福建十五营；艋舺营参将辖噶玛兰营共计七百零二名，分别来自福建二十四营；北路协辖竹堑右营兵七百二十六名，分别来自福建十一营。澎协左营共计官军九百零二名，分别来自福建十营；澎协右

① 胡建伟：《澎湖纪略》卷六《武备纪·班兵》，“台湾文献丛刊”第109种，台湾银行经济研究室，1961。

营官军九百零三名，分别来自福建八营。

其次，福建某营班兵到台湾后并没有统一安插在台地某营，而是被分散在不同的营属。如金门镇左营共班兵三百七十八名，被分别安置在艋舺陆营、沪尾水师、澎协左营和澎协右营等四营。从福建各营官军在台湾的分布情况看，这种情况非常普遍。同时，从福建各营抽调的班军数量看，有些营抽调人员较多，有些营抽调人员较少，似乎并没有统一的则例。据笔者推测，从福建各营调往台湾的班军，应该没有固定的规制，因为系抽调性质，当政者首先要考虑福建所属各营本地防守问题。也就是说，福建全省到台湾班军总数是固定的，但在抽调各营的士兵时，可能是根据各地防守的具体情况通融处理的。显然，上述分配方式的初衷在于防止大陆官兵过于集中从而聚众生变，但也存在一个重大的缺陷。班兵抽调到台湾后，随即打破他们原有的建制，同一军营的兵丁被分配到不同的营属，导致军官与士兵互不相识，难以管理，无法开展有效的训练，官军战斗力孱弱。是故，在乾隆末年清政府做出新的规定。乾隆五十四年（1789 年）四月，闽浙总督觉罗伍拉纳、福建巡抚徐嗣曾奏称："台湾澎湖各营，原额戍守班兵，一万二千一百七十六名，向由内地各营均匀派往，三年轮替，惟是台湾一营之兵，每派至内地七八营，至数十营不等，以致弁兵不相认识，稽察为难。此后换防弁兵，请于督抚提镇协标各营分，整齐归一划拨。如某营应派外委千把若干员，某营应派马步战守兵若干名，一营仍归一营，总兵挑出，指定前往台湾某营更替，画一注册，无许混淆。"① 此后划一驻守成为定制。

再次，从艋舺营班兵看，福建各营抽调的官兵有上府兵和下

---

① 张本政：《〈清实录〉台湾史资料专辑》，福建人民出版社，1993，第593—594 页。

府兵之分。至于何地为上府兵，何地为下府兵，未见史料中有明确的记载。根据调往艋舺营的官兵分布看，可能闽南一带各营的官军称为下府兵，福建省其他各地的官军称为上府兵。如闽东的福宁镇中营、闽北的邵武协左营、闽西的汀州镇右营、福州一带的闽安协右营、莆田一带的兴化协左营等所属各营士兵均列为上府兵。而金门镇各营、水师提督所属各营、南澳镇各营、漳州镇各营所属士兵均列为下府兵。

按照规定，赴台班兵的选择是相当严格的。台湾营兵以三年为满，由大陆各营选年力精壮、有身家者，拨往换班。嘉庆时期，闽浙总督方维甸称："定例陆路班兵由水师提督验看、水师班兵由陆路提督至厦验看，必得年力壮健者方准配渡，倘有老弱充数，及甫经班满又复派往者，立时驳回另换。"① 上述规定说明，清政府对台湾班兵的选择还是相当谨慎的，其出发点在于兵得实用，各地不能借机将老弱病残发配到台湾敷衍了事。但是，如何确保各地有司所派之人均为所谓"年力精壮"者，始终是当政者非常头疼的问题。雍正五年（1727 年）上谕即称："台湾防汛兵丁，例由内地派往更换，而该营将弁往往不肯将勤慎诚实营伍中得力之人派往，是以兵丁到彼，不遵约束，多放肆生事，此乃历来积弊，朕知之甚悉。嗣后台湾换班兵丁，着该管官弁将勤慎可用之人挑选派往。"② 在台湾实行班兵制度的二百余年间，这一现象是普遍的。各营抽调班兵，往往将本营老弱无能和技艺较差者挑出充数，更有一些军丁在台湾有熟悉之人，为前往台地经营他务，往往希图冒名顶替自愿赴台。至班兵所配军械，按照规定应将本营坚实耐用者给赴台班兵配备，但有司心有所图，多将

---

① 嘉庆十五年五月二十四日上谕，中国第一历史档案馆：《嘉庆道光两朝上谕档》（第 15 册），广西师范大学出版社，2000。

② 《重修台湾县志》卷八《武卫志·营制》，"台湾文献丛刊"第 113 种，台湾银行经济研究室，1961。

一些破旧且锈迹斑斑的军械配发给班兵，希望他们携带到台湾后可以动用公费修理。

道光之前，台兵缺额从大陆调拨是基本的原则。班兵制度实施之初，便已经出现冒名顶替、以次充好等问题，更有一些兵丁到台湾后便逃出兵营另谋生路。康熙五十二年（1713 年），清政府规定，其在台湾逃亡、裁革兵缺，不得在彼募补。于台湾呈报到日，各原营即照数选兵拨往厦门。无论水陆，计有十名以上，即委千、把等一名搭船管押，前往归伍。如换班时有私相顶替及换名不换人者，将管押官革职，大陆该管官与台湾该管官各降二级调用。[①] 朱一贵事件后，清政府再次严格班兵选择制度，“至驻扎之兵，不可令台湾人顶补”[②]。台湾水师中除了作战部队外，还有在船只上服务的舵工、缭手、斗手、椗手等人。这些人向来多系台湾本地雇募，弊端丛生。海洋操练水师，舵工、缭手、斗手、椗手极其重要，在船兵丁之性命，往往操纵在他们手中。因此雍正帝命令于换班之内挑选兵丁，随熟练舵工等学习。等他们熟练掌握驾驶技术后，即将雇募的台湾本地人等裁省。此后要形成定例，留此习熟之兵丁，教习后班之兵丁，此所留兵丁至六年然后换班，后班兵丁皆照此例留换。如此则新旧更番，迭相传习，舵、缭、斗、椗等皆可熟悉相关业务。[③] 林爽文事件后，在福康安等人的建议下，曾于台地招募了一千余人补充班兵缺额。嘉庆九年（1804 年），清廷再次就赴台班军事宜做出强制性规定：“台湾兵丁，向由内地调拨换防，原欲令其更番轮替，熟习海洋，

① 《清会典台湾事例·兵部·绿营处分例》，“台湾文献丛刊”第 226 种，台湾银行经济研究室，1966。

② 张本政：《〈清实录〉台湾史资料专辑》，福建人民出版社，1993，第 88 页。

③ 雍正六年十一月初六上谕，中国第一历史档案馆：《雍正朝汉文谕旨汇编》（第 7 册），广西师范大学出版社，1999。

以资缉捕。若悉由该处召募，就近升拔，行之日久，则该处额兵皆系本地之人，将来内地弁兵竟不知有换班渡台之事，于洋面情形无由练习，即台湾风土民情亦全不通晓，殊非善政，大乖立制本意。嗣后台湾兵丁，着遵照定例，仍由内地调取换班。其现由该处召募之一千一百余名，遇有缺出时，仍由内地挑补，亦毋庸再由该处募补，以肃营制。”①

至嘉庆末道光初年，班兵制度逐渐废弛，无法发挥防守功能。“当是时，台湾班兵积弊已甚，嘉义陈震曜上书大府，请裁绿营，募乡勇”②。时任台湾道叶世倬认为此议切中时弊，台湾总兵对此犹豫不决，问计于姚莹。姚氏遂对台湾班兵问题进行了系统梳理，认为班兵不可废，台军不可募。他旗帜鲜明地表明了态度，“比闻大府檄下，议改台湾班兵，召募土著，愚窃以为过矣”。在姚莹看来，班兵不可废者有三：

首先，台湾虽然海外孤悬，民情浮动，易为反侧，民变事件频仍，但从未发生过兵变，原因即在于，班兵父母妻子皆在大陆，惧于显戮，不敢有异心。“今若罢止班兵，改为召募，则以台人守台，是以台与台人也。设有不虞，彼先勾接，将帅无所把握，吾恐所忧甚大，不忍言矣。其不可一也”。

其次，军队必须练技艺，习奔走，日行荆棘之丛，夜宿冰霜之地，寒能赤体，暑可重衣，然后其兵可用。班兵制度，以营制训练，各有常期，是于更换之中，即寓习劳之意。益以贤能将帅，讲习训练，斯成劲旅。“若改为召募，则日久安闲，有兵与无兵等。其不可二也”。

再次，班兵往来于台海之间，历经重洋艰险和惊涛骇浪，锻炼出坚强的意志，身陷危机而不惧，一旦冲锋镝，冒矢石，不致

① 嘉庆九年二月初二上谕，中国第一历史档案馆：《嘉庆道光两朝上谕档》（第9册），广西师范大学出版社，2000。

② 连横：《台湾通史》卷十三《军备志》，商务印书馆，1983。

畏葸而却步。且平日海洋既熟，即遇变故，亦来往易通。“今若改为召募，免其涉险，则恇怯性成，遇难望风先走。胆气既无，鲜不溃败。爱之适足以死之，甚非国家所以养兵之意。其不可三也”。

对于叶世倬论及废除班兵有节靡费、处游民、免纷扰三大好处，他也一一予以驳斥。姚莹认为，将班兵改为募兵，将导致费用日加、游民日增、纷扰日多。是故，姚莹感叹道：“吾不知议者何取而轻改旧章也？夫老将言兵，计出万全，忠臣谋国，期于久远。事必权其利害，而利之所在，弊即在焉，亦视其大小何如耳。班兵之制，于今一百余年，推其弊不过如此，其利则保障全海。而改为召募，则其害不可胜言，并无所利。”① 道光三年(1823年)，新任闽浙总督赵文恪统筹考虑各种情况，尤其看到姚莹“以台人守台，是以台与台人也”的言论后，遂决定维持班兵制不变，清政府丧失了在鸦片战争前最后一次变革台湾军制的时机。

鸦片战争爆发后，负责防守淡水的曹谨目睹了班兵战斗力之孱弱，请求改班军为募兵，姚莹再次以改募兵妨碍台湾稳定为理由予以否决，“殊不思乡勇非他，即台地之悍民也。能善驭之，故为义勇。苟一不善，则乱贼矣。……今逞一偏之见，欲罢防夷兵，专用乡勇，恐乡勇由此而骄，益轻诸营。设有反复，谁为制之？……若如曹丞之见，是必无台湾也”②。此后，徐宗幹、沈葆桢、林豪等人在清后期都提出过废除班兵募集台人的类似建议，但均未得到有效实施。可以说，作为一种制度设计，福建班兵赴台防守是清政府治理台湾期间一项基本的策略。

对于班兵来说，从成为戍守的人选到抵达台湾后被安插在某

---

① 参见姚莹：《东槎纪略》卷四《班兵议上》，“台湾文献丛刊”第7种，台湾银行经济研究室，1957。

② 姚莹：《中复堂选集·东溟文后集·卷五·驳淡水守口兵费不可停给议》，“台湾文献丛刊”第83种，台湾银行经济研究室，1960。

营正式服役，是一个相当漫长的过程，其间要经过非常复杂的环节。在福建各营，一旦选定某些人为班兵，须造具清册三本，内注明该营人员年貌、籍贯、疤痣和箕斗，一存原营、一交厦门点兵官核验、一交台湾验明收伍。换回之日，仍照册稽查，发回各原营。[①] 起初大陆赴台班兵仅有厦门一地可以渡台，从福建各营选取的班兵，必须在厦门集结，然后按照规定的班次陆续乘船出海。对于每一个班兵来说，出海前都要经过三次查验，以防止冒名顶替，以次充好。在原来各营，要严格查验一遍。各地班兵从驻地处分到厦门，如果经过省城福州，则在总督衙门再次查验，如果不经过福州，则到厦门后直接由福建水师提督查验。在福州查验过的班兵到厦门后，还须经水师提督第三次查验后才能登船渡海，直接在厦门查验的班兵赴台前也必须再经过厦门同知等机构负责的第三次查验。这样，经过层层查验，有效防止官兵逃亡、顶替等现象。

很显然，上述查验方式非常烦琐，耗费大量的人力物力。乾隆十三年（1748 年），闽浙总督喀尔吉善提出加强班兵管理，严禁私自逗留或潜逃，但当年陆路提标选取班兵在水师提督查验后，即有郑卿、周福、李有仁、陈商、温显等五名私自逃离。[②] 根据定制，台湾全郡戍兵俱由大陆水师陆路各标营派拨轮班更换，向来调集厦门，经水师提督点验，配船渡洋。台湾镇总兵照册点收，分拨驻守。但不愿赴台湾者，经各营佥派，每于厦门逗留不进，时日迁延。虽经有司不断定限核查，但收效甚微。其主要原因在于，无论是水陆官军，到达厦门后都由水师提督查验，其中存在严重的制度性缺陷。对于陆路官兵来说，他们并非水师

---

① 《清会典台湾事例·兵部·绿营处分例·拔补》，“台湾文献丛刊”第 226 种，台湾银行经济研究室，1966。

② 许雪姬：《清代台湾的绿营》，“中央研究院”近代史研究所，1987，第 278 页。

提督所辖，督催开渡等事，未免呼应不灵；对于水师官兵来说，又难免出现回护将就之弊端。乾隆五十三年，福康安等人提出新的建议，由陆路核查水师，水师核查陆路。“伏思陆路提督驻扎泉州府，距厦门甚近。兵丁配渡时，即令该提督亲赴厦门互相点验。将水师戍兵，由陆路提督验看；陆路戍兵，由水师提督验看。必须年力壮健，方准配渡。倘有应名充数，及屡次借端换防情弊，立时究参，驳回另换”①。此议经大学士阿桂等详细议处后颁布实施。先是，闽省戍守台湾兵丁，向由厦门对渡鹿耳门，由蚶江对渡鹿仔港。道光六年（1826 年），清政府开放福州五虎门到八里坌渡口，福建各营班兵渡台口岸和查验方式遂发生一些变化。泉州、漳州、兴化、永春、龙岩、汀州等各府州班兵仍由厦门、蚶江两口配渡过台，福州、福宁、建宁、邵武、延平五府水陆各营兵丁戍台者，改由福州五虎门至八里坌进口登岸。“班兵例由大员点检，如有技艺平庸、老弱充数及不应派而派者，驳回更换，并将签派不慎之营员责处。向来赴厦、蚶两口之兵，俱由水陆两提督点验，今改从省城配渡，即由督抚亲点，或委副参大员点验”②。

一万余名班兵赴台，是分批前往的。因为一方面，如此庞大的数量，福建地方当局很难筹集到足够的船只运送官兵。另一方面，班兵实行轮换制度，大陆官军赴台意味着在台班兵要返回大陆。由于往返之间存在一个时间差的问题，如果实行一次性轮换，势必造成某个时间段台湾防守空虚。因此，班兵采用了分批前往台湾的办法。根据清政府规定，陆军分为四批渡台，分别在当年一、五、八月和次年一月，后来变更为当年一、二、三月和

---

① 《台案汇录庚集》卷二《大学士公阿桂等奏折》，“台湾文献丛刊”第200 种，台湾银行经济研究室，1964。

② 《台案汇录丁集》卷二《兵部为内阁抄出闽浙总督兼署福建巡抚孙尔准奏移会》，“台湾文献丛刊”第 178 种，台湾银行经济研究室，1963。

次年一月。至于水师，台湾水师和澎湖水师略有不同，台湾水师分为三批，分别为当年六月、次年六月和第三年三月，澎湖水师也分为三批，分别为当年七月、次年十一月和第三年四月。北路淡水营分为两批，于班满当年的正月和十一月轮换。[①] 林爽文事件之前，台湾班兵渡台批次基本正常，至该事件爆发，影响了班兵按时换班，此后轮换办法多有变动。林爽文事件后，经由福康安等人提议，陆路官军仍分为四批，每批以三个月为期，于一年之内全部换完，具体时间为当年四、七、十月和次年一月渡台。这一办法一直持续到嘉庆初年。“窃照台湾澎湖各营原拨戍守班兵一万三千三百九十二名，每届三年应按原定班程，分作四起拨赴更换。上年（注：即乾隆六十年）系值换班之期，内头、二、三等起，应于乾隆六十年四、七、十等月，划一更换；第四起应于嘉庆元年正月划一更换”[②]。

当初福康安将班兵渡台时间缩减为一年，主要是考虑到时间拖得过长，既增加了人力物力的消耗，又使得官军长期奔波，非常疲惫。但是，这一办法也遇到了始料未及的困境。由于福建和台湾的具体情况不同，相对而言，班兵在福建集结较为方便，从台湾各营撤回的班兵程序较为烦琐，将时间限定为一年内换班，经常会出现两地班兵不能协调一致的情况，“往往有（台湾）头、二起班兵尚未换回，而（福建）三、四起派往之兵由须出营，甚至有四起拨戍之兵均已前往，而头起换回之兵尚未至营者”，是故，每遇换班之年，福建各营的巡防操守大受影响。闽浙总督魁伦和有司详细论证后，认为一年之内换班不妥当，他建议从嘉庆三年（1798年）开始，赴台班兵仍然分为四批，分别于当年一

① 《福建省例·兵饷例·戍台新旧兵丁住支饷项》，“台湾文献丛刊”第199种，台湾银行经济研究室，1964。

② 台湾史料集成委员会：《明清台湾档案汇编》（第42册），远流出版社，2007，第249页。

月、七月和次年一月与七月出营，在两年的时间内完成。① 从嘉庆三年换班的情况分析，该年班兵的确是分两年换完，但具体时间有所变化，“嘉庆三年系值换班之期，先经前任督臣魁伦奏请，将换班程期改作两年换竣，奉命覆准在案。内头、二两起应于嘉庆三年四、十等月划一更换，三、四两起应于嘉庆四年四、十等月划一更换”②。嘉庆六年又值换班之期，也是两年完成，具体时间为嘉庆六年四月、十月和嘉庆七年四月、十月。③ 咸丰三年（1853 年），清政府再次做出决议，将换班期限由三年延长为五年，每年替换一批，四年替换一轮，第五年休息。此后班兵轮换制度再无大的变动。

按照惯例，班兵渡台所需船只一般由水师提供，集结到厦门的班兵由厦门水师提供战船渡台，从五虎门出发的班兵由就近的福宁、闽安各营水师提供战船。从乾隆中期开始，对于配渡船只的问题便有很大的争议。水师船只数量是固定的，既要负责日常海防，还要应对各种不测事件，而班兵往来时间不定，大大影响了水师的日常运作。林爽文事件期间，由于大量官军渡台，战船不敷应用，遂征用部分商船。此后福建地方官员一再强调不能轻易动用商船。嘉庆十五年（1810 年），闽浙总督方维甸为平息水师和地方的关系，他建议战船与商船并用。其实，大量征集商船用于运送班兵，不但给商船带来额外的负担，大大影响其正常贸易，还导致水师不再爱护其战船，任其腐朽损坏。道光元年（1821 年）十一月，御史朱为弼即指出：“各省水师每将该营额设

---

① 台湾史料集成委员会：《明清台湾档案汇编》（第 42 册），远流出版社，2007，第 477—478 页。

② 中国第一历史档案馆、海峡两岸出版交流中心：《明清宫藏台湾档案汇编》（第 98 册），九州出版社，2009，第 63 页。

③ 中国第一历史档案馆、海峡两岸出版交流中心：《明清宫藏台湾档案汇编》（第 101 册），九州出版社，2009，第 282 页。

兵船不妥为看守燂洗，任其朽坏，以致不堪配驾。及届配兵出洋之时，则封配商船，恣意婪索，最为商民之害。此风各省皆有，而闽省为尤甚。”①

对于水师而言，自然乐意多多雇佣商船。在厦门，甚至出现水师以巡洋为借口拒不出动战船运送班兵的情况。轮值换班之年，负责运送班兵的官员往往以哨船正当修造及已派巡洋、不敷配载为词，禀请饬令厦门同知预备商船。换防弁兵，也意存挟制，咸不配哨船，仍然勒坐商船。道光十五年（1835 年），闽浙总督程祖洛对商船配渡班兵问题进行了详细的调研，提出修缮哨船，罢用商船。程祖洛指出，征用商船运送班兵弊端重重。该商船一经配载班兵，非特不能多装货物，即弁兵等之饮食用度，悉取资于船户。其所装货物，亦必先与水师提标中军参将及所载弁兵言明，愿加馈送，始准货物上船。迨抵台湾，即将该船扣留，顺载年满旧兵内渡。一来一往实际上意味着商船每三年必有两年受换防弁兵之累，只有一年可以经商营运。而台湾营马、船料、兵谷、囚犯及往来官员差使，则岁岁有之，仍须配用商船。商船负担日重，无利可图，导致不少船只渐次歇业。对于水师来说，哨船运送班兵渡台不仅是一项硬性任务，还是其开展海洋训练的有效途径，船只穿越台湾海峡，历经风涛骇浪，对水师是很好的历练。如今各营哨船既不渡载班兵，巡洋又属虚名，水兵船只，安坐港口，在家逍遥，竟不知如何操驾。偶尔巡洋，出口不识汕沙水线，唯有任船所之，动辄损坏船只。一旦遇到衙门指派哨船，渡载兵饷军械等物，必另行雇募舵工，始敢放洋。水师不习水战，毫无战斗力。程祖洛指出，为改变这种状况，一定要恢复哨船配渡制度，“必先复班兵配坐哨船旧章，概不准勒坐商船，

① 《清宣宗实录》卷二十六，“台湾文献丛刊”第 188 种，台湾银行经济研究室，1964。

则商困苏而台内货物流动，兵识水而台内声势联络”。道光十五年三月十五日，道光帝接受程祖洛建议，谕令内阁照准实施。嗣后拨赴台湾换防兵丁，预期严饬水师各营，挑选大号坚固哨船，分驾三口渡载班兵，不准一人一械，附搭商船；并责成兴泉永道稽查，如有不遵纪律，勒坐商船、滋生事端者，不论是兵是弁，轻则责革，枷号插箭游示，重则以军法从事。哨船到台后，责令台湾镇道严督各营将领，即日验收新兵，换回旧兵，统于十日内配坐原船内渡。经此次申明定例之后，如敢有不遵定例，图复旧习，借端勒索者，无论提镇将弁，着该督一并严参治罪。① 此后，清廷定制，班兵渡台由哨船负担。

清代士兵的军饷是依据固定的则例统一发放的，台湾班兵自不例外。按照定规，马兵月饷银二两，步兵分为战兵和守兵两类，战兵月饷银一两五钱，守兵月饷银一两。调往他地防守将家属留在原籍者，马兵月扣一两，步兵月扣五钱，作为家属养赡费用。施琅最初的设想是，班兵赴台后，最初两年由福建地方供应军饷，待一切走上正轨后，以台湾赋税收入供应班兵开支。康熙三十一年（1692 年）覆准，福建省台湾地居海外，应解司库钱粮，就近抵作本地兵饷。② 很显然，仅仅依靠台湾本地的田赋杂税远远不足应付。至乾隆末年，时戍台班兵一万四千余人，其各员俸廉、薪蔬、心红等项及额外并马、步、战、守兵月饷银二两、一两五钱、一两，月米三斗，均如大陆营制，年共应需银二十六万一十二两零，另有眷米、眷饷、恤饷、加赏等项未计算在内。③

① 《台案汇录丁集》卷二《兵部为内阁抄出闽浙总督程祖洛奏移会》，“台湾文献丛刊”第 178 种，台湾银行经济研究室，1963。

② 《清会典台湾事例・户部・俸饷》，“台湾文献丛刊”第 226 种，台湾银行经济研究室，1966。

③ 《台湾通志・资料一・营制》，“台湾文献丛刊”第 130 种，台湾银行经济研究室，1962。

以清统一台湾之初一万人计算，年需军饷大概在二十万两左右。康熙中期，台湾府各项正杂饷税额银二万三千九百余两，其中充作兵饷者仅为一万七千二百余两。① 两相对比，台湾府收入显然为杯水车薪，巨大的缺额不得不由福建省予以补充。当然，台湾班兵的军饷额数并非一成不变。林爽文事件平定后，福建巡抚徐嗣曾经过认真核算后，根据查处所谓“叛产”数量，每兵每月可增加四钱。乾隆五十五年（1790 年）议准，台湾、澎湖各营戍守兵丁于应得钱粮外，每名每月加给饷银四钱，在叛产租息变价及盐课盈余等项下拨补。如有旷缺，按日截除，留充公用。

由福建省补充军饷存在一个巨大的问题，即无论是本色粮食还是折色银两，必须由台湾地方有司派员从福建运输到台湾。由于船只、天气等原因，军饷运输往往不能及时，导致发放延迟。雍正二年（1724 年），鉴于台湾、澎湖官弁赴省领饷，重洋涉险，不免稽迟，朝廷将台湾、凤山、诸罗、彰化四县仓粟留储三十六万石，备五年兵食。此后每年额征粟十三万九千四百余石，止分征七万二千石，供一年兵食，余改为折价，即留充台、澎兵饷。乾隆五年（1740 年）议准，为避免澎湖军饷发放不及时，于福建藩库预拨一半饷银，运往澎湖通判库内储备，倘逾饷期，该副将一面备文借领散给，先行发放，一面详报查核，俟饷银领到，归款备用。② 同时，雇佣船只运输军饷也会不时遭遇暴风骤雨等各种恶劣天气，给运输官军带来很大的负担。乾隆十六年台湾右营把总陈亦等在藩库请领冬季饷银，由澎湖放洋，忽遇飓风漂至广东惠州府海丰县。饷银及在船弁兵没有损失，但大大耽误了日程，且由于耽搁时日，也增加了他们额外的日常费用，陈亦一行

① 《台湾府志》卷五《赋役志·存留经费》，“台湾文献丛刊”第 65 种，台湾银行经济研究室，1960。

② 中国第一历史档案馆、海峡两岸出版交流中心：《明清宫藏台湾档案汇编》（第 16 册），九州出版社，2009，第 403 页。

所有在粤借支盘费、口粮等项共银五百余两，按照定规应于本营各兵名下扣还。考虑到他们管押饷船在洋遭遇飓风，备历艰险，所有在粤借支盘费、口粮等项银两予以免除。[①] 从乾隆十九年开始，清政府再次对从福建运输军饷到台湾做出调整。先是，台澎兵饷向例每年两次赴省领运，为尽可能降低风险，闽浙总督喀尔吉善等奏请于春季风色平和之时，将全年俸饷一次领运。台饷存贮府库，仍照向例派拨防守；澎湖饷存通判库内，应由澎协派员一、兵四十名常川防范。台府库贮，责成该道盘查；澎湖通判库贮，责成该道、府遇有新任自厦赴台者道经亲盘。[②] 即便如此，军饷稽迟现象时有发生。乾隆五十六年议准，台湾兵饷，令镇官于每年十一月内核明次年应抵、应领银数，委员赴司，勒限十二月内到省，二月初旬运至厦门，三月到台。如有延缓，查明参处。从部分年份台湾军饷的运送情况看，上述时间规定并没有能够被严格遵守。[③]

以上所列为班兵之正额军饷。实际上，除此之外，班兵还有很多额外开支。他们从各自的营地出发，前往厦门、福州等地集结所费不赀。乾隆五年（1740 年）高宗皇帝即指出，“班兵更换之时，一切行李、衣装不能无费，甚为拮据，每于本营私派帮贴，而后启行，是行者、居者均有未便”[④]。他令闽浙总督德沛通融核算闽省生息银两，将每年剩余之数分别班兵路途远近，赏给往来盘费，永禁营中帮贴之弊。次年，德沛报告称，闽省各标、

---

① 张本政：《〈清实录〉台湾史资料专辑》，福建人民出版社，1993，第 175 页。

② 张本政：《〈清实录〉台湾史资料专辑》，福建人民出版社，1993，第 182 页。

③ 中国第一历史档案馆、海峡两岸出版交流中心：《明清宫藏台湾档案汇编》（第 157 册），九州出版社，2009，第 434—436 页。

④ 乾隆五年九月二十九日上谕，中国第一历史档案馆：《乾隆朝上谕档》（第 1 册），广西师范大学出版社，2008。

镇、协营获息银两，除赏给兵丁红白事件及台、澎班兵游巡车辆等项外，每年剩银八千余两，足以供应台、澎班兵之盘费。其中兴化、漳州、泉州等府属各营，每兵一名给银一两；福州、福宁、延平、建宁等府属，每名给银一两五钱；邵武、汀州等府属，每名给银二两。概以起程之日，于各该营就近支领。至各兵三年期满换回，亦于台营剩息项下分别拨给。[①] 到达台湾后，从抵达口岸到应驻守营地也往往长途跋涉，耗费甚多。由于经费不足，兵丁一切行李俱系各社拨车供应，给当地民众带来很大的困扰。根据先前议定的规制，班兵从抵达口岸到驻防营地，每里给银五厘，资其饭食，三年合算共需银六百九十九两五钱。为保证兵丁无运载之艰，而民众亦免候领之苦，从乾隆八年开始，将台地官庄项下征收租票银两拨充各官养廉银中，每年扣出银二百三十三两一钱，每逢三年合扣银六百九十九两五钱，以为换班兵丁雇备车辆之费。[②]

对于最高统治者来说，完成对台湾的统一后，必然面临着如何防守的问题，防止再次出现地方政权割据对抗中央成为清政府防守政策的基点。也就是说，鸦片战争之前的台湾海防，其主要防范对象依然是台地各种反叛者。所谓“兵民”，所谓“顺民”与“乱民”，都是相对而言，存在互相转变的可能性。从台湾本地征集大量民众用于防守，便是事实上的“以台守台”，统治者认为，这在一定条件下也完全有可能转变为“台人乱台”，甚至“台人据台”，最终使得中央政府完全失去对台湾的控制。基于这种考虑，从大陆派遣官兵驻防成为决策者的必然选择。作为一种政策设计，清代台湾班兵制度在一定程度上具有历史的合理性。

---

① 中国第一历史档案馆、海峡两岸出版交流中心：《明清宫藏台湾档案汇编》（第16册），九州出版社，2009，第313—314页。

② 中国第一历史档案馆、海峡两岸出版交流中心：《明清宫藏台湾档案汇编》（第19册），九州出版社，2009，第122页。

但是，随着东南沿海形势的巨变，在班兵制度明显不适合台湾防守的情况下，清政府依然墨守成规，顽固坚持该制度，也对晚清台湾的军事部署和安全产生了巨大的负面影响。

第三节　清代台湾的屯丁与隘勇

一、屯丁

清代台湾屯丁的设立，与林爽文事件关系很大。在林爽文事件中，台湾少数民族对交战双方都产生了重要的影响。

首先，他们中的一部分的确加入了起事者的队伍，参与了对清政府的作战。据时任台湾总兵柴大纪咨报，“（乾隆五十二年正月）二十二日于田洋拿获伪军师候辰一名，番妇八十二名”[①]，凤山上淡水庄人金娘，乾隆五十二年（1787 年）正月，她为起事首领之一庄大田之子画符治病，后来又为庄大田部祭神，“保佑他们出阵”，“不受枪炮”，“军中咸呼仙姑，爽文亦封为柱国夫人”。另一名为网仔的妇女，也会“看阵势”。在林爽文给少数民族妇女的信中，也“有到府城相会之语”[②]。在物资供应上，北路生番也提供了不少方便，与之“私换硫磺，配作火药”[③]。

其次，相对而言，在整个林爽文事件过程中，清政府与少数民族的关系是较为密切的，这突出地表现在屡次招抚、奖励番民

---

① 张本政：《〈清实录〉台湾史资料专辑》，福建人民出版社，1993，第 327 页。

② 张本政：《〈清实录〉台湾史资料专辑》，福建人民出版社，1993，第 376 页。

③ 张本政：《〈清实录〉台湾史资料专辑》，福建人民出版社，1993，第 557 页。

以助剿上。在事件初期，清政府募集番民参加堵御守卫，淡水同知调集熟番守御城池；起事军围困诸罗时，城内义民及番众等，同心固结竭力堵御；义民首领曾中立还“召集傀儡山生番一千名，听候调遣”[①]。据不完全统计，番民参加作战者为数不少，仅诸罗一地，从乾隆五十二年（1787年）四月至十一月，至少参加了二十次战斗。关于他们参加作战的人数，目前我们没有确切的统计，仅能从一些侧面略知一二。由于他们喜欢花红布匹，闽浙总督曾经一次采买色布色绢四千余匹，专供“联络番社”之用，估计参加者有相当数量。清廷还担心逃入内山的林爽文残部继续斗争，威胁台湾的稳定，因此，他们多次奖谕番民进行搜捕。起事初期就有熟番通事乌肉典、潘明慈和番贡生潘士兴等人因擒献而受到奖励。在官兵攻占大里杙时，当地生番表示，“大家情愿去拿林爽文出来献功”[②]。此外，部分民众还帮助官兵传递公文，运输接济。由于起事引起官方公文不能正常发放，各项奏折“多系雇募社番从间道黑夜送到鹿仔港转递”[③]。诸罗县被困时，驻扎盐水港之游击杨起麟先雇番民四人，各带火药二十五斤，番银四五十元，晚间伏地而往。后又雇十一人如前运送，俱得到诸罗。以上我们所列举的事实显示部分番民的确参加了清政府的剿捕活动，在事件平息后，清廷也对他们给予了相当程度的奖励。

对于在镇压林爽文事件的过程中，番民所起的作用，清政府予以了充分的肯定。就熟番而言，乾隆帝认为，“与义民无异……

---

① 中国人民大学清史研究所、中国第一历史档案馆：《天地会》（第4册），中国人民大学出版社，1983，第143页。

② 中国人民大学清史研究所、中国第一历史档案馆：《天地会》（第4册），中国人民大学出版社，1983，第215页。

③ 中国人民大学清史研究所、中国第一历史档案馆：《天地会》（第3册），中国人民大学出版社，1982，第362页。

（应）给予马兵粮饷，令随同官兵打仗，于声势益觉壮盛”[①]。应当指出，清廷对熟番相当放心，并对他们跟随官兵打仗给予了肯定和奖励。“所有打仗出力之熟番等，着赏给效顺匾额，交福康安仿照各村庄义民之例，于所居番社，一体颁赏，以示旌奖”[②]。对于生番，乾隆帝的认识有一个变化的过程。起初，他认为其伏处内山，未必通晓礼仪，对福康安等人欲利用生番入内山搜捕起事者的行为，他一再警告说，此等生番，可以威慑，而不可徒以利诱，“今只差人晓谕生番，悬立重赏，则生番等惟利是视，设林爽文穷窜该处，将所掠财帛，广为贿结，较悬赏之数更多，生番更利其重贿，或竟将林爽文私行藏匿，不肯擒献，福康安岂将委之不办？且现据福康安所奏，召集番社，止有屋鳌等十六社，其水沙连二十四社外，尚有无数社番，若皆购线往招，设生番等私将林爽文放逸，而以逃往他社借口，此数十番社中互相推卸，既不能不予以重赏，又仍不能借生番之力，擒获贼首，有何裨益”[③]。所以，当福建水师提督蓝元枚报告，“彰化南北两处生番，现访知熟悉番性之人，令其前往开导，谕以擒贼立功，众番社无不踊跃乐从”[④]，乾隆帝认为蓝氏此举皆不过借词支饰。但当得知南路生番齐心协力，帮助官兵搜捕起事者时，他不禁惊叹“不料其竟能如此出力”[⑤]。

---

① 张本政：《〈清实录〉台湾史资料专辑》，福建人民出版社，1993，第380页。

② 张本政：《〈清实录〉台湾史资料专辑》，福建人民出版社，1993，第534页。

③ 张本政：《〈清实录〉台湾史资料专辑》，福建人民出版社，1993，第482—483页。

④ 张本政：《〈清实录〉台湾史资料专辑》，福建人民出版社，1993，第419页。

⑤ 张本政：《〈清实录〉台湾史资料专辑》，福建人民出版社，1993，第528页。

但是，我们从乾隆帝屡次颁布的上谕来看，其着眼点仍集中于如何防止林爽文部逃入内山，以避免日后对台湾造成更大的威胁。接获台湾发生事变的消息后，最高统治当局即担心他们或将所掠财物，贿结生番，容留藏匿，或恃其人众，挟制生番，而生番畏其凶恶，任听窜处，并恐将来撤兵后，他们转勾结生番，潜出滋扰。乾隆五十二年（1787年）四月三日，清廷指示，“贼匪窜入内山之路，最关紧要，即责成该镇（指台湾总兵柴大纪）专力堵截”[①]，五月十二日，谕令“常清仍应拣派奋勇能力将领，带兵于通内山要隘处所，严密防堵”[②]。

在台湾前线指挥作战的福康安深切感受到，少数民族的一举一动对当地的安全稳定有很大的影响。安抚熟番，提防生番，成为福康安治台和理番政策的基本出发点。乾隆五十三年（1788年）六月七日，福康安联合福州将军魁伦、福建巡抚徐嗣曾上奏，建议在台湾实行屯丁制度。“窃照台湾熟番向化日久，当逆匪滋事之时，各社番勇随同官军打仗杀贼，颇能出力。钦奉谕旨，令臣等悉心筹酌，将此项熟番充补额兵，实为绥辑番黎、捍卫边圉之至计。臣等因成兵仍请照依旧制换防，另将熟番挑募屯丁，酌拨近山未垦埔地，以资养赡。先经附折具奏在案。”为此，福康安还仿照屯练之例，拟定了六条章程：屯丁人数应按番社酌挑，令其就近防守；各屯番丁宜设立屯弁，以资管辖；屯丁、屯弁毋庸筹给月饷，应酌拨近山埔地，以资养赡；清查已垦埔地，以定界址；屯丁习用器械应令自行制备，报官查验；屯丁徭役酌与优免，以恤番力。[③] 福康安的建议先由兵部讨论后，又发送给

---

① 张本政：《〈清实录〉台湾史资料专辑》，福建人民出版社，1993，第352页。

② 张本政：《〈清实录〉台湾史资料专辑》，福建人民出版社，1993，第371页。

③ 《清奏疏选汇·议台湾屯丁疏》，“台湾文献丛刊”第256种，台湾银行经济研究室，1968。

继任的闽浙总督觉罗伍拉纳等人斟酌。乾隆五十五年十月二十三日，觉罗伍拉纳等条陈设置屯务十二款，尔后由军机大臣会同兵部上奏，当年十一月十一日，乾隆帝批准，台湾正式实施屯丁制度。该奏折为台地实行屯制的基本原则和章程，其主要条款如下：一、分设屯所，应酌量地方以资捍卫；二、请严屯弁之责成，以资约束；三、计丁授地，宜酌筹配发；四、清出侵占界外田园，定等征租以昭平允；五、已垦田园，应请分别开免；六、现丈戈声图册，应发厅、县存档，仍按户另给易知丈单，以便输将；七、请定征收之法，以垂永久；八、征收租银，应酌定匀给存留，以裕丁食而资经费；九、支发屯饷宜立定章程以杜弊窦；十、应用器械，请分别编验以从番便；十一、隘丁请循旧安设，以重边防；十二、重立界石永禁争越。①

根据屯防的不同位置，各屯分属南北二路管辖。南路凤山、台湾二县所属屯防归属南路营参将，设立放索大屯、搭楼小屯、新港小屯；嘉义、彰化和淡水厅所属屯防归属北路协副将管理，设立东螺大屯、麻薯大屯、竹堑大屯、萧垄小屯、柴里小屯、北投小屯、阿里史小屯、日北小屯、武胜湾小屯等。以上共四大屯，八小屯，大屯屯丁四百人，小屯屯丁三百人，合计共四千人。屯丁的选择，应先尽本属，次及邻境附近本屯小社之番丁内，择其年力精壮者照数充补。如此作为，则番丁等既可不致离耕，而遇有校验调派等事，亦无难立时齐集；且与各处营汛声势联络，巡防愈昭严密。福建地方官员将各屯兵名目及屯丁花名，详细造册报部，以凭查核。

噶玛兰设厅之时，曾有兴屯防的建议。后因各田园由民资先经垦熟，与未垦荒埔分限续开诸地皆供耗攸关，不便设屯，而各

① 《台湾汇录甲集》卷一《军机大臣会同兵部等部议奏前案折》，“台湾文献丛刊”第31种，台湾银行经济研究室，1959。

社另有东、西势加留余埔，为三十六社归化生番生计，又不便以其口粮划充屯饷，故屯议遂寝。嘉庆二十年（1815 年），通判翟淦曾议将东势阿里史等社共计三处开垦埔地征收租赋，年得番银一千三百元，可添设屯丁一百五六十名。嗣镇道以“该处究属流番，并非土著番黎，未便议设屯丁”为由否决，其各处田园，即饬照例升科。由是屯弁、屯丁即无举充，而屯饷、屯租亦无拨给。① 道光年间，在徐宗幹的建议下，于水沙连地方设立大屯一处。徐宗幹亲赴噶玛兰所属水沙连地方，目睹了民族之间由土地引发的各种纷争后，认为设立屯防是唯一可行的办法：“今欲无用纷更、无劳部署、无设立官吏兵役之流弊、无创建工程费用之浩繁，而使目前归化之番仍可得所，陆续垦成之地不至纷争，斟酌权宜，惟有设屯之一法。”他进一步指出：“兹查埔社、水社、头社、眉社、猫兰、审鹿等六社番众，前虽未改熟番，既挑给口粮，已与生番有别；兹复剃发输诚，与生番归化改熟设屯之例亦符。自应推广皇仁，援照旧定章程办理，俾该番等既得赡其身家，又可资以捍卫，共沐生成，以昭盛治。”② 为此，他建议，可在六社设一大屯，挑选壮健者四百名为屯丁，于番社内选举众所悦服之番，充补外委一员，管辖屯务，该屯隶属北路管理。

既经设立屯丁，自应拣选屯弁以资管束而重责成。以曾经打仗出力、素为番众悦服之潘明慈等二名，充补千总，统辖南北两路各社屯番；戴光位等四名，充补把总，每人分辖大屯一处、小屯二处；桂文郎等十二名，充补外委，每人各管一屯；均给发札付委牌，毋庸归营操演，仍令北路协副将、南路营参将就近约束。屯弁倘敢派扰凌虐，苦累番众，立予革究。屯弁的职责，要

---

① 《噶玛兰厅志》卷八《杂识下·纪文下》，“台湾文献丛刊”第 160 种，台湾银行经济研究室，1963。

② 丁曰健：《治台必告录》卷四《斯未信斋存稿·议水沙连六番地请设屯丁书》，“台湾文献丛刊”第 17 种，台湾银行经济研究室，1959。

督率番丁，将分给地亩乘时垦种，毋任旷闲废弃，务期荒埔尽成可耕之地土，并随时禁止番丁等私相顶卖，仍于农隙时习练惯用器械，责令在本屯各社防守巡缉，既可担负身家，又足以资捍卫。各屯弁之间的关系，根据《安平县杂记》中的调查，“用千总一员以统辖，犹统领之义；用把总二名分辖，每名计辖三屯，犹帮统之义；又每屯用外委一名专管，犹营官之义”①。

屯丁并非世袭职业，但一般情况下，若有屯丁病发身故者，立时禀报除名，于屯丁子弟内挑补。虽然如此，因台湾镇、道少与番民、屯弁接触，仍导致了某些屯弁坐地为王，侵吞番饷，欺压番众，不法官吏借机勒索等现象的发生。嘉庆十五年（1810年），闽浙总督方维甸为力除积弊，着力更改旧章，“以后屯外委遇有事故出缺，责成统辖之屯千总兼辖之屯把总，即于三日内，呈报理番同知。屯把总有事故出缺，屯千总呈报；屯千总有事故出缺，屯把总呈报，该同知将出缺之处，一面转报台湾镇、道……一面禀报本部堂查核”②，亦即将屯弁原来直接由台湾镇、道任免改为先经理番同知之手。理番同知作为专设机构，对番情颇为熟稔，屯弁拔补中理番同知的介入，有效地解决了上情下达和下情上传的困难，对选择合适的屯弁人选，从而维护广大屯丁的利益起到了相当积极的作用。

根据福康安最初的设计，新设屯丁四千名，于该处未垦荒埔及抄没入官埔地内，每名拨给埔地二甲，千总每员十甲，把总每员五甲，外委每员三甲，令其自行耕种，照番田之例，免其纳赋。经过核实，其未垦埔地共五千六百九十一甲，计丁匀分，近屯之地，每丁配给一甲至一甲二分不等；其离屯稍远者，每丁拨给一甲三分至一甲六分不等。至千总、把总、外委仍照原议分

---

① 《安平县杂记·调查四番社一切俗尚情形详底》，“台湾文献丛刊”第52种，台湾银行经济研究室，1959。

② 戴炎辉：《清代台湾之乡治》，联经出版事业公司，1979，第470页。

给。如一庄之地，分给弁丁之外，尚有余零，均分摊给。其屯丁内如有事故出缺，即令挑其子弟充补，顶给田亩，以资养赡。仍出示晓谕，如有私行典卖，按律治罪，追赔契价。充公地亩，转给另挑屯丁承受。但是，出于实际情况的考虑，养赡地在获得理番同知批准后，屯丁可以将其出租给汉人耕种，以收取养赡地租。

首先，设屯给付养赡埔地之初，地方政府虽经细心筹措，尽力划土为整，依据就近原则酌量拨充，但所拨地亩，仍有相当部分距离番社较远，屯丁既然要“分处防守，遇有搜捕盗贼等事，又须听候征调”，“如有调遣，即遵照檄札办理，不得迟误”，[①] 就很难确保有充足的时间去耕种远方的土地。其次，养赡地皆系界外荒埔，开垦既需大量工本，如修建水利工程和供给耕牛、种子等，又需相当的生产技术，而屯丁多以打猎为生，不谙农耕。再次，所耕养赡地多迫近内山，生番常常出草杀人，屯丁防堵他们尚自顾不暇，更遑论开垦。因此，为切实体现护番之原旨，保障他们的正常生活，不少地方官在重申养赡地必须自耕的同时，又承认离社遥远之处所，可招佃承垦。早在乾隆五十九年（1794年），岸里社屯丁已将土地出租给汉人耕种。道光十七年（1837年），北路理番同知鉴于民垦番田的事实多有发生，发布谕令云：“尔等凡有承耕该屯养赡田园，务宜依纳完租，不得私行短折……屯丁永为业主，汉佃永为佃户，再不准私相典赎。”[②] 至同治年间，我们查理番同知所发布的示谕，已经见到了承认养赡地出典、出赎的字样，并且手续也趋于简化，已由原来须经同知批准改为仅要通事、土官在场见证，盖上官给印戳即可。

除酌量拨给养赡地外，清廷对于屯丁还给予屯饷。一般而

---

① 《台湾汇录甲集》卷一《军机大臣会同兵部等部议奏前案折》，“台湾文献丛刊”第31种，台湾银行经济研究室，1959。

② 戴炎辉：《清代台湾之乡治》，联经出版事业公司，1979，第470页。

言，养赡埔地皆为未垦荒田，为使其能尽快开发，官府特支付一定数量的屯饷以为资助。依乾隆五十五年（1790年）之奏议，屯饷之来源系清出界外已垦田园三千七百三十余甲，均系零星段落，分等定租，年应收谷四万一千余石，充作屯饷，每石折银一元，共可收四万一千余元。每屯丁一名，年给番银八元，计屯丁四千名，共给番银三万二千元；屯千总二员每年各给番银一百元，屯把总四员各给番银八十元，屯外委十二员各给番银六十元，计共给番银一千二百四十元，连屯丁通共年给番银三万三千二百四十元，收支相抵，尚有余钱，令各厅县收贮以作急用。屯饷以定额形式出现，其征收办法，设屯之时由官为经理，具体事务系所选充之佃首负责。屯饷的发放，每年定为上下两季，于二、八月内饬令屯弁造具花名清册，地方官示定日期，亲赴屯所核对腰牌，按名散给，保证了屯丁人人受益。乾隆五十七年始，台湾知府杨绍裘饬令屯饷改由屯弁自行征收发放，嗣因弊陋日出，番黎罹难，嘉庆十六年（1811年）后，“屯饷仍归厅县征收、支给、造报”①。道光二年（1822年），兼署福建布政使事督粮道吴为又议定屯租征收章程：“一、照例官赴屯所发饷，带清丁额，以免虚靡也；二、勒催散给租饷，立限造报，以归实济也；三、责成放饷之员带阅屯丁武艺，以归实用也；四、禁止厅员捏革通事、社丁首，以免纷争也。”② 事实上，如何保证屯饷足额征收始终是清政府面临的一个重大问题，至道光十三年，历年拖欠屯饷达到十万余两。③

---

① 《台湾汇录甲集》卷一《福建布政司详复酌议厘剔台湾屯务近弊由》，“台湾文献丛刊”第31种，台湾银行经济研究室，1959。

② 《台湾汇录甲集》卷一《福建布政司详复酌议厘剔台湾屯务近弊由》，“台湾文献丛刊”第31种，台湾银行经济研究室，1959。

③ 中国第一历史档案馆、海峡两岸出版交流中心：《明清宫藏台湾档案汇编》（第156册），九州出版社，2009，第80页。

屯丁除尽心尽力耕种田地外，其主要任务有三：农闲时期练习武艺；在本地参与防守，缉捕盗贼；随时听从调遣，参与各种军事行动。按照惯例，台湾镇总兵要于每年冬季巡阅全台水陆营伍及南北两路地方情形，在例行巡视中，总兵要考核屯丁战备情形并上报。嘉庆八年（1803 年），总兵爱新泰巡视台湾各地军事防务，“至南北两路屯弁、屯丁，奴才顺途查验，人数足额，器械完备，循例赏给银牌、烟茶、花红、布物，并面谕各屯弁务将所管屯丁加意钤束，无许滋事”①。道光五年（1825 年），台湾总兵蔡万龄出巡，“至南北路各屯弁丁，查点人数足额，器械完备。经过番社男妇欢迎，俱各量加赏赉，以示优恤”②。诸如此类的记载非常多。由此可见，对屯丁的定期巡视纳入总兵的日常工作范畴，从每次巡视总兵都要强调“人数足额，器械完备”看，对屯丁的巡视重点是他们的军事素养和日常训练情形。

嘉庆十年（1805 年）前后的蔡牵事件，屯丁参与其中，发挥了积极的作用。事件爆发后，蔡牵等人联合水陆其他力量，对台湾海防和当地社会造成很大的威胁，总兵爱新泰、台湾道庆保派拨台澎官兵、屯番、招募生番、义民等分布防剿。在战斗过程中，北路屯外委余添率屯兵百余名，随军打仗到咸水港头，猝遇对方冲杀，番丁溃散，余添血战阵亡，后附祀忠烈祠。③ 事件平定后，清政府论功行赏，查明随同攻打洲仔尾等处屯番共有三百七十二名，收复凤山县随同打仗之生番、屯番共有一千七百七十六名，随同守城屯番共有五百四十三名，合计共二千六百九十一

---

① 《台案汇录丁集》卷三《兵部为内阁抄出台湾总兵爱新泰奏移会》，“台湾文献丛刊”第 178 种，台湾银行经济研究室，1963。

② 《台案汇录丁集》卷三《兵部为内阁抄出台湾总兵蔡万龄奏移会》，“台湾文献丛刊”第 178 种，台湾银行经济研究室，1963。

③ 《彰化县志》卷八《人物志·行谊》，“台湾文献丛刊”第 156 种，台湾银行经济研究室，1962。

名，占到屯丁总数的一半以上。屯外委潘天赐，于蔡牵攻扰南路之初，首先晓谕全屯番丁，在内埔庄随营打仗，赏给六品顶戴。头目谛窝兰、宾仔来、加四禄等七十三名，均系倡义出力之人，各赏赐不等。其余番丁二千五百四十九名，每名赏银二两，并购买红布、烟茶、糖斤等物，按名分赏。[①]

道光十二年（1832 年）张丙事件中，南路理番同知沈钦霖密檄飞饬所属番弁，选精壮屯丁三百参与作战，亲督兵丁会同文武迎敌，奋力冲击，生擒林龙、陈电等。平定张丙事件后，南路屯千总李元辉、屯外委潘仙美赏赐顶戴花翎。鸦片战争期间，台湾总兵达洪阿亦曾征调屯丁二百名参与防守。道光二十一年，英军进攻台湾鸡笼，清军反击大胜。淡水同知曹谨督率屯勇，在三沙湾堵御，复遣派役勇出洋追击，又至外洋草屿搜捕，均有斩获。艋舺县丞宓惟慷带领屯勇，出洋生擒英人三十一名，获炮五门。屯外委李连春驻防鸡笼一年以上，随同官兵打仗出力。[②] 道光二十二年，屯外委李逢春赏屯千总顶戴，屯把总潘仙英升任千总，外委王正先、林鼎山升把总。同治初年的戴潮春事件，仅仅在历次战斗中阵亡的屯丁即达到二百七十五人。此后，在牡丹社之役、中法战争、反对日本侵占台湾等历次事件中，屯丁都发挥了非常重要的作用。

二、隘勇

隘是防守的重要设施之一，在隘防守之人即为隘勇，又称隘丁。根据伊能嘉矩的说法，明郑时期，在台湾屯垦的汉人为防止少数民族的攻击，建立了“土牛红线”制度。“土牛以土堆积，

---

① 《台案汇录辛集》卷三《兵部为内阁抄出福州将军赛冲阿奏移会》，“台湾文献丛刊”第 205 种，台湾银行经济研究室，1964。

② 姚莹：《东溟奏稿》卷二《查明鸡笼夷案出力人员奏》，“台湾文献丛刊”第 49 种，台湾银行经济研究室，1959。

形如卧牛；而红线乃叠砖为墙，因其色红，故有此名称也”①。隘是为了防止生番下山骚扰屯垦者，现有史料没有表明清代台湾的隘最早何时设立，考虑到汉人在台湾不断移垦，我们认为隘的设立应当是一个渐进的过程，其地点也随着汉族移民的不断开垦有所变动。如乾隆三十三年（1768 年），淡水同知在淡水所属乌树林、黄泥塘二地设隘，募集隘丁四十名防守。

隘丁原为防守生番的袭扰，多用熟番或汉人。久而久之，这些隘丁利用自身的优势，往往步步紧逼生番居住区，私自开垦土地，引发一些不必要的冲突。乾隆四十九年（1784 年）三月，在理番同知潘凯的建议下，在淡水树林口地方设隘安丁，不料此后随即发生直加未南、目怀二社生番戕害官役一案，乾隆帝指出："此次生番滋事，因在山射猎，至树林口地方，见有隘丁堵御，当即追杀，致害官役。此等界连生番隘口，安设兵丁，原所以资防御，但恐该隘丁等或因此私占番界，以致滋生事端，亦未可定。"他命令黄仕简等查明该处情形，如无须安设隘丁，可径行撤去，俾该番等相安无事。倘因地方紧要，必须设隘边防，则旧设隘丁仅止十名，于边防仍属无济，自应酌量地方情形，多为添设，俾声势严整，足资守御。黄仕简随即会同臬司李永祺、台湾镇总兵柴大纪、台湾道永福等，逐一亲行履勘，树林口地方向未设有隘寮，历久相安，从无失事。设立隘口后，转致生番黉夜入口，戕杀多人，伤及官役。黄仕简等认为，一定程度上讲，生番之逞凶不法，未始不因隘丁之堵御，应将树林口原设隘丁，饬令撤除，实为妥善。②

隘成为一种制度性防守措施，与屯丁的设立有很大的关系。

---

① 伊能嘉矩：《台湾番政志》（下册），台湾省文献委员会，1957，第 467 页。

② 《台案汇录丙集》卷八《兵部为内阁抄出原任闽督雅德等奏移会》，"台湾文献丛刊"第 176 种，台湾银行经济研究室，1963。

乾隆五十五年（1790 年），闽浙总督伍拉纳认为，考虑到实际情况，在民番交界地带，还是应当设隘防守，“查台地逼近生番，从前设立隘丁，原为固守边圉，禁其偷越，使内地民人不致有意外之虞。……兹据台湾镇、道请于近山之地，照旧设立隘所，以资捍卫。臣查将军公臣福等奏请挑选屯丁，原令于各本社防守地方，稽查盗贼。而台湾东界内山，在在与生番接壤，向就险峻之区，设立隘丁，自应仍循其旧。……并仍责成各队首督率壮丁实力巡察，与营汛屯丁相为表里。番民益得安心耕凿，于边防更为有益矣”①。军机大臣会同兵部讨论后，认为这一建议可行，“应如所请，行令该地方官照议办理”②。可见，隘与屯的功能具有内在的统一性，都是为防止生番越界杀人，保护屯垦的居民而设。“台湾生番原不敢出山滋事，向在交界处择要设立隘口，派拨屯丁防堵”③。

从各地隘口陆续设立的情形看，至乾隆末年，隘制才成为规模性设施，根据设立机构，隘可以分为官隘和民隘。从现有史料分析，南部地区除凤山县在一定时期有设立外，其他各地未见设有隘口用于防守，隘主要集中于台湾北部的淡水厅和噶玛兰厅。

淡水厅南北官隘五、民隘二十四，共二十九处。淡水处处迫近生番，昔以土牛红线为界，其后由于生齿日繁、土地日辟，耕民或逾界十里至数十里不等，生番日益滋扰。官隘由官设立。乾隆五十三年（1788 年），奏设官隘六座，原募丁一百二十五名，每名年给口粮银三十元。唯九芎林一隘，官征屯租全给；余俱官

① 《台案汇录甲集》卷一《闽浙总督伍拉纳奏为筹议台湾新设屯所分拨埔地事宜折》，“台湾文献丛刊”第 31 种，台湾银行经济研究室，1959。

② 《台案汇录甲集》卷一《军机大臣会同兵部等部议奏前案折》，“台湾文献丛刊”第 31 种，台湾银行经济研究室，1959。

③ 中国第一历史档案馆、海峡两岸出版交流中心：《明清宫藏台湾档案汇编》（第 156 册），九州出版社，2009，第 81 页。

给四成、民给六成。每年屯租内共给口粮银一千六百八十元，民给在外。道光六年（1826 年），同知李慎彝因生番扰近堑垣，添设石碎仑一隘，募丁四十名，年需口粮银一千五百一十二元，遇闰加银一百二十六元，先后将征收猴洞山、猪湖、盐菜瓮、暗坑仔等处充公租税及罚充尖山庄业户陈五湖、潘锐卿等各案租银拨给；不敷，仍官自捐凑。民隘则由居民请辟荒地，自行设隘防番。每隘亦设隘首一名，其隘粮每名亦年给谷三十石，折银三十元，就新垦地亩按甲抽租，业户四成、佃人六成。由隘首派收支应，官不过问。隘首口粮，即在隘丁内抽取。总之，官隘有定、民隘无常。

至同治初年，淡水厅隘口设立如下：火炎山隘，民隘，设隘丁八名。日北山脚隘，民隘，设隘丁八名。三叉河隘，民隘，设隘丁十五名。内外草湖隘，民隘，设隘丁二十名。铜锣湾隘，官隘，设隘丁二十五名。芎中七隘，官隘，设隘丁三十名。大坑口隘，官隘，设隘丁四十名。蛤仔市隘，官隘，设隘丁二十名。嘉志阁隘，民隘，设隘丁三十名。南港仔隘，民隘，设隘丁三十名。三湾隘，民隘，设隘丁四十二名。金广福大隘，民隘，系合并诸多小隘，统设隘丁一百二十名。树杞林隘，民隘，设隘丁二十名。矺仔隘，民隘，设隘丁十五名。猴洞隘，民隘，设隘丁十五名。九芎林隘，官隘，设隘丁十名。盐菜瓮隘，民隘，设隘丁二十名。霄里大铜锣圈隘，民隘，设隘丁十名。三坑仔隘，民隘，设隘丁二十名。大坪隘，民隘，设隘丁二十名。溪洲隘，民隘，设隘丁十名。大姑嵌隘，民隘，设隘丁三十名。三角涌十三天隘，民隘，设隘丁十名。横溪南北隘，民隘，设隘丁五名。暗坑仔隘，民隘，设隘丁十名。万顺寮隘，民隘，设隘丁十五名。十分寮隘，民隘，设隘丁十名。三貂岭隘，民隘，设隘丁十名。①

---

① 《淡水厅志》卷三《建置志・隘寮》，“台湾文献丛刊”第 172 种，台湾银行经济研究室，1963。

从设立的具体情况看，即便是民隘，似乎也应当取得官方的认可。如三貂岭民隘为鸡笼人谢集成倡议设立，“三貂为通兰要路，为盗薮，亦为番扰，请官设隘，患遂绝”①。

需要说明的是，随着屯垦地点的变更和汉番力量的此消彼长，各隘也在不断整合中。最为典型者当为金广福大隘。该隘称金广福大隘者，“又台商俗例，争取得金意义，凡会计簿多以金字蒙头；广谓广东也、福谓福建也，故名金广福大隘云”②。此隘本分设于城东厢之盐水港、南隘、茄冬湖、石碎仑、双坑、大崎、金山面、圆山仔、大北埔、小铜锣圈等十处。各隘因地日辟，已越旧址，乃裁撤归并为一，移入内山五指山右角。其石碎仑隘原设隘丁四十名，隘粮由官拨给充公租税以补不敷。其大北埔中港、尖山二隘亦官奏设，民自给粮。其盐水港、南隘、茄冬湖、小铜锣圈四处，原设隘丁各二十名，双坑原设隘丁十四名，大崎、金山面二处原设隘丁各十八名，圆山仔原设隘丁六名；隘粮均民自给。各隘统一为金广福大隘后，共设隘丁一百二十名。

噶玛兰西、南、北三面皆山，所在生番出没，自设官后，沿山次第设隘，以壮丁守之。兰属沿山隘口，原设隘寮十一处，募丁一二十名至五六十名不等。此乃从前吴沙请设乡勇以巡防堵御，名曰民壮寮。至嘉庆十五年（1810 年）开兰时，因设汛裁撤其隆隆岭、硬枋二隘外，覆准添设叭哩沙喃及清水沟、鹿埔岭三隘，分别泉、粤籍募丁守之，凡十二隘。③ 道光初年，姚莹记录噶玛兰设立隘口情形云：自三貂入噶玛兰首境，为远望坑，民壮

---

① 《淡水厅志》卷九《先正》，“台湾文献丛刊”第 172 种，台湾银行经济研究室，1963。

② 吴子光：《台湾纪事》卷二《金广福大隘记》，“台湾文献丛刊”第 36 种，台湾银行经济研究室，1959。

③ 柯培元：《噶玛兰志略》卷十二《番市志・弹压》，“台湾文献丛刊”第 92 种，台湾银行经济研究室，1961。

寮在焉，始用以开道，继以护送行人。过远望而南，为大里简，设民壮寮与远望同。自大里简以南，乃沿山设隘，各有田园数十甲，以为口粮。曰梗枋、乌石港、金面山、白石、汤围、柴围、三围、四围一结、四围二结、四围三结、旱溪、大湖、叭哩沙喃、鹿埔、清水沟、崩山、员山庄、马赛、施八坑。以上隘地十九所。①

至道光末期，噶玛兰厅隘口设立如下：枕头山隘，距厅西六里，在枕头山后，通生番内界，募隘丁十名。颖广庄隘，距厅西七里，在颖广庄后，通生番内界，募丁九名。大湖隘，距厅西十二里，在大湖山前庄，后通生番山界，募丁十二名。内湖隘，距厅四十五里，在内湖山前，通生番内界，募丁六名。叭哩沙喃隘，距厅西三十里，在番（玉）山前，重溪环绕，最为险要，募丁十二名。三阄仔隘，距厅西北五里，在三阄庄后，通生番内界，募丁八名。大埤隘，距厅西北十里，在大埤右，通生番内界，募丁八名。摆燕山隘，距厅南十二里，在摆燕山前，通生番界，募丁八名。鹿埔岭隘，距厅南二十五里，在鹿埔岭下，通生番界，募丁十三名。员山隘，距厅南二十五里，在员山庄，通生番界，募丁十名。马赛隘，距厅南三十里，在马赛庄，通生番界，募丁十二名。施八坑隘，距厅南四十里，在施八坑口，通苏澳路，募丁十二名。葫芦堵隘，距厅西南十六里，在葫芦堵庄后，通生番界，募丁六名。泉大湖隘，距厅西南二十五里，在泉大湖山前，通生番界，募丁十三名。四围隘，距厅北八里，在四围庄后，通生番界，募丁六名。柴围隘，距厅北十里，在柴围左，通生番界，募丁五名。三围隘，距厅北十二里，在三围左，通生番界，募丁五名。汤围隘，距厅北十七里，在汤围左，通生

① 姚莹：《东槎纪略》卷三《沿边各隘》，“台湾文献丛刊”第7种，台湾银行经济研究室，1957。

番界，募丁八名。白石山脚隘，距厅北二十里，在白石山下，通生番界，募丁十名。金面山隘，距厅北二十五里，在金面山下，通生番界，募丁八名。噶玛兰厅各隘均为民隘，其隘丁口粮，由附近田甲内匀给，毋庸官为经理。[①]

光绪时期，随着政治经济形势的变化，台湾军事制度也有所革新，在民番交界地带，营制逐渐取代隘制，营勇逐渐取代隘勇，部分地区仍以隘勇称呼。其实，二者名称有异，职能基本一致，依然作为防番护民的机构而存在。

---

① 《噶玛兰厅志》卷二《规制·关隘》，“台湾文献丛刊”第160种，台湾银行经济研究室，1963。

第四章

清代台湾的教育

第一节　清代台湾的儒学

一、台湾儒学的设置与沿革

中华文化传入台湾很早，但传统儒学（即地方官学）教育则始于明郑时期。明永历十九年[①]（1665 年），郑成功之子郑经承咨议参军陈永华之请，在各里社广设学校，延聘中土通儒以教子弟，其天兴、万年二州每年一试，院试三年一度。仿袭明制，建立了一整套科考教育的行政体系。然其历史短暂，且频年征战，

① 永历为南明皇帝朱由榔年号，永历十六年（1662 年）朱由榔身死，同年郑成功收复台湾，继续沿用永历年号。

戎马倥偬，所举办之考选，绩效未著，史乘亦多略而不提。实际上，台湾儒学文化的广泛传播是从清代开始的。

根据清政府的规制，府级行政单位设有府儒学，县级行政单位设有县儒学。随着台湾行政建制的变化，其设置也不断增加和变更。

清统一台湾后，设一府三县，遂置府儒学一，县儒学三。明郑时期，在台湾府遗文庙一座，台湾府儒学学宫最初即在此基础上改造而成。“台湾伪遗文庙一座，改为府庠大门与圣殿后，屋共三进、两庑矮屋数间而已；并无泮池、明伦堂、启圣殿、衙斋等项。圣殿止有一间，以梁阁壁，不设傍柱，无檐牙榱桷、丹雘彩绘之可观”。对于这一状况，台厦道周昌显然是不满意的，“泮池、明伦堂、启圣殿、衙斋俱缺。尚须扩辟，始成规模。台、凤、诸三县，原无学宫；各县令化民念切，到任以后，皆草创茅茨，聊供圣贤牌位，春秋释奠，以鼓舞士子之心”。[①] 此后，台湾府儒学学宫渐次兴修，规模日盛。康熙三十八年（1699 年），新任台厦道王之麟赴台，看到府学宫栋宇朽败，而明伦堂两庑、启圣祠以及棂星垣牖，缺然不备，遂决定修复，少者补之、圮者葺之。次年，又“于夫子庙东偏拓地数亩，中为明伦堂，堂后为龙亭库，环以砖墙；东西廊门楼，无不毕举。缔构坚绍，彤髹驳蔚，一时称盛”[②]。

从康熙五十一年（1712 年），台厦道陈瑸即联合台湾知府周洛书等人兴修府城文庙，历时三载始完工。经过此次修筑，文庙焕然一新。大成殿后面为启圣祠，祠左右列六德斋，祠下名宦祠居左、乡贤祠居右，再列六行斋。东庑下有献官斋、宿房，西庑

---

① 《台湾府志》卷十《艺文志·详请开科考试文》，“台湾文献丛刊”第 65 种，台湾银行经济研究室，1960。

② 《重修台湾府志》卷十《艺文志·重修台湾府学文庙新建明伦堂记》，“台湾文献丛刊”第 66 种，台湾银行经济研究室，1960。

下有藏器库、庖湢所。棂星门左右，改置文昌祠、土地祠。其外，则为礼门、为义路，常置扃钥，非旦望及有事二丁不开。更于礼门外数十武表立大成坊为界，周围墙及肩而止，通道之水环绕其下。至教官廨舍，则于明伦堂后新建三楹，斋、厨等房胥具，明伦堂前两廊分列六艺斋，供诸生肄业之所。同年，陈瑸又动用养廉余羡，组织人员修建朱文公祠，祠正堂三楹，两旁列斋舍六间，门楼一座。考虑到祠内香火及肄业师生修脯、油灯乏资，他拨归郡学鱼港庄田二十八甲一分租粟作为日常开支之用。康熙五十八年，台厦道梁文煊莅任，谒庙行香，看到台湾府儒学文庙狭小卑陋，深感不安，遂兴工重新修复，规制等同于大陆。乾隆时期，台湾府儒学学宫又经过数次重修，至光绪三年（1877年），由于台湾行政区划的变更，台湾府儒学改称台南府儒学。

康熙二十三年（1684年），台湾知县沈朝聘将明郑一建筑旧址改建为台湾县儒学学宫。康熙二十九年，知县王兆升捐俸重修，改砌棂星门，伟然壮观。后为启圣祠，并为教官廨舍。康熙四十一年，陈瑸任台湾知县，见台湾府县学无明伦堂之设，十分惊讶："苟斯堂之不立，则士子讲诵无地，必至人伦不明，人理泯而人心昧，将不得为人类矣。噫！宰斯邑者何人，风教攸责，而可令斯地久旷乎哉?"① 是故，他殚诚毕虑，于次年夏天建成明伦堂三间，其高、广如固定规制。明伦堂建成后，因调往他处任职，其准备大修文庙的计划遂寝。康熙四十八年，知县张宏创学廨于明伦堂后，并葺前栅栏、照墙。康熙五十九年，同知摄县事王礼修庑墙、礼门、义路。雍正元年（1723年），知县周钟瑄重葺正庙，奉诏改启圣祠为崇圣祠，立忠义祠于庙门左。雍正十二年，贡生陈应魁倡立土地祠于庙门右，建棂星门于泮池外。乾隆

---

① 《重修台湾府志》卷十《艺文志·新建台邑明伦堂碑记》，"台湾文献丛刊"第66种，台湾银行经济研究室，1960。

八年（1743年），诸生张元华等修崇圣祠。乾隆十五年，廪生侯世辉等捐资鼎新正庙，拓两庑以广庙庭，庙门左修忠义祠，右改土地祠为孝悌祠。礼门、义路、泮池、棂星门、照墙及庙后崇圣祠、庙右明伦堂，悉加整葺。[1] 乾隆四十年，台湾县学宫进行了一次大修。举人陈名标、州同知陈朝枢利用当地民众捐献的土地，以明伦堂学廨旧址并捐献地亩，建正殿及东西两庑，前为大成门，左为忠义祠，右为忠义孝悌祠；又前为棂星门，门外为泮池。正殿之北为崇圣祠，又北为文昌祠。殿侧两廊，左为礼器库、典籍库，右为乐器库。改正殿旧址为明伦堂，以崇圣祠旧址改建教谕宅。明伦堂下东厢为碑亭，大门左为土地祠。[2] 光绪初年，台湾县改称安平县，台湾县儒学遂称安平县儒学。

凤山县儒学学宫，康熙二十三年（1684年）知县杨芳声建。乾隆十七年（1752年）知县吴士元重修文庙，其后多有废弛。光绪元年（1875年），训导叶滋东再行募建，至光绪三年落成。中为大成殿，东西庑，前为大成门，又前为棂星门，两旁为义路、礼门坊，殿后为崇圣祠。崇圣祠，在大成殿后，平列九间，康熙四十三年知县宋永清建，同治四年（1865年）训导陈天奎重建。明伦堂，在圣庙左，大小十六间，乾隆十七年知县吴士元建，光绪三年训导叶滋东重建。朱子祠，在崇圣祠左，平列七间，乾隆十一年知县吕钟琇建，光绪三年训导叶滋东重建，祠租三十六石。奎楼，在崇圣祠右，光绪三年训导叶滋东建，高三丈，深广各一丈四尺八寸。名宦祠，在大成门左，享堂三间，乾隆十七年知县吴士元建，光绪三年训导叶滋东重建。乡贤祠，在大成门右，享堂三间，乾隆十七年知县吴士元建，光绪三年训导叶滋东

---

① 《重修台湾县志》卷五《学校志·学宫》，“台湾文献丛刊”第113种，台湾银行经济研究室，1961。

② 《续修台湾县志》卷三《学志·学宫》，“台湾文献丛刊”第140种，台湾银行经济研究室，1962。

重建。教谕宅，在明伦堂后，屋十五间，乾隆十一年知县吕钟琇建，光绪三年训导叶滋东重建。训导宅，在乡贤祠右，屋十四间，乾隆十七年知县吴士元建，光绪三年训导叶滋东重建。以上各建筑俱在凤山学宫之内。①

诸罗县儒学学宫，康熙二十五年（1686 年），台厦道周昌请于三县各建学宫，始为茅茨数椽，于善化里西保设学。康熙四十三年，凤山知县宋永清署县事，将学校移归诸罗县治，并议建学宫，其后由于人事更替，儒学未兴。康熙四十五年，海防同知孙元衡摄县，乃兴工建大成殿、棂星门。康熙四十七年，宋永清再署县事，建启圣祠于大成殿之后及东西两庑。康熙五十四年九月，知县周钟瑄大修大成殿、启圣祠，重建东西两庑。启圣祠左为明伦堂，堂左楔木为卧碑；右为文昌祠。联两庑而下，东为宿斋所、西为器库，为二门三楹。门外左为名宦祠、右为乡贤祠，前为棂星门。东为礼门、西为义路，前为照墙。② 乾隆十八年（1753 年），知县徐德峻鉴于原儒学学宫过于狭小，遂于县治西门外新建儒学文庙一座，原址改建为玉峰书院。乾隆五十七年，改称嘉义县儒学。

彰化县儒学学宫，雍正四年（1726 年）知县张镐建。中为大成殿，东西两庑，前为甬道、为戟门，东为义路，西为礼门。又前为棂星门，后为崇圣祠，右为明伦堂，堂后为学廨。乾隆二十四年（1759 年），知县张世珍重修，移礼门、义路于棂星门外，凿泮池，外为照墙，护以短垣。明伦堂仍故址，增高二尺余，堂右建白沙书院。其后训导署，后左教谕署。嘉庆十六年（1811 年），知县杨桂森治涂丹雘露台，护以石栏。自东西庑至棂星门，

① 卢德嘉：《凤山县采访册・丁部・规制・学宫》，“台湾文献丛刊”第 73 种，台湾银行经济研究室，1960。

② 《诸罗县志》卷五《学校志・学宫》，“台湾文献丛刊”第 141 种，台湾银行经济研究室，1962。

增筑短垣，以为联络。造登瀛桥于泮池上，改建明伦堂于庙左，制礼乐器、招佾生，教之歌舞之节。道光四年（1824 年），教谕蔡克全刻卧碑石，署明伦堂之左；又建福德祠于明伦堂大门内左侧。道光十年，知县托克通阿、李廷璧率诸绅士捐修，崇圣祠畔左建名宦祠，右建乡贤祠。又掖以厢房，左为礼器库，右为乐器库，庙周围筑垣墙，以为联络。①

在台湾其他各府县，随着行政建制的变更，除澎湖厅未设立儒学外，其他各地均陆续设立。嘉庆二十二年（1817 年），淡水厅兴工动建儒学文庙。光绪元年（1875 年），淡水厅儒学改称新竹县儒学，另设淡水县儒学一处。光绪二年设恒春县儒学、宜兰县儒学。光绪四年建台北府儒学，光绪十六年设云林县儒学。

二、台湾儒学的运行实态

清代在各省设立学政，管理该地教育事宜。按照定制，台湾府教育应当由福建学政管理，但台湾远隔海洋，福建学政无法兼顾，因此台地教育事宜由台湾道兼管。雍正五年（1727 年），鉴于台湾道员事务繁杂，学政事宜交由巡台御史负责。“台湾远隔海洋，向来督学官员，难以按临考试，是以将学政交与台湾道兼管。朕思道员管理地方之事又兼学政，未免稍繁，每年既派御史二员前往台湾巡察，应将学政交与汉御史管理，甚为妥协。现今御史尹秦在彼，着即办理台湾学政，嗣后永着为例”②。随着乾隆时期裁撤巡台御史，从乾隆十七年（1752 年）开始，教育管理继续由台湾道负责，其达部事件，呈福建学政转咨。牡丹社事件后，福建巡抚开始驻守台湾，在沈葆桢的建议下，光绪二年

① 《彰化县志》卷四《学校志·学宫》，“台湾文献丛刊”第 156 种，台湾银行经济研究室，1962。

② 中国第一历史档案馆、海峡两岸出版交流中心：《明清宫藏台湾档案汇编》（第 10 册），九州出版社，2009，第 159—160 页。

（1876 年）开始由巡抚兼管学政，嗣后因巡抚未能常年驻守，光绪四年复由台湾道管理。光绪十二年，御史陈琇莹奏，台湾考试，宜添设学政，以专责成，或令福建学政乘轮东渡，按试台属。光绪皇帝令杨昌浚、刘铭传、陈学棻会商，妥议具奏。三人商讨后认为，“台属考试，仅只三棚，而中路应试之士子，仍即嘉、彰、新竹等县之人，近虽划为三府，为数并不加多，专设学政一员，经费尚属有限，而事太简略，如由福建学政渡台考试，而台洋系属横流，如遇风涛海雾，轮船每多阻滞，仍援二年之案，奏准暂归巡抚兼摄”①。由此台湾教育仍由巡抚管理。

台湾儒学的主要负责人员，府儒学置教授一人，县儒学设教谕一人，府县儒学各有训导若干人。教授、教谕负责儒学的日常运作，主持学校平常生员考试，其教学工作主要由训导承担。《安平县杂记》记录府儒学教授、训导的职责云：台湾府学教授和训导职任教导本学廪、膳、增广、附学文生员、附学武生员，敦品立行，肄业经书，每月课诗文一次，由公捐学田项下收入租息，分别奖赏，以示鼓励。凡岁、科学政按临，例将本学文武生员申送考试，录取等第，发学存案。列一等者，逢本学廪、增出缺，由其备文申请，学政批准顶补。本学生员丁忧、事故降革、开复，均由其注册详报，应革、应复者，亦由其备文申请。每逢岁试之年，例举本学优生一二人，申详学政咨部注册。逢乡试之年，本学文武生员，亦由送考。凡学田及圣庙香灯田，均归管理，廪生俸金由其支领，学中大成殿、崇圣祠、朱子祠及各宦、乡贤、节孝等祠，春秋致祭，亦归总办。本学之佾生、讲生、礼生，须由给照。凡佾生要考秀才者，由本学径送学政，不必应府、县两试。府属街境里堡耆老举为乡饮宾、顶戴荣身者，概由

---

① 唐赞衮：《台阳见闻录》卷上《建置·学政》，“台湾文献丛刊”第 30 种，台湾银行经济研究室，1958。

给照。凡府试、院试，学政、府宪或派其监场、收卷。本学生员，要考古学者，亦由备卷送册。[1] 可见，府儒学教授、训导在学政或其他地方官的领导下，具体负责儒学的教学、经费、考核、选举等事务。

清代地方儒学的学生称生员，有固定的额数，另有各种额外增加类别。具体到台湾而言，各府县儒学除固定的文武生员外，还有粤籍生员、特殊生员、廪生、增生等。以下分别列举各儒学生员数量变迁。

康熙二十五年（1686 年），总督王新命、巡抚张仲举题准，台湾府学岁试取进文武童生各二十名，科试取进文童二十名，设廪膳生二十名，增广生名数如之。[2] 嘉庆十二年（1807 年），总督阿林保、巡抚张师诚奏准台湾五学泮额各酌加一名，于是郡学岁科两试取进文童各二十一名，武童如旧。嘉庆十五年，署总督张师诚、督学叶绍本题准闽籍生员增设廪增各十名，合原设共三十名。除此之外，先前广东在台人数较少，多依附福建生童考试，随着粤籍人口逐渐增多，占用了部分福建名额，导致福建籍生童的严重不满。乾隆五年（1740 年），巡视台湾御史兼提督学政杨二酉奏准，粤童堪以应试者，计七百余名，准其另编为新字号应试。其取进额数，照小学例，四邑通校共取进八名，附入府学。嗣后有续出应试者，总以八名为额，俟岁科数次之后，取进人数渐多，再将应设廪增并出贡之处，题请定议。至乡试不便，附入台字号，应暂附闽省生员内乡试。俟数满百名，再行题请，另编字号，取中一名。[3] 嘉庆十二年，总督阿林保、巡抚张师诚

① 《安平县杂记・台湾府学》，“台湾文献丛刊”第 52 种，台湾银行经济研究室，1959。

② 《重修福建台湾府志》卷十一《学校》，“台湾文献丛刊”第 74 种，台湾银行经济研究室，1961。

③ 《重修台湾县志》卷五《学校志・泮额》，“台湾文献丛刊”第 113 种，台湾银行经济研究室，1961。

疏请粤籍生员应准加设廪膳生八名，增广生八名，岁科取进童生亦加一名。道光八年（1828 年），总督孙尔准、巡抚韩克均、督学史致俨奏准粤籍生员台、凤、嘉、彰四邑各加进二名，澎湖岁科定额取进二名，附入府学。①

台湾、凤山、诸罗（后改名嘉义）、彰化四县儒学，学额基本相同。岁试取进文武童生各一十二名，科试取进文童一十二名，设廪膳生十名，增广生如之。嘉庆十二年（1807 年），各酌加一名，各十三名。武童如旧。道光八年（1828 年），奏准粤籍生员台、凤、嘉、彰四县各加进二名，合原额取进文童各十五名。其差异者，唯彰化县武童岁取进八名。② 淡水厅自雍正元年（1723 年）建设厅治，先附入彰化县考试。嘉庆二十一年奏准设学，额进文童六名、廪增生各四名，武童额进二名。噶玛兰厅自嘉庆十年始设，无学额，在淡水厅六名之中分进一名。道光二十一年，福建巡抚刘奏准酌加二名，廪增生亦酌加二名，于淡水、噶玛兰二厅附生考补。咸丰八年（1858 年），台湾道裕铎奏准淡水厅永远加广文、武学额各二名，噶玛兰厅永远加广文、武学额各一名。光绪四年（1878 年）台北新设府治，闽浙总督何璟等奏准新竹县学额进文童五名；其淡水厅本有加广二名，归淡水厅、新竹县各于正额外取进一名，共为六名。拨入府学二名或三名，无定额。廪、增生各四名。武学就淡水厅原额五名再加一名，分为淡水厅武学额三名、新竹县武学额三名。光绪十五年析新竹县为新竹、苗栗两县，苗栗改隶台湾府，分拨新竹原额一名、再加一名，共为定额二名。新竹仍隶台北府，改为定额五名、拨入府

---

① 《福建通志台湾府·学校》，“台湾文献丛刊”第 84 种，台湾银行经济研究室，1960。

② 《福建通志台湾府·学校》，“台湾文献丛刊”第 84 种，台湾银行经济研究室，1960。

学三名，共为八名。[1]

由于府县儒学有名额限制，童生必须经过考试方能进入其中学习，考中地方儒学的学生称生员。进入地方儒学后，生员便开始其漫长的学习过程。据《彰化县志》记载，彰化县儒学学习用书为：《钦定学政全书》一部、《钦定国子监则例》一部、《御论》一部、《圣谕广训》一部、《钦定周易折中》一部、《钦定书经传说》一部、《钦定诗经传说》一部、《钦定古文渊鉴》一部、《钦定朱子全书》一部、《钦定子史精华》一部、《钦定四书文》一部、《易经注疏》一部、《书经注疏》一部、《诗经注疏》一部、《孝经注疏》一部、《论语注疏》一部、《春秋注疏》一部、《仪礼注疏》一部、《周礼注疏》一部、《礼记注疏》一部、《孟子注疏》一部、《尔雅注疏》一部、《公羊注疏》一部、《穀梁注疏》一部、《通鉴纲目前编》一部、《纲目正编》一部、《纲目续编》一部、《史记》一部、《昭明文选集成》一部、《汉魏丛书》一部、《唐宋八家古文》一部、《王步青前八集》一部、《王步青后八集》一部、《小学集注》一部、《道统录》一部、《思辨录辑要》一部、《二程文集》一部、《居业录》一部、《李延平集》一部、《许鲁斋文集》一部、《胡敬斋文集》一部、《学规类编》一部、《罗整庵存稿》一部、《读礼志疑》一部，以上统共书籍四十四部。[2] 可见，清代台湾儒学的学习内容与大陆完全一致，主要以儒家经典为主，尤其以程朱理学为中心。康熙五十二年（1713 年），台厦道兼理学政陈瑸捐资建成朱文公祠，他倡导台湾学子诵读程朱经典，传承孔子学说。陈瑸指出，孔孟之后，儒家学说赖朱熹发扬

---

① 陈朝龙：《新竹县采访册》卷八《学额》，“台湾文献丛刊”第 145 种，台湾银行经济研究室，1962。

② 《彰化县志》卷四《学校志・书籍》，“台湾文献丛刊”第 156 种，台湾银行经济研究室，1962。

光大，“矧自孔、孟而后，正学失传；斯道不绝如线，得文公剖析发明于经、史及百氏之书，始旷然如日中天”。学习程朱学说，要深刻理解其“义利”及“敬以直内、义以方外”的思想，“读其书者，亦惟是信之深、思之至，切己精察，实力躬行，勿稍游移堕落俗边去，自能希贤、希圣，与文公有神明之契矣”。① 陈瑸的努力为朱子学在台湾的传播奠定了坚实的基础。

儒学为官办教育，有稳定的经费来源。在台湾府和各县的存留经费中，有相当部分用于教育开支。乾隆年间，每年台湾府儒学教授、训导俸银，廪生伙食，膳夫、斋夫、门斗等工食银等，共计一百八十七两。台湾县儒学教授、训导俸银，廪生伙食，膳夫、斋夫、门斗等工食银等，共计一百五十八两。修理府县学文庙、城隍、社稷等坛祠年额银四十两。圣庙香灯、新中举人花币旗匾年额、会试举人盘费年额、进士花币旗匾年额、府学岁贡生旗匾年额共银三十六两。凤山县儒学教授、训导俸银，廪生伙食，膳夫、斋夫、门斗等工食银等，共计一百五十八两。修理府县学文庙、城隍、社稷等坛祠年额银十两。圣庙香灯、新中举人花币旗匾年额、会试举人盘费年额、进士花币旗匾年额、府学岁贡生旗匾年额共银三十六两。诸罗县儒学教授、训导俸银，廪生伙食，膳夫、斋夫、门斗等工食银等，共计一百五十八两。修理府县学文庙、城隍、社稷等坛祠年额银十一两。圣庙香灯、新中举人花币旗匾年额、会试举人盘费年额、进士花币旗匾年额、府学岁贡生旗匾年额共银三十六两。彰化县儒学教授、训导俸银，廪生伙食，膳夫、斋夫、门斗等工食银等，共计一百五十八两。修理府县学文庙、城隍、社稷等坛祠年额银十一两。圣庙香灯、新中举人花币旗匾年额、会试举人盘费年额、进士花币旗匾年

---

① 《重修台湾府志》卷二十二《艺文三·新建朱文公祠碑记》，“台湾文献丛刊”第105种，台湾银行经济研究室，1961。

额、府学岁贡生旗匾年额共银三十六两。① 当时台湾府年存留经费为八千四百一十三两，教育经费合计共一千零三十五两，占总经费开支的百分之十二左右。

为保证有充足的教育经费，台湾府县儒学还普遍设置学田。学田是中国古代普遍实行的筹措教育经费的有效方式。陈瑸抵台后，即提出置学田以兴教化，“应于台属四学内，议各置田。查所属地方荒埔，官为捐资，招佃开垦，拨入该学，除输纳正供课粟外，将递年所得花利，供给诸生月课及寒士油灯”②。台湾府学田三处，俱为康熙四十九年（1710 年）陈瑸捐置。一在凤山县鱇港庄，实收学租粟七百八十一石；一在台湾县二层行，实收学租粟四十四石；一在凤山县荆蓁林，实收学租二十四石。③ 台湾县儒学田实收计谷十二石，因不敷县学各祠香灯、祭祀、修葺及生童月课诸费，乾隆三年（1738 年），将府儒学所收租谷匀抽八十石给之，遂为例。④ 凤山县儒学田三处。康熙二十六年，教谕黄赐英在赤山庄置田二十甲，实收租粟六十一石四斗，存贮为文庙香灯及诸生月课饭食、奖赏等费；在嘉祥里置田二十甲，实收租粟四十八石六斗，存贮为修理文庙及学署等费。康熙四十八年，知县宋永清在兴隆庄硫磺水置田九十甲，实收租粟五十八石一斗，除正供及所费外，以首贡廪生掌其事，估其价值，上下相承，充为修理文庙、义学等费。⑤ 雍正六年（1728 年），知县汤

---

① 《续修台湾府志》卷六《赋役三・存留经费》，“台湾文献丛刊”第 121 种，台湾银行经济研究室，1962。

② 陈瑸：《陈清端公文选・台厦条陈利弊四事》，“台湾文献丛刊”第 116 种，台湾银行经济研究室，1961。

③ 《重修福建台湾府志》卷十一《学校》，“台湾文献丛刊”第 74 种，台湾银行经济研究室，1961。

④ 《重修台湾县志》卷五《学校志・学田》，“台湾文献丛刊”第 113 种，台湾银行经济研究室，1961。

⑤ 《重修凤山县志》卷六《学校志・学田》，“台湾文献丛刊”第 146 种，台湾银行经济研究室，1962。

启声置彰化县学田五十一甲，每年征银一百一十一两。乾隆年间，知县曹世骏将万斗六庄田八十余甲充作学田，为圣庙春秋二仲丁祭费用。嘉庆十五年（1810年），监生余兰芳在外新庄五显会置田一甲，年收租银三十元，充为圣庙香灯之费。道光十四年（1834年），童生徐鹏抟等将吴厝庄东畔水田一处并庄内房屋一所充作学田，以为香灯之费。① 其他各地儒学设立后，地方官员也陆续设置学田以保证教育经费。

生员在府县儒学学习，要参加各种考核，具体可分为月课、季课和岁试。根据《大清会典》的规定，学官按月月课、四季季课，严传各生面试，以四书题文一、排律诗一，或加策一。次日将律内刑名、钱谷关紧要者，与诸生详为讲解。或间月、或每季，试以五经疑义及史册。均衡定等次，及取列优等之试卷，按季汇送学政备查。台湾儒学教育的月课和岁考是相当严格的。“月课之典，尤为该学分内之事。除行各学教职外，合就出示晓谕。为此，示仰诸生：每月十六日齐集本学，俟本道颁发试题；该学教官亲督课试，务得本来面目，毋使代请剿袭。试毕，将试卷封固，限次日呈缴，以凭鉴别优劣”②。每次月课之前，负责考核的教官一般要提前告知生员们。陈绳在主持凤山儒学月课时，即提前告知学子们，“为此示知闸学文武生童，订于本月某日早集月课”③。郑兼才任台湾县教谕时，曾主持该县月课，将生员月课成绩优异者汇编成册，以鼓励后来者。从郑氏的记载看，月课更侧重于生员道德的考核，而且，对于主事者来说，月课实际上

---

① 《彰化县志》卷四《学校志》，“台湾文献丛刊”第156种，台湾银行经济研究室，1962。

② 《重修台湾府志》卷十《艺文志·公移·月课示》，“台湾文献丛刊”第66种，台湾银行经济研究室，1960。

③ 六十七：《使署闲情》卷三《杂著一·署凤山学月课示》，“台湾文献丛刊”第122种，台湾银行经济研究室，1961。

是一个教学相长的过程，“欲以一人之识见，尽数千百人于四子书文，非剖析源流、精审义类，鲜有不颠倒错乱。……是编所存，虽课人而不啻自课矣”①。

至于岁试，由于其涉及生员的等级排名，并最终影响其是否可以获得经济资助和入贡成为贡生，考核程序更为严格。高拱乾于岁试前曾发布命令称：“如有不遵本道禁诫、静听拔取，而钻营情面、希图求取者，定将本生童重究。若有凿空撞岁之徒，在外招摇，毋论何人，或被首发、或经访闻，定将本犯、本生，一并严拿痛处，决不轻贷。”② 岁试的内容也不外乎四书五经、五言六韵和《圣谕广训》等。主考官根据考生作文的情形核定等级，文理平通者列为一等，文理亦通者列为二等，文理略通者列为三等，文理有疵者列为四等，文理荒谬者列为五等，文理不通者列为六等。岁试毕，主考官往往也将优秀文章汇集成册。巡台御史夏之芳主持岁试时，先后将参与岁试者的诗文编纂成《海天玉尺编初集》、《海天玉尺编二集》，“岁试既竣，择其文之拔前茅者录付剞劂，亦为海隅人士作其气而导之先路也”③。

三、清代台湾的科举考试

科举制自隋代创设以来，一直是莘莘学子入仕的最主要途径，明清继续沿用这种考试制度。明清时期的学校不仅是科举考试的服务机构，更成为传播儒学文化的重要场所，而各地的科考状况也在很大程度上反映了当地儒学文化的兴衰。清代台湾亦是如此。

---

① 郑兼才：《六亭文选·杂著卷六·诸生月课辨存》，“台湾文献丛刊”第143种，台湾银行经济研究室，1962。

② 《重修台湾府志》卷十《艺文志·公移·严禁岁考钻营招摇示》，“台湾文献丛刊”第66种，台湾银行经济研究室，1960。

③ 《重修福建台湾府志》卷二十《艺文·序·海天玉尺编二集序》，“台湾文献丛刊”第74种，台湾银行经济研究室，1961。

与福建各地较为成熟而发达的教育相比，台湾显然处于劣势。康熙二十五年（1686 年），首任台厦兵备道周昌以“设学校开科考试为请”，要求清廷在台湾“所有一府三县，应照内地事例，建立文庙四座……岁、科两考文武生员，照依各府大县例，府学取进二十名、县学各十五名，以鼓士气。大比之年，一体赴本省应试”。① 康熙二十六年，得清廷议准，台湾学子第一次参与福建省乡试。福建提督张云翼奏称：“丁卯大比之年，在台湾则为鼎新开科之日。其为士者，荐举之荣未与、帖括之习未深，安能遽与八郡争衡？臣见甘肃宁夏生员，许另号额中；今台湾合无准例，于闽场另编字号，额中一二名。行之数科，俟其肄业者众、造诣者精，仍撤去另号，勿复限以额数。”② 经礼部讨论后，台湾照甘肃、宁夏生员另号额中举人一名，俟数科后，仍撤另号，勿限额数。当年，凤山县县学附生苏莪成中举，为台湾第一个举人。康熙三十六年，总督郭世隆题准，撤去另号，归闽省额内，一体匀中。但台湾与福建相比，教育水平依然相当落后，“一体匀中”的结果便是，此后的数十年间，即从康熙三十八年至康熙五十九年，共计八届乡试，台湾有五届无一人中举。

雍正七年（1729 年），福建巡抚刘世明称：“台湾府属应试生儒，原有另编字号、取中之例，后因台地士子半系泉、漳二府之人，希冀多中，故有撤去另编字号之请。今冒籍者俱已改归本籍，海外诵读之士，竞切观光，请仍照旧例，另编字号，于闽省中额内取中一名，以示鼓励。”③ 此后台湾另编台字号，额取一

---

① 《重修福建台湾府志》卷二十《艺文·公移·详请开科考试文》，“台湾文献丛刊”第 74 种，台湾银行经济研究室，1961。

② 《重修福建台湾府志》卷二十《艺文·奏疏·题请另编额中部覆疏》，“台湾文献丛刊”第 74 种，台湾银行经济研究室，1961。

③ 张本政：《〈清实录〉台湾史资料专辑》，福建人民出版社，1993，第 106 页。

员。雍正十三年，巡抚卢焯据巡道张嗣昌详请题准，于闽省解额外，将台字号再加一名，共取中二名。嘉庆十二年（1807年）五月，增福建台湾府至字号举人中额一名。[1] 前已论及，粤籍生童的乡试问题，暂附闽省生员内乡试，俟数满百名，再行题请，另编字号。道光八年（1828年）十二月，礼部应闽浙总督孙尔准之请，增台湾府田字号中额一名，专为粤籍设立。[2] 咸丰五年（1855年）秋七月，以福建捐输军饷，增台湾府闽籍乡试中额一名。咸丰八年七月，以军民捐输军饷，增台湾府乡试中额二名。至此，台湾乡试额中举人七名。

至于进士，乾隆四年（1739年），巡台御史诺穆布称，会试考试人才荟萃，以台湾的教育水平，根本无法与之竞争，导致台湾历年来从无考中进士者。他建议会试应于福建名额内编台字号一名，专门用于台湾举人。对此，礼部答复说，等台湾参加会试人数超过十人时再另行处理。事实上，台湾一次性超过十名举人同时参加会试，是非常困难的事情。道光三年（1823年），历经数届乡试积累，台湾会试举人达到十人，终于获得额定进士一名。是年，淡水厅郑用锡中榜，成为台湾第一名进士。

据毛晓阳的考证，从康熙三十三年（1694年）甲戌科至光绪二十九年（1903年）癸卯科，台湾共有进士三十三名，考察清代台湾进士的籍贯发现，有十七名台湾进士的原籍是福建或广东相关州县，这和台湾社会的移民历史正相吻合。[3] 自康熙二十六年台湾正式开科取士至光绪二十年最后一科，共二百零七年，这期间台湾共中举人二百五十一名，其籍贯都有明确记载。下面以台

---

① 中国第一历史档案馆、海峡两岸出版交流中心：《明清宫藏台湾档案汇编》（第114册），九州出版社，2009，第424—428页。

② 张本政：《〈清实录〉台湾史资料专辑》，福建人民出版社，1993，第777页。

③ 毛晓阳：《清代台湾进士名录考订》，《集美大学学报》2011年第2期。

湾省文献委员会编印的《台湾省通志·考选篇》中对台湾举人的记载为基础，并参阅其他文献，对台湾举人的地籍列表如下：

表 4-1 清代台湾举人的地籍情况

地区	前期举人数目	后期举人数目	总数	第一位举人中举年份
台南府	30	14	44	1693 年
安平县（台湾县）	20	13	33	1705 年
凤山县	14	13	27	1687 年
嘉义县（诸罗县）	16	5	21	1711 年
澎湖厅	1	6	7	1813 年
小计	81	51	132	
台湾府	0	1	1	1893 年
彰化县	20	40	60	1744 年
苗栗县	0	1	1	1893 年
小计	20	42	62	
台北府	0	4	4	1882 年
新竹县（淡水厅）	3	43	46	1818 年
宜兰县	0	3	3	1873 年
淡水县	0	4	4	1876 年
小计	3	54	57	

注：上表所列地区按 1888 年的行政区域划分，前期是指康熙、雍正、乾隆、嘉庆四朝，后期是指道光、咸丰、同治、光绪四朝。

从康熙十九年（1680 年）到嘉庆十六年（1811 年）的一百多年间，人口年增长率为百分之二点二，自嘉庆十六年到光绪十九年（1893 年）的八十多年间，年增长率则骤降至百分之零点三，很显然，在这一时期台湾人口已基本达到饱和，没有空间再容纳大陆移民。因而，嘉庆道光交界年间可以看成是台湾人口的一个分界线，而这也正是以嘉庆道光为界划分前后期的理由之所在。

从上表所列各项数据，我们可以看出台湾举人在地域分布上存在着以下几个特点：

在数量上，台湾举人显示出南多北少的现象。在全部二百五十一名举人中，南部中举人数最多，达一百三十二人，占全台举人总数的一半以上；其次是台湾中部，约占四分之一；北部最少，不到四分之一。

若从其前后期的数目上进行比较，则可以看出，台湾南部虽然中举最多，但随着时间的推移，却呈现出递减趋势（澎湖厅除外），中部、北部举人总数加起来虽不抵南部，却是在不断增长。南部各县举人数目相对较均衡，中部、北部各县则相差悬殊，且各有一个举人数目特别突出的县——中部的彰化县几乎囊括了该地区的全部举人数目，北部的新竹县（即原来淡水厅的一部分）的举人数目也占到了北部举人总数的八成。

再从各地首次中举的时间分析，则呈现出由南向北发展的趋势，先是由南部的凤山县、台南府、台湾县延伸到中部的彰化县，再由中部拓展至北部的淡水厅。

清代台湾举人的分布特点与大陆移民陆续迁台密切相关。大陆居民迁移台湾由来已久。明朝末年，东南沿海闽、粤两省人多地少的生存环境，加之与台湾之间得天独厚的便利的海上交通条件，导致两地移居台湾者甚众。清统一台湾后不久也废止了迁界令，台湾各地方官也在一定时期内注意招徕大陆移民充实台湾人口，使得这一时期的台湾出现了“流民归者如市”、“内地入籍者众”的现象。由于台湾南部土地肥沃、交通便利，荷兰殖民者以及明郑政权均以此处为其统治地，清廷亦将府治设在了台湾南部，因而，台南成为广大移民来台之初的首选之地。

如上文所论，康熙二十三年（1684 年），台湾知县沈朝聘、凤山知县杨芳声分别在县治设立了儒学。康熙二十四年，台湾首任知府蒋毓英、巡道周昌将明郑时期的旧学堂改建、扩充为文庙，在其旁设立府学，由福建省派驻教员管理学务，县学设教谕、训导，基本奠定了以后台湾儒学教育机构的雏形。康熙三十九年，分巡台厦兵备道王之麟将文庙再次重修扩建，并添建明伦堂讲经，撰记以纪念。在初期地方官大力发展教育的影响下，台湾人民“旁读古文，横览史乘，以求淹博。父诒其子，兄勉其弟，莫不以考试为一生大业，克苦励志，争先而恐后焉”①。起初，由于台湾文化教育刚刚起步，科考人员不多，清政府分配给台湾的录取名额比较少：台湾、凤山、诸罗三县岁试取文武童生各十二名，比福建其他各县少八名；科试取文武童生各十二名，亦比福建其他各县少八名。而且由于台湾特殊的地理位置不便亲临考试，便依广东琼州之例，由台厦道兼行考试。随着科考人员的不断增多，清政府分配给台湾府的儒学名额也不断增加。

尽管整个清代对大陆移民赴台湾曾四弛四禁，但大陆移民潮却从未间断过。他们通过各种形式，尤其是私渡，到台湾谋生。康熙四十三年（1704 年），“流移开垦之众，已渐过斗六门以北矣”。康熙四十九年，《诸罗县志》载：“数年间而流移开垦之众，又渐过半线、大肚溪以北矣！此后流移日多，乃至日南、后垄、竹堑、南嵌。”康熙五十六年，诸罗县“三十年来，附县开垦者众，鹿场悉为田，斗六门以下，鹿獐鲜矣”②。康熙五十五年夏，岸里社土目阿穆请垦猫雾束之野，得诸罗知县周钟瑄批准，是为开辟台湾中部之始。

随着移民不断涌入，清政府于雍正元年（1723 年）从巡台御史吴达礼之请，于诸罗县境内分设彰化县，同时设彰化县儒学，岁试取进文武童生各八名，科试取进文武童生各八名，并将同年

---

① 连横：《台湾通史》卷十一《教育志》，商务印书馆，1983。

② 《诸罗县志》卷七《兵防志》，“台湾文献丛刊”第 141 种，台湾银行经济研究室，1962。

所设之淡水厅童生附于彰化县学内一并科考。按清律，县儒学所定学额应为十五名，但由于彰化县乃新设之县，考试人数不多，便依当年台湾府新设之初所定学额，有所酌减。其后，随着科考人数不断增多，所分学额也不断增加。雍正十三年，清廷议准：彰化县文风日盛，设廪、增生各十名；十年之后，四年一贡。俟人文加盛之日，再照县学之例，题增廪额，并二年出贡一次。嘉庆十五年（1810 年）清廷再次增加彰化县学额，与闽省其他县学额大略相同。

由于从雍正元年（1723 年）彰化设县开科到光绪元年（1875 年）台湾府设置的一百五十多年间，台湾中部只彰化一县，儒学只彰化县一所，科考场所亦只彰化一地，因而，台湾中部广大地区的士子如要参加科考，必须到彰化，彰化无疑成为台中科举的大本营。彰化县在台湾中部儒学文化中独树一帜，以致到清末设立台湾府后依然延续这种局面。

清代前期之淡水厅即后期新竹、淡水两县。永历年间，闽南泉州同安人王世杰渡台经商，见台北土地广阔且肥沃可耕，便弃商从农。清统一台湾后，王世杰便招集族亲及邻近乡党，于康熙三十年（1691 年）再次渡台，聚居竹堑，专事垦务。“先垦竹堑社地，就番田而耕之，引水以溉，岁乃大稔……已又垦西门大街至外棘脚，治田数百甲，来者日众，县治一带，皆为锄耰所及矣”。至康熙五十余年，已开垦“凡二十有四社，为田数千甲，岁入谷数万石”。① 其间，又有泉州同乡陈赖章前往熟番地界大佳腊垦殖，将开垦事业向台湾北部更深处推进。鉴于移民拥入台湾北部日众，且漳泉械斗不断发生，雍正元年（1723 年），清政府在原来台湾一府三县行政格局的基础上，从诸罗县辖境分设出彰化县，北部设淡水厅，以更好地管理越来越多的大陆移民。

① 连横：《台湾通史》卷三十一《列传三·王世杰》，商务印书馆，1983。

按清政府的本意，淡水厅的设置是为维护当地的安定以稳定其在台湾的统治，但它的设立同时也吸引了更多的移民。乾隆三十三年（1768 年），福建漳州人吴汉生入垦蛤仔滩；嘉庆元年（1796 年），漳州人吴沙亦往蛤仔滩垦殖，后继者日渐增多。台湾北部淡水一带的人口，在从乾隆二十九年到嘉庆十六年的不到五十年间，增长了七倍还多。显而易见，这主要不是人口自然增长所导致，而应该是大陆移民的结果。于是，噶玛兰厅便随即设立。

设厅之初，淡水厅未设儒学，文人科考皆附于彰化县内。而随着移民的增多，科考人员亦不断增加，至嘉庆二十二年（1817 年），淡水厅开始独立科考，且将噶玛兰厅童生附之录取。道光二十二年（1842 年），噶玛兰厅人文渐盛，应试文童年达三百余名。清政府便于淡水厅六名名额之外，另加二名。光绪元年（1875 年）清政府增设台北府，划淡水厅为新竹、淡水二县，淡水厅才结束了其在台北科考中独一无二地位的历史。但作为台湾北部的科考重地，其中举人数仍一直处于绝对领先地位。

由以上的论述可以看出，中华传统儒学在台湾的传播是以大陆移民为原始驱动力的。伴随着大陆移民在台湾由南向北的开拓，清政府在台湾的行政区划亦由南向北越分越细，先是由诸罗而彰化、而淡水、而噶玛兰，再由台北府而新竹县、而淡水县、而基隆厅、而宜兰县，而儒学则也随着台湾的行政区划的设置向中、向北延伸。

台湾举人的地域分布前后期的变化和台湾经济文化中心的转移密切相关。鸦片战争后，随着安平、打狗、鸡笼、淡水南北四口的开港，英、美等外国势力开始渗入台湾，台湾社会随之发生了巨大变化，在很大程度上影响了台湾的人口分布。在大陆移民垦殖台湾时期，台湾承继了中国传统的农业社会的经济模式，耕地是主要的生产生活资料，粮食是唯一的生存必需品。大陆移民就是迫于当地人多地少的生存环境，向往台湾肥沃可耕的大片土地才冒险来台的。因而，移民来台之初便集中在台湾南部的平原地带。这一时期，台湾的人口呈现出由城市向乡村、由人口密集地区向地多人少的荒芜地区迁徙的趋势。

台湾开港后，台湾的蔗糖、樟脑、茶叶成为外国势力掠夺的主要商品，台湾所产商品几乎全部用于出口，台湾的对外贸易迅速起步，而贸易的发展又给台湾社会带来一系列的变化。首先通商口岸商业和农产品加工业的发展，为台湾提供了广阔的劳动力市场，人们不必依靠土地也可以生存，土地失去了其固有的对农民的吸引力和依附力。受到来自商业利润的诱惑，原来的农民逐渐离开甚至抛弃土地向城市特别是港口城市、商业城市进军。于是形成了打狗、淡水南北两大港口货物集散地，尤其是北部的淡水，由于其茶叶、樟脑、煤炭等自然资源的优势，其对外贸易总额超过了历来为台湾经济重心的南部，成为台湾南北经济发展的一个转折点，台湾经济重心自此移往北部。台湾内部人口的迁移方向也在向北部倾斜。经济的繁荣和行政机构的完善，为文化的传播提供了物质基础和政治保障。如果说台湾北部前期科举考试是大陆移民促成的话，那么后期其在整个台湾科举考试中的领先地位也是由移民所创造的，只不过这次移民并非来自大陆的移民，而是台湾本省内部居民的迁移。

相对于后期台湾北部的突飞猛进，台湾南部儒学发展则呈现下降趋势，但由于台湾南部是台湾儒学传播的发源地，经过清代二百多年的发展，中华民族积极向学、参加科举考试的传统早已在此生根发芽，成为整个台湾儒学文化的坚固后方。因而虽然在后期呈现出下降趋势，但其举人数量与台湾北部比较相差无几，仍然在台湾儒学文化的地区分布中占有重要地位。

综上所述，从清代台湾科举考试中举人的区域分布变迁可以明晰整个台湾儒学文化的发展变化，这一变化是由清代台湾移民和其自身经济发展的变化所促成的。

第二节　清代台湾的书院

书院，是中国古代教育机构之一，其性质介于官学与私学之间，是官方儒学教育重要的补充形式。清统一台湾后，即在台湾广泛设立书院，推行书院教育。康熙二十二年（1683年），施琅在台湾府治西定坊设立书院一座；康熙二十九年，知府蒋毓英设镇北坊书院；康熙三十一年，台湾知县王兆升建弥陀室书院；康熙三十二年，郡守吴国柱建竹溪书院；康熙三十四年，道宪高拱乾建镇北坊书院；康熙三十七年，道宪常光裕建西定坊书院；康熙四十三年，道宪王之麟建西定坊书院；康熙四十四年，将军吴英建东安坊书院；康熙四十八年，道宪王敏政建西定坊书院。[①] 上述记载有些混乱，如西定坊书院竟有多次兴建的记录，这说明康熙时期台湾书院的设立处于草创阶段，不少书院旋兴旋废，以至于有司屡次兴建。同时，此时台湾设立的书院还没有形成固定的建制，多依托已有的房舍设施建立，这些书院在功能上可能与地方官学合为一体，主要为当地学子提供读书场所。

康熙时期设立的崇文书院和海东书院在台湾书院发展史上具有重要的地位，甚至道光年间赴台的丁绍仪认为："台湾书院，始自康熙四十三年知府卫台揆创建，百余年来，屡有兴废。"[②] 连横也指出："台湾为海上新服，躬耕之士，多属遗民，麦秀禾油，眷怀故国，故多不乐仕进。康熙四十三年，知府卫台揆始建崇文书院。五十九年，分巡道梁文煊亦建海东书院。各县先后继起，

---

① 《重修台湾府志》卷二《规制志・书院》，"台湾文献丛刊"第66种，台湾银行经济研究室，1960。

② 丁绍仪：《东瀛识略》卷三《学校》，"台湾文献丛刊"第2种，台湾银行经济研究室，1957。

以为诸生肄业之地。”[①] 可见，上述两个书院的设立对台湾的影响是很大的。

康熙四十三年（1704 年），知府卫台揆在东安坊义学旧址上建崇文书院。后年久失修，巡道摄府事庄年于乾隆十年（1745 年）重修。乾隆十五年，徙于宁南坊府学宫之西，初址遂废。乾隆二十二年，觉罗四明赴台任台湾知府，感觉崇文书院的文化氛围非常浓厚，“见多士衣冠弦诵，彬彬儒雅。课期考校，或瑰奇恣肆，或跌宕夷犹，洵海滨邹鲁也”。目睹书院由于经费不敷，生童等侨寄学舍之旁，无法安心读书学习，觉罗四明遂决议择地另建。他联合其他官绅捐资，并委托台湾县令亲自主持，修建了书院的讲堂、书斋、膳堂以及廊庑器具。监生陈丕、武生陈有志、吏员陈琇等闻风慕义，呈捐磅礴坑、三角堀等处下则园地七十七甲有奇，每岁应完租粟折纳番银三百四十七元，充入书院膏火之资。[②] 此后，嘉庆二十三年（1818 年）署府郑佐廷、道光八年（1828 年）知府邓传安又陆续重建，同治十三年（1874 年）知府周懋琦募集善款修建讲堂和五子祠。

海东书院，在府治宁南坊府学之右，康熙五十九年（1720 年），台厦道梁文煊建，计四十八间，为诸生肄业之所，匾曰海东书院。后为岁、科考棚。乾隆五年（1740 年）议准：福建台湾地方现有海东书院，据贡生施士安愿捐水田千亩，以充膏火之资。照省会书院之例，每学各保数人，择其文堪造就者，送院肄业；令该府教授兼司训课，酌量田租多寡，以供书院之用。至该府教授缺出，令该抚于通省现任教授内由进士、举人出身，择其文理优长者，具题调补。照例三年报满，如果著有成效，将该员

---

① 连横：《台湾通史》卷十一《教育志》，商务印书馆，1983。

② 《台湾教育碑记·新建崇文书院记》，“台湾文献丛刊”第 54 种，台湾银行经济研究室，1959。

酌量议叙；倘不实心训课，即行题参。[1] 是年，督学杨二酉奏准，照直省例，以府学教授掌教，选诸生肄业其中。拔贡生施士安捐田千亩，充为膏火之资。乾隆十五年移建县署于红毛楼右，改东安坊旧县署为海东书院。乾隆二十七年，觉罗四明将校士院改为海东书院，修筑讲堂、吟庐、厨舍，并置办一应器具。[2] 乾隆三十年，知府蒋允焄遴选孝廉陈名标，诸生张元勋、蔡名魁、林世基等人，在府治宁南坊扩建海东书院，凡讲堂、学舍、亭、榭、轩、槛悉具。咸丰以后，该书院陆续重修数次。

雍正以后，台湾各地开始广泛设立书院。据统计，雍正至光绪年间，台湾新增书院四十六所。[3] 以下择其要者略作介绍。

台湾县引心书院，初为引心文社，在县宁南坊吕祖庙。嘉庆十五年（1810 年）拔贡张青峰、优贡陈震曜、增生陈廷瑜等议定课期，生童月二次，监以绅衿，束脩课费多出监生黄拔萃手。嘉庆十八年，知县黎溶与拔萃及各绅士商改为台湾县书院。嘉庆二十五年，知县姚莹捐生息银一千元，又岁拨充鲫鱼潭户银三百元，前后置业充用。其掌教听绅士择请，官课县自延师校阅。道光三年（1823 年），经绅士张青峰等查得前知县高大镛亦捐银五百元，赴学佥禀移查，并请建书院，以广育人才。[4] 光绪十二年（1886 年），知县沈受谦鉴于院舍狭小，募款改建，称蓬壶书院。此外，台湾县的书院尚有南湖书院、奎楼书院、南社书院、正音书院等。

---

① 《清会典台湾事例·礼部上·学校》，“台湾文献丛刊”第 226 种，台湾银行经济研究室，1966。

② 《续修台湾县志》卷七《艺文二·改建海东书院记》，“台湾文献丛刊”第 140 种，台湾银行经济研究室，1962。

③ 彭焕胜：《台湾教育史》，丽文文化事业股份有限公司，2009，第 141、151 页。

④ 《续修台湾县志》卷三《学志·书院》，“台湾文献丛刊”第 140 种，台湾银行经济研究室，1962。

凤山县凤仪书院，在县署东，屋三十七间，嘉庆十九年（1814年）候选训导岁贡生张廷钦建。该县先有屏山书院，后历经兵燹，变为废墟。嘉庆十九年，新任凤山知县抵达，张廷钦随即建议兴修书院："大成殿，则岁久剥落也；文昌祠，则尚未举行也；岁科童试，其坐次犹逼仄也；城内民居稠密，字纸散掷于途，庚申岁奋社诸友鸠金生息，雇工检拾，肇祀奎星、仓圣牌位，亦未有祠宇也。百堵之兴，望公修举之。"邑中士绅捐赠甚多，廷钦董其事。新书院建于邑署之东偏。额之曰：凤仪。前有讲堂，后有厅事。崇祀文昌、奎星、仓圣神位于其中。复广三舍，设试棹，俾生童肄业有所。岁、科童试，亦汇征于是，并造敬字亭于讲堂之左。[①] 光绪十七年（1891年），举人卢德祥重修。此外，凤山县较为著名的书院还有：正音书院，雍正七年（1729年）置；凤冈书院，道光十年（1830年）副贡生刘伊仲建；朝阳书院，光绪六年训导李政纯、岁贡陈奎、廪生蔡瀛登等募建；屏东书院，嘉庆二十年岁贡生郭萃、林梦扬等建，光绪六年郑赞禄重修；雪峰书院，光绪三年职员蓝登辉、董事张简荣、张简德等建。[②]

诸罗县玉峰书院，先在该县西门内学宫旧地。乾隆二十二年（1757年），李倓调任诸罗知县，当地玉峰书院已经有序运行，"然邑有玉峰书院，为诸生肄业之所"。不过该书院日久荒落，规模狭小，他遂倡导重修，设讲堂、斋舍，共建造房屋三十六间。乾隆二十五年，玉峰书院重新修复完工，"幽僻无哗，轩窗明净；缀学之士，夏弦春诵，庶几专所肆力矣"。[③] 道光六年（1826

① 卢德嘉：《凤山县采访册·壬部·艺文一·碑碣·凤仪书院木碑》，"台湾文献丛刊"第73种，台湾银行经济研究室，1960。

② 卢德嘉：《凤山县采访册·丁部·规制·书院》，"台湾文献丛刊"第73种，台湾银行经济研究室，1960。

③ 《续修台湾府志》卷二十二《艺文志三·改建玉峰书院碑记》，"台湾文献丛刊"第121种，台湾银行经济研究室，1962。

年），将军王得禄捐地输款，在嘉义县西门外修建玉峰书院，延请教师，招揽生童。诸罗县较为著名的书院还有：正音书院，雍正七年（1729年）设立；罗山书院，道光九年设立；登云书院，道光十五年设立。

彰化县白沙书院，原在县学宫。乾隆十年（1745年），淡水同知署彰化知县曾曰瑛鉴于该县教育之不兴，遂捐俸一百余两，命县尉朱江鸠工庀材，创立讲堂三间，附于学宫之右。时诸生潘仁、吴学简、萧朝宣等共捐二百金整垣治宇，规模略备，延明经王宗岱入院掌教。查出学田五十二甲六分，年收余租银六十六两七钱二分；又续垦田九甲，年得租谷五十四石，均拨归书院，为师生膏火。①乾隆二十四年，知县张世珍重修。乾隆五十一年，林爽文事件中焚毁，知县宋学颢改建于文祠之西。嘉庆二十一年（1816年），署县吴性诚聚赀重修扩建。文开书院，在鹿港新兴街外左畔，同知邓传安倡建。道光四年（1824年），邓传安捐资千元，倡导当地乡绅踊跃捐助，至道光七年十二月始完工。书院前列三门，门竖石坊，由门而进为前堂。中祀朱文公，两旁以海外寓贤八人配享。再进为讲堂，由讲堂而进，联以甬道，覆以卷栅，左右夹以两室，是为后堂，以居山长。左右两边学舍一十四间，为诸生童肄业之所。前有客厅，后有斋厨，规模宏敞，朴实浑坚。②雍正以后彰化县的书院还有：正音书院，雍正七年（1729年）设立；螺青书院，嘉庆八年设立；兴贤书院，道光三年设立；道东书院，咸丰三年（1853年）设立。

淡水厅明志书院，在竹堑城，乾隆二十八年（1763年），永定县贡生胡焯猷将其旧宅充作义学，名曰“明志”，同知胡邦翰

① 六十七：《使署闲情》卷四《杂著·白沙书院记》，“台湾文献丛刊”第122种，台湾银行经济研究室，1961。

② 《彰化县志》卷十二《艺文志·札牒详报捐建鹿港文开书院牒》，“台湾文献丛刊”第156种，台湾银行经济研究室，1962。

遂以其地建为书院。乾隆四十二年，同知王佑弼牒将胡焯猷捐积谷价为移建费，移建于厅治城南门。乾隆四十六年，同知成履泰以南门低洼，别购西门内蔡姓地基建造。计一座三进：中为讲堂，后祀朱子神位，左右两畔各房为生童肄业所。左为敬业堂，一排五间，堂以外另建一小廊。计费银四千六百二十九元，拨胡焯猷捐积谷价变给付。道光九年（1829 年），李慎彝重葺而新之，生童肄业之地益拓，来学者亦益广。光绪十五年（1889 年），知县方祖荫鉴于该书院门宇坍坏，损毁严重，遂联合邑绅高廷琛、陈朝龙集资庀材，大召匠徒，漶者新之、阙者弥之，增学舍若干所，重修敬业堂，于堂外添建右畔小廊，并改造外墙门于敬业堂适中之所。光绪十九年，知县叶意深改新竹两处义塾，并归书院。光绪二十年春，叶意深重修。①

噶玛兰厅仰山书院，在厅治西文昌宫左，嘉庆十七年（1812 年）知府杨廷理创建，时杨氏入噶玛兰查办，以杨龟山先生为闽学宗倡，而该地海中亦有屿曰龟山，故取仰山。嘉庆二十四年，通判高大镛延师开课。道光元年（1821 年），姚莹改筑于后殿左厢房，只一厅一室，旋圮。道光四年，通判吕志恒于东首临街建一门楼，额曰仰山书院。道光十年闰四月，署通判萨廉乃就原建之址，架筑三楹，以为安砚之地。外达官厅，内增厨灶。② 道光以后，仰山书院陆续重修。

澎湖厅文石书院，乾隆三十一年（1766 年），澎湖通判胡建伟应贡生许应元等请求，在澎湖设立书院一所，中为讲堂三楹，匾曰“鹿洞薪传”，中祀朱子、两程子、周子、张子五贤。前则头门三间，中架为楼，楼上祀魁星之神。后为后堂三间，中祀文

① 《新竹县志初稿》卷三《学校志·书院》，“台湾文献丛刊”第 61 种，台湾银行经济研究室，1959。

② 柯培元：《噶玛兰志略》卷七《书院志》，“台湾文献丛刊”第 92 种，台湾银行经济研究室，1961。

昌之神，左右两间以为山长住居之所。东西两面，翼以书室各十间，以为诸生读书精舍。书院之所以称文石者，“文石者，澎产也。其石五色缤纷，文章炳蔚。石之文何莫非人之文也！因取而名焉”①。乾隆五十五年，书院因大风毁损严重，知府杨廷理来澎抚恤，谕王庆奎捐资补葺。嘉庆四年（1799 年），韩蜚声捐廉重修，改建魁星楼，以后堂作讲堂三楹。嘉庆二十年，彭谦就院后再建五间，以祀文昌。道光七年（1827 年）秋，蒋镛捐廉倡修，是年庀材鸠工，先修五贤祠宇及左右翼室。历经数年后，于道光十年冬落成。② 光绪初年，乡绅蔡玉成等倡议修复书院，后陆续重修。

光绪以后，随着开山抚番的推行，清政府开始调整台湾的行政建制，陆续新设部分府县，台湾各地又兴起建立书院的高潮。光绪年间，台湾官绅筹建书院十一所，具体有：彰化县，光绪三年（1877 年）设正心书院，光绪九年设明新书院，光绪十四年设磺溪书院；凤山县，光绪三年设雪峰书院，光绪六年设朝阳书院；台北府，光绪六年设登瀛书院，光绪九年设明道书院；台湾县，光绪十二年设蓬壶书院；台湾府，光绪十五年设宏文书院；苗栗县，光绪十五年设英才书院；基隆厅，光绪十九年设崇基书院。另外，埔里社厅启文书院议而未设。③

与其他地方书院一样，清代台湾书院设置有一整套管理机构。台湾负责教育事宜的道府大员、各府县教谕训导都有监管书院的职责，如“海东书院督课，道主之；崇文书院督课，

---

① 胡建伟：《澎湖纪略》卷二十《艺文纪·文石书院落成记》，“台湾文献丛刊”第 109 种，台湾银行经济研究室，1961。

② 蒋镛：《澎湖续编·卷上·文事纪·书院》，“台湾文献丛刊”第 115 种，台湾银行经济研究室，1961。

③ 彭焕胜：《台湾教育史》，丽文文化事业股份有限公司，2009，第 149—151 页。

府主之”①。书院本身有监院、山长、院丁等服务人员，监院主要负责书院日常管理、租谷征收、祭祀等事宜，山长负责书院教学和学生考核，院丁处理杂务。另外，根据书院事务的繁简，部分书院还设有董事、首事、当事、书丁等各种杂役，董事又有总董、值董名色。如澎湖厅文石书院，有总董、值董管理书院租项，总董专办山长脩金及院中杂费所有租息及借项出进，值董专办春秋二祭及月课生童膏火。②

在书院管理人员系统中，最为重要者自然是负责教育工作的山长和管理经费及日常事务的监院。山长或称院长、掌教，“院有掌教曰山长。乾隆三十年，以延师训课而以山长称之，名义未协，奉谕应称院长；然沿袭已久，卒未能改”③。他们是推动书院发展和学子学业进步的主导力量。聘请书院山长极其慎重，“旧例，书院掌教，凡系属员，则道府发牌委掌其事”④。也就是说，山长是由官方正式任命并负有相当责任的。在部分书院，府儒学教谕、县儒学训导均有兼任山长的情况。如福建侯官人陈鹏程，乾隆二十八年（1763 年）任台湾府儒学训导，兼任崇文书院掌教。⑤监院又称掌院，举凡书院日常重大事务均由其管理。光绪三年（1877 年）屏东书院订立章程，显示了掌院的重要性。书院建置业产租额并契券数簿、图章诸物件，尽付掌院收存理办，外人不

① 朱仕玠：《小琉球漫志》卷六《海东剩语上》，“台湾文献丛刊”第 3 种，台湾银行经济研究室，1957。

② 《澎湖厅志》卷四《文事・书院》，“台湾文献丛刊”第 164 种，台湾银行经济研究室，1963。

③ 丁绍仪：《东瀛识略》卷三《学校》，“台湾文献丛刊”第 2 种，台湾银行经济研究室，1957。

④ 朱仕玠：《小琉球漫志》卷六《海东剩语上》，“台湾文献丛刊”第 3 种，台湾银行经济研究室，1957。

⑤ 《台湾南部碑文集成・甲・记上・蒋公允焄去思残碑》，“台湾文献丛刊”第 218 种，台湾银行经济研究室，1966。

得越职言事。院中椅桌对象，原是读书考课应用，外人不得乱借；其余或要用，须先通知院丁，问掌院之人言借，许诺然后搬出，毋得擅便。公议：历年租项新旧拖欠，理事者务必竭力收讨；或有屡讨不还，亟宜通知诸同人出头迫讨，务先陈明。历年考课，原是鼓舞人才，其饭食给赏，随时酌议，须听掌院主裁，务必从省为贵。掌院之人，每年辛金定粟八十石。所收租粟银项出入开费，务必逐段登记，以便稽查。条规外或有公事要开书院银元，务必通知在迩二三诸同人，或行或不行，又宜听掌院主裁，不得越分。① 从这个章程看，除教育事宜由山长负责外，其他书院事务基本由掌院管理。

作为一种介于民间和官方的组织，书院既遵循官方儒学教育的基本原则，同时，它还非常注重人的品格教育。连横《台湾通史》称："道光间，徐宗幹任巡道，力整学规，拔其尤者入院肄业。每夜必至，以与诸生问难。训之以保身立志之方，勉之以读书作文之法。一时诸生竞起，互相观摩，及门之士，多成材焉。"② 连横所言徐宗幹整顿书院事宜，徐氏自己也有相关的记载："书院之设，非徒课文词也，所以造人才、敦士品也。诸生文艺稍优者，大半皆赴省闱试，而本司道仍按课亲莅，又加小课以训习之，无非欲尔等端精学问以收放心，不至干预外事，闲居为不善耳。"③

台湾道员刘良璧为海东书院订立学规六条：明大义，端学则，务实学，崇经史，正文体，慎交友。④ 乾隆二十七年（1762

---

① 《台湾南部碑文集成·甲·记下·章程碑记》，"台湾文献丛刊"第 218 种，台湾银行经济研究室，1966。

② 连横：《台湾通史》卷十一《教育志》，商务印书馆，1983。

③ 徐宗幹：《斯未信斋文编·二·官牍·谕书院生童》，"台湾文献丛刊"第 87 种，台湾银行经济研究室，1960。

④ 《重修福建台湾府志》卷二十《艺文·记·海东书院记》，"台湾文献丛刊"第 74 种，台湾银行经济研究室，1961。

年），台湾道提督学政觉罗四明重修海东书院时又重新制定学规八则：端士习，重师友，立课程，教实行，看书理，正文体，崇诗学，习举业。彰化白沙书院学规称，“读书以力行为先”，“读书以立品为重”，“读书以成物为急”，“读八古文、读赋、读诗”。[1] 以上学约与连横所谓“训之以保身立志之方，勉之以读书作文之法”是相当吻合的，正说明书院教育在育人与传授知识方面是并重的。澎湖文石书院的学约有十条，更是将育人放在教书之前。一曰重人伦。人伦乃为人之本，人伦之理，命于天则谓性，率于性则谓道。性与天道，乃学问之大原；而其实不过于人伦日用之间，各尽其当然之实，自可以为天下后世法。二曰端志向。志者，心之所主，凡人心之此之彼，志必先为之向道，而后心乃从之而往。志之有向，人生才能目标明确，学者之志，所向端正才可以有为。三曰辨理欲。人莫不有性，性发而为情，情动而欲生。为人须辨明守定，方能立于不败之地。四曰励躬行。古云“读书不须多，读得一字，行得一字”，读书要身体力行，亲自实践，须将圣贤言语体之于身，自我反思能否如书中所言躬行实践。五曰尊师友。传道解惑，莫重于师；劝善规过，必资于友。师友乃人生德业之所藉。得一良友益友，于个人有重大意义。其他五条为：定课程、读经史、正文体、惜光阴、戒好讼等。[2]

至于台湾书院的经费，丁绍仪称：“台地书院经费，大抵民间捐助者十之七，官捐以凑者十之三。”[3] 总体而言，书院经费可

---

① 《澎湖厅志》卷四《文事·书院》，“台湾文献丛刊”第164种，台湾银行经济研究室，1963。

② 胡建伟：《澎湖纪略》卷四《文事纪·书院》，“台湾文献丛刊”第109种，台湾银行经济研究室，1961。

③ 丁绍仪：《东瀛识略》卷三《学校》，“台湾文献丛刊”第2种，台湾银行经济研究室，1957。

以分为两大类，一是固定性地租收入，二是临时性捐资。

每当设立一所书院，地方官或者主事者一般都会划出部分田产充作书院资产，以其田赋收入作为书院各种开支之用。如海东书院，乾隆五年（1740 年），巡台御史兼督学杨二酉复建书院，贡生施士安捐田千亩为膏火费用。① 随着海东书院生童数量的增加，原有设施不敷应用。乾隆十年，将台湾府义学部分房舍拨出归书院使用，“盖查该府义学接近书院，尚有闲空房舍，应将义学房舍拨出十间，统归书院，以为肄业之所”②。道光四年（1824 年），邓传安捐资草创文开书院，随即查出番地被民占垦之业、民田构讼勘出溢额田园共三十八甲，实收租谷二百五十石，后河厝、海墘厝庄田两段实折租银九十元，俱拨充书院膏火。道光七年底，文开书院正式落成，又查出马芝保海边厝西边浮复之地五十甲，实收租一百八十石，一并拨为书院膏火。③ 随着书院事业的发展，各项费用日增，不少书院的田产也不断增加。以文开书院为例，在前有书院田亩的基础上，道光二十七年，续增猫罗保万斗六庄六股寮全年额租二百三十六石、北投保大坪林庄全年额租三十八石、后河厝园一段全年税银一百元、海埔厝园一段税银一十元、许厝埔田园二十八甲全年额租一百五十六石、许厝埔店屋四座内大街店二座税银一十八元、三山国王下瓦店一座税银二十四元、内辘庄全年额租二十八石、草徫厝全年额租一十五石、“□厝□王德业三宗全年额租六百五十九石”、大突社潘金桂社租全年税银二十三元五角又租谷五石、大街苏廷凤瓦店一座全年税

① 中国第一历史档案馆、海峡两岸出版交流中心：《明清宫藏台湾档案汇编》（第 18 册），九州出版社，2009，第 350 页。

② 中国第一历史档案馆、海峡两岸出版交流中心：《明清宫藏台湾档案汇编》（第 19 册），九州出版社，2009，第 399 页。

③ 《彰化县志》卷十二《艺文志·札牒·详报捐建鹿港文开书院牒》，“台湾文献丛刊”第 156 种，台湾银行经济研究室，1962。

银四十二元。[①]

在书院的经费收入中，还有相当部分是由官绅民等捐助的。为倡导捐资助学之风，地方官往往身体力行，率先出资，或修复书院，或奖励生童。在地方官的带动下，民间社会也踊跃出资。乾隆十六年（1751 年），彰化岸里社通事张达京、德化社原通事林秀俊，呈请各给崇文书院每年捐谷四百石，共八百石，每石折银四钱，共银三百二十两，分春夏秋冬四季缴充膏火。[②] 道光八年（1828 年），海东书院人文蔚起，原设师生膏火不敷支应，凤山县民曾照愿捐番银二千零五十元，嘉义县民洪世成愿捐番银六百六十元，凤山县童生张其中愿捐番银六百八十元，嘉义县童生连三愿捐番银六百六十元，台湾县童生陈以礼愿捐番银七百五十元。[③]

书院的开支主要有如下几项：山长和其他管理人员的薪水、生童膏火、其他杂项开支。如海东书院，官师课每课取内课生童各二十名，每名膏火七钱五分，共领银三十两；外课生童各四十名，每名膏火银三钱七分五厘，共领银三十两。山长岁脩四百元，又加考小课一百二十元；监试薪水每月十两。生童课饭、甄别、扃试开支银五十元。其余每课每交卷一本，折钱一百八十文。[④] 凤仪书院合计师生束脩、膏火九百六十元，其中山长束脩二百四十元，如在院加福食银六十元，送关聘二十元，监院一百元，义学一百二十元，董事一百二十元，诸生膏火二百四十元，度岁银

---

① 《台湾中部碑文集成·丙·其他·文开书院公业条款碑》，“台湾文献丛刊”第 151 种，台湾银行经济研究室，1962。

② 《重修台湾县志》卷五《学校志·书院·社学》，“台湾文献丛刊”第 113 种，台湾银行经济研究室，1961。

③ 《台湾南部碑文集成·乙·示谕·海东书院乐捐生息碑记》，“台湾文献丛刊”第 218 种，台湾银行经济研究室，1966。

④ 唐赞衮：《台阳见闻录》卷下《文教·台南书院》，“台湾文献丛刊”第 30 种，台湾银行经济研究室，1958。

六十元。花红、试费、饭食、卷银、装送字灰、禋祀、油香、辛金、杂费一千一百四十四元。其中每月官师两课年凡十二课，计奖赏花红三百六十元；岁、科童试礼房大单归书院给领，应贴试费一百二十三元，发单日各里诸生到院保结识认，有竟住书院者；监院脩脯无多，酌贴应酬饭食银八元；月课买卷六元；装送圣迹入海，是日众绅齐到，与祭者数百人，恭送出城，董事预备酒肴数十席以应客，计縻银一百二十元；祭祀五次八十元；神福十二次十八元；祭旧城节孝祠十六元；贴张廷钦、郑朝清两家禋祀六十元；贴圣庙油香三十六元；本书院油香、器具、茶炭及联辉社祭费六十元；院书辛金三十六元，院丁、租丁九十六元，收租管事四人一百零六元；开课办酒席六元；赏山长跟班十元、执帖二元、门斗一元。①

书院的广泛设立和有效运作，对清代台湾社会产生了重要的影响。它大大扩充了台湾民众的受教育面。按照清政府的规制，一般府设立一所儒学，县设立一所儒学，真正能够进入儒学学习的生童毕竟是少数。书院的设立，有效弥补了儒学数量不足的缺陷，为台湾民众接受中国传统文化教育开辟了另外一个途径。书院实行的膏火制度，也为贫寒子弟接受教育提供了非常可靠的保证。

第三节　清代台湾的社学

社学是我国封建社会在乡村里社设置的一种初等教育办学形式。其渊源可追溯到西周时期，明代已经正式设立社学。“社

---

① 卢德嘉：《凤山县采访册·丁部·规制·书院》，“台湾文献丛刊”第73种，台湾银行经济研究室，1960。

学，自洪武八年延师以教民间子弟……弘治十七年，令各府州县建立社学”①。清代继续沿用社学之制，顺治九年（1652 年），礼部议准，每乡设社学一区，择其文义通晓、行谊谨厚者补充社师，免其差役，量给廪饩养赡。

明郑时期，咨议参军陈永华曾在台湾设学延师施教，然因其历史短暂，加之频年战争，教化之职，绩效未著。清统一台湾后，即在府县治所设立儒学，而乡村里社则少有学校之设。为补里社教育之缺，台地盖仿大陆之制，在大乡巨堡广设社学，延师施教。因其居民有相当部分为少数民族，故社学也有相应的设置。

康熙二十三年（1684 年），首任台湾知府蒋毓英经清廷议准，在府治东安坊设台湾县社学两所，于凤山县设社学一所，实为清代台湾最早设立的社学。康熙二十八年，分巡台厦兵备道王效宗，又于府治镇北坊设立台湾县社学一所。康熙四十八年，知县张宏奉巡抚张伯行命令在台湾县永康里、长兴里、永丰里、武定里、仁和里、文贤里、崇德里、新丰里、保大西里、保大东里、归仁南里、归仁北里、广储东里、广储西里、仁德里、大目降庄等地建立社学十六所。② 此后，随着台地由南向北的开发，社学的设置也由南向北遍布全台。

除汉人社学外，清代台湾还有一种特殊的社学教育形式，即为教化少数民族儿童而设立的土番社学。荷兰殖民统治时期，为巩固其统治基础，在台湾少数民族各社“设小学，每学三十人，课以荷语荷文及新旧约”③，其教化的根本目的在于控制台湾村社民众，服务于他们的殖民统治。少数民族民众接受中国传统文化教育肇始于明遗臣、太仆寺卿沈光文，明郑之时，“沈光文居罗

① 《明史》卷六十九《选举一》。

② 《台湾县志·建置志·社学》，“台湾文献丛刊”第 103 种，台湾银行经济研究室，1961。

③ 连横：《台湾通史》卷十一《教育志》，商务印书馆，1983。

汉门，亦以汉文教授番黎”[1]。而他们大规模接受中华文化教育则于清统一台湾后。康熙二十五年（1686 年），台湾道周昌上疏曰：“学校之设，所以明伦。台湾既入版图，若不讲诗书、明礼义，何以正人心而善风俗也？……从来经国之要，莫重于收人心……万年起化之源，正在今日。此移风易俗，厚生与正德相维为用。宪台与道宪之请建学校、行考校，诚审乎教养之根本，为海天第一要务也。”[2] 是年，诸罗县令樊维屏在其辖区内新港社、目加溜湾社、萧垄社、麻豆社四处，各设社学一所，是为清代台湾土番社学设立之滥觞。康熙三十四年，台湾知府靳治扬抵台之初，也在番社大量创设社学。

雍正十一年（1733 年），福建总督郝玉麟在《条奏台湾营制事宜》中请“设立社学，延请行优生员教导，以化愚蒙旧习”[3]，得到皇帝的批准。台湾盖仿楚、粤、滇、黔边隅州县设学延师教导苗、蛮、瑶、黎子弟之制，在社学名义下设立学校，土番社学大为兴盛。[4] 据统计，乾隆年间，台湾各地设立土番社学的数量如下。台湾县土番社学：一在新港社口、一在新港社内、一在隙仔口、一在卓猴社、一在大杰巅社。凤山县土番学社：一在力力社、一在茄藤社、一在放索社、一在阿猴社、一在上淡水社、一在下淡水社、一在搭楼社、一在武洛社。诸罗县土番社学：一在打猫后庄、一在斗六门庄、一在目加溜湾社、一在萧垄社、一在麻豆社、一在诸罗山社、一在打猫社、一在哆啰啯社、一在大武

---

① 连横：《台湾通史》卷十一《教育志》，商务印书馆，1983。

② 《台湾府志》卷十《艺文志·公移·详请开科考试文》，“台湾文献丛刊”第 65 种，台湾银行经济研究室，1960。

③ 张本政：《〈清实录〉台湾史资料专辑》，福建人民出版社，1993，第 111 页。

④ 丁绍仪：《东瀛识略》卷三《学校》，“台湾文献丛刊”第 2 种，台湾银行经济研究室，1957。

垄头社、一在大武垄二社、一在他里雾社。彰化县土番社学：一在半线社、一在马芝遴社、一在东螺社、一在西螺社、一在猫儿干社、一在大肚社、一在大突社、一在二林社、一在眉里社、一在大武郡社、一在南社、一在阿束社、一在感恩社、一在南北投社、一在柴坑仔社、一在岸里社、一在猫罗社。淡水厅土番社学：一在淡水社、一在南崁社、一在竹堑社、一在后垄社、一在蓬山社、一在大甲东社。①

乾隆以降，台湾外患频仍，内乱迭起，社学多数遭毁。为安定民心，同治八年（1869 年），社学之设再次被提奏："查台湾各属，有书院，有社学，即各土番亦皆先立有学。惟经兵燹，存废难知，当饬查明应修应造。……但聚居自百家至五百家者，即设立社学一所。"② 光绪二十年（1894 年），凤山县仍有土番社学八处。

社学生源，汉人社学中主要是因贫穷而无法入学的贫民子弟，例如康熙二十三年（1684 年）知府蒋毓英建的三所社学俱是为贫民子弟而开设。此外，学生中还有若干各儒学被罚发社的生员。清令规定，凡生员经过考察后，列于五等（文理荒谬）、六等（文理不通）者，皆发社学习，即开除生员资格，逐出学宫，降为社学学生重新学习。而大量土番社学招收的学生则是番童。

清代台湾社学的老师称"社师"，一般由汉人充任。社师作为社学的唯一教职员，可谓责任重大。在社师的选聘上，"选社师务取年四十以上、良心未丧（必有良心，始不误人子弟）、志向颇端之士，不拘已未入学。如果见识近正、音韵不差、文理粗

① 《重修台湾府志》卷八《学校·土番社学》，"台湾文献丛刊"第 105 种，台湾银行经济研究室，1961。

② 《清经世文编选录·上某兵备论治台书》，"台湾文献丛刊"第 229 种，台湾银行经济研究室，1966。

通，讲解亦是者，拨为社师。此择师之法也”[1]。雍正元年（1723年）礼部下达的公文中也要求“择生员学优行端者，补充社师”。从这种择师的标准我们可以看出，清廷对社师在德行方面的要求与在学问上的要求同样严格，甚至前者超过后者。这其中的主要原因，一是清廷（不仅仅是清廷，历代皆如此）重品行甚于重知识，社师必须品行端正，必须具备为人师表的品德。二是针对社学的入学对象大多都是大字不识的乡野子弟，社学的教育在于启蒙，“音韵不差、文理粗通，讲解亦是”的社师足能担当起教化他们的职责。一旦被聘为社师，则享受生员待遇，“免其差役，量给廪饩”，即从官府领取膳食津贴。社师要接受地方官的考察监督，至于考察年限，台湾概援黔省苗学之例，以六年为期，社师如教导有方，亦照乌蒙设学例，六年准予充贡。

土番社学中，除汉人社师外，也有相当部分的熟番生童经教化后担任社师。台湾社学，“盖仿楚、粤、滇、黔等省边隅州县访学延师教训苗、蛮、猺、黎子弟之制，就归化番社，设立社学。择熟番子弟之秀颖者入学读书，训以官音，熟习之后，令其往教生番子弟”[2]。番人社师的任用，大大扩大了番民的受教育面。他们的待遇往往是“给以馆谷”作为报酬。

其考察方式，一是知县定期派遣县儒学训导赴各地巡查，各地方官也不定期巡视番社社学，查看社师教学情况。康熙六十一年（1722年），分巡台道陈大辇亲历番社，考试师生。社学的设立，大大提高了番民的文化水平，受到他们的普遍欢迎。康熙五十二年，北路营参将阮蔡文出巡村社考察教育状况，“为之讲解

---

① 胡建伟：《澎湖纪略》卷四《文事纪·社学》，“台湾文献丛刊”第109种，台湾银行经济研究室，1961。

② 丁绍仪：《东瀛识略》卷三《学校》，“台湾文献丛刊”第2种，台湾银行经济研究室，1957。

君臣父子大义，反复不倦”[①]，各路村社民众具牛羊酒食，在路旁迎接。胡建伟任职澎湖通判时，于每岁二月中旬传齐澎属社师，考较一次。或于因事下乡时，亲诣塾馆，将儿童所读之书正其句读。若教之不善者，则易置焉，其勤而得法者则旌奖之。

社学的教学内容，主要是为启发幼童而设置的蒙学。土番社学中，因其教学对象是番民子弟，文化程度较低，故多以读书识字为目的，社师训以官音，教以礼义，学以文字。使用的教材也多为《三字经》、《百家姓》等蒙书以及儒家基础经典，如四书、《毛诗》、《左传》等。黄叔璥曾这样叙述番童读书的情况：“东螺、猫儿干间，有读书识字之番。有能背诵《毛诗》者，口齿颇真；往来牌票，亦能句读。阿束番童举略读下《论》，志大、谙栖俱读上《论》，并能默写。蒙师谓诸童聪慧，日课可两页”[②]。“半线番童楚善读下《孟》，大眉、盈之俱读下《论》，宗夏读上《论》，商国读《大学》”[③]。这是北路诸番的学习状况。南路番童的学习与北路大体相同，“南路番童习汉书者，曾令背诵默写。上淡水施仔洛读至《离娄》；人孕礁巴加猫读《左传·郑伯克段于鄢》，竟能默写全篇；下淡水加猫、礁加里文郎读四书、《毛诗》，亦能摘录；加猫读至《先进》，礁恭读《大学》，放索社呵里莫读《中庸》，搭楼社山里猫老读《论语》，皆能手书姓名；加猫于纸尾书‘字完呈上、指日荣升’数字，尤为番童中善解事者”[④]。由此可见，番童接受的是传统的启蒙教育。

---

① 《诸罗县志》卷七《兵防志·列传》，“台湾文献丛刊”第141种，台湾银行经济研究室，1962。

② 黄叔璥：《台海使槎录》卷五《番俗六考·北路诸罗番三》，“台湾文献丛刊”第4种，台湾银行经济研究室，1957。

③ 黄叔璥：《台海使槎录》卷五《番俗六考·北路诸罗番六》，“台湾文献丛刊”第4种，台湾银行经济研究室，1957。

④ 黄叔璥：《台海使槎录》卷七《番俗六考·南路凤山番一》，“台湾文献丛刊”第4种，台湾银行经济研究室，1957。

据巡台给事中六十七《番社采风图考》记载："南北诸社熟番，于雍正十二年始立社师，择汉人之通文理者给以馆谷，教诸番童。巡使按年巡历南北路，宣社师及各童至，背诵经书。其后岁科，与童子试，亦知文理，有背诵《诗》、《易经》无讹者，作字亦有楷法。番童皆剃发冠履，衣布帛如汉人。有番名而无汉姓。"[1] 其教学方法，清代所修志书中鲜有记载，唯《澎湖纪略》云："初入社学，八岁以下者，先读《三字经》以习见闻、《百家姓》以便日用；《千字文》亦有义理，刊布社学，令之学习。念书先要数字，次要联句，次要一句紧一句；眼瞩定则字不差，心不走则书易入，句渐紧则书易熟，遍数多则久不忘。每讲书，就教童子向自家身上体贴：这句话与你相干不相干？这章书你能学不能学？仍将可法、可戒故事，说与两条，令之猛省。他日违犯，即以所教之书责之，庶几有益身心。至于作文写字、歌诗习礼，俱足以长其德性；而又有五禁以防其佻达、十戒以饬其行检。此教之之法也。"[2] 这种密切联系个人经验的做法，对今天的教育仍不无借鉴意义。

汉人社学作为科举考试的预备学校，主要职责是将学生输入到官办的府县学中去。其教学内容自然与作为府县儒学资格考试的童试科目联系在一起。清代童试的主要内容包括八股文、试帖诗、时事文及默写《圣谕广训》等。所以，学子所攻读者，无过《三字经》、《千字文》、四书白文、《四书集注》、《诗》、《书》、《礼》、《易》、《春秋》、《左传》、《战国策》、《唐诗》、时文等，其中尤以精读熟读古文析义为最风行。

除读书识字外，社学学生另一个重要任务就是学习康熙、雍

---

① 六十七：《番社采风图考·社师》，"台湾文献丛刊"第90种，台湾银行经济研究室，1962。

② 胡建伟：《澎湖纪略》卷四《文事纪·社学》，"台湾文献丛刊"第109种，台湾银行经济研究室，1961。

正间制订的《圣谕广训》。雍正年间，学士张照奏令儒童考试，须背录《圣谕广训》一条，皇帝的圣谕成为考试的必选科目。乾隆时，能默写《圣谕广训》者，才能参加县府考试。

社学学生的学习年限也没有统一的规定，主要视学生的天资和学业的优劣而定。汉人社学中，学生为升入官办的府县学，须经童试一关，考试成绩优秀者，可以进入官学取得廪生资格，或以增广生员、附学生员的资格入学，进而踏上漫长的求学之路。

为鼓励台湾少数民族子弟入学，清廷采取了许多奖励措施。其弟子能就乡塾读书者，免除他们的赋役。读书优异的生童，则奖以各种实物。或“给予纸笔，以为鼓励”，或“劳以酒食，各给四书一册，时宪书一贴”，或对“能读四子者、习一经者，复其身，给乐舞巾，以风励之”。[①] 土番社学的学生参加“道试”，一般“止令录《圣谕广训》二条，择其娴仪则、字画端楷者，充乐舞生……道试止取一名，给予顶带，与五学新进生童一体簪挂”[②]。还有不少学生参加官府的正式考试，进入官学中学习。同治九年（1870 年），新竹县设立义塾二处，兼教少数民族生童，“择秀颖者入学读书，宣讲《圣谕广训》，授以朱子《小学》，熟后再令习《经》，札各厅亦仿照举行。一二年后，果能渐通文理，当援照黔省苗学例，另编字号考试，请设学额，一体乡试。其塾师如教导有方，亦照乌蒙设学例，六年准予充贡，俾归化者亲逊成风云云。旋议，示谕熟番子弟，准其自同治九年始，一体投考明志书院，另列一榜，优给膏伙，以广招徕”[③]。通过这种考试制

① 黄叔璥：《台海使槎录》卷八《番俗杂记·驭番》，“台湾文献丛刊”第 4 种，台湾银行经济研究室，1957。

② 朱仕阶：《小琉球漫志》卷八《海东剩语下·番社考试》，“台湾文献丛刊”第 3 种，台湾银行经济研究室，1957。

③ 《新竹县志初稿》卷三《学校志·义塾》，“台湾文献丛刊”第 61 种，台湾银行经济研究室，1959。

度，台湾土番社学也就自然而然地被纳入封建科举的学校体系之中。

依照清律，台湾土番社学设立于各县治之下，由各县知县管理。社学的经费支出一般包括修建房舍、聘请社师、购置书籍文具等。其经费来源，通常既有官方的投资，又有民间的捐助，有时民间的力量占主导地位。主要包括以下几个方面：一是直接从地方公项中支出。陈瑸就任台厦道后，曾请每社各立一社学，其费用由官府支付，得到清廷的允可。二是学租，即从学田园收入的官谷中抽出一部分作为办学经费。台湾苗栗县，“社学义塾，共一十二馆。年供学谷，系由各社番租内抽出，以作束脩各款费用”①。道光元年（1821 年），淡水厅中港社、萧垄社、新港社、猫尔干社四社请“四社公租口粮谷九百石内抽出八十石，永为育才学租，教训番童，鼓舞后学”②。学租的捐赠，为社学提供了稳定的教育经费来源。三是地方官府吏员的捐俸，如台湾最初的三所社学即首任知府蒋毓英个人捐建的，以后又陆续有一批地方官吏捐建社学。

汉人社学中学租由各县儒学教谕负责，土番社学的经费原由各番社头目主管，后也改由县儒学教谕管理。出纳开支，一一记账，申报学政核准，开设月课、赏金、廪善费等均由此项下支出，其多余款项向外贷以生息。学校的性质是官办还是民办，固然与其办学宗旨、教学内容及管理体制等方面有关，但其中最重要的应取决于它的经费来源。我们认为，从台湾社学的经费来源看，应属于多渠道办学形式，即官办民助、民办官助、官民合办三种性质兼而有之。

---

① 《苗栗县志》卷九《学校志·义塾》，“台湾文献丛刊”第 159 种，台湾银行经济研究室，1962。

② 《新竹县志初稿》卷三《学校志·社学》，“台湾文献丛刊”第 61 种，台湾银行经济研究室，1959。

社学的大量设置，为清政府输送了大批优秀人才。他们诵诗读书，学习课艺，在台湾形成乐善好学的风气，各社茂才辈出。据史载，不少社学生童参加科举考试，并取进生员，成为秀才。清代台湾社学是清政府为提高人民的基本素质，普及传统文化而设立的初等教育机构。在清廷的倡导、地方的支持下，特别是在台湾人民的积极参与下，取得了明显的社会效果。社学的办学宗旨，概而言之即普及教化，文化一统。台湾社学的普遍设立，通过宣传儒家经书、朝廷律令，移风易俗，使百姓庶民“训归礼义”，也加速了民族融合的进程。

第五章

清代台湾的经济

第一节　清代台湾的农业

一、清代台湾的土地开发

明中期以后，大批闽粤移民尤其是福建移民开始陆续到台湾谋生。据福建现存族谱资料的记载，闽南晋江、长泰、云霄、东山、南靖等地的蔡氏、卢氏、何氏、林氏、丘氏等于明嘉靖至万历年间，移居到台湾南部。天启四年（1624年）荷兰侵占台湾后，尽管对在台湾的汉人严加防范，但出于殖民统治的需要，仍然大力鼓励大陆移民到台湾从事农业生产，甚至为汉人提供耕牛。至明郑时期，大陆又出现了一个移居台湾的高潮。

据研究，明郑时期台湾汉人为十二万左右。[①] 康熙二十二年（1683 年）清政府统一台湾，将大约一半的文武官员和兵丁迁回大陆安置，康熙二十三年前后，在台湾的汉人人数为七万人上下。如前文所述，在渡台政策上，清廷的基调是严格限制大陆民众移居台湾，但康熙中期以后，闽粤民众还是源源不断地通过各种途径到达台湾。朱一贵事件爆发，随军出征的蓝鼎元提及"贼众至三十万"[②]，蓝氏的说法显然比较夸张，这里的三十万可能指全部的台湾人口，同时期福建巡抚陈瑸也曾提到说台湾有数十万户口，说明康熙末年台湾的人口在三十万左右是可信的。据尹士俍详细的统计，雍正十三年（1735 年）合计台湾四县一厅共四十四万余人，[③] 这是一个官方的数据，实际人口可能远超过此数。此后，台湾人口迅速增加，至迟在乾隆末年，台湾人口突破一百万，嘉庆十五年（1810 年）前后突破二百万。[④] 至同光时期，台湾人口更是增加至三百万。

至清统一台湾时，台地的开发依然主要局限于南部，广袤的中部、北部和东部区域基本处于荒芜状态。康熙三十六年（1697 年）郁永河到台湾北部开采硫磺，沿途所见中北部还是相当荒凉的。在中部的大肚溪流域，当时的情况是"林莽荒秽，宿草没肩"，在北部的大甲溪一带，"番社皆空室，求一勺水不可得，得见一人辄喜"。继续往北，八九十里，不见一人一屋，沿途大量麋鹿野兽出没，"既至南崁，入密林深菁中，披荆度莽，冠履俱败，真狐貉之窟，非人类所宜至也"。[⑤] 总体而言，至康熙中期，

---

① 台湾省文献委员会：《台湾省通志稿》卷二《人民志·人口篇》，众文图书股份有限公司，1980，第 51 页。

② 蓝鼎元：《东征集》，"台湾文献丛刊"第 12 种，台湾银行经济研究室，1958。

③ 尹士俍：《台湾志略》卷中《民风土俗》，九州出版社，2003。

④ 陈绍馨：《台湾的人口变迁与社会变迁》，联经出版事业公司，1997，第 18 页。

⑤ 郁永河：《稗海纪游》卷中，"台湾文献丛刊"第 44 种，台湾银行经济研究室，1959。

大陆移民主要在台湾南部活动，其开发区域也基本集中于台湾西南部地区。新港至斗六门一百八十余里，其间四里、九保，庄社鳞次，汉人有室家、田产，以乐其生。“自斗六门至鸡笼山后八百余里，溪涧崖谷，既险且远。当设县之始，县治草莱，文武各官侨居佳里兴；流移开垦之众，极远不过斗六门。北路防汛至半线牛骂而止，皆在县治二百里之内。……然虎尾、大肚，人已视为畏途；过此，则鲜有知其地理之险易者。又其时崩山、后垄、中港、竹堑、南嵌各港商贾舟楫未通，虽入职方，无异化外”①。在中部的半线、大肚和北部的淡水、鸡笼，尽管个别零星史料记载说陆续有民众北上开发，但多系个人行为，没有形成规模性开发，“番多民少，榛莽未除”为其基本状态。

18世纪初以后，台湾兴起一轮开发高潮。康熙五十八年(1719年)，晋江安海人施世榜耗时十年修筑了著名的水利设施八堡圳，开垦田地，兴修庄园，从而掀开了彰化地区开发的新篇章。“查康熙五十八年裕高祖施讳世榜筑圳升科，户名长龄，年收租谷近四万五千余石，隶武东、西、燕、马各堡，按上中下则，配供五千余石，丁耗银一千余两，额采三千余石，番饷银数百两，饷谷数百石，每庄巡圳辛劳谷数百石，筑圳辛劳银八百余员”②。在新竹地区，王世杰集泉籍百数十人，斩茅为屋，先垦竹堑社地，又垦西门大街至外棘脚，治田数百甲。“康熙五十余年，始垦海滨之地：曰大小南势，曰上下羊寮，曰虎仔山，曰油车港，曰南庄，凡二十有四社，为田数千甲，岁入谷数万石。既又垦迤南之地：曰树林头，曰后湖庄，曰八卦厝，曰南雅，曰金门

---

① 《诸罗县志》卷七《兵防志·总论》，“台湾文献丛刊”第141种，台湾银行经济研究室，1962。

② 施钰著、杨绪贤标订：《台湾别录》卷二《附八·保圳图》，《台湾文献》第28卷第2期。

厝，曰姜寮，曰北庄，凡十有三社。俨然一方之雄矣”①。在广袤的台北平原，有若干垦户自动组成合作组织进行开垦。康熙四十八年，凤山知县颁发给陈赖章垦号的告示云：

台湾府凤山县正堂、纪录八次、署诸罗县事宋，为垦给单示，以便垦荒裕课事。据陈赖章禀称：窃照台湾荒地，现奉宪行劝垦章。查上淡水大佳腊地方有荒埔一所，东至雷匣秀朗，西至八里分干脰外，南至兴直山脚内，北至大浪泵沟，四至并无妨碍民番地界，现在招佃开垦，合亟沥情禀叩金批，准给单示，以便报垦升科等情。业经批准：行。查票着该社社商、通事、土官查勘确覆去后，兹据社商杨永祚，伙长许聪、林周，土官尾帙、斗谨等覆称：祚等遵依会同伙长、土官，踏勘陈赖章所请四至内高下不等，约开有田园五十余甲，并无妨碍，合就据实具覆各等情到县。据此，合给单示付垦。为此，示仰给垦户陈赖章即便招佃前往上淡水大佳腊地方，照四至内开荒垦耕，报课升科，不许社棍、闲杂人等骚扰混争；如有此等故违，许该垦户指名具禀赴县，以凭拿究；该垦户务须力行募佃开垦，毋得开多报少，致干未便，各宜凛遵，毋忽，特示。②

此后，康熙五十二年（1713年），通事赖科等人组成陈和议垦号，继续开垦台北地区的荒田。

雍正时期，清政府更加注重各地垦荒工作。以往学术界普遍认为清代台湾土地开发完全是依靠民间的力量，政府和官员的态

---

① 连横：《台湾通史》卷三十一《列传三・王世杰》，商务印书馆，1983。

② 《清代台湾大租调查书・通论・垦照三》，“台湾文献丛刊”第152种，台湾银行经济研究室，1963。

度是消极的，不仅未给予支持协助，反而多方留难限制。然而，李祖基认为，这种情形并非自始至终一成不变。从近年来新发掘的分巡台湾道张嗣昌所撰《巡台录》中对大甲西社事件善后的处理和官方劝垦番地的记载，以及减轻台湾田园赋税和开放移民搬眷入台的种种措施，可以看出雍正年间政府对台湾的土地开垦政策有了十分明显的变化。① 雍正皇帝登基之初，便谕令“各省凡有可垦之处，听民相度地宜，自垦自报，地方官不得勒索，胥吏亦不得阻挠。至升科之例，水田仍以六年起科，旱田以十年起科，着永为定例。其府州县官能劝谕开垦地亩多者，准令议叙”②。雍正二年（1724 年），部议称，“福建台湾各番鹿场闲旷地方可以垦种者，令地方官晓谕，听各番租与民人耕种”③，此议随即被雍正皇帝批准，台湾开发进入新的历史时期。从台湾地方官的实际作为看，当地也采取了积极的推进政策。当时台湾移民贫穷无措之户比比皆是，即便欲遵示开垦，其牛种籽粒无所从出，分巡台湾道张嗣昌带头倡捐银三百两，以助贫民家本之需。同时，对于那些好义乐善之人情愿捐资报垦者，张嗣昌计其数之多寡，详请旌叙，以示鼓励，以劝垦举。

乾隆以后，台湾各地开发日渐兴盛，但并非一帆风顺，本节以埔里为例，以见一斑。

埔里，又称水沙连，在彰化万山之中，土厚泉甘，物产丰富。早期除互市的通事、社丁出入其间外，官府禁止汉民入山移垦。平定林爽文起事后，清廷在此处设屯丁九十名，“屯田一百余甲，其番自耕田亦百余甲”，但是仍有“未垦荒埔无数”。④

---

① 李祖基：《论雍正年间台湾“番”地开垦政策的变化——以〈巡台录〉为中心》，《台湾研究集刊》2010 年第 3 期。

② 《清世宗宪皇帝实录》（一），中华书局，1985，第 137 页。

③ 《清会典台湾事例·户部·田赋·开垦》，“台湾文献丛刊”第 226 种，台湾银行经济研究室，1966。

④ 姚莹《东槎纪略》卷一《埔里社纪略》，“台湾文献丛刊”第 7 种，台湾银行经济研究室，1957。

嘉庆十九年（1814 年），埔里隘丁首黄林旺，勾结嘉义、彰化二邑民人陈大用、郭百年及台湾府门丁黄里仁等盗用已故的通事土目名义，以积欠番粮为由，申请知府将祖遗水里二社埔地租与汉人耕种。地方官不解实情，批准其请求，并给以告示执照。郭百年等人拿到执照后，便纠集多人，冒充官府深入埔里，先强耕社仔社之地三百余甲，又侵入水里社，垦四百余甲，再进入沈鹿社，筑土围，垦田五百余甲。不久，黄林旺等率众至埔里，遭到当地番民的强烈反抗，双方相持月余，不分胜负。郭百年佯装撤退，却乘番人放松警惕之机大肆焚烧，拓垦汉人得以占据其地。

嘉庆二十一年（1816 年），台湾总兵武隆阿北巡，严厉斥责肇事者。彰化知县吴性诚借机呈请将佃户逐出埔里，他认为，埔里地处内山，道路丛杂，一经准垦，人集日多，“若招聚亡命，肆为不法，事且奈何？且此地固生番打鹿之场……一日栖身无所，势必铤而走险，大启边衅”。是故，吴氏建议“不若乘（汉人）未深入，全驱以出，尚可清患于未然也”。① 次年台湾府会审此案，枷杖郭百年以示惩戒，同时，毁土城逐佃农，立碑于集集、乌溪二口，严禁汉民入内。

道光三年（1823 年），北路理番同知邓传安亲入内山视察，受到埔里各社番民的热烈欢迎，水里、田头“两社番男妇跪迎道旁，装束不名一状，见长官皆欣然喜”，埔里社番见官员随从前来，“即延馆于覆鼎金山下之番寮”，“既供米，并以牛猪犒众”。邓传安看到此地新垦田不及三十甲，交通方便，土地膏腴，“真天地自然之美利”，确有开发的价值。并且，他还了解到埔里社孤立自危，“不但汲汲招垦，即剃发为熟番亦所心愿”。②

① 连横：《台湾通史》卷十五《抚垦志》，商务印书馆，1983。

② 邓传安：《蠡测汇抄·水沙连纪略》，“台湾文献丛刊”第 9 种，台湾银行经济研究室，1958。

调查之后，邓传安有意仿噶玛兰之法进行开垦，遂将此议亲陈闽浙总督赵慎轸。适福建巡抚孙尔准赴台，当局特别论及此事，邓传安再度重申垦拓之好处，孙尔准委托台湾知府方传燧处理，方传燧以事关开发要务，特走访了前台湾知县姚莹。姚莹认为，开发埔里是必然趋势，但该地的开拓与噶玛兰当年情形不同，有八项情事必须妥善解决：一、和番情。由于嘉庆年间郭百年等人的烧杀，埔里社番民深受其苦，要先搞好和他们的关系，才能开辟其地。二、选通事。两族言语不通，和番通情，需用通事，必择妥善之人充任。三、别番汉。埔里社多处田园未垦，要确定官佃、番田的界限，使官课与番租不相混淆。四、定疆域。要划分埔里地区与周围各社的界限，以俾民番两便。五、罢业户。过去汉人往垦，多有头人充当业户，弊端百出，不如官府自行招佃，永除业户名目。六、召官佃。埔地幅员辽阔，应仿噶玛兰开垦之法，施行结首制，垦成之田，众佃均分，唯结首视财力之多寡予田地之多少。七、设文武。埔社位居全台中央，需设厅县治理，诸多事宜须妥为筹划。八、通财货。开发以后，田园日辟，人口日多，亟须开通与外交往之孔道，以便舟楫通行。① 巡抚孙尔准见埔里开拓事繁难办，一时颇为踌躇，而此时淡水同知吴性诚、噶玛兰通判志恒皆主张严禁。经层层上达后，道光四年（1824年）十二月二十一日，上谕严禁民人“逗留在内，以后亦不许再有潜往”，并明令“嗣后不必开端，永当禁止”。②

其实姚莹所论均不是开垦的巨大障碍。首先，埔里民众有“汲汲招垦”的愿望。其次，选通事关键在择人，而与时间早晚并无瓜葛。再次，虽然开发所需资金数目巨大，其实当时已有许多

---

① 《彰化县志》卷十二《艺文志》，“台湾文献丛刊”第156种，台湾银行经济研究室，1962。

② 张本政：《〈清实录〉台湾史资料专辑》，福建人民出版社，1993，第753页。

人认垦田园。至于所陈另外几事，若为官积极，当不属难事。

道光二十一年（1841年），台湾总兵武攀凤、台湾道熊一本、知府佟卜年入山履勘，具陈开垦埔里社之需要，时给事中朱成烈以台湾旷土甚多，呈请弛禁许民开垦，而闽浙总督颜伯寿援例禁垦。道光二十六年，北路理番同知史密，带同北路协副将叶长春等四人至埔里勘地，当时各社头目前来请献地开垦，史密即谋划筹办番地之议，他在全面分析台番之情形、详细阐明埔里之形势后，提出了自己的理番之策，其要旨如下：关于控制之法，六社内外远近生番，有八十余社业已归化，既经改熟，例应增设大小各屯，“所有千总、把总、外委、屯目、土目、通事，即择其本社强力头人充当委任；使自相管辖约束，责成钤制，数百里同于臂指”。关于抚绥之法，每丁例给闲田二甲，生番新化为熟番，不谙耕种，佃给租谷筹饷八元。在未召佃开垦之前，“宜由官垦先结，以慰番情”①。关于驭治之法，对新归化生番分别调遣，杂于熟番之中，使其渐习渐驯，渐知礼法。关于备御之法，募化番设隘防生番，厉行以番防番之策。②

接获史密之疏报，闽浙总督刘韵珂于道光二十六年（1846年）复勘此地，并于是年上奏，力陈开垦之利和封禁之弊。他强调指出，埔里地区土地肥美，甲于全台，每年可产米百万石，还有大量木材、樟脑、药材等土特产，而番民因封禁日久，社地荒芜，吁垦归附。外地汉民亦纷纷入垦，若不允埔里番民所请，则将坐失时机。③ 奏上之后，道光帝再命刘韵珂到台湾勘查，制定

---

① 丁曰健：《治台必告录》卷三《史密·奏办番地议》，“台湾文献丛刊”第17种，台湾银行经济研究室，1959。

② 丁曰健：《治台必告录》卷三《史密·奏办番地议》，“台湾文献丛刊”第17种，台湾银行经济研究室，1959。

③ 中国第一历史档案馆、海峡两岸出版交流中心：《明清宫藏台湾档案汇编》（第170册），九州出版社，2009，第123—138页。

长远办法。

道光二十七年（1847年）五月，刘韵珂率淡水同知曹士桂、北路协副将叶长春、参将吕大升及北路理番同知史密，自南投入山，亲自视察，行经田头、水里、猫兰、沈鹿、埔里、眉里等社，各社社员得知总督到来，各家老小伏道欢迎，奉献鹿皮、鸡子、番布、番饽等物，刘韵珂奖之以盐布。北投的平来万社、南港的丹社和吻吻社亦来献物输诚。刘韵珂回省后复上奏疏，请求开发，设官立厅。第二年，埔里六社番目群至道署，恳请改为熟番，巡道徐宗幹上书总督，请设屯丁，得到总督的批准，埔里地区开垦之事因而得以继续下去。不久，清设台北府，置埔里社厅和卑南社厅，汉民纷纷入垦，垦成之田多达一万甲。

至嘉庆道光年间，除东部山区以外，台湾大部分地区均已经开发完毕。同治末年牡丹社事件后，台东地区才得以开发。同治十三年（1874年）十二月，沈葆桢请求解除渡台禁令，全面开发台湾，次年，后山一带设立招垦局，设立抚垦委员处理垦务。根据光绪二年（1876年）的屯垦章程，开垦荒田所需口粮、耕牛、农具等由官方提供，垦户须垦田一甲，并将其收成的十分之三上交。为更好地开展屯垦工作，福建巡抚丁日昌甚至准备从大陆招募民众到台湾，“臣拟先到北路察看情形，如果矿务、垦务可以同时举办，即拟于香江、汕头、厦门等处设立招垦局，每月派定官轮数次前往召集客民，并准携带眷属，到台后给与房屋、牛只、农具”①。大陆到台湾开垦的民众，从“到台之日起，前一年，每日每人给银八分、米一升；什长加银四分；百长月给银九两、米三斗；尾后半年，什长、垦丁每名日减银三分，予限一年半为期，田园具备，种熟有收，银米概行截支。开垦之地，总以

① 丁日昌：《丁中丞政书·抚闽奏稿》卷三《台湾举办垦务矿务片》，“近代中国史料丛刊”第77辑，文海出版社，1974。

三年后，委员复勘升科。其前领过口粮、农具、牛只、籽种等项资本银两，分作十成，开耕五年以后，田地概行成熟，每年摊完二成，期限五年缴清成本”[①]。到光绪六年，台东地区开垦荒田已有二三万亩。刘铭传抚台后，创办全台抚垦总局，并亲自担任抚垦大臣，下设八个抚垦局和十八个分局，台湾土地开发进入新的历史时期。

二、清代台湾的水利

台湾为丘陵地带，水田少旱田多，田地多为砂卤之土，地力贫瘠，产量低下。民众种植或二年或三年，一旦收成下降，即移耕他地或委而弃之，是故民无常产，亦无常收。一旦遇到极端的旱涝天气，则收成锐减，“台湾地方洼下，一遇亢旱，即至歉收”[②]。对兴修水利设施，对于农业经济发展的促进作用，地方官显然有非常清醒的认识。雍正三年（1725 年），巡视台湾御史禅济指出，台湾府各地米价有很大的差异，其中诸罗县收成较好，米价较低，“因其知县孙鲁能亲身课农，助给工力，浚筑埤圳，百姓实受其益，收成尤为丰厚”[③]。凤山县修建水利设施后，水稻产量明显增加，该县港东、港西二处，引水得源，流注不竭，稻谷一年收获数次，民间十一月插秧，至次年四月即可收获，称“双冬稻”，“是台湾稻田果皆引水得法，不独夏秋无庸虑旱，即冬时亦可种莳”[④]。

---

① 《台湾私法物权编·总论·土地开垦之沿革·禀呈》，“台湾文献丛刊”第 150 种，台湾银行经济研究室，1963。

② 张本政：《〈清实录〉台湾史资料专辑》，福建人民出版社，1993，第 76 页。

③ 国学文献馆：《台湾研究资料汇编》（第 1 辑第 4 册），联经出版事业公司，1993，第 1329 页。

④ 中国第一历史档案馆、海峡两岸出版交流中心：《明清宫藏台湾档案汇编》（第 25 册），九州出版社，2009，第 437 页。

乾隆十三年（1748年），闽浙总督请兴修台湾水利，“查台湾全邑，及凤山县治北境、诸罗县治南境，地既高亢，无泉可引，水田甚少，间有一二处可开圳引流者，俱已修筑完固。又凤山县治南境，悉从内山开圳筑坝、引流灌溉，凡可兴之水利，无不尽开。今勘得诸罗县北境果毅后庄一处，由东势湖、山麓枋、仔林坑地方，开引水源十余里，可灌田千余亩。又于中坑仔溪，开引水源三十余里，可灌田二千余亩。又勘得彰化南大肚社旱园一片，就猫雾梀溪头开凿水圳，引流灌溉；登台庄旱埔一所，就万年斗六溪之源，引流倒注；大排栅一派旱园，就东螺溪，疏浚通流，均可改水田。又淡防厅属猫里、新港二社园地，自猫雾溪头，筑石坝循山开圳，分绕园间，可灌水田万余亩。竹堑保旱地一区，逼近麻豆溪，自溪头筑埤一道，分开南北小圳，亦可改旱地为水田。以上各水利，业户自愿出资，佃出工力，官为经理兴修”[①]。从这里可以看出，至乾隆初期，台湾水利设施已经取得很大的进展。同时，这一工作仍在持续进行中。道光年间，时人亦称，“然则讲水利而戒惰农，正今日之急务也”[②]。

根据功能不同，清代台湾的水利设施有陂、圳、湖、潭等不同的名目。“相度地势之下者，筑堤潴水或截溪流，均名曰陂……不用筑堤而地势卑下，有泉不竭而不甚广者，曰潭、曰湖；无泉堪以积雨水者，亦曰潭、曰湖；有源而流长者，曰港、曰坑”[③]。

康熙末年，凤山县的水利设施主要有十七陂、五潭、二港、一湖、一坑。具体如下：将军陂在凤山下庄，开台后，将军施琅

① 张本政：《〈清实录〉台湾史资料专辑》，福建人民出版社，1993，第161页。

② 《台湾文献汇刊》（第4辑第1册），九州出版社、厦门大学出版社，2004，第39页。

③ 《凤山县志》卷二《规制志·水利》，“台湾文献丛刊”第124种，台湾银行经济研究室，1961。

所筑，故名，又名新陂；竹桥陂在竹桥庄，水源在阿猴林来，灌竹桥庄之田，明郑所筑，又名柴头陂；三镇陂在维新里，灌三镇庄之田，明郑所筑；三爷陂在维新里，灌三爷庄之田，明郑所筑；大湖陂在长治里，灌大湖庄之田，明郑所筑；赤山陂在赤山庄，周围百余丈，注雨水以灌赤山庄之田，明郑所筑；赏舍陂在凤山庄，注雨水以灌田，明郑所筑；苏左协陂在维新里，注雨水以灌田，明郑所筑；乌树林陂在维新里，注雨水以灌田，明郑所筑；北领旗陂在维新里，注雨水以灌田，明郑所筑；王田陂在嘉祥里加冬脚，注雨水以灌田，明郑所筑；大陂在嘉祥里，注雨水以灌田，明郑所筑；五老爷陂在衣仁里，注雨水以灌田，明郑所筑，大水冲崩，康熙五十七年（1718年），业户再筑；中冲崎陂在仁寿里，注雨水以灌田，明郑所筑；祥官陂在依仁里，注雨水以灌田，明郑所筑；硫磺水陂在硫磺水，灌文庙田；新园陂在长治里，注雨水以灌田，明郑所筑。草潭在观音山庄，灌田甚广，而鱼利亦甚奢；石螺潭在仁寿里，注雨水以灌田；莲池潭在兴隆庄，莲花香闻数里，兴隆庄之田，资以灌溉，年久淤泥壅塞，康熙四十四年，知县宋永清重浚；鲫仔潭在维新里，雨则满，旱则涸；金荆潭在凤山打鹿洲，雨则满，旱则涸，灌凤山庄之田。竹仔湖在长治里，雨则满，旱则涸。井水港在半屏山，水源自观音山出，灌芦竹潭之田；菱角港东灌嘉祥里之田，西灌长治、维新二里之田。红毛寮坑在依仁里，水源自台湾县红毛寮出，灌依仁里之田，坑广而流长，虽大旱而水源不竭。①

至康熙末年，台湾县的水利设施主要有六陂、九潭、一池、一湖。具体如下：参若陂，在文贤里二图，“红毛时，王参若筑以灌田”，故名；“十嫂陂，在□□里，王十嫂鸠众所筑，故名”；

---

① 《凤山县志》卷二《规制志·水利》，“台湾文献丛刊”第124种，台湾银行经济研究室，1961。

陂仔头陂，在文贤里，明郑时所筑以灌田者，大旱则涸；嵌下陂，地势卑下，泉流归焉，乡人筑堤蓄水以灌田，历年频争水利，康熙五十七年（1718 年）知府王珍亲勘，勒石定界；荷兰陂，在新丰里，乡人筑堤，蓄雨水以灌田；公爷陂，在新丰里，明郑时筑，蓄雨水以灌田。甘棠潭，在保大东里，乡民合筑，以障水；无源潭，在永丰里，以无水源，故名；莲花潭，在文贤里，虽旱不涸，灌田甚多；王有潭，在仁和里，乡民王有所筑以灌田，故名；鸳鸯潭，在文贤里，两潭相连，故名；水漆潭，在文贤里，多生水漆树，故名；鲫仔潭，在永康、广储西、长兴三里之界，延流三十余里，三里之田，借以灌溉；草潭，在新丰里，明郑时筑，方半里许，蓄雨水以灌田；粥衣潭，在新丰里香洋仔，明郑时筑，蓄雨水以灌田。月眉池，在文贤里一图，形如月眉，故名。茄冬湖，在保大东里，注雨水，灌本处四十余甲之田。①

至康熙末年，诸罗县的水利设施主要有七十陂、五圳、二湖、二潭。具体如下：诸罗山大陂、柳仔林陂、八掌溪漧陂、埔姜林陂、马朝后陂、枫仔林陂、佳走林陂、三间厝陂、乌树林大陂、安溪寮陂、王公庙陂、新营等庄陂、牛朝庄陂、哆啰咽大陂、大脚腿陂、新陂、大溪厝陂、朱晓陂、树林头陂、牛挑湾陂、番仔陂、土狮仔陂、咬狗竹陂、打猫大潭陂、打猫山脚大陂、虎尾寮陂、双溪口大陂、西势潭陂、大埔林陂、阿陈庄大陂、马龙潭陂、粪箕湖陂、石榴班陂、鹿场陂、打马辰陂、小埔姜林陂、长短树陂、吴连庄陂、林富庄陂、果毅后陂、水漆林陂、涂库陂、赤山陂、洋仔庄陂、番仔桥沟陂、乌山头陂、新港西陂、新港东坡、北社尾陂、台斗坑陂、大目根陂、刘荆庄陂、

---

① 《台湾县志》卷二《建置志·水利》，“台湾文献丛刊”第 103 种，台湾银行经济研究室，1961。

棣榔庄陂、竹仔脚陂、头桥陂、新庄陂、坂头厝陂、中坑仔陂、本厅陂、他里雾番仔陂、埔姜仑陂、猴闷陂、李望庄陂、尖山庄陂、柴里庄陂、斗六庄陂、大竹围陂、西螺引引庄陂、打廉庄陂、燕雾庄陂。内林圳在打猫庄大埔林北，康熙四十九年（1710年），庄民开浚；走猪庄圳源由石龟溪分入，康熙三十四年，庄民开浚；荷包连圳在走猪庄北，康熙五十二年，庄民开浚；加冬脚庄圳在他里雾社南，康熙三十六年，庄民开浚；石龟溪庄圳源由石龟溪分入，康熙四十五年，庄民开浚。北香湖在县北二里许，康熙三十四年，番民合筑陂于下流，名番仔陂；龙湖即赤山庄大潭，在龙湖岩前。白须公潭，在外九庄八掌溪北；何厝潭，在打猫竹仔脚。①

康熙末年，上述三县共计各类水利设施一百二十二处，其中陂九十三处，潭十六处，港二处，湖四处，圳五处，坑和池各一处。从设施类型看，人工兴修的陂、圳共九十八处，而利用天然地势蓄水灌溉的潭、湖较少。在台湾县和凤山县，主要是重新疏浚明郑时期修建的部分设施加以有效利用，这说明明郑时期，其主要开发区域集中于上述两个地区。在诸罗县，随着大陆民众不断涌入，人们亦开始了大规模兴修水利工程的工作。

在兴修水利的过程中，官方的作用主要体现在两个方面。首先，在民众力有不及时给予必要的帮助，如诸罗县诸罗山大陂、柳仔林陂、八掌溪潹陂、埔姜林陂、马朝后陂等俱由知县周钟瑄捐资或借粟助庄民修筑。康熙年间，哆啰啯民众合筑哆啰啯大陂，后因大水冲决，知县周钟瑄捐谷一百石、另发借仓粟八百余石重修。② 其次，随着台地开垦加速，原有水利设施不敷应用，

---

① 《诸罗县志》卷二《规制志·水利》，“台湾文献丛刊”第141种，台湾银行经济研究室，1962。

② 《诸罗县志》卷二《规制志·水利》，“台湾文献丛刊”第141种，台湾银行经济研究室，1962。

各地出现争水现象，官方作为仲裁者，负责处理双方纠纷。如上文所提及的台湾县嵌下陂正是这种情况。

随着大陆移民不断从南向北开垦，清政府陆续设立了彰化县、淡水厅、噶玛兰厅，在台湾中北部地区也修建了大量的水利设施。至道光时期，彰化县共有鹿场陂、打马辰陂、马龙溉陂、西螺引引庄陂、打廉庄陂、燕雾庄陂、井仔陂、埔盐陂等八处水陂，共有施厝圳、十五庄圳、二八水圳、万丹坑圳、万斗六溪圳、王田圳、中渡头圳、福马圳、险圳、大肚圳、快官圳、猫儿高圳、二八圳、猫雾束圳、大甲溪圳、南投圳、马助圳、阿辘治圳、福口厝圳等十九条水圳。上述陂、圳，记录最早者为西螺引引庄陂，康熙五十三年（1714 年）诸罗县周钟瑄捐银二十两助民番合筑；最晚者为险圳，源从乌溪分脉，至茄荖山，穿山凿石数十丈，流出灌溉七十余庄之田，乾隆十六年（1751 年）池良生开筑。彰化县的水利设施根据水源划分，可以分为四类：其由北而南者曰清水圳，引大甲溪水而导之，凡猫雾束、半线、大肚诸保，良田数十万顷，皆资灌溉；其由南而北者曰浊水圳，引浊水溪水而导之，凡东西螺、大武郡、燕雾、马芝数保之田，俱资灌溉；其由东而西者，则有南投溪、乌溪、大肚溪之水，各引灌田，其水亦清，而下流归西北入海；其他各处山泉，支分派别，皆可资以灌田，东西南北，因势利导，称水泉田。大抵清水之田，其稻粟皮薄，而米稍轻；浊水之田，其稻粟皮厚，而米较重；泉水之田，其粟与清水等。①

从雍正时期设立厅治开始，淡水厅陆续兴修灵潭陂、永安陂、福安陂、隆恩陂、南势角大陂、内湖陂、上陂头陂、下陂头陂、双连陂、隆恩陂、番仔陂、马龙陂、四百甲圳、六十甲圳、

---

① 《彰化县志》卷二《规制志·水利》，“台湾文献丛刊”第 156 种，台湾银行经济研究室，1962。

霄里大圳、万安陂圳、大安陂圳、永丰陂圳、暗坑圳、琉公圳、大坪林圳、双溪圳、番仔井圳、七星墩圳、水枧头圳、蛤仔市圳、猫里庄圳、嘉志阁圳、狮潭圳、西势庄圳、苑里庄圳、古亭笨圳、大安溪圳、火焰山脚圳、新庄陂圳、濑施陂圳、九张犁庄圳、日南庄圳、七张犁庄圳、安宁庄圳、七十二分埤、十八分埤、头渡溪坑等各类水利设施共计四十三处。① 上述设施的修建，值得关注者有二：首先，绝大多数陂、圳等都设立有专门的管理人员，即陂长或圳长，各业主或农户按照浇灌田地数量的多寡缴纳一定的水租作为他们的工资，通过这种方式，这些水利设施得到很好的维护，充分发挥了其灌溉或排涝作用。如后垄堡的蛤仔市圳，系乾隆五十二年（1787 年）众佃派丁冒险在河头拦筑大陂，分开水路，灌溉田六百零二甲。道光元年（1821 年），众佃议设陂长专管，每甲年纳水租四斗。其次，各种水利设施的修建，是一个垦户合作、番汉合作与官民合作的渐进过程。乾隆六年，业户薛奇龙同通事知母六集佃置桃涧堡霄里大圳，其水由山脚泉水孔开导水源，灌溉番仔寮、三块厝、南兴庄、棋盘厝、八块厝、山脚庄共六庄田甲。水额分摊，番佃六、汉佃四。乾隆年间，因新兴庄田园广阔，水不敷额，佃户张子敏、游耀南等向通事别给马陵埔阴窝，开凿一圳引接之。乾隆三十一年，业户张必荣出地、张沛世出资合置海山堡永安陂，其水自二甲九福安陂同引摆接溪源流不敷，复移三块厝下傍摆接溪潆栏筑大陂，遇沟艋舺，灌溉海山庄及摆接堡之西盛、柏仔林，兴直堡之新庄头、二三重埔等田六百余甲。嘉庆二十三年（1818 年）七月大水陂坏，张丰顺改筑在三块厝顶，与大安陂上下相望。

嘉庆时期，清政府在兰阳平原设立噶玛兰厅，至道光末年，

---

① 《淡水厅志》卷三《志二・建置志・水利》，“台湾文献丛刊”第 172 种，台湾银行经济研究室，1963。

该厅共修建陂头圳、冬瓜山圳、武荖坑圳、马赛圳、金大成圳、罗东北门圳、罗东南门圳、顺安庄圳、员山圳、金结安圳、金复兴圳、万长春圳、大湖圳、四围二结圳、辛仔罕圳、四围圳、林源春圳、三十九结圳、阿里史圳、充公圳、金长源圳、十六结圳、沙仔港陡门圳等共二十三圳。至日本侵占台湾为止，噶玛兰厅有水圳四十条，道光之前修建的水利设施占到总数的一半以上，这说明该厅从开发之初，即已开始大规模水利设施的修建工作。从灌溉土地数量看，四十条水圳灌溉面积为九千四百多甲，上述二十三条水圳即灌溉约八千四百甲，占灌溉面积的近九成。①可以说，至道光时期，噶玛兰厅的水利开发已经基本完成。

在台湾水利史的研究中，部分论者往往过细地区分这些水利设施究竟是官设还是民建的问题，其实，过于纠结这一问题没有太大的意义。不论官方是否支持，只要有居民活动和开垦荒地的地方，民众势必会想尽办法利用原有的水利设施或者自行组织人员修建新的工程。从上述台湾各地的情况看，不论是明郑时期还是清代，多数的水利设施最先都是由民众自行修建的。清代台湾水利设施不断完善的过程，也是台湾土地渐次开发的过程。

三、清代台湾稻作之生产

台湾土壤肥沃，气候温暖，非常适宜种植水稻。稻谷是台湾的主要农作物，也是台湾人民的主食。根据连横的统计，台湾稻谷可以分为两类：一类是用作食品的粳米，有白壳、乌壳、早占、埔占、三杯、花螺、清油、银鱼草、圆粒、羌猴、唐山、润种、格仔、棉仔、齐仔、乌踏赤、银朱红、园早、白肚早、一枝早、安南早、吕宋早、万斤献、大伯姆、天来、大头婆、香稻等

---

① 黄雯娟：《清代兰阳平原的水利开发与聚落发展》，《台湾文献》第43卷第4期。

共计二十七种；一类是用作酿酒和制作糕点的糯稻，有鹅卵、鸭母潮、红壳、虎皮、芒花、火烧、猪油、叶下藏、乌占、乌踏、竹丝状、圆粒、番术、红米、乌米等十五种。①

为改善稻谷品种，提高单位面积产量，清代台湾对耕作技术进行了革新。清统一台湾后，即从大陆引进新的稻谷品种。乾隆以后，台湾很多地方的稻米生产由单季稻转变为双季稻，如彰化县的稻谷生产有早晚二季，“春种夏熟曰早稻，夏种冬熟曰晚稻”②，宜兰平原的水稻种植岁有二收，亩产量常数倍于大陆。③后来，随着各地水利设施的兴修，不少地方尤其是台湾南部又出现三季稻。“台属土地膏腴，岁有三熟之稻”④。

现存史料中有关台湾稻谷亩产量的记载不多。很显然，由于各地气候不一，土壤肥力不同，不同地方稻米产量有一定的差异。乾隆五十三年（1788年），福建巡抚徐嗣曾、台湾镇总兵奎林奏称：“查彰化、淡水田皆通溪，一年两熟，约计每田一甲，可产谷四五十石至七八十石不等。丰收之年，上田有收至百余石者。旱园较水田次之。嘉义、凤山田园，距溪较远，间有单收者，较彰、淡次之。台邑沙地居多，多系单季，收成较嘉、凤又次之。此各路田园岁收之不同也。”⑤ 据统计，乾隆末年，台湾各地报垦的稻田为二万一千余甲，以此合计，乾隆后期台湾稻谷产量应在一百万石以上。应当指出，这一稻田数严重低于实际耕种

---

① 连横：《台湾通史》卷二十七《农业志》，商务印书馆，1983。

② 《彰化县志》卷九《风俗志》，“台湾文献丛刊”第156种，台湾银行经济研究室，1962。

③ 《噶玛兰厅志》卷五（上），“台湾文献丛刊”第160种，台湾银行经济研究室，1963。

④ 《台湾舆地汇钞·闽峤輶轩录》，“台湾文献丛刊”第216种，台湾银行经济研究室，1965。

⑤ 《台案汇录庚集》卷二《兵部为内阁抄出福建巡抚徐嗣曾等奏移会》，“台湾文献丛刊”第200种，台湾银行经济研究室，1964。

数量，还有大量田地没有纳入官方统计，台湾田地耕种，“家家皆有欺隐之产，人人皆偷开之户，实则种百亩之地，不过报数亩之田”[①]。光绪时期，台湾清丈田地，未清丈之前，全台报垦田园为七万余甲，结果最后统计出全台田园共计五十万余甲。[②] 因此，虽然很难对乾隆以后台湾的稻谷产量做出客观的估计，但数量一定是相当惊人的。这从台湾米谷大量输送到大陆也可窥其一斑。

第二节　清代台湾的手工业

一、樟脑业

樟树为亚热带雨林树种，在台湾有广泛的分布。樟脑业是晚清台湾最重要的手工业之一，成为台湾对外贸易的支柱产业。台湾樟树有红、白二种，红者主要用于熬制樟脑，白者用于造船。“大者数抱，四时不凋。其色赤，其材细，其味辛烈。作雕镂器，必用之。熬其汁为樟脑，入药”[③]。清代台湾樟脑产业主要集中于北部，尤其淡水的大嵙崁地方更是樟树最集中的地方，“漫山遍野皆樟，大者合抱，气甚芬烈，熬其汁可为脑，有脑寮、脑局在，岁出脑数百万，近设脑务总办理之”[④]。晚清台湾开港后，樟脑一直是外国人觊觎的重要资源。“台地物产饶沃，且有硫磺、

---

① 国学文献馆：《台湾研究资料汇编》（第1辑第6册），联经出版事业公司，1993，第1769页。

② 王世庆：《清代台湾的米产与外销》，《台湾文献》第9卷第1期。

③ 《重修福建台湾府志》卷六《风俗·物产附》，“台湾文献丛刊”第74种，台湾银行经济研究室，1961。

④ 池志澂：《全台游记》，“台湾文献丛刊”第89种，台湾银行经济研究室，1960。

樟脑为西人所贵、军火所需，恐不免旁睨涎垂。是今日海防不仅在奸盗之出没，又要在外人之窥伺”①。丁日昌在谈到西方人在台湾的利益时也说：“台湾精华所在，全局在台北、淡水、鸡笼等处，而外人心目所注，亦在台北、淡水、鸡笼。……樟脑之利，皆出于此故。”②

樟脑为台湾特产，明郑时期，很多人即入山开垦，伐樟熬脑，配售日本，以供药料。可见，在台湾熬制樟脑由来已久。清统一台湾后，一度封禁番地，禁止汉人出入。康熙五十九年（1720 年），曾逮私自进入番地熬脑者百数十人治罪，但民间犹有私熬者。雍正三年（1725 年），闽浙总督觉罗满保奏准台澎水师战船于台湾设厂修造，于是南北二路采伐大木，以为船料。此时部分匠首利用自己为官方服务的身份，获得了煎煮樟脑的许可，他们带领人员深入内山，熬制樟脑，获得巨额利润。“缘军工大厂所用本地土料木件，向系南路之琅峤、北路之淡水两匠首承办，而北路为最多。匠首杜长春又最久历，以煎煮樟脑获利”③。对于匠首来说，其主要任务是砍伐樟木，修补战舰，但煎煮樟脑却成为他们获利的主要来源。从相关史料记载看，康熙时期，“北路樟甚多，但少制炼者”，至乾隆时期，“樟脑，北路甚多”④。

随着噶玛兰的日渐开辟，部分民众不断深入内山，熬制樟脑，影响到部分匠首的利益，于是又有军工料馆之设。“噶玛兰新开，未设匠首，其本地游民无食，入山采伐木植，为居民建盖

---

① 丁绍仪：《东瀛识略》卷五《物产》，“台湾文献丛刊”第 2 种，台湾银行经济研究室，1957。

② 《道咸同光四朝奏议选辑·请速筹台事全局疏》，“台湾文献丛刊”第 288 种，台湾银行经济研究室，1971。

③ 姚莹：《东槎纪略》卷四《与鹿春如论料匠事》，“台湾文献丛刊”第 7 种，台湾银行经济研究室，1957。

④ 《续修台湾府志》卷十八《物产二》，“台湾文献丛刊”第 121 种，台湾银行经济研究室，1962。

房屋，农具器用，皆赖于此。其地并无松杉，惟产硬木，即军工小料之木也。是以淡水大匠首杜长春派令承办军工，历年四载，每载一百二十件无误。嗣因附近兰民，往往入山煎煮樟脑，售卖渐多，而杜长春之樟脑滞销不行，乃请入兰设立料馆，以采军工为名，而实在欲收樟脑之利”[①]。设立料场显然对于匠首有利，却影响到很多小料匠的利益。他们认为，历办军工无误，一经设馆，负担肯定加重，因此颇有怨言。而私煮樟脑者亦不肯遵禁，遂联合众料匠，反对杜长春的提议，反对设立料馆，双方僵持不下，并最终引发一场暴乱。道光五年（1825 年），清政府设军工厂于艋舺，并设军工料馆，兼办脑务，内山所熬之脑收归国有，而后配售。

咸丰五年（1855 年），英商德记洋行始与台湾道订约购脑，以每担八元的价格收购，十六元的价格卖出，无论是洋行还是台湾道，均获利甚厚。咸丰十年，台湾开港，外商渐至。樟脑为出口之货，岁约二十万元。台湾道陈方伯议归官办，设局收之。同治二年（1863 年），艋舺料馆改为脑馆，竹堑、后垄、大甲等处均设小馆，以理其事。其时艋舺、大甲所出特多，岁各一万二三千担，竹堑、后垄亦各有一二千担，另噶玛兰、彰化之内山亦有熬者。然为官办故，外商不能获利。

由于外商利益受损，在华外国商行群起反击，最终于同治八年（1869 年）迫使清政府废官办，新立购脑章程。新章程规定，外商可以直接深入内山收购樟脑，但须先向总税务司请给护照，填明行号姓名，完纳出口税之半，以代内地税。运至口岸，报明海关，照章纳税，而后出口。若无护照者，将脑充公，人亦治罪。此后台湾私人制脑日益兴盛。《淡水厅志》记载其变化云：

---

① 姚莹：《东槎纪略》卷四《与鹿春如论料匠事》，“台湾文献丛刊”第 7 种，台湾银行经济研究室，1957。

淡彰出产樟木，向归艋舺料馆收买，故内山各煎脑灶户，亦归料馆约束。料馆为道署军工厂料，煎脑则伤料。数十年来，樟脑买卖皆料馆操纵，脑灶各无赖亦知敛迹。同治五年，台道吴大廷委司料馆者，有不售樟脑与洋人之说，遂为借口。同治六年，委兴泉永道曾宪德，来台会同议办。议准洋人自行入山采买樟脑，明定章程，料馆遂名存实亡。[1] 同治九年，始设厘金局，征收脑厘，每百斤课银五钱。

因樟脑为台湾出口主要商品之一，光绪十三年（1887 年），在巡抚刘铭传的建议下，樟脑复归官办。“樟脑一项，近来日本出产甚多，而香港脑价日落。如归官办，每石可获利二三元。台湾产脑每年约出万石。……臣查樟脑、硫磺两项，民间私熬私售，每多械斗滋事，恳请归官收买出卖，发给执照出口。以目前情形而论，年可获利三万余元。以后若能出产较多，销路较畅，经理得人，日渐推广，以自有之财，供无穷之用，实于国计民生，两有裨益也”[2]。于是，设全台脑磺总局，隶巡抚，于北路之大嵙崁、中路之彰化各设脑务总局。在南庄、三角涌、双溪、罩兰、集集、埔里社等处皆设分局，以委员办之。台湾所产樟脑悉归官局，每担收购价八两，售价十二两，后改为收购价十二两，出售价三十两。

樟脑官办再次切断了洋商的财路。光绪十六年（1890 年）五月，英商怡记洋行运脑七百余担至鹿港，九月又运五百四十担，彰化局丁以为走私，将这些樟脑扣留。彼此互不相让，僵持不下。驻京英公使乃与总理衙门交涉，各国亦以有碍通商，请撤官办。在西方各国的重压之下，光绪帝令户部议处。户部认为：“熟考古今律例，盐、硝、硫磺均归官办，严禁私贩。除此三项

---

① 《淡水厅志》卷四《志三・赋役志・关榷》，“台湾文献丛刊”第 172 种，台湾银行经济研究室，1963。

② 连横：《台湾通史》卷十八《榷卖志・樟脑》，商务印书馆，1983。

之外，未尝别有所禁也。台湾内山今以出产樟脑之多，奸商夤缘贿赂，挟谋其间，不准他人售卖，实属无谓。今英商收脑数万斤，为巡察委员所没，是则奸商之故意而后至此，即台湾巡抚亦难辞其责。况樟脑一物，原系药材，未可禁止私贩。如英国地多虫蚁，以脑熏尸，可免虫蚀，此销用之所以较多也。此后各省新出，不论利益多寡，应先奏明而后举办，方为得策。伏乞谕饬台湾巡抚刘铭传，即将樟脑一项改为民办，官府但可征税。”① 当年十一月，清政府改官办为民办。其征税则例，凡脑百斤征税八元，脑丁每灶一粒月征八角，以十灶为一份。其出口者则海关税一元一角五分五厘，厘金五角五分。光绪十七年，改脑磺事务隶布政使司，仍于北路之大嵙崁、中路之彰化，各设脑务稽查总局，下设分局，悉以抚垦分局委员兼之。次年，“所有台湾樟脑，由脑户自行觅售，售价高低，出数多寡，地方官概不过问”②。

早在明代李时珍的《本草纲目》中，就已经谈到樟脑的炼制方法。早期台湾采用的方法是“煎脑法”：“村人业樟脑者，起山寮，作土灶，侦樟树坚光微臭者，削令成片，先浸渍一宿，拾置釜中，上覆以粗�，其下以水火逼之，类人炊黍者，气腾腾上蒸令透，一昼夜取磁出视，四周凝结如霜，是为樟脑。”③ 这种方法较为原始，炼制得到的樟脑很少。清后期台湾已经普遍流行“炼脑法”。炼脑法，首先要搭建脑灶，灶底砌砖为之，灶的周边皆用三寸厚木板贴之，板各有孔，用圆木贯其中，使前、后、左、右每两隅之板有所钤束，以箍此灶，故灶经汤气不裂。灶外设罩，以薄板及竹草杂为之。罩四周封闭，只开一门，以通风透

① 连横：《台湾通史》卷十八《榷卖志·樟脑》，商务印书馆，1983。

② 冯用：《刘铭传抚台档案整辑录》，《台湾文献》第8卷第1期。

③ 吴子光：《台湾纪事》卷一《纪台中物产》，“台湾文献丛刊”第36种，台湾银行经济研究室，1959。

火。一般一个灶上设有十个用来煮樟脑的锅。锅上放置一有孔木板，木板上置一木桶，桶中盛放九至十斤的樟木片。木桶上方再倒置一个陶缸，用来使樟脑结晶。炼制樟脑时，将水从木桶上端倒入锅中，点燃灶中的柴火，火烧一天一夜后，将木桶下半部的樟脑片抛弃，把上半部的樟脑片放在下半部，再拿些新的樟脑片放在上半部，加水继续用火烧，如此循环不已，连续烧十天。在烧煮过程中，锅中沸腾的水蒸气透过木板的孔将木桶中的樟木片蒸热，也蒸出含有樟脑的气体。这些气体进入倒置的陶缸中后即开始凝结，十天后将陶缸从木桶上拿下，陶缸中的半凝结樟脑遇到较冷的空气，凝结成霜状晶体，即为樟脑。①

二、蔗糖业

蔗糖业是清代台湾最重要的产业之一，历来有台湾“糖谷之利甲天下”之说。台湾甘蔗主要有竹蔗、红蔗、蜡蔗三类。竹蔗，皮白而厚，肉梗汁甘，用以熬糖；红蔗，皮红而薄，肉脆汁甘，生食较多，并以熬糖；蜡蔗，皮微黄，秆高丈余，茎较竹蔗大二三倍，肉脆汁甘，仅供生食。清代台湾用于熬糖者主要是竹蔗，“又有竹蔗，煮糖用之，台产最盛”②，“干小者曰竹蔗，煮汁成糖，邑产最多”③。

台地甘蔗种植十分普遍，时人有诗云：“蔗田万顷碧萋萋，一望茏葱路欲迷；捆载都来糖廍里，只留蔗叶饷群犀。”④ 甘蔗种

---

① 林满红：《茶、糖、樟脑业与台湾之社会经济变迁》，联经出版事业公司，1997，第90页。

② 《台湾县志》卷一《舆地志·物产》，“台湾文献丛刊”第103种，台湾银行经济研究室，1961。

③ 《重修凤山县志》卷十一《杂志·物产》，“台湾文献丛刊”第146种，台湾银行经济研究室，1962。

④ 郁永河《裨海纪游》卷上，“台湾文献丛刊”第44种，台湾银行经济研究室，1959。

植面积的增加，一度影响到稻谷的生产。康熙三十年（1691年），台湾道高拱乾指出："旧岁种蔗，已三倍于往昔；今岁种蔗，竟十倍于旧年。蕞尔之区，力农止有此数。分一人之力于园，即少一人之力于田；多插一甲之蔗，即减收一甲之粟。"长期下去，必将带来严重的后果。"在岁丰之日，固可以糖易谷输课并供粮食。万一复遇岁歉，寡收稻谷，种田有谷者除完课外，计日防饥，必不见贷于人；尔种蔗者有糖不足以为谷，非特无以完公，更思靡可糊口！数万军民需米正多，则两隔大洋，告籴无门；纵向内地舟运，动经数月，谁能悬釜以待？是尔民向以种蔗自利者，不几以缺谷自祸欤？"① 为此，他下令严禁无限度扩大甘蔗种植，必须保证稻谷的种植数量。蓝鼎元也称，打狗地方旱田百余里，大量的蔗林影响了军队的行动。

台湾甘蔗种植量的增长可从两个方面来考察。清统一台湾之初，台湾府三县合计蔗园面积约一万甲，其中上则园二千五百余甲，中则园三千三百余甲，下则园约五千甲。至雍正十三年（1735年），台湾府蔗园面积约三万八千甲，其中上则园三千一百余甲，中则园约四千甲，下则园约三万甲。从政府征税的蔗车数量看，康熙三十二年（1693年），台湾一府三县有蔗车九十九张，至乾隆二十九年（1764年）增加到三百六十九张。一般而言，上则园一甲红蔗得糖三千五百斤，一甲白蔗得糖三千斤；中则园一甲红蔗得糖三千斤，一甲白蔗得糖二千五百斤；下则园一甲红蔗得糖二千五百斤，一甲白蔗得糖二千斤；下下则园一甲红蔗得糖二千斤，一甲白蔗得糖一千五百斤。早在康熙末年，台湾府所属三县每岁所出之糖，已有约六十余万篓，每篓一百七八十斤。红糖（俗称青糖）百斤值银八九钱，白糖百斤值银一两三四钱。全

① 《台湾府志》卷十《艺文志·公移》，"台湾文献丛刊"第65种，台湾银行经济研究室，1960。

台仰望资生，四方奔走，为贸易之大宗。

甘蔗生长期较长，一般每年五六月种植蔗苗。甘蔗种植采用插枝法，即将原来的甘蔗枝条砍成几段，泡在水中一段时间，等枝条长出小芽后，即排列整齐插入土中。每种植一次蔗苗可收获三次，首年蔗苗较为细嫩，第三年的蔗苗较老，唯第二年蔗苗为最好。种于五六月者为上，“首年者熟于次年正月，两年者熟于本年十二月，三年者熟于十一月”。前两次收割时，只从底部折断甘蔗的秆茎，以便于其再次发芽，第三次收割时则连根拔起。甘蔗是耗费地力的作物，一般实行轮种，“每园四甲，现插蔗二甲，留空二甲，递年更易栽种”。①

受甘蔗收获季节的影响，台湾制糖业的忙季主要集中在冬春二季。清代台湾糖的种类主要有红糖、白砂糖和冰糖三种。红糖以石车硖去蔗汁，车下用桶收汁，付出樋管，流落澄清桶，用石灰以去其滓，转入鼎，熬糖。第一回之鼎，用温火以暖其汁；第二回之鼎，用武火滚出汁泡，以勺子掬之；第三回之鼎，蔗汁中之污物浮见，悉用勺子去之，其汁始净；第四回之鼎，火力添强，糖汁沸腾，再用花生油、蚵壳灰二样投入，其汁浓厚，始能凝结；此时移过第五回之冷拌鼎，搅匀成糖。再移入木箱做的糖槽，弄至糖松为度，装入竹篓；又用竹叶、竹箨包护，外用麻绳捆之。此制红糖之法。② 相比较而言，制白糖的工序较为复杂，“至制白糖，将蔗汁煎成糖时，入糖磏内，下用磏锅盛之；半月后浸出糖水，名头水；次用泥土盖磏上十余日，得糖水，名二水；再用泥土覆十余日之糖水，名三水；合煎可为糖膏，或用酿酒。每磏白糖只五十余斤。地薄，或糖师不得其人，糖

① 黄叔璥：《台海使槎录》卷三《赤嵌笔谈·物产》，“台湾文献丛刊”第4种，台湾银行经济研究室，1957。

② 《安平县杂记·糖业由来》，“台湾文献丛刊”第52种，台湾银行经济研究室，1959。

非上白，则不得价矣”①。至于冰糖，是白糖继续加工的产物，“白糖再熬成块，剖而为片，甚坚若冰，谓之冰糖，亦曰糖霜，价较贵”②。

台湾熬糖之厂，谓之廊。一曰公司廊，合股而设者也；二曰头家廊，业主所设者也；三曰牛犇廊，蔗农合设者也。③ 每廊一般设廊亭一间，廊灶五口，蔗厝一间三所，蔗朴埕一所。康熙时期，每廊用十二牛，日夜硖蔗；另四牛载蔗到廊，又二牛负蔗尾以饲牛，一牛配园四甲或三甲余。廊中工人如下：糖师二人，煮蔗汁火工二人，将蔗入石车硖汁的车工二人，鞭牛硖蔗的牛婆二人，在园中砍蔗、去尾、去箨的剥蔗者七人，采蔗尾用以饲牛者一人，看牛一人。④ 其后廊的规模有所增加，至清末，每廊有用牛十八只、二十七只或三十只者，车工也增加到六人。⑤

公司廊系由数人或数十人合股出资设立，亦有个别蔗农以提供牛只或芒蔗的方式入股。乾隆二十五年（1760 年）十一月，在永康下里三份仔庄，有李公赐、郑公进、王允祖、陈千老、陈永成、王老使、詹使叔、蔡使兄、谢元使等人，合伙组织了糖廊，并定有条约，以确定彼此的权利和义务。其合约如下：第一，熬糖用之牛只被盗时，当协众力追擒，倘擒盗送官，其费用个人均担。第二，廊中工人，必须诚实守份，若有不法通匪生事之人，则唯该雇主是问。第三，园中芒蔗，不论兵丁行人，口渴者准予折取二三枝，有多取者，即鸣众擒获，送官究治。第四，芒蔗被

---

① 黄叔璥：《台海使槎录》卷三《赤嵌笔谈·物产》，“台湾文献丛刊”第 4 种，台湾银行经济研究室，1957。

② 连横：《台湾通史》卷二十七《农业志》，商务印书馆，1983。

③ 连横：《台湾通史》卷二十七《农业志》，商务印书馆，1983。

④ 黄叔璥：《台海使槎录》卷三《赤嵌笔谈·物产》，“台湾文献丛刊”第 4 种，台湾银行经济研究室，1957。

⑤ 《安平县杂记·糖业由来》，“台湾文献丛刊”第 52 种，台湾银行经济研究室，1959。

焚，必系棍匪残害，倘查出棍徒姓名，由园主禀报官衙，该费众当均出。第五，廍有不测之事，无论大小，众当摊出经费，不得互相推诿，违者罚戏一台。透过这份条约，我们可以看出糖廍组织的基本原则为责任均摊，从条约中特别强调芒蔗的管理分析，上述合伙人中，应该有蔗农以芒蔗为资本入股。头家廍系由业主个人出资独自经营，除自行制糖外，还替蔗农熬糖。甘蔗由蔗农提供，其他工人、生产工具等费用由头家廍支付，蔗糖熬制后，双方按照事先约定的方式分得不同数量的蔗糖。牛犇廍系蔗农自行组合的榨糖组织，以股份制方式出资，超过十二股者为大廍，四至六股者为小廍。①

三、其他手工业

制茶业是清代台湾重要的手工业部门之一，“土产之出口者，以茶叶为大宗”②。清统一台湾后的相当长的时期，台湾只有水沙连一带盛产野茶，“水沙连内山，产土茶，色绿如松萝，味甚清冽，能解暑毒，消腹胀，亦佳品云”③。嘉庆年间福建人将武夷岩茶引入台湾种植，产量非常有限，主要供本地人饮用。开港后，由于对外贸易的扩展，台湾茶叶种植迅速增加，光绪四年（1878年）淡水海关报告称，十五年以前，大稻埕四周的山坡上，几乎看不到一棵茶树，而今这些山坡都种满了茶树，直至番界。④ 台湾茶叶种类繁多，主要集中于中北部。新鲜的茶叶采摘后，要经过晒、翻、炒、揉、烘、筛六个程序，才能用于出售。

---

① 周宪文：《台湾经济史》，台湾开明书店，1980，第 257 页。

② 《台湾游记》，“台湾文献丛刊”第 89 种，台湾银行经济研究室，1960。

③ 蓝鼎元：《东征集》卷六《纪水沙连》，“台湾文献丛刊”第 12 种，台湾银行经济研究室，1958。

④ 林满红：《茶、糖、樟脑业与台湾之社会经济变迁》，联经出版事业公司，1997，第 59 页。

茶叶栽培需要相当数量的资金。据日本殖民当局光绪二十四年（1898 年）的统计，一甲茶园包括购买土地费、开垦费、苗种费、种植费、整修费、农具损耗等各种费用在内合计二百二十一元。清末时期，台湾共有茶农八千三百六十七户，炒茶用的锅灶为一万零四百四十五个。①

台湾因其特殊的自然条件，自古便有制盐食用的传统。清统一台湾后，实行官督民营，允许民间自行贩卖。雍正四年（1726 年），实行官卖制度，设置统一的盐馆，根据各地人口数量，核算不同的食盐销售数量。最初台湾有盐场四处，分别为台湾县的洲南、洲北和凤山县的濑南、濑北。其生产情形，“夏秋恒多雨水，盐埕泥泞，晒常不敷；春冬二季，收晒多贮备用。所出之盐，尽数用制斛盘量收仓，每月照数给价晒丁收领。凤山场每交盐一石，给定价番广银一钱。各县贩户庄民赴馆缴课领单，每盐一石定课价番广银三钱、脚费银三分；执单赴场支盐各庄运卖。所卖盐银，除每月支发盐本及盐馆办事人役工食外，余悉存贮府库，按月申报”②。乾隆二十一年（1756 年），新增凤山濑东和濑西盐场。清末刘铭传出任台湾巡抚，实行盐政改革，设立全台盐务总局，并于台南府设立台南分局，统辖各盐场。

台湾北部是产煤区，尤以鸡笼为最。当地的采煤业由来已久，乾隆间，有司以破坏风水为由严厉禁止。史载，鸡笼山“向有仙洞，实煤窑也。土人凿售内地，为壅田用。开挖既甚，恐伤龙脉，乾隆间已立碑示禁，淹没失考”③。鸦片战争后，西方势力进入台湾，不断要求开放当地煤炭业。同治三年（1864 年），福

---

① 周翔鹤：《晚清台湾乡村制茶业》，《台湾研究集刊》2001 年第 2 期。

② 《重修凤山县志》卷四《田赋志·杂饷》，“台湾文献丛刊”第 146 种，台湾银行经济研究室，1962。

③ 《淡水厅志》卷四《志三·赋役志·关榷》，“台湾文献丛刊”第 172 种，台湾银行经济研究室，1963。

州税务司提议由英国商人开挖台湾煤炭，引起台地乡绅的强烈反对。随着福建船政的设立，闽台所需煤炭数量大增，民间私采，几不可复禁。同治九年，总督英桂札饬台道称，鸡笼煤窟，应就地方民情，悉心体察，看是否可以开采。署台湾道黎兆棠檄令淡水厅会同海关委员刘青藜并专委江苏候补知府胡斌驰往鸡笼查勘，“勘得海港东边之深澳坑、深澳堵、八斗仔、土地公坑、竹篙厝、偏坑、田寮港、后山、石硬港、暖暖、四脚亭、大水窟等处皆属旁山，无碍正脉，去民居远，于田园庐墓亦无妨碍，计得九十二洞”[①]。于是清政府开始商定章程，准备开采。至同治末年，每年产煤少者十余万担，多者三四十万担。

同治末年开山抚番后，台湾煤炭开采进入新的历史时期。光绪元年（1875 年）六月，沈葆桢称：“鸡笼附近之老寮坑、深澳坑、大水坑、竹篙厝及暖暖附近之四脚亭、大坑埔、极去枢冲等处，煤质尚觉坚美，而以老寮坑为最。且山径低平，车路易造，水口较近，运费亦轻，开采尤便。”[②] 为此，清政府在鸡笼设立老寮坑煤矿，聘请美国工程师三人，购置新式开采机器，当地煤炭业发展迅速。光绪七年，从鸡笼外运的煤炭达到四万六千吨。台湾建省后，巡抚刘铭传多方筹集资金，开办台湾煤矿，每日约可采煤一百吨。光绪十四年，设煤务局于鸡笼八斗，隶属台湾巡抚，以台湾知府张士瑜为总办，并修筑从煤矿到鸡笼码头的铁路。

---

① 《淡水厅志》卷四《志三赋役志・关榷》，“台湾文献丛刊”第 172 种，台湾银行经济研究室，1963。

② 沈葆桢：《福建台湾奏折・台北议购开煤机器片》，“台湾文献丛刊”第 29 种，台湾银行经济研究室，1959。

第三节　清代台湾的商业

一、清代台湾的行郊[1]

行郊，即商行，是清代台湾的商业团体，类似于行会组织。在台湾，同一地区或者同一行业的商贾，设立帮会组织，订立条规，借以维护彼此的商业利益，此种组织称为“行郊”。据目前所见材料，以“郊”称商行者，仅见于闽南和台湾地区。东嘉生指出，移住台湾而从事商业的大陆商人，以北自山东，南至福建、广东的广大范围为经商区域，从台湾输出砂糖、油、米，而输入台湾所需要的绸缎、丝、罗、布、纸料、杉木、烟、棉花等，在岛内各港口都市组织了商业同业公会以经营之，这就是所谓“郊”。岛内的郊，以雍正三年（1725 年）的台湾府三郊组织为其嚆矢。组织这种郊的商家，是大批发商，即所谓“行”。又因为行的商人大抵组织郊，所以称为行郊。[2] 连横对郊的定义是，“为商人公会之名，共祀一神，以时集议，内以联络同业，外以交接别途，犹今之商会也”[3]。就行郊的演变而言，笔者认为卓克华的观点是可以接受的。从雍正至咸丰年间，经过百余年的演变，郊、行、商已经通用不分，郊为行、商之义，兼具有“组织集团”之义，更发展成公会之代称。[4]

---

① 本节撰写参考卓克华《清代台湾行郊研究》（福建人民出版社，2006），特此说明。

② 东嘉生：《清代台湾之贸易与外国商业资本》，载《台湾经济史初集》，台湾银行，1954。

③ 连横：《台湾语典》卷一《郊》，“台湾文献丛刊”第 161 种，台湾银行经济研究室，1963。

④ 卓克华：《清代台湾行郊研究》，福建人民出版社，2006，第 20 页。

台湾行郊大致可分为两类，一类为区域性行郊，一类为同业性行郊。根据郊商贸易区域的不同，行郊可以区分为北郊和南郊。所谓北郊，即贸易区域在台湾以北者，如上海、天津、烟台等地；所谓南郊，即贸易区域在台湾以南者，如厦门、漳州、泉州、香港、汕头等地，其中往泉州者称为泉郊，往厦门者称为厦郊，在台湾各口岸之间往来贩运买卖者称为港郊等等。如雍正年间成立的三郊，即以此分类。雍正三年（1725年）入台交易，以苏万利、金永顺、李胜兴为始。配运于上海、宁波、天津、烟台、牛庄等处之货物者，曰北郊；郊中有二十余号营商，群推苏万利为北郊大商。配运于金门、厦门、漳州、泉州、香港、汕头、南澳等处之货物者，曰南郊；郊中有三十余号营商，群推金永顺为南郊大商。熟悉于台湾之采粜者，曰港郊，如东港、旗后、五条港、基隆、盐水港、朴仔脚、沪尾配运之地；港郊中有五十余号营商，共推李胜兴为港郊大商。由是商业日兴，积久成例，遂成为三郊巨号。[①] “商人择地所宜，雇船装贩，近则福州、漳、泉、厦门，远则宁波、上海、乍浦、天津以及广东。凡港路可通，争相贸易。所售之值，或易他货而还。账目则每月十日一收。有郊户焉，或赎船，或自置船，赴福州江浙者曰‘北郊’，赴泉州者曰‘泉郊’，亦称‘顶郊’。赴厦门者曰‘厦郊’。统称为‘三郊’。共设炉主，有总有分，按年轮流以办郊事。其船往天津、锦州、盖州，又曰‘大北’，上海、宁波，曰‘小北’”[②]。根据所从事行业的不同，行郊可以分为糖郊、布郊、米郊、油郊、药材郊、茶郊、绸缎郊、纸郊、碗郊等等。事实上，这两种分类方式并非十分准确，北郊、南郊和港郊各有集中性贸易，北

---

① 《台湾私法商事编·商事总论·郊》，“台湾文献丛刊”第91种，台湾银行经济研究室，1961。

② 《淡水厅志》卷十一《考一·风俗考》，“台湾文献丛刊”第172种，台湾银行经济研究室，1963。

郊以糖业为商，交易之地如天津、宁波、上海、烟台、牛庄等处。南郊以油、米、杂货为商，交易之地如金厦两岛、漳泉二州、香港、汕头、南澳等处。港郊采籴台湾各港之货物，以备内地之配运。

台湾行郊的管理者称炉主，负责处理行郊日常事务。“凡值当炉主，所有大小事务，及收店租支用一切，各人经手办明，不得度外延过下年”，“凡值当炉主之人，各专责成办理”。[①] 炉主对外需要代表行郊为各商贾争取正当的权益，对内需要处理彼此之间复杂的关系，担当炉主者，须有相当的才干。“主议之人，归值签者为之；然非有干济材，则不敢当此签。当此签者，上能应接官谕，下能和协商情者也。所掌事务不外事上接下之事。何谓事上？如防海、平匪、派义民、助军需，以及地方官责承诸公事。何谓接下？如赈恤、修筑、捐金、义举，以及各郊行调处诸商事。凡郊中公款出入收发，归其节制；立稿行文，归其主裁；账目银项，归其管理；收金收税，管事用人，归其执权”[②]。随着行郊事务日渐增加，部分行郊开始设立两位炉主，轮流执掌行郊事务，“每年轮当炉主二名，分上下期办理。上期三月二十三日办至九月止，下期十月初十日办至本年三月一日止”，“值年炉主二名，该年三月过炉之日，圣母面前祈筶，就入郊之妥号拟选，以筶为准”。

为处理行郊繁杂的事务，部分行郊还设立有董事。参加行郊的商贾称炉下，炉下须缴纳会费，遵守郊规，承担行郊的各项义务。此外，行郊还有签首、稿师、郊书等人。上述行郊的组成人员，由于行郊大小不同、事务繁简不一，不同时期多有变化。如

---

① 《台湾私法商事编·商事总论·郊》，“台湾文献丛刊”第91种，台湾银行经济研究室，1961。

② 《台湾私法商事编·商事总论·郊》，“台湾文献丛刊”第91种，台湾银行经济研究室，1961。

台南三郊，雍正三年（1725 年）设董事三人：苏万利、金永顺、李胜兴，三人各执其权，并无薪水。嘉庆十二年（1807 年），仅存三郊公戳，而董事则有陈启良、郭拔萃、洪秀文。道光二年（1822 年），设签轮值，则有大签如石鼎姜、林裕发、蔡振益、陈兴泰、东源号、益瑞号。同治元年（1862 年），大签合行轮值，月当一次，则有陈兴泰、尤崇德、黄谦记、福人号、成记号、怡记号、鼎源益、黄源、泰锦丰、陈邦记、王德记、林裕发、益瑞号。值签者则曰大签，而三郊公号仍用旧戳。三益堂公所则用稿师一名、大斫一名，为三郊办事之人。光绪五年（1879 年），每月值大签者三人，以郊商二十余号按月轮流，相关商号有福人号、利源号、成记号、王承裕、森泰号、景祥泰、泉升源、义发号、晋太号、震源兴、郭金源、尤崇德、美打号、德记号、怡记号、金泼利、鼎源益、吉春号、宝顺号、晋丰宽号、和昌、源太号、顺成号、瑞记号、振美号、瑞珠号、东昌号等。

作为一种具有严密组织性的商业联合体，行郊需要日常经费以维持其运作。从各行郊的郊规看，其经费来源主要有以下几个方面：第一，商户平均分摊的会费。澎湖台厦郊“凡会议一年一次，定以五月水仙王祝寿，逢便设筵同会，所费用照份均分，以垂永远，宜全始终”。显然，行郊日常的祭祀活动等开支由商户平均分摊。在鹿港的泉郊，“凡遇地方以外公事，应否捐需，或多或寡，照号公平匀摊，分别派出抵款。俾公事有济，不得借词挨延，贻误地方。轻则问众公诛，重则禀官严究”。第二，行郊置产生息收入。“本郊建置公店，逐月收店租，以资神诞过炉，及庙中油香、祭祀、修缮器具等件，公议酌办”。第三，征收课税收入。对于行郊所属商户出口贸易的货物，行郊要依据不同的则例征收课税，其收入构成行郊经费的主要来源之一。如台南三郊，“又议定出入港之货物，预设捐金抽厘。每糖一篓，捐金一尖；每货一捆，捐金一尖。年征捐金约有四五千元，归掌印董事收管，预备接济地方公事”[①]。此外，行郊还有些许罚款、个人捐资等收入。行郊的开支则包括祭祀神祇费用、各类员工薪水、各种应酬费用等。

乾隆以后，台湾行郊得以迅速发展。随着台湾逐渐由南向北开发，行郊也由最初的台南三郊遍及台湾各地，其中较为著名者有鹿港行郊、新竹行郊、艋舺行郊和澎湖行郊。鹿港行郊又称鹿港八郊，即泉郊金长顺、厦郊金振顺、布郊金振万、糖郊金永兴、簸郊金长兴、油郊金洪福、染郊金合顺、南郊金进益。当然，鹿港郊商总数肯定超过八家，只不过八郊名声最著。嘉庆二十三年（1818年），鹿港重修敬义园，捐助者除八郊外，另有丰盛号等郊商共二十号；道光十七年（1837年）鹿港行郊公置铁钟一口，捐助者中行郊达四十六家之多。鹿港行郊以舟楫运载米粟糖油，“行郊商皆内地殷户之人，出资遣伙来鹿港，正对渡于蚶江、深沪、獭窟、崇武者曰‘泉郊’，斜对渡于厦门曰‘厦郊’。间有糖船直透天津、上海等处者，未及郡治北郊之多”[②]。其船户贩糖者，仅到宁波、上海，到天津尚少。道光五年，天津岁歉，督抚令台湾船户运米北上，是时鹿港泉厦郊商船，赴天津甚多，此后鹿港行郊北上天津及锦、盖诸州者渐多。[③] 艋舺行郊，商户众多，茶行、糖行、烟行、米行、酒行等无处不在，但数量最多且规模最大者为船行，所谓艋舺行郊，一般指船郊。[④] “艋舺民居铺户纳四五千家，外即八里坌口，商船聚集，阛阓最盛，淡水仓

---

① 《台湾私法商事编·商事总论·郊》，“台湾文献丛刊”第91种，台湾银行经济研究室，1961。

② 《彰化县志》卷九《风俗志·汉俗·商贾》，“台湾文献丛刊”第156种，台湾银行经济研究室，1962。

③ 《彰化县志》卷一《封域志·海道》，“台湾文献丛刊”第156种，台湾银行经济研究室，1962。

④ 卓克华：《清代台湾行郊研究》，福建人民出版社，2006，第355页。

在焉。同知岁中半居此，盖民富而事繁也”①。新竹行郊一般称堑郊，成立于嘉庆、道光年间，至咸丰、同治时期达到鼎盛。堑郊有老抽分、中抽分、新抽分三类。据同治年间统计，堑郊有老抽分郊户三十三户，新抽分户二十八户。其活动情形史料有记载：“树杞林堡为新竹辖地，无港口往来船只，故无郊。然该地所出之栳、茶、米、糖、豆、麻、苎、菁等项，商人择地所宜，雇工装贩，由新竹配船运大陆者甚伙，运诸各国者亦复不少；布、帛、杂货则自福州、泉、厦返配；甚有远至宁波、上海、乍浦、天津、广东，亦为梯航之所及者。各商各为配运，名曰散郊户。船之中有名‘出海’者，司账及买办货物；复有‘押载’者，所以监督‘出海’也。然主持，皆出自郊户。”② 澎湖行郊又称台厦郊，主要由在妈宫街从事台厦贸易的商户组成，据文献记载，康熙年间澎湖即有在澎湖至厦门之间贸易的郊商，成文于光绪二十六年（1900 年）的《澎湖妈宫台厦郊约章》称：“我郊自开澎以来，迄今二百余年，前商人设立台厦郊。”③ 至于台厦郊的通商情况，“街中商贾，整船贩运者，谓之台厦郊。……然郊商仍开铺面，所卖货物，自五谷、布帛以至油酒、香烛、干果、纸笔之类及家常应用器，无物不有，称为街内。其他鱼肉、生菜以及熟药、糕饼，虽有店面，统谓之街外；以其不在台厦郊之数也”④。

如上所述，行郊的贸易区域非常广，从地域范围而言，它们不但垄断了台湾内部的商品流通，而且中国大陆南至香港、北达

---

① 《淡水厅志》卷十五《附录一·文征上·台北道里记》，“台湾文献丛刊”第 172 种，台湾银行经济研究室，1963。

② 《树杞林志·风俗考·商贾》，“台湾文献丛刊”第 63 种，台湾银行经济研究室，1960。

③ 《台湾私法商事编·商事总论·郊》，“台湾文献丛刊”第 91 种，台湾银行经济研究室，1961。

④ 《澎湖厅志》卷九《风俗·服习》，“台湾文献丛刊”第 164 种，台湾银行经济研究室，1963。

天津的沿海口岸都留下了行郊的足迹。当然，行郊的主要贸易对象还是闽南厦门、漳州、泉州一带。黄叔璥引《赤嵌笔谈》罗列了清统一台湾之初进出口商品的大致情况：

> 海船多漳、泉商贾，贸易于漳州，则载丝线、漳纱、剪绒、纸料、烟、布、草席、砖瓦、小杉料、鼎铛、雨伞、柑、柚、青果、橘饼、柿饼，泉州则载磁器、纸张，兴化则载杉板、砖瓦，福州则载大小杉料、干笋、香菇，建宁则载茶；回时载米、麦、菽、豆、黑白糖饧、番薯、鹿肉售于厦门诸海口，或载糖、靛、鱼翅至上海。小艇拨运姑苏行市，船回则载布匹、纱缎、枲绵、凉暖帽子、牛油、金腿、包酒、惠泉酒；至浙江则载绫罗、绵绸、绉纱、湖帕、绒线；宁波则载绵花、草席；至山东贩卖粗细碗碟、杉枋、糖、纸、胡椒、苏木，回日则载白蜡、紫草、药材、茧绸、麦、豆、盐、肉、红枣、核桃、柿饼；关东贩卖乌茶、黄茶、绸缎、布匹、碗、纸、糖、面、胡椒、苏木，回日则载药材、瓜子、松子、榛子、海参、银鱼、蛏干。海壖弹丸，商旅辐辏，器物流通，实有资于内地。①

随着各地行郊的不断扩展，不同行郊的贸易区域和商品种类也有所侧重。

台南三郊中，北郊以糖为主，输出商品包括白糖、福肉、姜黄、樟脑等物，输入商品包括宁波绸缎、上海绸纱、苏杭丝带、四川药材、浙绍簸货、中庄膏药、火腿、江西纺葛、宁波紫花布、上海哔羽、香港大小涂、天津棉花等。南郊以油、米和百货

① 黄叔璥：《台海使槎录》卷二《赤嵌笔谈·商贩》，"台湾文献丛刊"第4种，台湾银行经济研究室，1957。

为主，输出商品包括苎、豆、麻、菁子、米、笋干、青糖、鱼胶、鱼翅胶、豆糁等，输入商品包括漳州生原烟、泉州棉布、龙岩州纸类、福州杉木、香港洋布什货、厦门药材瓷器、永宁葛、汀州条丝烟、漳州丝线、深沪盐鱼、神南什货、香港哞羽、广东什货、泉州砖瓦石等物。港郊则负责采买台湾各地的商品用于大陆的配运。

鹿港行郊贸易以米、糖、油、粟等农产品为主，“鹿港，泉、厦商船向止运载米、糖、籸油、杂子，到蚶江、厦门而已。近有深沪、獭窟小船来鹿者，即就鹿港贩买米、麦、牛骨等物，载往广东、澳门、蔗林等处。回时采买广东杂货、鲢、草鱼苗来鹿者，名曰南船”①。鹿港行郊对大陆的贸易可谓盛极一时，南至广东、澳门，北至天津、大连，都有鹿港商人的踪迹。乾隆时期，载重量一二千石的大型船只即可停靠鹿港，其后随着鹿港日渐开放，往来商船逐渐增多，大者可载六七千石。据民国十一年（1922 年）鹿港档案记载，乾隆五十年（1785 年）至道光末年的六十余年间，是鹿港的全盛时期，每日进出船只一百多艘，船舶塞满港口，帆樯林立，鹿港大街长达三里多，居住着大批的泉厦郊商。②

新竹堑商贸易以闽南为主，往北延伸到福州、温州等地，输出商品主要是各类织物和水产品，输入商品主要是各类布匹、陶器、木材等物。“货之大者，以布帛、油、米为最，次糖、菁，又次麻、豆。内山则以樟脑、茶叶为最，次苎及枋料，又次茄藤、薯榔、通草、粗麻之属。以上各件，皆属土产；择地所宜，雇船装贩。……近则运于福、漳、泉、厦，远则宁波、上海、乍浦、天津以及汕头、香港各地往来贸易。所售之值转易他货，满

① 《彰化县志》卷一《封域志·海道》，“台湾文献丛刊”第 156 种，台湾银行经济研究室，1962。

② 张炳楠：《鹿港开港史》，《台湾文献》第 19 卷第 1 期。

载而还，搬运入栈，各商到栈贩卖”①。

澎湖行郊称台厦郊，显然以通商台厦为主。澎湖四面汪洋，土地贫瘠，各项物资不敷应用，“如布匹、绸缎、磁瓦、木植等货，则取资于漳泉；米谷、杂粮、油糖、竹藤等货，则取资于台郡”②。“澎地米粟不生，即家常器物，无一不待济于台、厦。如布帛磁瓦、杉木、纸札等货，则资于漳泉；糖米、薪炭则来自台郡。然而铺家以杂货销售甚少，不肯多置，故或商舶不至，则百货腾贵，日无从购矣。……惟火油、豆、糁则澎湖所产，贩往厦门、漳、同等处。然亦视年岁为盈虚，无一定之数也”③。

行郊的出现及其贸易活动，构成了清代台湾商业史的重要组成部分。总体而言，开港之前，行郊几乎控制了台湾的内外贸易，其出口货物以初级农产品为主，进口货物以丝绸布匹和日用品为主。这也与当时人的记载是一致的，“台湾出产甚饶，米、糖、油、靛，贩鬻半天下，其绵、丝、绸、布尔日用所需，则皆内地运往”④。同时，在清代台湾，行郊绝不仅仅是一从事贸易的商业性行会组织，它还具有一定的宗教、文化、政治、社会功能，值得我们认真思考。

二、清代台湾与大陆的商业贸易

1. 官方贸易

清代官方组织将台湾米谷运销到大陆尤其福建地区，主要有

① 《新竹县志初稿》卷五《考一·风俗考·商贾》，“台湾文献丛刊”第61种，台湾银行经济研究室，1959。

② 胡建伟：《澎湖纪略》卷二《地理纪·街市》，“台湾文献丛刊”第109种，台湾银行经济研究室，1961。

③ 《澎湖厅志》卷九《风俗·服习》，“台湾文献丛刊”第164种，台湾银行经济研究室，1963。

④ 丁绍仪：《东瀛识略》卷三《习尚》，“台湾文献丛刊”第2种，台湾银行经济研究室，1957。

两种形式：一种是粜运，即政府组织官船或民船将台湾米谷运输到福建缺粮地区，以平抑米价，调节缺失；一种是台运，即运输兵米眷谷。

福建是清代缺粮地区之一，尤其福州、兴化、泉州、漳州四府人多田少，向来需要外地接济。福建地方政府注意到台湾米产较为丰富，可以有效补充福建粮食之不足。“闽省福、兴、漳地窄人稠，民食官储，内地则赖上游延、建、邵三府所余，外地则借台郡所产”①。“闽省漳泉两府地窄人稠，所产米谷不敷民食，向借台湾米谷接济”②。台湾南部下淡水旧设商船、社船，“淡水旧设四只，雍正元年增六只，乾隆八年定制十只，不得再增。例由淡水庄民佥举殷实之人，赴漳泉造船，给照在厦贩买布帛至淡水，而回棹籴米粟接济漳泉民食”③。这说明，雍正之前，台湾已经有固定的船只籴买米谷接济漳泉一带。

康熙五十二年（1713 年）五月，闽浙总督范时崇疏言：“台湾属三县年征稻米十三万八千余石，除折支各营兵米外，岁余七万石。见存六十六万三千余石贮已十年，易致红朽。请将新收者匀留二十万石，备三年兵米之用；其四十六万余石，出粜给台湾俸饷。从之。”④《泉州府志》载：“是年（康熙五十六年）覆准：台湾米粮，应着落台湾镇、道将内地一体严加查禁，不许私运出洋偷买（卖）。至漳、泉、厦门地方米少价贵，该督、抚即酌定应需米谷数目，行文台湾镇、道量拨米谷，验给照文，护送兵船

① 张本政：《〈清实录〉台湾史资料专辑》，福建人民出版社，1993，第141 页。

② 国学文献馆：《台湾研究资料汇编》（第 1 辑第 4 册），联经出版事业公司，1993，第 1329 页。

③ 蒋师辙：《台游日记》卷二，“台湾文献丛刊”第 6 种，台湾银行经济研究室，1957。

④ 李桓：《国朝耆献类征》卷五十三《卿二十三》，广陵书社，2007。

逐汛严加押送，令地方官亲看发卖，并将原照申送督、抚销案。”① 结合上述两条材料看，台湾所余之米不会在台湾本地粜卖，同时又严禁出洋销售，台米销往对岸的漳泉地区是可信的。

康熙时期，台湾对漳泉的接济多属临时性，台属各县存留米粟出现大量剩余。台湾年征供粟一十四万余石，每岁仅支给台澎兵米谷七万余石，其余并无拨用，岁有余剩，雍正初年已积粟三十余万石。“于雍正三年为始，岁拨存宿碾米五万石，运赴内地平粜”②。至于平粜的具体办法，据巡抚黄国材说：“每年正月起至五月止，每月碾米一万石，以五千石运漳，以五千石运泉，交各该道府平价粜卖，接济民食。”该建议于雍正三年（1725 年）三月被批准实施。③ 从其后台米运输情况看，这一政策严格执行，“漳、泉等处，历来仰借台湾之米，从前题定有例：凡正、二、三、四、五等五个月，每月从台湾拨米一万石，运赴漳、泉接济”④。

雍正七年（1729 年），平粜制度出现第一次重大变革。首先，福建总督高其倬建议，由于连年征调台湾存粟，导致当地库存下降，不敷应用，他建议以官庄存粟并部分银两购买米谷给漳泉，以足其应运之数。“台属各县仓粟，向经题明每年拨粟十万石，碾米五万石，运往泉、漳二府平粜。但台属正供粟石，止可存备全台并厦门、金门等处兵粮，请将官庄现存粟四万九千石零、粟价银七万三千四百余两内，抽拨采买，运往泉、漳二府，永为定

---

① 《泉州府志选录·志事·海防》，“台湾文献丛刊”第 233 种，台湾银行经济研究室，1967。

② 张本政：《〈清实录〉台湾史资料专辑》，福建人民出版社，1993，第 100 页。

③ 中国第一历史档案馆、海峡两岸出版交流中心：《明清宫藏台湾档案汇编》（第 9 册），九州出版社，2009，第 334 页。

④ 《雍正朱批奏折选辑·福建巡抚毛文铨奏闻事折》，“台湾文献丛刊”第 300 种，台湾银行经济研究室，1972。

例”，此议经户部上奏后实施。[1] 这样，台米平粜漳泉就由原来只运输米谷改为米谷和籴买并行。其次，同年，署福建总督史贻直又建言由运米改为运谷。福建所属福州、兴化、泉州、漳州四府地势较低，每岁湿热熏蒸，仓谷易于霉坏，从前原有“存七粜三”之例。因福州、兴化二府产米不多，泉州、漳州二府产米更少，是以福州、兴化、泉州、漳州四府及府属各厅县，仓谷粜出甚易，买补最难。有司畏惧因循，不敢轻言粜易，遂致积贮年深，仓谷多有红朽腐烂。“查福、兴、泉、漳四府之仓及府属厅县各仓，共额贮谷九十五万五千五百余石。每年台湾例应碾运米五万石赴泉、漳平粜，又应碾运兵眷米一万二千余石，又应碾运厦门提标、金门镇标兵米二万一千余石，合计应运米八万三千余石。若令台湾停其碾米，照‘一米二谷’，竟将谷十六万六千余石运至厦门，令福、兴、泉、漳四府及府属各厅县按其积谷之多寡，派令分运各仓；即将府厅县各仓内见贮旧谷照数碾米，以为平粜及碾运兵眷、厦门提标、金门镇标兵丁之需。似此出陈易新、陆续转换，旋易旋补，旧谷既免积久陈朽之虞，仓储亦无悬久不补之弊。轮至六年之内，即可尽易新谷存仓。嗣后岁岁遵照更易，诚为经久可行之计矣”[2]。雍正八年三月，户部议覆，自雍正八年为始，每于春、冬动拨台粟十六万六千余石运赴厦门，令福州、兴化等府属厅、县按积谷之数，派运入仓，易换旧存仓谷平粜给兵。[3] 经过这一改革后，台米平粜地点由漳州、泉州扩展到福州、兴化、漳州、泉州，平粜种类由米改为谷，变得更加灵活。

---

① 张本政：《〈清实录〉台湾史资料专辑》，福建人民出版社，1993，第104页。

② 《清奏疏选汇·酌通闽省四郡积谷疏》，“台湾文献丛刊”第256种，台湾银行经济研究室，1968。

③ 张本政：《〈清实录〉台湾史资料专辑》，福建人民出版社，1993，第106页。

由于购买资金为固定的数量，其收购米谷必然随着米价的增减有所不同。总的来说，乾隆初年，随着大陆采购米谷的数量逐渐增加，台湾米价呈上升态势。乾隆七年（1742年），巡台御史书山、张湄指出，台地之所出米谷，每岁基本为固定数量，随着流民渐多，已耗台谷之半，复有兵米眷米，拨运福州、兴化、漳州、泉州平粜之谷以及商船定例所带之米，在这种情况下，台湾米价自然不会轻易下降。先前大陆发买谷价仅三钱六分或三钱不等，装运脚费俱从此出，在从前谷贱之年原足敷用，今则不免赔累。福建督抚并地方其他有司建议应按年岁丰歉依时价酌量增减，而户部则拘于成例，认为从前并无以年岁不齐稍议加增，又台湾素称产米，迥与大陆不同，倏增倏减，恐启浮冒捏饰之端，宜仍循旧例。根据张湄的调查，乾隆六年，台湾于收成之际，米价每石尚至一两五钱不等，则谷价亦在七钱上下。乾隆七年米价自一两七八钱至二两不等，与从前大相悬殊。“原议之谷价，即不论装运脚费，已不抵时值之半；倘仍不议增，必致因循岁月，互相观望，采买无期”[1]。乾隆八年，闽浙总督那苏图、福建巡抚刘于义奏称，台属常年买谷，除凤山县社谷每石三钱六分外，其余各地俱每石四钱。从前谷贱，可敷购买，近年谷价运费约需五六钱不等，请酌增价，奉部驳与定例不符。但谷价委系增长，过低的价格必将致使台湾民众蒙受巨大损失，从台湾收购的米谷，他们建议仍于泉州、漳州等府盈余项下每石加银五分，岁丰不以为例。乾隆皇帝批示，“着照所请行”。[2] 乾隆十年正月，闽浙总督马尔泰、福建巡抚周学健奏，福州、兴化、漳州、泉州四府粮食，向皆仰给台郡，所有八社仓谷，采买时每石定价银三钱六

---

① 六十七：《使署闲情》卷三《请采买米谷按丰歉酌量价值疏》，“台湾文献丛刊”第122种，台湾银行经济研究室，1961。

② 中国第一历史档案馆、海峡两岸出版交流中心：《明清宫藏台湾档案汇编》（第18册），九州出版社，2009，第405—406页。

分，平粜时四钱。去岁台郡丰收，自应及时采买。而谷价较前已昂，请将本年应买之谷，准于四府平粜盈余银内照时价加增，总不出乾隆八年奏定四钱五分之数，令及早买贮，得旨允行。可见，两年后台湾仍然执行的是每石四钱五分的政策。

雍正三年（1725 年），核定平粜漳泉共米五万石，雍正七年改米为粟共运十万石。其后有所增减，其变化情况，据范咸《台湾府志》记载，乾隆六年（1741 年）前，拨运福州、兴化、泉州、漳州四府平粜粟共十二万二百八十七石，其后减少为七万二百八十七石。"又有每年采买拨补福、兴、漳、泉四府平粜为七万余石"[①]。四钱五分的价格仍然是偏低的，其结果是大量应运福建各地的米谷无从购买，出现所谓"积运"现象，迩年动拨平粜，未经买补甚多。据统计，自乾隆元年至十年，台湾应供福建各类粟谷压欠九十九万九千余石，完补无期。[②] 乾隆十一年，福建巡抚周学健提出新的意见，废除定额制度，根据大陆缺米和台湾农业收成情况定购买数量。"未运内地平粜谷，宜酌变通。查台运平粜谷，年额征解一十六万九千六百七十余石，自二年至十年未运，是平粜已无借此；而台郡积存粟谷，更无可拨。其年额征收供粟又仅敷台、澎内地兵食，嗣后倘有应在台购买、运补内地平粜之处，随时酌办，毋庸定额拨运"[③]。此建议经户部讨论后

① 国学文献馆：《台湾研究资料汇编》（第 1 辑第 25 册），联经出版事业公司，1993，第 1329 页。

② 张本政：《〈清实录〉台湾史资料专辑》，福建人民出版社，1993，第 146 页。

③ 张本政：《〈清实录〉台湾史资料专辑》，福建人民出版社，1993，第 146 页。周氏所谓"查台运平粜谷，年额征解一十六万九千六百七十余石，自二年至十年未运，是平粜已无借此"，可能言过其实。乾隆七年（1742 年）十月，据闽浙总督那苏图奏，"从前题定，每年拨运金、厦、漳、泉米一十六万余石，递年压欠积二十余万石；业经奏准，分三年运足。实缘内地需米孔殷，拨协必不可少……应仍照前拨运，毋庸更改。从之"。

付诸实施。为确保大陆米价高昂时台湾有谷可籴，同年还议定，台湾各县固定积谷四十万石，作为大陆平粜之备用。“乾隆十一年议准：福建福、兴、漳、泉四府民食向借台湾运济，令台属各厅、县于本年二月内买足四十万石之谷，永为定额。遇有内地需要，即于此内动拨，仍发藩库银交台属随时买补”[1]。周学健的意思很明确，既然台湾本地已经没有存积的谷物，而年度征收的田赋仅足台澎自用，且由于购买资金不足，本应平粜的谷物也大量积压，不如直接废除原来的定额平粜制，根据米价变化和收成情况，决定是否采购台湾米谷用于平抑大陆米价。

台运，又称“配运”，即赴台贸易的商船必须按照规定搭载一定数量的米谷供应福建军队和戍台班军家属之用，一般称“兵眷米谷”。“闽省内地水陆官兵五十三营与驻防旗兵，不下十万。岁征粮米，惟延平、建宁、邵武、汀州与兴化五府产米之区，给米外，尚有赢余以济他府。福州、福宁、泉州、漳州四府兵多米少，协济犹不足，则半给折色；督标、金厦、漳镇、铜山、云霄、龙岩、南澳诸营，有全折者。雍正间，先后题请半支本色，于台湾额征供粟内拨运，谓之兵米、兵谷；又增给戍台兵眷米，亦以台谷运给，谓之眷米、眷谷”[2]。

雍正二年（1724年）九月，清帝谕户部：“前往台湾换班之兵丁，俱为看守地方，粮饷俱在台湾支给，伊等所留家口若无力养赡，则当差之兵丁反至分心苦累。……前往台湾换班之兵丁所留家口，每户赏月米一斗养赡。所给之粮，内地米少，即动台湾所有之米，合算船价雇募运至厦门，交与地方官亲给兵丁户口，

---

① 《清会典台湾事例·户部·积储·常平谷本》，“台湾文献丛刊”第226种，台湾银行经济研究室，1966。

② 《厦门志》卷六《台运略》，“台湾文献丛刊”第95种，台湾银行经济研究室，1961。

务使均沾实惠。”[①] 此为“眷米眷谷”之始。按照这一数量计算，每户每年需米一石二斗，折合粟二石四斗，以班兵八千到一万人左右计算，每年需要粟二万至二万四千石。雍正五年，总督高其倬建议将雍正初年台湾改折的部分米粟恢复继续征收本色，运往厦门作为金门和厦门官军军饷，“查厦门提标五营兵共四千八百名，加以金门镇二千零四名，共兵六千八百零四名，给以半年本色，应米一万二千二百四十三石有零，应粟二万四千四百八十六石有零”[②]。自雍正五年为始，岁运供粟二万四千余石，为金厦提镇两标兵丁月米；从雍正十年开始，增加供粟一万五千余石，作为督标四营兵丁月米；从乾隆十年开始，增加供粟一万四千余石，为闽安、南澳等营兵丁月米。此为兵米兵谷变化情况。

乾隆初年，台湾各属县拨运督标兵米共一万五千五百七十石，其中台湾县年拨运粟五千一百九十石、凤山县年拨运粟五千一百九十石、诸罗县年拨运粟五千一百九十石。拨运金、厦兵米粟共二万三千九百五十二石九斗六升，其中台湾县年运粟七千九百八十四石三斗二升、凤山县年运粟七千九百八十四石三斗二升、诸罗县年运粟七千九百八十四石三斗二升。拨运班兵眷米共二万二千二百六十石，其中台湾县年运谷四千九百零九石八升、凤山县年运谷六千一百五十三石一斗一升、诸罗县年运谷七千七百八十三石九斗一升、彰化县年运谷三千四百一十三石九斗。[③] 以上合计共六万一千七百八十二石余。这一数据与上述兵眷米谷的数量是一致的。乾隆十年（1745 年）以后，兵米有所增加，至

---

① 中国第一历史档案馆、海峡两岸出版交流中心：《明清宫藏台湾档案汇编》（第 9 册），九州出版社，2009，第 217—218 页。

② 国学文献馆：《台湾研究资料汇编》（第 1 辑第 7 册），联经出版事业公司，1993，第 1329 页。

③ 《重修台湾府志》卷四《赋役一・租赋》，“台湾文献丛刊”第 105 种，台湾银行经济研究室，1961。

乾隆后期，据署福建巡抚杨魁称，闽省各营轮拨过台兵丁眷口仍留大陆，每年按名各给眷米，又添补福州、兴化、厦门、南澳各府厅暨闽县、侯官等十四县兵米，二项共岁需谷八万一百余石。①至道光中期，兵米眷谷略有增加，每年额运大陆兵谷四万三千七百四十石有奇，遇闰加谷一千九百七十余石；又眷谷二万五千八百九十余石，遇闰加谷二千一百余石；福州府仓兵米七千八百七十五石，合谷一万五千七百五十石；又侯官县仓兵米五百四十三石六斗，合谷一千零八十七石二斗。合计大陆各仓兵谷、眷谷及兵米，合谷共八万六千余石。②

实际上，至嘉庆末年，台运也出现积滞问题，部分兵米眷谷得不到保证。据台湾道叶世倬报告，台湾、凤山、彰化、嘉义四县“共存澳待配谷六万八千余石，听候拨船配运”③。道光初年，“比阅台湾三口运谷册数，每年积压约二万以上。若减运眷谷，则无积矣”④。从数量上看，积压的部分基本等同于眷谷数。道光七年（1827年），闽浙总督孙尔准奏请将眷谷改折：“台属每年应领兵米兵谷共有六万余石，加以此项眷谷二万五千余石，全赖商船配运。今赴台船只渐少，而贫眷应支月粮，不能缓待。内地各属，往往借动仓谷垫放，未能实时归补，殊非常法。臣等与藩司吴荣光再三筹酌，近年内地银价，每两可易制钱一千二三百文。中稔之年，每石米价需钱二千二三百文。按一米二谷计算，每米一石，折银二两，足敷兵眷买食。与上游延、建、邵、汀等营，

---

① 张本政：《〈清实录〉台湾史资料专辑》，福建人民出版社，1993，第260页。

② 《厦门志》卷六《台运略》，“台湾文献丛刊”第95种，台湾银行经济研究室，1961。

③ 中国第一历史档案馆、海峡两岸出版交流中心：《明清宫藏台湾档案汇编》（第133册），九州出版社，2009，第97—98页。

④ 姚莹：《东槎纪略》卷一《筹议商运台穀》，“台湾文献丛刊”第7种，台湾银行经济研究室，1957。

以折色放给者，一律办理。如蒙俞允，应请自道光八年起，台属应运眷谷，每石折银一两，饬司筹款，随同眷银，一并发给各营承领。”[①] 道光八年五月，清帝谕内阁，自道光八年起，将台属应运眷米每石折银一两，由藩司筹款随同眷银一并给发，仍于台饷内扣收归款。所有道光七年未运谷石，准其一体改解折色。至道光六年以前欠运眷米，仍照部议，饬令台属解运本色。道光二十一年起，除澎湖、南澳外，台湾运送大陆兵米改为半本半折，折色者仍每石银一两，三年后，改折的办法运行良好，“各营兵粮自改议半本半折以来，按期领价，随时买食，亦于民食毫无妨碍”，遂将“所有台运内地各府、厅、县兵米兵谷，仍改为折色一半，划抵台饷归款”。[②]

无论平粜还是台运，清政府都是通过往来闽台的商船进行配运的。一般而言，配运米谷，按照梁头的大小分成不同级别的船只，配载一百石至三百石不等。商船拨运大陆兵米，及采买平粜米谷，大船配载三百石，次大二百五十石，大中二百石，次中一百五十石，下中一百石，小商船免配。每石脚价银六分六厘。遇起运之时，当堂拈阄值何处。如福州府属及南澳等处，交卸给免单二张；兴化、泉州、漳州等属，交卸给免单一张。俟该船下次入口，将免单呈缴，免其配运。

台谷平粜对保证福建尤其是闽南一带的粮食供应发挥了积极的作用。在这一过程中，官方也获利甚丰。将漳泉市价、平粜价格、采买价格对比分析，平粜一般比市价低二至三成，却超出采买价格一倍以上，中间的差价成为政府获利。在台运中，通过商船运输兵眷米谷，也节省了大量的成本。清中期以后，随着闽台

---

① 《台案汇录丁集》卷五《户部为内阁抄出闽浙总督孙尔准等奏移会》，“台湾文献丛刊”第178种，台湾银行经济研究室，1963。

② 张本政：《〈清实录〉台湾史资料专辑》，福建人民出版社，1993，第904页。

民间贸易的开放和大量洋米的进入，福建粮食不足的问题大大缓解，无论平粜还是台运的重要性都大大降低。

2. 民间贸易

除具有官方性质的米谷贸易外，清代台湾和大陆的民间贸易也非常兴盛。

清统一台湾后，为防止两岸民众的自由往来，对于两岸贸易船只携带米谷的数量有严格的限制，商船由台往厦，每船只许带食米六十石，以防偷越，若敢违例多带米谷，将遭到严重的处罚。六十石是一个经过精确核算的数据，“台湾商船准带食米六十石，是以二十人十日计算也”①。尽管官方严加限制，民间的贸易还是无法禁止，连康熙皇帝自己也承认，“闻台湾之米，尚运至福建粜卖”②。总体而言，受政策限制和海峡两岸交往影响，康熙时期闽台民间贸易还是相当落后的。尤其康熙末年朱一贵事件后，有司恐民运粮接济海盗，又恐听民搬运以致台湾米价腾贵，或生事端，遂禁止台米过海，执行了更为严格的限制两岸交往的政策。

雍正四年（1726 年），两岸民间贸易出现重大转机。闽浙总督高其倬上奏《请开台湾遏米之禁折》，建议全面放开台米外运。高其倬指出，开放台米禁运，其益有四端：其一，泉州、漳州二府之民有所资借，不苦乏食；其二，台湾之民既不苦米积无用，又得卖售之益，则开田愈力；其三，可免泉州、漳州、台湾之民，因米粮出入之故，受掯勒需索之累；其四，泉州、漳州之民既有食米，自不搬买福州之米，福州之民亦稍免乏少之虞。对于部分人的忧虑，高氏也给出了解决的办法：其一，恐泉州、漳州之民任意搬买，或致台湾米贵。应于冬成之时，详细确查。若台

① 《厦门志》卷五《船政略·商船》，“台湾文献丛刊”第 95 种，台湾银行经济研究室，1961。

② 张本政：《〈清实录〉台湾史资料专辑》，福建人民出版社，1993，第 80 页。

湾丰熟，即开米禁，倘年成歉薄，即禁止贩买。其二，恐买米之船，接济海盗。泉州、漳州之民过台买米者，俱令于本地方报明欲往台买米若干、载往某处贩卖，取具联保，详报臣等衙门，即飞行台湾及所卖之府、县两处稽查。[①] 高其倬的意思很明显，无论是台湾民众还是大陆居民，开放禁令对双方都是有益的，泉州、漳州之民势不得不买，台湾之民亦势不能不卖，先前非常严厉的禁令，其实并没有阻止两岸的贸易，只不过给那些官弁兵役索贿私放提供了机会。与其如此，不如允许民间米谷自由买卖。当年，九卿会议的结果是，台湾商贩，允许至福州、泉州等府贸易。其米船入海口设禁巡防问题，令该督、抚另行详议。决策者此时依然处于两难的状态，既认同开放禁令是合理的，又担心由此产生的连锁反应。

雍正五年（1727 年）三月，兵部议准：闽省福州、兴化、漳州、泉州、汀州五府地狭人稠，自平定台湾以来，生齿日增，本地所产，不敷食用。唯开洋一途，借贸易之盈余，佐耕耘之不足，贫富均有裨益。应请复开洋禁，以惠商民，并令出洋之船，酌量带米回闽，实为便益。[②] 很显然，当年开放禁令正是对高其倬建议的回应。雍正九年，福建陆路提督张起云称，“泉漳产米无多，向取给于台湾。今台地米谷复驰出口之禁，商船源源而来”[③]，“至台北一路出产米谷，泉漳地方终岁民食，仰赖于彼艍仔各船赴北路贩运”[④]。可见，这一政策收到了非常明显的效果。乾

---

① 《雍正朱批奏折选辑·浙闽总督高其倬请开台湾遏米之禁折》，“台湾文献丛刊”第 300 种，台湾银行经济研究室，1972。

② 张本政：《〈清实录〉台湾史资料专辑》，福建人民出版社，1993，第 101 页。

③ 国学文献馆：《台湾研究资料汇编》（第 1 辑第 11 册），联经出版事业公司，1993，第 1329 页。

④ 《台湾文献汇刊》（第 4 辑第 15 册），九州出版社、厦门大学出版社，2004，第 62 页。

隆以后，随着台海民间贸易的兴盛，台米内运在维持福建米价的稳定、保证米谷供应方面发挥了非常大的作用。

清代台湾的贸易还扩展到江苏、浙江、山东、上海、广东等地，交易商品的种类也日益增多。早在康熙时期，漳州、泉州商贾便运载台湾糖、靛、鱼翅至上海，小艇拨运姑苏行市，船回则载布匹、纱缎、枲绵、凉暖帽子、牛油、金腿、包酒、惠泉酒；至浙江则载绫罗、绵绸、绉纱、湖帕、绒线；宁波则载绵花、草席；至山东贩卖粗细碗碟、杉枋、糖、纸、胡椒、苏木，船回则载白蜡、紫草、药材、茧绸、麦、豆、盐、肉、红枣、核桃、柿饼；关东贩卖乌茶、黄茶、绸缎、布匹、碗、纸、糖、面、胡椒、苏木，船回则载药材、瓜子、松子、榛子、海参、银鱼、蛏干。是故，时人对台湾的评价是，“海壖弹丸，商旅辐辏，器物流通，实有资于内地”①。

当然，在清代相当长时期内，台湾与大陆各地的贸易，还是以粮食为主。民间长距离粮食贸易也并非完全是商业性行为，政府也经常雇佣商船运粮。雍正二年（1724 年），宁波、台州等地米价高昂，福建地方有司即租用船只赴台采购二万石米并组织运输到宁波。② 道光四年（1824 年），为补充天津粮食供应不足，清政府令福建巡抚孙尔准招募商船运米十四万石赴天津，未料到当年直隶一带风调雨顺，粮价偏低。为保证商人不受大的损失，户部多方筹集资金，以每石库平银三两六钱的价格先行收购十万石，参与运输的船只返回之时带回的各种货物也一律免予征税。③

---

① 黄叔璥：《台海使槎录》卷二《赤嵌笔谈·商贩》，“台湾文献丛刊”第 4 种，台湾银行经济研究室，1957。

② 中国第一历史档案馆、海峡两岸出版交流中心：《明清宫藏台湾档案汇编》（第 9 册），九州出版社，2009，第 105—106 页。

③ 中国第一历史档案馆、海峡两岸出版交流中心：《明清宫藏台湾档案汇编》（第 141 册），九州出版社，2009，第 173—177 页。

三、清代台湾的对外贸易

第二次鸦片战争后，台湾开港，至同治三年（1864 年），台湾安平、淡水、鸡笼、打狗四处口岸正式对外开放。随着外国商人和洋行的大量涌入，台湾的商品贸易发生很大变化。随着人口的增长和甘蔗等经济作物种植面积的增加，粮食需求量大量上升，导致台湾由米谷出口区域变为进口区域，有的年份甚至达到每年 20 万石的进口量。开港后，外商轮船贸易逐渐控制了台湾的对外贸易，中国传统的帆船贸易受到相当程度的影响。台湾对外输出的商品由传统的米谷转变为以蔗糖、樟脑、茶叶为大宗，进口商品主要有鸦片、棉纺织品和杂货。台湾口岸通商后对外贸易发展甚为迅速。根据海关贸易统计资料，同治四年台湾的进出口贸易总值为 2327121 海关两，到光绪二十年（1894 年）达到 12694495 海关两，年平均增长率为 6.02%，而同期中国全国对外贸易总值年平均增长率仅为 3.28%。[①]

茶叶是近代台湾对外贸易中最主要的商品。咸丰年间，台北淡水茶叶多由商船运往福州销售，俱系未拣毛茶，为数不多。咸丰十一年（1861 年）英国驻台湾副领事郇和向英国政府报告称，台湾茶叶具有很高的商业价值。同治四年（1865 年），英国人约翰·多德赴台考察樟脑业，在文山堡、海山堡等处看到当地气候土壤适合茶叶栽培，遂于次年从福建安溪县购置茶苗，雇佣淡水一带民众栽培。同治六年，约翰·多德收购茶叶 13 万多斤运输到澳门贩卖。在巨大利润的刺激下，约翰·多德决定在台北艋舺设立制茶工厂，聘请福建茶师，此为台湾茶叶产业化的滥觞。同治八年，他满载 2131 担共计 283000 磅茶叶直抵美国纽约，使台

---

① 李祖基：《近代台湾对外贸易研究》，厦门大学出版社，2013，第 11 页。

湾茶叶正式进入国际市场。[1] 此后，其他外商洋行和一些大陆商人也陆续进入台湾茶叶市场。

台湾茶叶出口主要是乌龙茶和包种茶，其中乌龙茶为大宗。根据海关报告的统计，同治五年（1866 年）至光绪七年（1881 年），除同治十二年出口量略有下降外，16 年间台湾茶叶输出数量基本一直呈增长趋势，从同治五年的 1356 担增加到光绪七年的 96446 担。台湾茶叶的出口主要以淡水港为中转站，光绪八年到光绪十七年间，淡水港每年出口货物价值平均为 2971376 海关两，其中茶叶即达 2788576 海关两，占总出口量的 93.8%。[2] 从各年间出口数量看，台湾茶叶的对外贸易依然呈增长态势。光绪八年贸易额 90303 担，光绪九年贸易额 99050 担，至光绪十四年贸易额达到 135741 担，此后基本维持在十二三万担之间。“沿海贸易原出口之货，以乌龙茶叶为大宗。本年（1890 年）由淡运往厦门转运美国等外洋之处，共计出口十二万七千余担。比较往年，不能视为淡景”[3]。随着台湾茶叶制作技术日臻成熟，茶叶品质逐渐提高，价格也不断上升。同治五年，每担仅售 10 元，从同治九年起，每担即达到 30 元以上，光绪五年曾达到 46 元多。出口数量的增长，单价的提高，使得台湾茶叶出口总金额不断增加，并于光绪七年之后超过蔗糖，成为台湾最重要的出口商品。

与茶叶不同，台湾樟脑对外贸易受政治影响较大。鸦片战争之后，即有英国商船以鸦片与樟脑进行贸易。咸丰五年（1855 年），美国商人在台湾设置收购点，进行樟脑贸易。在台湾开港

---

① 周宪文：《台湾经济史》，台湾开明书店，1980，第 329 页。

② 林子候：《台湾开港后对外贸易的发展》，《台湾文献》第 27 卷第 4 期。

③ 《光绪十六年淡水口岸华洋贸易情形论略》，中国第二历史档案馆、中国海关总署办公厅编：《中国旧海关史料（1859—1948）》（第 16 册），京华出版社，2001，第 171 页。

之前的两年间，每年约有10000担以上樟脑输往香港，其在台以每担8元的廉价购入，在港以每担16元的高价出售，一时颇收垄断之利。[①] 台湾开港后，樟脑贸易依然有相当大的利润。“盖在内地每担价仅八元五角至十一元五角而已，运到香港莫不得利”[②]。原来为美国所独占的贸易权，逐渐为英国洋行所取代，樟脑遂成为各方争夺的焦点。

同治二年（1863年），清政府将台湾樟脑业收归官办，由官办脑厂向制脑者直接收购，转售洋行。樟脑专卖实际上变相提高了其收购价格，导致外商利润大大下降。同治五年，安平英领事官请求脑厂民办，遭到台湾道吴大廷的拒绝，遂引起洋商的严重不满。他们纷纷勾结不法商贩，潜入内山，私行设栈，贩运出洋。同治七年，英商必麒麟擅自闯入梧栖港收购樟脑。按规定，外商除了已正式开放的淡水、鸡笼、安平、打狗四口外，不得到其他港口进行贸易。因而，当必麒麟将其私购的价值约6000元的樟脑偷运出口时，被鹿港同知洪熙恬查获扣留，后遭风漂没。八月间，必麒麟再次私入梧栖港。台湾兵备道梁元桂遂依法下令通缉，必麒麟开枪拒捕，乘船逃往淡水。经此挫折，必麒麟恼羞成怒，借教堂未结各案，以“樟脑载在税则，原准洋商采买出口”[③] 为由，上报驻京公使，要求调请兵船前来保护，并索赔樟脑损失。英国驻打狗领事官吉必勋协同舰队司令官史考特与梁元桂谈判樟脑赔偿问题，因双方意见分歧，不欢而散。随后，史考特拟定了9点要求，函告梁元桂，其中要求归还怡记洋行被截留

---

① 林子候：《台湾开港后对外贸易的发展》，《台湾文献》第27卷第4期。

② 《光绪十六年打狗口岸华洋贸易情形论略》，中国第二历史档案馆、中国海关总署办公厅编：《中国旧海关史料（1859—1948）》（第16册），京华出版社，2001，第179页。

③ 《教务教案档》第二辑（三），台湾“中央研究院”近代史研究所，1975，第1460页。

的樟脑，并把截留者治罪，并以台湾地方政府的名义函告英领事吉必勋，表示日后外国樟脑贸易不受干涉。十月英国军队占领安平，英国公使阿礼国在给总理衙门的照会中声称，“大概情形，总因梁道办理交涉事件纯任霸道，且因该处地方官不遵贵衙门之谕，执意偏禁洋商贩买糖斤米石出洋，并樟脑设立官厂，此外违约之举，仍复不少，以此洋商难免怀嫌”①。此次纠纷后，中英双方签订了《英商在台采办樟脑条款》，樟脑任从洋商采买，台湾地方政府不得阻禁。至此，樟脑专卖制度废除。

由于成本不断降低，大批外商涌入台湾内地，樟脑产量和输出量大增，同治七年（1868 年）至同治九年，平均每年的出口量达到 14000 多担。但与作为日常消费品的茶叶相比，樟脑的消费量还是比较有限。大量樟脑出口导致价格不断走低，从同治十年至光绪六年（1880 年），樟脑出口量基本保持稳定，此后至光绪十一年，出口量逐渐下降。光绪九年至光绪十一年，受中法战争局势影响，出口量急剧下降，分别为 3086 担、462 担和 3.14 担。② 从同治七年废除专卖后，“输出额一直能相当好的保持着，直至 1880 年，该年的数额是 12355 担。从那时起，樟脑输出额便逐年低落，直至 1885 年，全年的输出额仅为三担”③。

台湾建省后，为筹集经费，刘铭传于光绪十二年（1886 年）奏请将硫磺、樟脑经营权收归国有。根据刘铭传的统计，光绪十二年十一月至光绪十四年底，共采熬樟脑 637000 斤，售出洋应 618000 斤，得价银 61500 两，除还本银 48000 两，又除局用、运

---

① 《教务教案档》第二辑（三），台湾“中央研究院”近代史研究所，1975，第 1545 页。

② 李祖基：《近代台湾对外贸易研究》，厦门大学出版社，2013，第 27—28 页。

③ H. B. Morse：《1882—1891 年台湾淡水海关报告书》，《台湾经济史六集》，台湾银行经济研究室，1955，第 90 页。

资、保险等银 8600 两，余银近 5000 两；光绪十五年共采熬 950300 斤，售价银 85500 两，除还本银 71800 两和脑局用各款银 4070 两，实余银 9600 余两。[①] 樟脑经营权收归国有大大影响了外商洋行的利润空间，引发他们极大的不满。早在光绪十三年，美国公使田贝即向总理衙门抗议道，“嗣刘抚院莅任，未闻其有可以擅改章程之权。……辄自出己见，不遵所立五条章程，仍照一八六九年以前归于官办”[②]。在英、德等国的强大压力下，从光绪十七年开始，台湾樟脑再次废除专卖，全面向外商开放，“自光绪十七年正月起，所有台湾樟脑由脑户自行觅售；价值高低、出数多寡，地方官概不过问，惟设局弹压稽查，按灶抽收防费。倘有奸民盗伐樟树私熬、抗纳防费或拖欠不缴，地方官应随时查封惩办，洋商不得干预包揽”[③]。此禁一开，台湾樟脑出口量顿时大增，光绪十八年、光绪十九年、光绪二十年三年分别达到 17541 担、33318 担、39547 担。

蔗糖也一直是台湾对外输出的重要商品之一，早在荷兰殖民统治时期，台湾蔗糖就已经销售到日本、波斯等地。清统一台湾后，大陆成为台湾蔗糖最重要的输出地，至同治八年（1869 年），台湾蔗糖销售到国外的数量仍然十分有限。同治九年以后，这种情况发生巨大变化。同治九年至光绪二十一年（1895 年）大陆占台糖出口比例降至 60%以下，其中同治十一年至光绪十七年间在

---

① 刘铭传：《刘壮肃公奏议》卷八《官办樟脑硫磺开禁出口片》，“台湾文献丛刊”第 27 种，台湾银行经济研究室，1958。

② 台湾史料集成编辑委员会：《明清台湾档案汇编》（第 94 册），远流出版社，2009，第 496 页。

③ 《刘铭传抚台前后档案·南府行知所有台湾樟脑自十七年正月起由脑户自行觅售按灶抽收防费》，“台湾文献丛刊”第 276 种，台湾银行经济研究室，1969。

50%以下，光绪三年至光绪九年间甚至降至30%以下。[①] 随着销售到大陆的比例下降，台湾蔗糖对外销售的份额逐渐增大。同治十三年台糖销售总额672677担，其中对外销售373762担，占总额的55.56%，首次超过对中国大陆销售量。光绪六年台糖外销比例达到76.99%，为752630担，此后至光绪十年台湾蔗糖对外贸易一直远超销售至中国大陆的数量。中法战争后，台湾蔗糖对外销售的比例略有下降，但除光绪十九年之外，至光绪二十一年也基本保持在一半左右。

从销售区域看，除传统的外贸对象日本外，19世纪70年代以后，台湾蔗糖通过香港远售到澳大利亚、美国、英国、加拿大、新西兰等地。随着销售范围的扩展，台糖贸易的数量也不断增加。同治九年（1870年）台糖贸易总额552800担，至光绪二年（1876年）增加到851488担。此后台糖出口略有下降，至光绪六年又增加至977625担。从光绪七年至光绪二十一年，除个别年份外，台糖贸易额一般均在50万担以上。还应当注意的是，随着台湾茶叶贸易量的增长，糖在台湾外贸中的比重逐渐下降。根据黄富三、陈慈玉的统计，同治七年至光绪二十年台湾出口货物中，蔗糖、茶叶占绝对重要地位，光绪元年之前，蔗糖的比例远远超过茶叶，自光绪二年至光绪六年，蔗糖、茶叶基本保持均衡，光绪七年之后，蔗糖的比例逐渐下降，茶叶的比例不断上升。其中光绪十二年至光绪十六年，蔗糖占出口总额的26.9%，茶叶占66.6%；光绪十七年至光绪二十二年，蔗糖占出口总额的25.6%，茶叶占58.4%。[②]

开港后，台湾与中国大陆一样，成为外商倾销商品的市场，

---

① 林满红：《茶、糖、樟脑业与台湾之社会经济变迁》，联经出版事业公司，1997，第24页。

② 黄富三等：《台湾近代史・经济篇》，台湾省文献委员会，1995，第326页。

台湾居民生产生活用品主要由大陆供应的格局逐渐改变。在所有进口商品中，以鸦片为大宗。“19世纪中叶，吸食鸦片者达50万人，其总量不下10万斤”[①]，如此巨大的消耗量，其背后的丰厚利润自然为外商所注意。早在台湾开港前，英美不法贸易商已经将数量不菲的鸦片通过各种途径走私到台湾。开港后鸦片以合法的方式进入台湾，在台地进口商品总量中居于绝对统治地位。

以开港后鸦片进口数量言之，有一个不断增长并趋于稳定的过程。从同治四年（1865年）至同治九年的6年间，台湾年度进口鸦片从228800斤增加到289700斤。从同治十年到光绪七年（1881年）的11年间，台湾进口鸦片数量一路飙升，从328000斤增加到588072斤。此后，除极个别年份外，台湾每年进口鸦片都在40万斤以上。以上仅仅是海关有记录的数量，考虑到大量通过走私手段流入的鸦片，可以肯定晚清台湾鸦片的输入量和消耗量都是巨大的。开港之初，台湾进口的鸦片主要来自印度，从光绪八年以后，波斯开始超过印度，成为台湾鸦片的主要来源。波斯鸦片受欢迎的原因在于，这种鸦片纯度较高，比较耐用，且容易掺假，从而使得成本下降，销售价格较低，普通人有能力购买。以鸦片进口所需费用言之，光绪八年至光绪十七年的10年间，除光绪八年不足100万海关两外，光绪九年至光绪十一年均超过150万海关两，从光绪十二年至光绪十七年，每年进口鸦片费用均在200万海关两以上。以鸦片进口占台湾总进口商品的比例言之，光绪六年之前，鸦片进口量达到总进口量的65%以上，尤其在光绪元年之前更高达70%以上。此后，随着杂项进口量的迅速上涨，虽然鸦片进口绝对数量没有减少，但进口比例略

---

① 东嘉生：《清代台湾之贸易与外国商业资本》，《台湾经济史初集》，台湾银行经济研究室，1954，第119页。

有下降，基本维持在50%左右。[①] 以具体口岸进口情况言之，同治三年打狗口岸洋货进口总值为558908元，其中鸦片为512388元，占91.68%；淡水口岸的洋货进口总值212330英镑中，鸦片为199768英镑，占94.08%。就全台而言，是年鸦片进口值占洋货进口总值的93%。[②]

开港后台湾进口商品中较为重要者为棉织品和毛织品，其中主要是棉织品。由于气候等因素，毛织品一般作为装饰品使用，进口量一直较为有限。同治四年（1865年）台湾输入毛织品的数量为15621匹，光绪二十年（1894年）为15522匹，其间虽然也有波动起落，但数量变化不大。自同治三年至光绪二十年毛织品的输入总额仅占纺织品输入总额的8.3%。[③] 与之形成对比的是，随着台湾社会的发展和贸易的兴盛，进口棉织品无论是种类还是数量都有明显的增加。以淡水口岸论之，与光绪七年进口种类相比，光绪十七年进口各类棉布增加16种之多。尽管如此，棉织品中仍以灰衬衣料和白衬衣料为大宗。同治四年至同治七年的4年间，淡水口岸共进口77119匹棉织品，其中灰衬衣料56721匹，占总数的73.5%。据统计，同治七年、光绪八年、光绪十七年，淡水口岸灰衬衣料和白衬衣料在总棉织品进口量所占比例分别为88%、84%、83%。

另外值得注意者，随着时代的发展，灰衬衣料和白衬衣料的比例关系发生明显的变化。在总进口量中，灰衬衣料所占比重逐渐下降，白衬衣料所占比例不断上升。开港初期，淡水港所进口的棉织品几乎全部为灰衬衣料，同治七年（1868年）棉织品输入额为30030匹，其中灰衬衣料为24065匹，占总数的80.1%；光

---

① 东嘉生：《清代台湾之贸易与外国商业资本》，《台湾经济史初集》，台湾银行经济研究室，1954，第120页。

② 李祖基：《近代台湾对外贸易研究》，厦门大学出版社，2013，第38页。

③ 李祖基：《近代台湾对外贸易研究》，厦门大学出版社，2013，第43页。

绪八年（1882 年）灰衬衣料进口额为 31315 匹，占总数的 37.2%；光绪十七年灰衬衣料进口额为 38173 匹，占总数的 26.1%。相反，同治七年白衬衣料输入额仅为 2550 匹，占总额 8.5%；光绪八年白衬衣料输入额 32312 匹，占总额 38.4%；光绪十七年白衬衣料进口额 65345 匹，占总额 44.7%。① 个中原因，一则是灰衬衣料质量较差，导致台湾各个阶层都不愿用它缝制服装；二则是当时台湾印染业有很大的进步，白衬衣料质地细密，与灰衬衣料相比，更便于印染成各种颜色的布料。此外，在棉织品输入中，19 世纪 80 年代以后，日本棉布因其适应台湾人需求，进口量不断上升，“查日本布与土布类甚相同，土人喜其价廉质结，近皆用之”②。光绪十一年至光绪十五年间，每年日本布进口都在 2 万匹以上，光绪十二年甚至达到 4 万多匹。

在进口的金属品中，以铅最值得注意。铅主要用于茶叶箱的封条，对比茶叶的出口量可以发现，二者呈现明显的正比例关系，茶叶出口量增加，铅进口量随之增加；茶叶出口量减少，铅进口量随之减少。如光绪八年（1882 年）茶叶出口 90529 担，光绪十七年出口量为 125753 担，增长幅度为 38.9%；同年度的铅进口量分别为 7205 担和 10288 担，增长幅度为 42.8%。

开港后台湾进口商品除上述几种较为重要外，其他均称为杂项，主要包括小麦、面粉、墨鱼、干贝、海参、燕窝、罐头、丁香、肉桂、西洋参、西药、火柴、煤油、肥皂、雨伞、纸张、钟表、水泥、玻璃、木材等各种食品类、药品类、建筑类和日常生活类商品，其中煤油、面粉进口数量较多。在光

---

① H. B. Morse：《1882—1891 年台湾淡水海关报告书》，《台湾经济史六集》，台湾银行经济研究室，1955，第 91—92 页。

② 《光绪十五年淡水口岸华洋贸易情形论略》，中国第二历史档案馆、中国海关总署办公厅编：《中国旧海关史料（1859—1948）》（第 15 册），京华出版社，2001，第 161 页。

绪七年（1881年）的进口杂项中，共列举24类商品，未经列举的杂项价值为9450两；至光绪十七年，进口杂项列举者增加到72类，未经列举者价值为15273两。煤油的进口增长非常明显，光绪七年合计淡水、打狗口岸共进口煤油84592加仑，到光绪二十年增加到2043975加仑。以打狗港论之，光绪十三年进口8100箱，光绪十四年进口15000箱，光绪十五年进口29500箱，故报告者称，“火油则年多一年”①，“缘台地到处喜用火油，是以销售年有增多”②。

林满红在论及近代台湾茶、糖、樟脑业发展对台湾社会经济影响时谈到，开港后，台湾茶、糖、樟脑等的对外贸易，在创造就业、刺激进口、增加税收、边区开发、城镇繁荣等方面都发挥了积极的作用。此论固然正确，翻阅历年海关报告中对台湾社会的描述，近代台湾对外进出口贸易确实大大促进了台湾经济发展和社会变迁。同时也应当看到，开港后无论是出口还是进口，其主动权都掌握在外商手中，尽管台湾民众提供各种出口商品的初级产品，但自身并没有话语权，巨额贸易利润基本为外商所攫取。一定程度上，台湾与大陆的许多开放口岸一样，成为西方列强倾销洋货、掠夺农产品的市场。

---

① 《光绪十五年打狗口岸华洋贸易情形论略》，中国第二历史档案馆、中国海关总署办公厅编：《中国旧海关史料（1859—1948）》（第15册），京华出版社，2001，第171页。

② 《光绪十六年打狗口岸华洋贸易情形论略》，中国第二历史档案馆、中国海关总署办公厅编：《中国旧海关史料（1859—1948）》（第16册），京华出版社，2001，第178页。

第六章

清代台湾的少数民族政策

清廷对台湾的政策中，对于少数民族，主要是思考如何将他们纳入贡赋体系当中。对于少数民族中那些未汉化的族群，则是采取招抚或隔离的政策。随着台湾开发与管理的范围逐渐往北、往东拓展，这些政策又交互在新开发区域发挥作用。

第一节　纳入贡赋体系与招抚

清统一台湾之初，主要承袭明郑以来赎社的政策。赎社是指由汉人包揽台湾少数民族一社或者数社的赋税以及贸易事务。具体的执行方法在黄叔璥《台海使槎录》中有相关的记载：

> 赎社之税，在红夷即有之。其法每年五月初二日，主计诸官集于公所；愿赎众商，亦至其地。将各社港饷银之数，

高呼于上，商人愿认则报名承应；不应者减其数而再呼，至有人承应而止。随即取商人姓名及所认饷额书之于册，取具街市铺户保领。就商征收，分为四季。商人既认之后，率其伙伴至社贸易。凡番之所有，与番之所需，皆出于商人之手；外此无敢买，亦无敢卖。虽可裕饷，实未免于累商也。

台湾南北番社，以捕鹿为业。贌社之商，以货物与番民贸易；肉则作脯发卖，皮则交官折饷。①

承应官府社饷的商人称为社商，他们通过缴纳饷银获取与各社贸易的独占权，通过以物易物的方式获取鹿肉、鹿皮等，进而转手赢利。

但是，清统一台湾之初，由于新朝的地方官尚未到任，贌饷无人征收；待至地方官到任，却又来不及猎鹿，即使招募商人，贌饷也难以完成目标。如季麒光于康熙二十三年（1684 年）被派任到台湾府诸罗县任知县，他到任时就遇到贌饷的问题，因此立刻向上级报请免除一半的饷额。康熙二十四年，季麒光更为征收九万张鹿皮向上级请命。据他调查，明郑时期一年最多也不过四万到五万张，九万之数相当于过去两年的鹿皮数量总额，要在一年之内筹足此数绝无可能。此外当时许多社商都回到大陆，因此要完成贌社筹饷似乎更不可能。所以原先实行的社商承应制及官府设定的标价方式难以进行，官府只能改以制定固定额度的方式分配任务。社饷定额制度的制定，使丁口的数额跟着社饷定额被固定下来。清初沿用明郑时估计的数字，一直到乾隆时期调整税额前，都不曾改变过这个人口的数字。

除贌社政策之外，清政府也有针对以“种地糊口”的各社而

① 黄叔璥：《台海使槎录》卷八《番俗杂记》，“台湾文献丛刊”第 4 种，台湾银行经济研究室，1957。

实行的丁粮征收。《台湾府志》记：

> 诸罗三十四社土番捕鹿为生、凤山八社土番种地糊口，伪郑令捕鹿各社以有力者经管，名曰赎社；社商将日用所需之物赴社易鹿作脯，代输社饷。国朝讨平台湾，部堂更定饷额；比之伪时虽已稍减，而现在番黎按丁输纳，尚有一二两至一二十两者。或此社困穷、彼社匀纳，移甲易乙，莫可稽考。有司只按总额征收，番亦愚昧无知，终岁所捕之鹿与夫鸡、犬、牛、豕、布缕、麻菽，悉为社商所有。间有饷重利薄，社商不欲包输，则又诿诸通事，名为自征；通事额外之朘削，无异社商。虽屡禁惩，未尽改也。至种地诸番，伪郑不分男妇，概征丁米：识番字者，呼为教册番，每丁岁征一石；壮番，一石七斗；少壮番，一石三斗；番妇，亦每口一石。纳土以来，仍循旧例。①

改行种地的各社一方面是受汉化的影响，另一方面也是由于明郑以来台湾开垦的扩大，使鹿场北移，因此这些社逐渐转变经济生活方式，开始进行农耕。

在高拱乾任职台厦道时，他已察觉这两种收税方式都存在税额过高的问题，特别是赎社制，若是继续维持现状，那么势必让社商以及通事坐大，并且有能力上下其手，控制番社。诸罗县知县周钟瑄也针对当时赎社的制度进行批评，他说：

> 中间通事、头家假公济私，何啻数倍。土番膏血有几，虽欲不穷得乎？今一切陋弊，革尽无余；而正供应作何酌

① 《台湾府志》卷五《赋役志》，“台湾文献丛刊”第65种，台湾银行经济研究室，1960。

征，以苏番黎之苦。①

由此可见，当时收税的中间人从中渔利甚多，这几乎是赎社制度中的常态。虽然地方官都有改革的建议，但是直到乾隆元年（1736 年）清廷才下令整体调整台湾汉人的税额，次年，将社饷制度废除，改收丁银，并使番民税率与汉人相同。

清统一台湾初期，官方对少数民族各族群的分布大抵上已经有概略性的认识。高拱乾编写的《台湾府志》写道：

> 台自建置以来，设府一。其府治，东至保大里大脚山五十里为界，是曰中路；人皆汉人。西至澎湖大海洋为界，亦汉人居之；……南至沙马矶头六百三十里为界，是曰南路；矶以内诸社，汉、番杂处，耕种是事，余诸里、庄，多属汉人。北至鸡笼山二千三百一十五里为界，是曰北路；土番居多。惟近府治者，汉、番参半。至于东方，山外青山，迤南亘北，皆不奉教。生番出没其中，人迹不经之地；延袤广狭，莫可测识。②

文中说府治所在东至保大里（今台南市保西）为中路，都是汉人居住。府治往南至沙马矶头（今台湾南端猫鼻头）为南路，虽然汉番杂处，但汉人居多，且从事农业，因此记载中番社只有十二个，其中八社也不是缴纳赎饷，而是缴纳丁粮，从事农耕。因为中路与南路从荷兰殖民统治时期已开始经营，因此多数番社的生产方式都逐渐与汉人相同。

---

① 黄叔璥：《台海使槎录》卷八《番俗杂记》，“台湾文献丛刊”第 4 种，台湾银行经济研究室，1957。

② 《台湾府志》卷一《封域志》，“台湾文献丛刊”第 65 种，台湾银行经济研究室，1960。

较为不明确的区域是府治往北至基隆山的北路地区，这里近府治的地方是汉番杂居，越往北则多是番民，他们与汉人接触少。诸罗县设置时，原有番社三十六，最远的是距离府治二千三百一十五里的鸡笼社，最近的则是四十里的新港社。当然，这些并不是当时全部的番社，而是与清政府有接触、愿意纳饷的族群。对于这些愿意归化的番社，清政府称他们为“熟番”，而那些尚未归化的，则被称为“生番”。“熟番”与“生番”的区别，主要还是从统治者角度进行理解，以是否顺从来做区分。

台湾的生番，主要居住在东方“山外青山，迤南亘北”之地，汉人少至之处。台湾首任知府蒋毓英曾有过一番议论，他说：

> 因山而计之，南路之傀儡山，内有野番七十余种，南觅社下通直脚宣，与北路接壤，其内深林障蔽，数百里不见日色，非我骑击之长所可驰骋。北路之斗六门，自二重埔而进，至于林骥，环溪层拱，有田可耕，为野番南北之咽喉，路通哆罗满，买猪、沫里、沙晁等种，匪人每由此出入。半线以东，上接沙连三十八社，控弦持戟者二千余人。三十四年秋，土官单六奉令至郡，今去而不可复问者，恃其险远，谓非我所能至也。南嵌、竹堑之间，山深水阔，外番错杂，亦草窃之渊薮。淡水江南北皆山，据西来之门户。鸡笼山后，直接三朝以上三十六社。水陆之交，皆要害处也。郑氏曾设重兵以镇之，今则寄命于通事，而通事多无赖奸民，托身远社，不免朘番以自肥。番苦则怨，怨则争杀易起，道里艰险，非一役一卒所能制。先事之图，所宜急筹也。①

① 《台湾府志校注》卷十《扼塞》，厦门大学出版社，1985。

这段文字主要是为了防备而作，所以各生番的位置都有清楚的描述。从文中可以看到南部屏东与台东交界处之傀儡山（今北大武山），以及南觅社下通直脚宣（今东部花东一带）都是生番生活的区域。说明清政府对他们并非全然不知，而是有相当程度的认识。

清廷对生番各社以招抚为主，并以通事作为两者联络沟通的渠道。但反抗之事时有发生，其中一个重要原因就是过分依赖通事。番社顺服的对象虽是清廷，但是实际掌控番社的却不是大清派任的地方官，而是通事与社商。如康熙三十八年（1699 年）在诸罗县吞霄社，吞霄通事黄申征派过甚，土官卓介等杀黄申及其同伙。官兵以新港四社为前导讨伐，并让岸里社前后夹攻。同年，诸罗县内北投社通事金贤责打了土官冰冷的姻亲，冰冷率众杀死金贤，并与卓介社联合对抗清廷。康熙四十二年诸罗县臭佑庄管事刘却起事，与刘却相熟的一些番社同起响应。这说明通事与番社的关系甚为密切，其行动会左右他们的动向。

然而，清廷仍倾向于采取招抚的办法来巩固统治。康熙五十四年（1715 年）时新归化的山猪毛社、八丝力社、加蚌社、加无郎社、礁劳其难社、加少山社、北叶安社、山里留社、施汝腊社、锡干社，在归化入清之后，就纳入贌社的制度中，输鹿皮五十张，折银十二两，由社商加以征收。官员的主流看法是，“顺其不识、不知之性，使之共乐尧天”，即以不扰乱其生活为原则，或者最低限度与之交流。

因此，对于新归化的番社，清廷并没有安排新的军事防守，仍按照原先汛守的范围来加以管理，不准兵丁任意进入巡查，实质上仍是番社自理其政。然而，随着汉人开垦的扩张，汉番冲突时有发生。

巡台御史黄叔璥解析了汉番冲突的原因，他说：

> 内山生番，野性难驯，焚庐杀人，视为故常；其实启衅多由汉人。如业主管事辈利在开垦，不论生番、熟番，越界侵占，不夺不厌；复勾引伙党，入山搭寮，见番弋取鹿麂，往往窃为己有，以故多遭杀戮。又或小民深入内山，抽藤锯板，为其所害者亦有之。①

黄叔璥谈的虽是生番杀人，但他认为，是汉人开垦时侵入与占据番民的生活资源，才造成悲剧的发生。这个看法对清廷之后的政策有较大的影响，导致后期对番民的管理常存在姑息的倾向。

为减少冲突，闽浙总督觉罗满保提出：

> 台、凤、诸三县山中居民，尽行驱逐，房屋尽行拆毁，各山口俱用巨木塞断，不许一人出入。山外以十里为界，凡附山十里内民家，俱令迁移他处；田地俱置荒芜。自北路起，至南路止，筑土墙高五六尺，深挖壕堑，永为定界。越界者以盗贼论。如此则奸民无窝顿之处，而野番不能出为害矣。②

觉罗满保的做法，灵感应该是来自过去对付郑成功的海禁政策，将山区的居民迁出使其不能入山，自然没有生番杀人的事件。阻隔平地居民前往山地，那么也不会有汉番联合，形成反清势力的疑虑。这个想法，或许就是往后立界分隔的思想根源。

---

① 黄叔璥：《台海使槎录》卷八《番俗杂记》，“台湾文献丛刊”第4种，台湾银行经济研究室，1957。

② 蓝鼎元：《东征集》卷三《覆制军迁民划界书》，“台湾文献丛刊”第12种，台湾银行经济研究室，1958。

第二节　土牛红线政策

一、管理番民

朱一贵事件后，清廷仍以招抚作为对待台湾番民的基本方针。但在当时地方政府与番社以及汉番之间的关系已经有相当多的问题存在。如各番社纳饷的问题与汉人开垦开始出现冲突。为了使各番社可以缴纳税饷，清廷对番地都有禁垦的保护政策。然而，随着原先开垦的土地已近饱和，许多汉人进入番社地界开垦，若采取保护的方式，那么受保护的番地反成荒地，对于民生与国课都无帮助。又如番民叛服不定的问题，也一直都是招抚政策无法克服的困难。

闽浙总督觉罗满保曾经想将山上净空，一劳永逸地解决问题，但蓝鼎元反对这个想法。对于番地开垦，蓝鼎元认为："宜先出示，令各土番自行垦辟，限一年之内，尽成田园；不垦者听民垦耕，照依部例，即为业主。或令民贴番纳饷，易地开垦，亦两便之道也。"①

蓝鼎元尝试打破番地的概念，他认为保护番地是尚未设置郡县时的事情，如果行政区域都已经规划，那就没有番地的问题了。在这种"莫非王土"的前提下，他提出了番民与汉民共同开垦土地的想法。在他的看法里，没有开禁与否的问题，而是以官府名义命令与管理，让汉人进入番地开垦并且在这个过程中让番民改变生产方式。另一方面，让汉人与番民在各方面都能被公平

① 蓝鼎元：《鹿洲初集》卷二《与吴观察论治台湾事宜书》，"近代中国史料丛刊"第41辑，文海出版社，1977。

对待也是这套想法的核心之一。他注意到番民负担比汉人重的问题，而且在贌社的制度中，番民受尽欺负；官府中的衙役、社会上的恶棍与讼师介入番民的管理事务，使得已经依附的番民对汉人并不信任。

至于对那些未归附的番民，蓝鼎元认为与其限制，不如以武力与招抚并济的方式，一步一步向山区推进。他说：

> 内山生番好出杀人，然必深林密箐可以藏身，乃能为害。若田园平埔，无藏身之所，则万万不敢出也。荆棘日辟，番患自消，是莫如听民开垦矣。番闻枪炮之声则惊逃，数日不敢复至。此可以番和番，招徕归顺。招徕既久，渐化渐多，将生番皆熟。是又为朝廷扩土疆、增户口贡赋也。若画地禁民，无入番界，是亦一道；然但能使民不入，不能使番不出。画去一尺，则出来一尺，势必举全台而尽画之，乃不能浮海入内地。[①]

在蓝鼎元的逻辑里，消除山林隐蔽的好处是让番民无处躲藏，所以鼓励开垦会是最好的方法。蓝鼎元的许多看法都与当时的政策不同，他认为单纯的招抚以及隔离，并不能达到实效，隔离绝对不是好办法。然而，立石碑象征界线的做法确实是当时相当流行的办法，康熙六十一年（1722 年），官方议定“凡逼近生番处所相去数十里或十余里，竖石以限之”[②]。从而划开汉人、归附番民以及未归附番民的生活空间。归附的番民就是熟番，而未归附的番民就是生番，熟番与生番的身份也随着招抚过程而有变

---

① 蓝鼎元：《鹿洲初集》卷二《与吴观察论治台湾事宜书》，“近代中国史料丛刊”第 41 辑，文海出版社，1977。

② 黄叔璥：《台海使槎录》卷八《番俗杂记》，“台湾文献丛刊”第 4 种，台湾银行经济研究室，1957。

动。蓝鼎元大胆的开垦政策并没有实现。

雍正上台时，基本上延续了隔离的政策，并持续招抚番民。雍正初年有许多番社来归顺的报告，如“台湾凤山县加走山土官加率雷等率领八社生番倾心归化”、“台湾生番兰郎等四社，输诚纳贡，愿附版籍”、“台湾陈阿难益难等六社生番归化”、“台湾山后七十四社生番先后输诚归化”、“台湾生番巴荖远等四社、猫仔等十九社输诚归化”。

但在招抚番民的同时，仍有叛服不定的问题存在。如水沙连社即是一例。水沙连社位于今南投埔里以及日月潭一带，在清代则地处深山。清廷统一台湾之初，郑氏残部曾经与之联合，企图进行反攻。后为清所平定，水沙连社诸番也开始缴纳番饷，成为贡赋体系中的一员。然而，水沙连社在朱一贵事件以后，就停止缴纳番饷。从这里可以看出，水沙连社在朱一贵事件以前已经是归附清廷且纳饷的熟番，但经过动乱却脱离了清廷的控制。雍正时总兵林亮就把他们当成是未归附的生番加以招抚。不过，仅仅是招抚了数人，就上报水沙连社已经归附。雍正三年（1725年）至四年之间，水沙连社社番经常出没于汉人及其他熟番村庄劫掠。闽浙总督高其倬的计划是“示以兵威，惩其首恶，令认赋饷，然后再加抚恤，始可惩创凶顽，宁静地方”。这个做法让雍正皇帝相当满意，他的朱批写道：

> 凶悍不法之风，岂可任其滋长，亟当先以兵威惩创一番，使被（彼）震慑，而后继以恩恤，方获宁帖。然总以斟酌得人为要，斯乃处事之根本也！①

---

① 雍正四年闽浙总督高其倬奏折，《宫中档雍正朝朱批奏折》，台北故宫博物院，1984。

这大抵可以视为雍正朝对台湾番社的政策态度：既要进行招抚，也要有效控制，其中最有效的办法就是辅以兵威。雍正四年（1726年）时清廷出兵进讨水沙连，并且对周边的番社进行控制，以免水沙连社与其他番社联合。闽浙总督高其倬向雍正皇帝的报告中说："此剿番之法，应先慑其胆，再孤其党，然后擒其首凶，令纳旧饷，庶知遵法，不敢肆行。"①

雍正九年（1731年）大甲西社因为不满清廷的派役，揭竿而起。这次事件其实可以看出清廷统治相当不稳固，因为响应大甲西社的多是与清廷有接触的熟番。后来，清军得到岸里社的帮助，才平定此次事件。由于战乱对中部的民生影响相当大，雍正皇帝特别下令蠲免税粮："福建台湾府彰化县经凶番扰害之后，百姓耕种未免失时；该县所有雍正八、九年分未完谷六千五百余石，着悉行豁免。"②

另外，雍正皇帝也要求地方官员应妥为保障番民利益。雍正十年（1732年）巡台御史觉罗柏修等奏称："台湾修造战船，例系匠役纠伙，深入番社采取木植，易生事端，嗣后请令番民自行采运。"雍正皇帝对此发表他的看法：

> 朕思番社产木既多，若番民赴官售卖，按数给与价值，使之获利，又无扰骚，伊自乐从。但不预先妥议规条，难以期其必得；又恐通事人等从中作奸，更滋弊窦。目前且向内地修造；其番人自行售卖之处，着该督、抚悉心定议妥协办理。③

---

① 雍正四年闽浙总督臣高其倬、福建巡抚臣毛文铨奏折，《宫中档雍正朝朱批奏折》，台北故宫博物院，1984。

② 《清世宗实录》卷一八〇，雍正十年五月。

③ 《清世宗实录》卷一三四，雍正十一年八月。

雍正皇帝希望番民不再受到工匠以及通事的迫害，也希望采运木料可以使番民获利。然而，在当时又必须要借助通事，这也使清廷的政策下达到番社时，可能都已经变质。因此，雍正皇帝才会对采办木料的事情有这样的命令。

雍正十二年（1734年），皇帝又在一则上谕说：

> 从前台湾北路大甲西等社顽番不法，官兵已经剿灭，余党亦已就擒；叛犯之律，所有眷属一并缘坐，无可宽贷。朕念此等冥顽无知，究非汉民可比。从前妄行不法，罪在正犯；其眷属散处各社，未必知情。今当平定之时，若一一搜查，不无牵累惊扰；用是格外加恩，免其根究。该督、抚、提、镇可仰体朕心，妥协办理，以安番众；并将朕谕明白宣示，咸使闻知。倘朕如此开恩，而愚番等仍不知感激、再有干犯法纪者，则是蠢顽不灵之辈，不可以恩惠化导，朕必加以重惩。①

从中也可看出清廷对番社恩威并重的态度。

二、土牛红线的分隔

为保护番民，特别是归化熟番的利益，原先清廷不准汉人任意开垦熟番土地。而远在山林的生番，多数汉人也不会轻易前往与之接触。因此，一开始的汉番界线是在汉人与熟番之间划定的。这条界线各地都有立碑标明，有些地方在地上堆起土堆，有些则以红漆标线，这些标记被称为“土牛红线”。

雍正时期，因平原地区土地开垦殆尽，再加上前有蓝鼎元开垦番地的议论，后有朝廷鼓励开垦的态度，在许多地方，汉人都

---

① 《清世宗实录》卷一五〇，雍正十二年十二月。

越过土牛红线往番地开垦。清政府虽有调整与重划，但其重划的过程也都说明开垦进一步走入山区。

乾隆时期对少数民族的政策有两项变更：

第一，赋税的部分由过去的征收实物转成折银，并与汉人的税制统一。乾隆二年（1737 年）上谕说：

> 今闻台地番黎大小计九十六社，有每年输纳之项，名曰番饷；按丁征收，有多至二两、一两有余及五六钱不等者。朕思民番皆吾赤子，原无歧视；所输番饷，即百姓之丁银也。着照民丁之例，每丁征银二钱；其余悉行裁减。[①]

乾隆皇帝的做法在于消除帝国内的特殊因素，使其归于统一的制度规范。台湾过高的赋税额度当减，而特殊的番饷也当归入一般的制度。使番饷等同于丁银，这也等于是把熟番平民化的开始。

第二，对于生番不再采取积极主动的招抚政策，愿意来就来，一切听其自便。乾隆二年（1737 年）闽浙总督郝玉麟向乾隆皇帝报告：

> 生番犷野难驯，从前归化之社每有行凶扰害地方。不行执法，恐熟番效尤；逐加惩治，又虑抗拒生事。且一经归化，汉人得以出入；犯法之徒走匿其地，捕获较难。嗣后各社生番似应听其自便，严饬通事等不必诱其来归，致启日后衅端。[②]

---

① 《清高宗实录》卷三十四，乾隆二年春正月。

② 《清高宗实录》卷四十三，乾隆二年五月。

这份报告等于是建议不再归化生番，那么熟番的数量也就不会有太大的变化。这个政策，得到乾隆皇帝的支持。

由这两项政策可以得知，汉人、熟番、生番的三分法大致已经定型，清廷对熟番的态度是倾向让他们成为汉人的一部分，对生番则倾向于隔离。这些措施都是为了使彼此的界线可以逐渐明朗，不至于再产生“彼此混杂”的问题。

另外，自乾隆初年起，对雍正朝鼓励开垦的政策，也有不少人提出了反对意见。如乾隆二年（1737年）巡台御史白起图提出了解决汉番冲突与稳定台湾秩序的四项建议：“归还番地宜分别办理，以安民生”、“严禁班兵扰累，以安番众”、“严禁班兵偷入番社”、“严禁民人私娶番妇，以防煽惑”。[①] 这四项建议中，归还番地主要是为了不让番地能够买卖，以免一田二主、三主的产权关系造成争讼。另一方面，清廷也不愿意来台移民在本地建立地缘与血缘的关系，因此在禁止土地买卖的同时，同时也禁止汉番婚姻关系的建立。

然而，隐患不见得全是渡台的百姓。自明郑以来，靠近番社的重要交通路线上都设置有重兵把守，因此这些镇守的士兵有合法的理由前往番社，自然对当地情况甚为了解，加上兵屯本是中国军队的传统，因此，军队或许也扮演了开垦番地的重要角色。这从乾隆朝开始时就不断重申禁令可见一斑。正是在执行这些禁令的过程中，汉番的界线也更为明确了起来。乾隆十年（1745年）福建布政使高山就曾对台地番汉界线的问题进行讨论，他说：

番民地界之宜照旧划清也。查台郡西临大海、东逼崇山，由山至海不过数十里；自南至北，绵亘二千余里。崇山

① 《清高宗实录》卷五十二，乾隆二年闰九月。

> 之内，皆生番所居；界外平埔，系熟番、汉民零星散处。从前定有地界，立石开沟；久而失址，甚有拔石填沟，挪移改徙，希图越界私垦，致启生番戕杀之机。臣思生番群聚内山、熟番错居社地、汉民散处各庄，自应划清界限，各管各地；不得混行出入，相寻衅端。臣于清查庄产之便，顺途勘验。觉从前所立之界，并无山河依阻，易于无凭；但日久相延，又未纷更改易。相应饬令地方官遴委佐杂，眼同各番土目指出现在管理分界之处，再行立表，划清界限；使生番在内、汉民在外，熟番间隔于其中。清界而后，汉民毋许深入山根，生番毋许擅出埔地；则彼此屏迹，断绝往来，自不致生衅滋事矣。①

当时，康熙时期所定的界线已经看不出来，高山认为会发生这样的事情最主要是因为汉民故意将界线抹灭，以便前往深山开垦。然而，开垦过程中又不免招来生番的袭扰，这就造成治安无法稳定的恶性循环。高山提议再次立界，但更重要的是立界之后，必须要相对应调整汉番之间的关系。在高山的设计当中，是将生番限制于山内，而汉人隔离在外不得入山。熟番则扮演相当重要的角色，其职责就是防堵生番出山以及汉民入山。

这个隔离的方式，从康熙以来一直发展，到乾隆时期正式确定了三分的生活区域。然而，这样的区分方式，又使帝国的管理产生许多削足适履的情况，而百姓同样也想出不少对策。

因为生番是被隔离的，这也等于宣告，官府对生番的控制力量是有限的。乾隆十年（1745 年）底就曾发生熟番假冒生番结伙劫掠的事件。乾隆皇帝认为这是番民利用制度上的缺陷来行凶，

---

① 《清奏疏选汇》，“台湾文献丛刊”第 256 种，台湾银行经济研究室，1968。

但是地方官员却没有防患于未然，以至于把生番的假意归顺当真。乾隆皇帝说：“此不过虚应故事耳。若云生番向化，何以复有熟番焚掠之事？此后一切务实。”[1]

虚假的生番归化不是乾隆皇帝想要的成果，假象的隔离也不会是务实的政策。在实际开发的过程中，要做到真正的隔绝几乎是不可能的事情。台湾早期开发多在西南部平原，缺乏水源灌溉，所以开渠引水成为西南部平原发展农业的必然要求，然而水源却不在汉人的耕垦区，往往都要在熟番甚至是生番的地区寻找水源。闽浙总督喀尔吉善就曾对此情况进行说明：

> 内山溪水多从生番地界流出，其筑坝、截流、开圳、引水之处，必须相度地势，与番地无碍。更须仿照凤山南界佃民向番买水之例，令番目、通事晓谕该处番众，每年令承荫业佃给与番众盐、布、烟、糖等物，使不致滋衅。应责成道、府确勘，如未便即停。[2]

从这也可以看出真正的隔离在现实中是不可能的，民与番存在各种不同程度的交换行为，交换的过程中免不了要有冲突。为了杜绝冲突而限制双方往来有时也显得矫枉过正。

随着行政区域划分更为细致，隔离的界线也跟着有所变动。争端最多的通常都在于从前没有划界的区域的立界上。乾隆十五年（1750年）一则记载，就显示出行政区域的增添与变动，造成立界的变动。闽浙总督喀尔吉善奏请勘定生番新界时做了如下的报告：

---

① 《清高宗实录》卷二五三，乾隆十年十一月。

② 《清高宗实录》卷三一五，乾隆十三年五月。

淡水厅属原定火焰山等界一十二处，毋庸更移；其新添猫盂、溪头等六处，应另立界。台湾县属东南应以淡水溪为界，于六张山等处立石。凤山县属原定枋寮庄等处，毋庸改；其大武力等处原界游移，今已另定。诸罗县属阿里丹地方移回头埔立界；芦林产等三处移金交椅山脚立界；其茄茇山等界，毋庸改。彰化县属除大里杙等五处及东埔腊各庄照旧界外，其内外新庄各界均移至旱沟为定；又竹脚寮地方，以外山山根为界。①

这则记载中界线有其变与不变之处，但终乾隆之世界线显然都不是固定的。乾隆二十五年（1760 年）又划定新界线，当时的闽浙总督杨廷璋还因此上奏清理边界后新订的管理章程，他总计列有四条办法：

一、台郡彰化县沿山番界，年来侵垦渐近内地，生番逸出为害。今据该镇、道勘明，于车路旱沟之外，各有溪沟、水圳及外山山根，堪以久远划界。其与溪圳不相接处，挑挖深沟，堆筑土牛为界。至淡防厅一带，从前原定火焰山等界，仅于生番出没之隘口立石为表，余亦未经划清。今酌量地处险要，即以山溪为界；其无山溪处，亦一律挑沟堆土，以分界限。

一、彰邑各处越垦田园，新、旧界内共二十处；或社番自行开垦、或佃给民人开垦纳租，番民均属相安。若安设官庄，则地尽归官，番民失业；自应遵照乾隆十一年之例，还番耕管。以各社通事、土目为管事，以各垦户为佃人，分别纳租；仍令各通事、土目将经收每年租粟及完纳课银各数

① 《清高宗实录》卷三六八，乾隆十五年秋七月。

目，造册查核。

一、淡水、彰化二属划定新界之外，其田园、埔地尽皆退为荒埔，还番管业，不许汉人贌垦。至如淡水厅所属之拳头母山等处逼近生番，时出扰害，业经佃逃田荒；应征粟米，均应按数豁除。其未垦埔田，饬令各业佃勒限三年，开垦升科。

一、淡、彰二处沿边要隘，向派番丁把守。今定界之后，新属沿边共应设隘寮十处，派拨熟番二百一十七名；淡水一带共应设隘寮一十八处，派拨熟番七百二十名，加谨防守。其番丁口粮，彰属即于该社番租粟内拨给；淡属向无租粟，查各社番旷埔现在未垦者尚多，应令查出禀垦，以资隘丁口粮。仍令该管巡检同附近汛弁，于定界各处严密巡查。①

在第一条中，杨廷璋又重申过去土牛界划定的方法，建议重新立界。但从文字中可以看出，不管怎么划界，土牛界一直都不是稳定的界线，因此清界成为地方官相当重要的事情。第二、第三条规定当中，明确表示要将当时汉人越垦的土地归还给熟番管理。这显示界限的限制对于汉人的开垦并没有起到吓阻的作用。最后一条是彰化以北沿线必须要派番丁把守，这些番丁主要由熟番组成，他们在政府设置的隘寮生活，并阻绝生番出山以及汉人入山。从最后一条规定当中，也可以看出清廷容许这些番丁开垦旷埔，作为番丁的给养。这条政策也就给禁止越界开垦开了一个新的缺口，尔后由隘口之处往外推越，产生了更多的越界开垦的问题。这些开垦者中既有熟番番丁，也有汉人豪强势力，更有汉人与熟番合作的开垦。可见，清廷实际上只能维持地图上的分界。

---

① 《清高宗实录》卷六一九，乾隆二十五年八月。

在划界隔离的政策下，许多有机会靠近番界的人士就成为带头违法的人。乾隆十五年（1750 年）台湾镇总兵李有用就曾建议："每年秋收后带兵一千余名赴相近番界等处打围，扎营演放枪炮，以布军威。"[①] 这看起来是行猎振旅，但实际上很可能就是利用武力的优势以及进入番界的特权，行开垦之事。因此，汉番关系并没有因为分界而单纯化，反而因为各自有各自的办法，使得官民、文武、生熟番之间形成错综复杂的关系。

三、越界开垦

由于往北部开发成为趋势，主要的冲突也就发生在这片地区。闽浙总督喀尔吉善就曾对下属台湾镇总兵李有用以及台湾道金溶处理台湾北部的汉番问题感到忧心，他向乾隆皇帝奏报说：

> 兹台湾镇、道李有用、金溶因北路屡有生番戕杀之案，遂于通事内择其熟识生番社目之人，令招抚各社土目到郡，示以兵威、加以厚赏；虽为宁谧边界起见，然应于巡察之时料理，何必将番目多人引至郡治，将来渐与汉民、熟番联络，大有不妥。再，通事林秀俊、张达京二人充北路通事数十年，田园、房屋到处散布，素与番社勾结；今复假以事权，更非宁边良法。臣等随一面示知镇、道：嗣后不宜如此冒昧；一面密访林秀俊等勾结民番盘剥致富实迹并此次联络生番土目有无假权愚弄之处。[②]

这段奏报内容显示出隔离政策本身的脆弱性。第一，朝廷虽不主动招抚生番，但也不可能让生番一直都处于化外，因此实际

① 《清高宗实录》卷三五九，乾隆十五年二月。

② 《清高宗实录》卷三九一，乾隆十六年闰五月。

上隔离政策并非以阻隔往来为主要目的，而比较像是划界自理。第二，官方的招抚工作所能够施展的手段相当有限，最多只能展示武力，令生番知晓随意侵扰汉人所必须付出的代价。第三，官方如需与番民有所接触，仍旧需要依赖通事这样的人。文中的张达京可能就是这一时期通事的代表。

张达京，原籍广东，其父为武举人，从小由父亲传授武艺以及草药知识，成年后经商于闽南地区，后渡台至中部岸里社，恰巧遇到该社流行瘟疫，张达京即以所学，救助生病的社番族众，因此获得岸里社人的信任，还娶了该社土官之女。雍正初年，张达京因身份之便，任职岸里的总通事，于是他积极开垦中部地区。大甲西社事件中，张达京说服岸里社协助朝廷平乱，因此受到雍正皇帝的嘉奖，他在当地的势力更为增大，大量开垦中部土地。由他个人的名望与人际网络所联系起的番社，虽然可以成为政府依赖的力量，但同时也让官府对他们有所忌惮。

乾隆十六年（1751 年）彰化县因熟番与汉人的争垦风波，最后酿成熟番引生番出山，杀死汉人与兵丁的事件。调查的过程中，官方对作案凶手则有不同的说法。

事件初起之时，官方即对凶手的身份有不同的看法。起先，闽浙总督喀尔吉善奏称："细察此次凶番残杀兵民，其为因奸民占种番地，熟番逞凶焚杀，已无疑义。乃该郡文武禀报犹以事出生番为言，与提臣查覆情形迥异；始终欲以生番焚杀掩其致衅之由，且听信通事张达京诡言嫁祸，粉饰欺朦。"① 尔后，福建将军兼任巡抚的新柱则奏称："凶番焚杀兵民一事，文职则称生番、武职则称熟番，彼此互异，显有捏饰情弊，已有风闻；现饬查办。"② 而最终的结果是"实系熟番与民人挟仇，勾引生番出而焚杀"③。

---

① 《清高宗实录》卷四〇八，乾隆十七年春二月。

② 《清高宗实录》卷四〇八，乾隆十七年春二月。

③ 《清高宗实录》卷四二七，乾隆十七年十一月。

在这个例子中张达京之所以在第一时间就被怀疑，最主要就是由于其从事开垦，并与熟番有密切的联系，因此有官员首先就把矛头指向他。实际上动手的人确实也有生番，且是熟番联合生番作乱。这也就显示出官民、文武、生熟番之间复杂的关系，这是在划界隔离的制度下出现的现象。

开垦的趋势不会停止，康熙、雍正时期人迹罕至的水沙连以及北部近山区域，在乾隆时期已开始有民众耕垦。官府并没有以禁垦的方式来处理，反而默许开垦的成绩，并且派兵把守。闽浙总督喀尔吉善称：

> 福建台湾府彰化县水沙连、淡防厅拳头母山地方因近生番，不准民人居种。今查水沙连离生番三十余里，山径崇峻难越；拳头母山离熬酒桶山生番三十里，亦非逼近：所有垦熟田园，应照例征租。又现丈实二处埔地共一千一百四甲零，俱土深腴厚，可垦成园；应一并垦种。该二处耕种男妇编立保甲，设隘防守，不时稽察。①

另一方面，继喀尔吉善的闽浙总督是杨应琚，他在任后所规划的防范台湾事宜中即规定："台民垦种，侵越熟番地界；应查明挑沟，画清界限"；"熟番通事、社丁，承充多外来游民，机变滋累。近来熟番半通汉语，请即于番社中选充；社远无通汉语者，酌留妥实汉人，仍结报该地方官查察"。② 这个命令似乎将逐渐宽松的政策又重新拉紧。

会有这样的现象并不是因为开垦无益，而是每一位新上任的地方官员到任后为求地方稳固的例行宣说，待至官员上任一段时

---

① 《清高宗实录》卷四九六，乾隆二十年十月。

② 《清高宗实录》卷五五九，乾隆二十三年三月。

日后，又针对这些界线以外的开垦土地进行调查，并且重新划定界限。这个现象似乎也成为一种随官员上任而不断出现的循环。

乾隆二十五年（1760 年），杨廷璋提出重新划定界限的规划，这个规划除了原先的禁止越界以及重新划定界线的命令外，最引人注目的是派隘丁把守的规划。然而地方财政无法支付隘丁的报酬，特许隘丁开垦也就变成赡养隘丁的办法，而这又导致了新的越界开垦的漏洞。

由于汉人新开垦的耕地接近生番生活的空间，没有缓冲，因此在重新划界时会将界线推往汉人居住的空间多一些。因不少汉人不愿意放弃这些土地，还是偷偷前往耕种；而生番也因为重新划界，猎场相对来说是扩大了的，但追逐猎物时不免有跨过界线的情况，双方时有冲突发生。① 为此，新上任不久的闽浙总督苏昌又重新安排台郡划界事宜，以下将关于划界的要点摘录出来：

一、划出界外之地，多系耕久熟田；贫民每于近界处，零星搭寮居住，图便私垦偷种。生番见人户稀少，乘间肆虐。现饬通查各属，凡逼近番界之零星住户，悉令迁移附近大庄居住；其房屋不过竹寮、草舍，移搭极为便易。

……

一、向山一带居民与生番相近，虽设有隘口，而生番善于走险、随处出没，居民每遭焚杀。查乾隆十年定议：逼近生番地界，每届深秋，令各设望楼一座，悬锣巡警，互相救援。但生番乘间肆虐，原不尽在深秋，望楼竹木搭架亦难经久；应于近山各庄向山一面，建设火砖望楼一座；令庄民每夜轮流派出四人在楼守望，见有生番踪迹，立即放炮鸣锣，俾居民闻声接应。

---

① 《清高宗实录》卷七六六，乾隆三十一年八月。

一、贫民于近界处搭寮私垦，至越出界外，零星偷种番地；猝遇生番，鲜不毙命。嗣后无论界外之三湖、蛤仔峙等处，不许私种；即逼近番界之荒埔，悉行严禁。责成各巡检及附近汛弁，于禁垦各处，每月各带兵役游巡；其无巡检处，即令县丞轮查。

一、乾隆三年、十一年清厘民番地界，本属井然；无如番性多愚，汉奸利诱债贌，移灭定界，渐复越占。比年熟番滋生日众，生计日蹙；及今不办，日久必潜入大山，仍作生番。应查照定例，凡从前立明界址有档案可稽者，俱逐一清出，再为立界；如有侵越，即追出归番耕管。其例后私贌及债剥占抵各田园，悉行还番；将本人逐令过水，以杜滋讼。惟是番性无常，仍恐复听奸徒诱骗，再行私卖；应将各社旧存田园甲数、四至并续后清出及贌卖断归各业通查造册，申送存案。地方官奉行不力，即予参处。并于各社刊立木榜，将所有番社田园土名俱刊明榜内；如再有私贌、私卖情事，即将田业归官充公，并按亩科算治罪。①

闽浙总督苏昌的安排除了照例迁徙越界居民外，与过去不同的是在防守与抽查两方面。防守方面，临近生番之处，过去主要是在秋季由村民防卫与预警，现在改成四季夜间都必须派人在望楼把守观测，随时掌握生番动向。这显示官府已经认识到不能以农业生活的守备逻辑来对待番民。农业生活中秋季通常是收成已完成、农民进入清闲的时期，土匪也都会在这个时间出来劫掠，因此这时需要村庄自行预警。然而，生番并非完全从事农业开垦，因此并不应该依照这个逻辑来加以防守，所以对生番要日日防备不能松懈。

① 《清高宗实录》卷七六六，乾隆三十一年十月。

抽查方面，对于越界的汉人，则有赖巡检与官兵的巡查。他们巡查的周期是一个月一次，这也就使得官僚系统中的武职人员更有理由进入接近生番的禁垦区域；为了防止汉人侵吞熟番的土地，除了禁止汉人诱骗熟番买卖土地，官僚中的文职人员必须对熟番土地的情况进行登记，以便管理。这就形成文武官员系统与熟生番相互对应的情况。

乾隆四十八年（1783年）时发生了一起械斗事件，其特殊之处在于这是汉人之间因开垦界外之地而产生的纠纷。事件发生于今桃园近山地区。自乾隆三十三年起此地的隘丁已经不是熟番担任，而是由官府招募汉人充任，因此他们也被默许在界外开垦。乾隆四十三年，当地番社通事招募汉人林淡前来开垦，林淡等人开垦的面积越来越大以后，就与把守隘口的隘丁发生争垦的冲突。隘丁告到官府，官府并没有把林淡等人当作是汉人越界垦殖，反而将所有土地通通判给当地熟番。官府所依据的是保护熟番的政策，但却引来隘丁的不满，因此引起一场械斗。事件平息后，乾隆四十九年清廷再一次依据当时越界垦殖的情况划定番界。该如何管理这些近山的守备力量，又不至于加重财政负担，成为越来越紧要的问题。

乾隆五十三年（1788年）清廷正式招募熟番守隘，并允许在隘口空地供其耕种作为隘饷。① 这个正式的制度，把熟番守备以及界外开垦制度化了。也因此，土牛红线的划界制度成为虚文，越界开垦成为守隘者的特权。往后的方志在记载分界的制度时，都认为这是一个只存在于典章中而没有办法继续执行下去的制度。如道光《彰化县志》中说："昔日之土牛红线，至今已无遗迹。界外之荒埔，俱为民间之乐土，而其详不可得闻矣。"② 同治

① 《清高宗实录》卷一三〇三，乾隆五十三年春三月。

② 《彰化县志》卷七《兵防志·屯政》，"台湾文献丛刊"第156种，台湾银行经济研究室，1962。

《淡水厅志》中记载了土牛红线消失的原因，志书上说："淡地内山，处处迫近生番，昔以土牛红线为界。今则生齿日繁、土地日辟，耕民或逾土牛十里至数十里不等，红线已无踪迹；非设隘以守，则生番不免滋扰。"①

① 《淡水厅志》卷三《建置志·隘寮》，"台湾文献丛刊"第172种，台湾银行经济研究室，1963。

第七章

清代台湾的三次民变

第一节　朱一贵事件

一、朱一贵事件爆发与全台沦陷

爆发于康熙六十年（1721 年）的朱一贵事件，是台湾历史上第一次大规模的民众反抗运动。朱一贵，漳州长泰人，名祖，于康熙五十二年到台湾，先在台厦道充当辕役，不久后被革，后于母顶草地以饲鸭为生。朱一贵喜好交友，凡有相识往来，都热情款待，尽欢而散。这也为他日后联络众人起事埋下了伏笔。这次事件的发生，大大改变了清代的治台思维，使得清政府重新考虑台湾的善后问题。

关于此次事件的原因其实很简单。康熙五十九年（1720 年），凤山县令空缺，时任台湾知府王珍兼摄县政。王氏不理政务，一并委托次子代为处置。先前，凤山县田粮折银甚少，民众大为受益，到此时每石折银增为七钱二分，大大加重了百姓的负担。十月初一，台湾发生地震，十二月初八，又震十余日，大量房屋倾倒，压死居民无数。① 不少台地百姓聚集举行迎神赛会，王氏次子称百姓无故拜把结盟，将四十余人监禁。据朱一贵本人的供词称："去年知□□□□□□山县事务，他不曾去，令伊次子□□□□□□间要粮，每石要折银七钱二分。百□□□□□众人俱各含怨。续因地震、海水泛涨，众百姓合伙谢神唱戏，知府王正又令伊次子去说百姓无故拜把，拿了四十余人监禁；又拿了砍竹的二三百人，将给钱的放了，不给钱的责四十板，俱逐过海，撵回原籍。又民间耕牛，每只给银三钱打印子方许使唤，不给银即算私牛，不许使唤。每座糖磨铺要银七两二钱，方许开铺。又向米隆砍藤人俱勒派抽分，骚扰民间。"② 王氏次子倒行逆施，引发了民众的强烈不满。

康熙六十年（1721 年）三月，朱一贵开始与旧识，即居住在罗汉门的黄殿商讨举兵事宜。另有李勇、吴外、郑定瑞等相率到罗汉门，与朱一贵商讨起兵反抗。众人以一贵为朱姓，便商定他以明朝皇室后裔自称，以便号召民众跟随他们反清。四月十九日，李勇、吴外等五十二人，在黄殿庄中奉朱一贵为首领，焚表结盟，各招党羽得数百人，制作"大元帅朱"帅旗，连夜出冈山袭劫塘汛。四月二十一日，凤山发生暴乱的消息传到台湾府城，总兵欧阳凯显然未将此事放在心上，他集中将弁讨论出兵事宜，命右营游击周应龙领兵四百人讨伐，台湾县丞冯迪调新港、目加

① 《重修福建台湾府志》卷十九《杂记》，"台湾文献丛刊"第 74 种，台湾银行经济研究室，1961。

② 《台案汇录已集》卷一《朱一贵供词》，"台湾文献丛刊"第 191 种，台湾银行经济研究室，1964。

留湾、萧垄、麻豆四社番民随之前往。二十二日，朱一贵率兵夜出槺榔林，将汛防把总张文学所部击溃，缴获大量鸟枪、藤牌、军械等。周应龙接应不暇，朱一贵率军乘胜大败官军。随着朱一贵势力大增，南路下淡水的杜君英遣杨来、颜子京率其众百人与朱一贵商讨联合事宜，称杜君英在下淡水槟榔林召集粤东种地佣工客民，与陈福寿、刘国基议共掠台湾府库。此外郭国正、翁义在草潭，戴穆、江国论在下埤头，林曹、林骞、林琏在新园，王忠在小琉球，皆准备与杜君英联合。

二十三日，周应龙率兵至冈山，双方大战，千总陈元、把总吴益等奋力攻击，朱一贵部大败，退走入山，应龙收兵扎二滥。在二滥，周应龙犯了一个决策性失误，导致事态进一步扩大。为激励番民的积极性，二十四日，周应龙传令所部，杀造反者一名赏银三两，杀头目一名赏五两。在物质的刺激下，新港等社番民不分良莠，先后杀良民四十余人，纵火焚烧民居，引起当地民众的强烈反弹。朱一贵所部大肆渲染，沿途村庄纷纷响应。二十五日，朱一贵联合杜君英攻陷下淡水营。

二十七日，周应龙所部与杜君英、朱一贵会战于赤山，千总陈元战死，周应龙逃归府治。此后朱、杜二人兵分两路，朱一贵率军追击周应龙，杜君英率陈福寿、刘国基等围攻凤山县。二十八日，总兵官欧阳凯、游击刘得紫率兵千余人，台协水师副将许云率兵五百，出扎春牛埔，列营以待。此时官军已如惊弓之鸟，草木皆兵，当晚军中夜惊，镇兵四散，至次日黎明方才汇集一起。

四月三十日，朱一贵等抵达春牛埔，在双方先期的战事中，由于武器配备远远不及官军，起事民众战败，退守竿津林。五月一日，双方展开激战。官军兵分两路，刘得紫率守备张成，以兵堵截中路口，在半路店迎击，欧阳凯、许云、游崇功率弁兵在春牛埔迎敌。官兵内部百总杨泰叛变，乘欧阳凯不备，将其刺落坠马。欧阳凯死亡，对所部官军造成极大的冲击。刘得紫闻听消息后，马上率兵救援，双方激战中，刘氏与守备张成被擒，多人战死。此时台湾官军兵败如山倒，武官如台协水师中营游击张彦贤，右营游击王鼎，守备万奏平、凌进、杨进，千把总朱明、刘清、郑耀等率兵千余人，战船四十余号，逃往澎湖。右营游击周应龙、中营把总王丑附商船逃归大陆，直走泉州。至于文官，台厦道梁文煊、知府王珍、同知王礼，台湾知县吴观域、县丞冯迪、典史王定国，诸罗知县朱夔、典史张青远，皆相率登舟，齐赴澎湖。台湾一时无人守护，台湾府城被朱一贵等攻破。

与此同时，北部民众赖池、张岳、郑惟晃等亦于五月一日率众起兵反抗清政府的统治，并进攻诸罗县城。清军北路营参将罗万仓，千总陈徽，把总郑高、叶旺等率军反击。后清军大败，陈徽、郑高逃入后山，集合乡民自保。赖池等将罗万仓首级带至台南，献给朱一贵请功。

三日，众人立朱一贵为王，号永和。“是时伪职填街，摩肩触额，优伶服饰，搜括靡遗。或戴幞头，衣小袖，纱帽金冠，被甲骑牛；或以色绫裹其首，方巾朝服，炫黄于道。民间为之谣曰：‘头戴明朝帽，身穿清朝衣；五月称永和，六月还康熙。’”①

从四月十九日众人起事，到五月一日攻陷台湾府城，仅仅十余天的时间，朱一贵等率领一群毫无组织、未经训练的民众，大败近万名台湾守军，相继攻陷凤山、诸罗县城和台湾府城，另有数个守军营汛亦被起事民众占领。其实，清军惨败是台湾军备废弛、文恬武嬉的必然结果。赤山大败的消息传到台湾府城后，众人哗然大震，文武大员各遣家属宵遁，士民亦相率逃窜，一时间百姓妇女，争舟杂沓，哀声震海。

---

① 蓝鼎元：《平台纪略》，“台湾文献丛刊”第 14 种，台湾银行经济研究室，1958。

二、蓝廷珍赴台平定朱杜

至府城被占，福建地方政府仍不知台湾究竟发生了何事。五月初，随着大批难民逃亡到厦门，福建水师提督施世骠方知台变，然并未料到变故如此之大。六日，地方官有关台湾发生变故的报告才到达厦门。消息传到福州后，闽浙总督觉罗满保考虑到厦门为控制台湾咽喉，闽南沿海重地，绝不可等闲视之。在与福建巡抚吕犹龙会商后，决定吕犹龙留在福州安抚民众，筹措钱粮，他亲自到厦门负责平定事宜。为此，觉罗满保一方面密疏告变，向康熙帝保证一月之内平定此事，另一方面移檄浙江、广东两省运米到厦门，飞咨促提督施世骠，令其先前出师，檄召南澳总兵官蓝廷珍，连夜赴厦门，面商征台机务。十日，觉罗满保偕督标左营参将王万化、抚标左营游击边士伟兼程赴厦，量调闽省水陆各标营将备弁兵，悉由水道赴厦，听候调遣。十二日，觉罗满保在泉州听取蓝廷珍有关台湾战事的建议，备感欣慰。蓝廷珍指出："控制台湾，惟厦门为最扼吭，形胜所在，便于指挥。执事在省隔远，莫如疾驱南下，驻扎厦门，督师进剿，筹划粮饷，诸凡机宜，呼应便捷。且内地莠民，不无乘虚鼓煽，或谋啸聚，摇惑人心；若棨戟一临，则群疑自息。"① 这与觉罗满保驻厦门调度的思路完全一致，是故他感叹道："蓝总兵所见，事事与吾吻合，吾调此君，平台得人矣。"② 十五日，觉罗满保抵达厦门。在其后的十余天里，他安抚民众、招募丁壮、筹备军资，积极开展出征前的相关工作。

二十七日，南澳总兵官蓝廷珍单骑到厦，所部舟师继至。觉

---

① 蓝鼎元：《东征集》卷一《上满制府论台湾寇变书》，"台湾文献丛刊"第12种，台湾银行经济研究室，1958。

② 蓝鼎元：《平台纪略》，"台湾文献丛刊"第14种，台湾银行经济研究室，1958。

罗满保与之定平台方略，委令总统征台水陆大军，带领将弁八十余员，兵丁八千余名，营哨、商艘、舢板、头膨仔等船四百余号，舵工水手四千余名，会提督施世骠于澎湖，克期进剿。

六月一日，蓝廷珍率大军出征，后遇飓风漂至铜山。八日大军从铜山出发，于十日到达澎湖。在澎湖，蓝廷珍与施世骠确定了具体的作战方针和军力配备。此战福建地方政府非常重视，先后从福建各地调集大量官兵赴台参战，共参、游、都、守、千、把一百二十余员，兵丁一万二千余名，大小船六百余号，舵工水手六千余名。考虑到大军进剿，澎湖守备空虚，又先后召金门镇总兵官黄英，统领海坛镇标右营游击李殿臣等督官兵防守澎湖。

在清政府备战之际，朱一贵内部却发生了严重的纷争。先是，在攻打台湾府城时，杜君英率先入府，欲立其子杜会三为王，众人不服，始立朱一贵为王。杜君英非常不满，故意寻衅滋事。为严肃军纪，朱一贵严禁淫乱妇女，杜君英肆掠妇女七人在营中，其下属戴穆强娶民间妇女，朱一贵愤而杀之。杜君英所掠女性中，有一名为朱一贵所部吴外的亲属，吴外请释之，双方不欢而散。朱一贵遣杨来、林琏询问情由，杜君英将二人捆绑监禁起来。此事导致朱一贵大为愤怒，与李勇、郭国正等商讨围攻杜君英。杜君英大败后，与林沙堂等率粤籍民众数万人北走虎尾溪，至猫儿干屯扎，在当地剽掠村社，蹂躏村民，激起当地民众的强烈愤慨。

得知台湾内部发生的情况后，蓝廷珍即与施世骠确立了剿抚结合的策略，对于巨魁大奸，必须赶尽杀绝，而那些跟随的民众则令其改过自新，不能任意伤害："以某愚见，止歼巨魁数人，余反侧皆令自新，勿有所问；则人人有生之乐，无死之心，可不血刃平也。某已大书文告，先散其党，惟执事许之勿疑！乌合繁徒，易聚易散，急则挺而拒敌，宽则各寻生路；此平台第一得手，不止仁人好生而已”①。事实证明，这一策略发挥了非常重要的作用，它不但有效瓦解了朱一贵所部的斗志，而且使得大批民众调转矛头指向起事者。十三日，清军以林亮、董方为前锋，从澎湖向鹿耳门进发，十六日黎明，舟师咸抵鹿耳门外。据蓝鼎元的记载，战斗相当激烈，“先锋林亮、董方，忠勇冠乎三军，雄威溢于六艘，直驱精锐，大战汹涛。本镇亲率参将王万化、林政，游击边士伟、朱文等八十余员，统领官兵，指挥舸舰，并趋进港，贾勇争先。巨炮雷轰震叠而山崩地坼，轻舟鹜击奋扬而瓦解灰飞。白刃杂以火攻，乌合因而兽散”②。

清军攻占鹿耳门后，趁势拿下安平镇。十七日，施世骠亦抵达安平。至此，征台大军云集，双方激战箭在弦上。

朱一贵遣杨来、颜子京等率众八千余人进攻安平，千总游全兴以张彦贤等十四员在四鲲身迎战，蓝廷珍亲自指挥。清军枪炮齐发，又遣朱文等驾小船，从沿岸夹击，杨来等大败，退至七鲲身。十八日，魏天锡、谢希贤、魏大猷率把总牛龙、外委守备陈章等，以轻舟载枪炮硝磺烈焰，于涂墼埕、水仔尾等处烧毁朱一贵四艘大船。十九日，朱一贵遣李勇、吴外等率众数万人，以牛车阵再次进攻安平，清军分左、右、后三军迎击。双方在二鲲身大战，蓝廷珍亲督大炮，连环齐发，倒乌龙旗，破牛车阵。安平一役后，朱一贵部退守府治，不敢再至鲲身，唯沿岸列炮，昼夜固守，双方进入相持阶段。

二十日，蓝廷珍与施世骠讨论收复台湾府城，决定南北夹击，蓝廷珍在西港仔登陆，从北往南进攻，施世骠则驻守安平，从南部进攻府城。二十一日，蓝廷珍率舟师五千五百余人趁夜向

---

① 蓝鼎元：《东征集》卷一《与施提军论止杀书》，“台湾文献丛刊”第12种，台湾银行经济研究室，1958。

② 蓝鼎元：《东征集》卷一《六月丙午大捷攻克鹿耳门收复安平露布》，“台湾文献丛刊”第12种，台湾银行经济研究室，1958。

西港仔进发，翌日黎明，在竿寮乡登岸。为表达视死如归的决心，他令诸舟悉回安平，不留退路。清军在竿寮乡登陆之时，正值起事者在苏厝甲与林亮、魏大猷决战，蓝廷珍遂分兵进攻。朱一贵部大败。二十三日，蓝廷珍督大兵南下，先后在木栅仔、茑松溪大败起事军队，直捣府城，朱一贵见台郡不保，率众数万遁去，府治遂复。与此同时，水师提督施世骠亦调兵遣将从濑口、盐埕、涂墼埕、大井头等分击台湾府城，并于当日与总兵蓝廷珍在府城会师。府城的收复极大地鼓舞了台湾军民的士气，“万姓欢呼，复见天日，家家户外设香案，拜迎王师”①。闰六月一日，闽浙总督觉罗满保令蓝廷珍署理台湾镇总兵官，全面负责平台事宜。

康熙帝得到台湾前线的有关战报后，随即谕令台湾民众曰：“朕思尔等俱系内地之民，非同贼寇，或为饥寒所迫，或因不肖官员刻剥，遂致一二匪类，倡诱众人，杀害官兵，惟知罪不能免，乃妄行强抗，其实与众何涉，今若遽行征剿，朕心大有不忍。故谕总督满保，令其暂停进兵。尔等若即就抚，自原谅尔等之罪；倘执迷不悟，则遣大兵围剿，俱成灰烬矣。台湾只一海岛，四面货物俱不能到，本地所产不敷所用，只赖闽省钱粮养赡耳。前海贼占据六十余年，犹且剿服，不遗余孽；今匪类数人，亦何能为耶！谕旨到时，即将困迫情由诉明，改恶归正，仍皆朕之赤子。”② 上谕至闽，总督觉罗满保随檄委兴泉道陶范署理台厦道，亲赍谕旨，往台湾安抚百姓，调汀州知府高铎知台湾府，分委建宁通判孙鲁往署台湾府同知并台湾知县事，海澄知县刘光泗往凤山，漳浦知县汪绅文往诸罗，俱随大兵安辑流亡，慰抚社民。

① 蓝鼎元：《平台纪略》，“台湾文献丛刊”第14种，台湾银行经济研究室，1958。

② 张本政：《〈清实录〉台湾史资料专辑》，福建人民出版社，1993，第84页。

台郡既平，提督施世骠、总兵官蓝廷珍分遣大兵扩清南北二路。王万化等带领官兵剿抚南路，收复南路营凤山县，擒斩颜子京、郑定瑞等，安抚下淡水、大昆麓各处人民社番，平定南路地方。林秀等率军往北路剿抚，二十八日，在大穆降沉重打击了朱一贵部，朱一贵率数千人走湾里溪，大军追至茅港尾、铁线桥，收复盐水港，朱氏败走下加冬。在沟尾庄，朱一贵被六庄民众设计抓获。先是，漳浦人王仁和素往来沟尾庄，与庄民杨石熟稔，知其族杨旭、杨雄等为一方巨擘，可以筹划捉拿朱一贵。王仁和密告于蓝廷珍，蓝廷珍给王仁和外委守备，并杨旭、杨石、杨雄等守备、千总各衔札，令谋擒朱一贵。于是杨旭与王仁和、杨石、杨雄等密纠沟尾前庄、后庄、小椺榔、新埤、佳走、后潭等庄乡壮伺机行事。闰六月五日，朱一贵率千人疲惫交加，至沟尾庄索饭食，杨旭等故杀牛宰羊热情招待，承诺号召六庄乡壮相助。六日，朱一贵往月眉潭驻扎。七日，杨雄请朱一贵复回沟尾庄，将他们分宿不同人家，并传集六庄乡壮，佯为守护。当日夜间，杨旭派人大声喧哗，声称官兵进攻，一时间金鼓火炮齐鸣，朱一贵等仓皇惊起，不知所措。杨雄等遂擒朱一贵等四人。后朱一贵等人被蓝廷珍槛送厦门，听总督觉罗满保解京正法。此后，清军又相继收复诸罗县和笨港，台湾南北二路皆被平复。

朱一贵被擒后，施世骠等加紧了对杜君英的清剿。朱一贵与杜君英分裂后，杜部所属连吃败仗，陈福寿遁入后山，刘国基、薛菊、王忠俱逃琅峤藏匿。蓝廷珍命外委陈章等搜捕陈福寿等人，陈章遣人在琅峤查询到刘国基等三人的踪迹，遂与林尚、苏庚驾舟赴琅峤招抚，三人同意就抚。后除王忠担心投降后遭迫害独自逃亡外，刘国基、薛菊俱至府城。八月，陈章复于南路观音山招抚陈福寿。

陈福寿等投降，对杜君英部产生了很大的影响，“闻风思归诚者益众”①。就连久处山中的杜君英也厌倦了昼伏夜走的生活，听闻陈福寿就抚，亦颇为心动。得此消息，蓝廷珍令外委守备施恩、陈祥等招抚君英：“陈福寿、江国论、刘国基、薛菊等，皆君英同党叛逆之人，罪应灭族；先后来归，俱皆不杀，美衣丰食，炫耀街衢。君英宁独异乎？且君英、福寿，誓同生死。福寿今为良民，逍遥自在；君英一出，便可同生。何事株守空山，自速其死，以负初盟？君英惧诛，疑团未破，独不可向陈福寿一商酌乎？……君英静夜三思，山中能住几时？”② 看到陈福寿的实际情况后，杜君英、杜会三决定投降。

九月十五日，提督施世骠因病去世，蓝廷珍奉檄署理提督军务。十月十七日，蓝廷珍告知杜君英等，总督觉罗满保准备授予他们官职，让他们尽快到厦门接受考察。押解至厦后，总督觉罗满保随即奉旨解陈福寿、杜君英、杜会三赴京师，与朱一贵对质。至京，朱一贵、李勇、吴外、陈印、王玉全、翁飞虎、张阿山俱凌迟处死，亲属同坐。陈福寿、杜君英、杜会三以就抚从宽，斩于市。其余在军前擒抚众人，就地正法。

十一月三日，陈成、苏清、杨美、林阿尾等，集众竖旗于南路石壁寮。六日，千把总何勉、杜雄等率兵平定，擒苏清、高三二名，陈成等奔溃逃亡，杨美、王教逃匿下淡水，被知县刘先泗擒获。罗汉门为朱一贵等起事之地，当地地势险峻，层峦叠嶂，不少民众被官军击溃后藏匿于此。为彻底扫清起事者的残余势力，蓝廷珍分遣游击王良骏、薄有成，守备吕瑞麟率兵从角宿、冈山、刘兰坡岭一路，守备闫威由仁武庄、土地公崎、阿猴林一

① 蓝鼎元：《平台纪略》，“台湾文献丛刊”第14种，台湾银行经济研究室，1958。

② 蓝鼎元：《东征集》卷二《檄施恩陈祥谕抚杜君英》，“台湾文献丛刊”第12种，台湾银行经济研究室，1958。

路，守备李燕、蔡勇由卓猴、木冈社一路，各路大军于十二日在罗汉门的中埔庄会合。别遣把总林三、陈云奇、郑荣才、游宽往大武垄，以断其后路。十三日，三路大军分搜银锭山、佳白寮、东方木、南马仙等处，把总林三等搜礁巴哰、郎包米、大龟佛、大湖等处，焚毁巢穴数十所。这次大规模搜索基本将朱一贵事件中逃亡的首领捕获殆尽，唯王忠、邱宝宣遁逃傀儡内山番民居住区。

康熙六十一年（1722 年）上半年，蓝廷珍又相继剿灭了台湾南部林亨、李庆、郑仕等各路起事者。但是，逃入内山的王忠等人始终未能归案。七月，巡台御史黄叔璥认为应当尽快寻找王忠等人的下落，彻底肃清朱一贵余部。台湾内山南北两路相通，水陆隘口甚多，王忠等人奔窜不常，弁兵防御稍疏，即受其害，若不竭力搜捕，终为台郡之患。蓝廷珍也檄令外委郑惟嵩等搜捕后山，给赏当地番民，以清理王忠等人："令外委千总郑惟嵩，率健丁十数人，驾舟南下，由凤山、郎娇至沙马矶头，转折而东，赍檄往谕卑南觅社大土官文结。赏以帽靴、补服、衣袍等件，令其调遣崇爻七十二社壮番，遍处搜寻，将山后所有盗贼，悉所擒解，按名给赏。拒敌者杀死勿论。凡擒解山中汉人一名，该番赏布三十尺、盐五十斤、烟一斤。获剧贼者倍之。有能擒获王忠，当以哆啰哖、哔吱、银两、烟布、食盐等物，大加犒赏。"① 次年四月十五日，千总何勉在南路凤山林捉获王忠、刘富生、陈郡等，蓝廷珍遣解回大陆，听总督觉罗满保正法。至此，朱一贵事件所有成员全部被擒。

三、朱一贵事件的善后措施

朱一贵事件对台湾造成巨大的震荡，迫使清政府开始调整对

① 蓝鼎元：《东征集》卷二《檄查大湖崇爻山后余孽》，"台湾文献丛刊"第 12 种，台湾银行经济研究室，1958。

台政策。如何稳固台地的安定，使之不再成为反清的基地，便自然而然地成为清廷治台的首要出发点和基本前提。

作为厦门和台湾的中转站，澎湖的地理位置非常重要，无论是施琅平台，还是平定朱一贵事件，澎湖都发挥了重要作用。是故，当康熙六十年（1721 年）十月闽浙总督觉罗满保疏称台湾等三县相距辽阔，防汛额兵单薄请添设兵丁时，兵部认为台湾增加军队人数没有太大意义，关键在于合理配置台湾军事防务力量，并将总兵移驻澎湖，在台湾新设立副将一员。“惟是澎湖系台湾咽喉，紧要适中之地，应将台湾总兵官移驻澎湖，仍照旧游击二员、守备二员、千总四员、把总八员，兵二千名。台湾陆路改设副将一员、游击二员、守备二员、千总四员、把总八员，带兵二千名驻扎台湾府。水师营仍留副将一员，带游击二员、守备二员、千总四员、把总八员、兵二千名，驻扎安平镇。如此则陆路有事，则水师官兵可以赴援；水师营有事，陆路官兵可以赴援”[1]。对此，康熙帝表示认同：“福建总督、巡抚、提督俱奏请台湾添兵，朕意添兵无用也。台湾地方水师营着副将一员、兵二千名，陆路营着副将一员、兵二千驻扎。水师有事，陆路可以照应，陆路有事，水师亦可以照应。其台湾总兵官，移于澎湖，着兵二千名驻扎，令其管辖，均有裨益。……将此旨传示九卿。”[2]

总兵移驻澎湖的消息很快由北京传递到台湾，此时还在台湾平定朱一贵事件的蓝廷珍对此表示了强烈的关注。他认为，如果总兵真的从台湾转驻澎湖，将大大影响到台湾的安全。第一，澎湖地面狭小，山不能长树木，地不能生米粟，人民不足资捍御，形胜不足为依据，无论人员还是物力，都需要台湾或者厦门接

---

① 《台案汇录己集》卷一《台湾事件残档》，“台湾文献丛刊”第 191 种，台湾银行经济研究室，1964。

② 张本政：《〈清实录〉台湾史资料专辑》，福建人民出版社，1993，第 88 页。

济，若一二月舟楫不通，则不战自毙。台湾沃野千里，山海形势皆非寻常，从台湾对于福建的重要性而言，应当添兵防守，易总兵而设提督五营，方足弹压。如果兵不增而反减，又欲调离其帅于二三百里之海中，显然将台湾置于危险境地。第二，若总兵果易以副将，则台湾有水师副将一员，陆路副将一员，彼此之间若有争执，两副将可能僵持不下。且陆路南北二参将，仅以一副将统辖，恐不能俯听调遣，各人自大，不相统属，万一有事，呼应莫灵。第三，澎湖至台，虽不过二三百里，顺风扬帆，一日可到；若天时不清，台飓连绵，浃旬累月，莫能飞渡，台中百凡机宜，鞭长不及。“以澎湖总兵控制台湾，犹执牛尾一毛欲制全牛，虽有孟贲、乌获之力，总无所用。今在廷臣工，莫有敢出一言为皇上东南半壁封疆之计，何异欲弃台湾乎？台湾一去，则泉、漳先为糜烂，而闽、浙、江、广四省俱各寝食不宁，山左、辽阳皆有边患”①。康熙六十一年（1722 年）四月，水师提督姚堂等也上奏，澎台隔越汪洋，阻风则半月不能至，声息未易相通，彼此难于照应。莫若循旧制，澎设副将、台设总兵。② 后台湾仍设立总兵一员，澎湖设副将一员。

朱一贵事件对清政府治理台湾的另一个重要影响是巡台御史的设立。朱一贵事件的发生，尤其是在很短的时间内台湾府城即被攻破，文武官员仓皇逃窜，颇为当政者所不解。“台湾治乱之局，迥出人情意计之外。其地方数千里，其民几数百万，其守土之官，则文有道、有府、有县令、大小佐贰杂职若干员，武有总兵、副将、参将、游击、守备、大小弁目若干员，其额兵七千有奇，粮储、器甲、舟车足备。又当国家全盛，金瓯靡缺，而朱一

---

① 蓝鼎元：《东征集》卷四《论台镇不可移澎书》，“台湾文献丛刊”第12种，台湾银行经济研究室，1958。

② 张本政：《〈清实录〉台湾史资料专辑》，福建人民出版社，1993，第91页。

贵以喂鸭小夫，欻焉倡乱，不旬日间，全郡陷没，此岂智能所及料欤！”[①] 在事后清政府的反思中，认为信息不畅是导致事件发生并迅速扩大的原因之一。

事实上，台湾知府王珍违规令其次子管理凤山县事，康熙帝一无所知；朱一贵所部攻城略地，清军一败涂地，康熙帝一无所知；台湾文武大员毫无斗志，文恬武嬉，兵有名而无人，民逸居而无教，官吏孳孳以为利薮，康熙帝亦一无所知。在觉罗满保将朱一贵押解到北京后，康熙皇帝又针对审讯工作发出一系列疑问：“有谁为造意设谋？何处结党？何处拒敌？伊等原籍何所？兵器俱从何购买？共几次交战？其交战时兵丁共有若干？官员内交战者为谁、未交战者为谁？武职官员阵亡者甚多，其文职诸臣何以得携妻子来至澎湖？伊等何以不行劫夺？”[②] 这些疑问，一方面显示康熙皇帝对台湾的基本情况并不清楚，另一方面也体现了他急于了解台湾情况的心情。对于福建督抚增兵台湾的请求，康熙认为并非要务，台湾事变，“百姓不堪文官之刻剥，兵丁不堪武官之扣克，以致匪类聚众为乱，并非兵少之故”[③]。问题的关键在于，必须建立一条畅通而可靠的渠道，确保中央政府能够随时了解台湾动向，及时制定应对措施。于是，康熙帝决定：“每年自京派出御史一员，前往台湾巡查。此御史往来行走，彼处一切信息，可得速闻，凡有应条奏事宜，亦可条奏，而彼处之人皆知畏惧。至地方事务，御史不必管理也。”[④] 后经九卿等议准，每年

① 蓝鼎元：《平台纪略》，“台湾文献丛刊”第 14 种，台湾银行经济研究室，1958。

② 张本政：《〈清实录〉台湾史资料专辑》，福建人民出版社，1993，第 88 页。

③ 《台案汇录己集》卷一《台湾事件残档》，“台湾文献丛刊”第 191 种，台湾银行经济研究室，1964。

④ 张本政：《〈清实录〉台湾史资料专辑》，福建人民出版社，1993，第 88 页。

派满汉御史各一员前往巡察，一年更换。如有应行条奏事件，具本条奏。[1] 至此，巡台御史制度正式设立。

在朱一贵事件中，台湾番民也涉身其中。首先，如前所述，在镇压起事的过程中，右营游击周应龙为壮大军威声势，曾募集部分番民参加作战。然而，四社番民乘乱滥杀无辜良民，焚烧房屋，给人民的生命财产造成很大的威胁，致使一些汉民由于不满政府的这种行为而倒向起事者。其次，清廷平定起事后，因善后工作不及时，北部水沙连诸番社四出纷扰。而且水沙连社“原纳番饷银共三百一两五钱”，事件平定之后，“竟分厘不纳”，[2] 引起清政府的恐慌和不安。再次，更为严重的是，起事失败后，大批参与者逃入内山，给清廷的清剿工作带来巨大的困难。据黄来供称，“台湾山后尚有匪类三千人”，郑固“亦称王忠逃匿山后大湖，有党千人”，但山后大湖地方，乃自统一以来官兵不到之境，搜捕他们殊非易事。蓝廷珍分遣外委弁目，诸路访缉，令外委郑国佐、林天成召致山番通事章旺，同入傀儡内山，遍查各社，谕番众嗣后不许窝留起事者。尽管随军出征的蓝鼎元对卑南觅地方大土官文结“赏以帽靴补服，衣袍等件”，对番民许诺“有能擒获王忠，当以哆啰哖、哔吱、银两、烟布、食盐等物，大加犒赏”[3]。不过，仍有很多人得以逃脱，这也引起了决策者的高度重视。

为避免再起衅端，划界迁民，隔绝汉番来往即成为目光短浅者所能想到的最为直接的措施。起事烈火未及扑灭之时，闽浙总

---

① 《台案汇录己集》卷一《吏部题本》，“台湾文献丛刊”第173种，台湾银行经济研究室，1963。

② 《雍正朱批奏折选辑·浙闽总督高其倬奏闻水沙连社番肆恶情形折》，“台湾文献丛刊”第300种，台湾银行经济研究室，1972。

③ 柯培元：《噶玛兰志略》卷十三《艺文志》，“台湾文献丛刊”第92种，台湾银行经济研究室，1961。

督觉罗满保即于康熙六十年（1721 年）十月议行划界迁民，其具体办法为："台、凤、诸三县山中居民，尽行驱逐，房舍尽行拆毁，各山口俱用巨木塞断，不许一人出入。山外以十里为界，凡附山十里内民家，俱令迁移他处；田地俱置荒芜。自北路起，至南路止，筑土墙高五六尺，深挖壕堑，永为定界。越界者以盗贼论。"觉罗满保的这一建议，贯穿着汉番分治的基本理念。在他看来，维持台地的安定，最佳途径便是汉民归汉、番民归番，杜绝二者的接触和联系，即可达到"奸民无窝顿之处，野番亦不能出而为害"的目的。[1] 其实，划界迁民的计划不仅干扰了汉民业已形成的正常生活，而且隔断了汉番之间的互相往来，极其不利于台湾的发展，故而遭到在台有识官员的极力反对，其中以蓝鼎元为最。

蓝鼎元指出，划界迁民会引发一系列的问题，并制造出新的民族矛盾。应该取消禁止开垦番地的禁令，让汉番共同开垦土地，这样既可以辟草莽为良田，满足渐增渐长的汉族居民的需求，又可以使生番化熟、熟番汉化，从而在根本上实现汉番一体化。在《复吕抚军论生番书》中，蓝鼎元进一步阐述了他的开辟山地、抚绥生番的思想："征之使畏，抚之使顺，辟其土而聚我民焉，害将自息。久之生番化熟，又久之为户口贡赋之区矣。"但是，蓝鼎元也清醒地认识到，因其位鄙言轻，他的正确主张很可能被束之高阁，是故才发出了一句"划界避番之议方起，此说且存而勿论可也"的无可奈何的叹息。[2]

果不出蓝氏所料，尽管在康熙六十年（1721 年）由于他的反对未能使觉罗满保的建议付诸实施，但次年就任福建巡抚的杨景

---

① 蓝鼎元：《东征集》卷三《覆制军迁民划界书》，"台湾文献丛刊"第 12 种，台湾银行经济研究室，1958。

② 蓝鼎元：《东征集》卷四《复吕抚军论生番书》，"台湾文献丛刊"第 12 种，台湾银行经济研究室，1958。

素在对觉罗满保的原方案进行改造的基础上，仍然厉行了划界迁民。“凡逼近生番处所，相去数十里或十余里，竖石以限之，越入者有禁”[1]，此议得到清廷的批准。至此，划界迁民政策正式出台。

第二节　林爽文事件

一、林爽文起事与闽台地方的应对措施

乾隆中期以后，随着流入台湾的大陆人口越来越多，台湾人口结构日趋复杂，社会矛盾丛生。林爽文，漳州平和人，乾隆三十八年（1773 年），其父林劝因生计无着携家带口渡台，佣工于彰化，遂定居彰化县大里杙庄。林爽文为人豪爽，在彰化县衙谋得县役一职，暗地里结识了大量无业游民，凡系于狱者，林爽文皆脱囊资之，因此颇得乡人之心。乾隆五十一年十二月八日，林爽文发布起事文告称：“照得居官爱民如子，才称为民父母也。今据台湾皆贪官污吏，扰害生灵，本帅不忍不诛，以救吾民，特兴义兵。”[2] 从这个文告看，林爽文事件仍属于传统官逼民反的范畴。不过，与朱一贵事件由暴政直接引发不同，林爽文挑起起事大旗的背景较为复杂。

乾隆四十七年（1782 年）八月下旬，因为赌博起衅，漳人黄璇殴毙泉人廖老，泉人报官相验，该县官长却不严究正凶，泉人因此不甘，纠众寻衅。九月初，双方彼此械斗，互有杀伤。九月

---

① 王瑛曾：《重修凤山县志》卷三《风土志》，“台湾文献丛刊”第 146 种，台湾银行经济研究室，1962。

② 台湾史料集成编辑委员会：《明清台湾档案汇编》（第 29 册），远流出版社，2006，第 506 页。

十日，协标新任把总林审赴汛，路经泉州人聚集的内快官庄，该地泉民张主忠、郑全等将林审拦截，因林审原系漳州府人，泉民疑是漳人假装，竟行杀害。与此同时，大量俗称“罗汉脚”的流民从中煽风点火更加剧了当地社会的动荡，“在漳庄则呼泉人欲来焚抢，在泉庄则称漳人即至围杀，以致人心惊惶。小庄逃依大庄保护，其小庄房屋空虚，匪类乘机焚抢”①。至此，由于官方人员被杀，各种流言四起，漳泉械斗变得日趋复杂。

十二月初，清政府查获一起私渡案件，意外发现一封叙述彰化械斗情形的书信，信中提及大里杙庄漳属林姓围攻泉属番仔沟，且有不少人三五成群结盟拜把，成立小刀会等民间组织。②成立此类组织素来为清政府所严行禁止，是故，对于这样一起民间械斗，清政府特意派遣福建水师提督黄仕简赴台平定。黄氏到台湾后，督促文武兵役穷搜密捕，先后拿获案犯三百六十五人，就地正法一百一十一人，处罚不可谓不重。在黄仕简上奏漳泉械斗经过的奏折中，将矛头直接指向大里杙庄，“是大里杙之漳匪与番仔沟之泉匪作恶实甚，而大里杙漳匪首先听邀攻庄，尤为起事首恶。若不大加惩创，实无以儆凶恶而安良善。查大里杙漳庄，林姓族大丁多，素属强悍，乡里侧目。往近山脚，分为三庄，另内木栅一处，紧连生番地界，尤为险僻”③。十二月二十五日，黄仕简拟定了一个要捉拿的九十五人名单，再次对大里杙进行搜捕，并逮捕了彰化县城西门外小刀会会员若干名。

本来械斗一案，两造应各负其责，由于乾隆皇帝曾给黄仕简明确的指令，不能因其漳州籍而在处理该案时偏向漳州民众。黄氏矫枉过正，认定大里杙庄是此次械斗的罪魁祸首，他将打击重点对准该庄，不少村民为此或人头落地，或遁入深山，这为日后

---

① 《乾隆四十七年台湾漳泉民人械斗史料》，《历史档案》1996年第1期。

② 《乾隆四十七年台湾漳泉民人械斗史料》，《历史档案》1996年第1期。

③ 《乾隆四十七年台湾漳泉民人械斗史料》，《历史档案》1996年第1期。

林爽文以大里杙庄为核心发动起事埋下了伏笔。

林爽文事件的发生，还与天地会在台湾的传播有关。乾隆四十九年（1784 年），漳州人严烟将天地会传播到台湾。当年三月，严氏在彰化县阿密里庄遇到林爽文，两人一见如故，林爽文遂加入天地会。可以说，林爽文此时加入天地会，仍属于一般意义上的结会互助，并未有起事抗清的意图。

不过，乾隆五十一年（1786 年）诸罗县杨光勋、杨妈世兄弟为争产而各自组织社团对抗，将林爽文和天地会牵涉其中，最终导致起事的爆发。杨光勋组织添弟会，许入会者每人给予番银二元，自七月一日起，陆续纠集何庆、张能等人入会。杨妈世闻知，亦起意结会树党，陆续纠集何稽、何归等人入会，每人各给钱五百文。

对于此类的结盟聚会，清政府向来十分警觉。闰七月四日，诸罗知县董启埏、守备郝辉龙前往九芎林、石榴班二处，拿获杨妈世及二会会众共十五名，押带回县审办。七日，石榴班汛把总陈和缉获添弟会张烈，并准备将之起身解县。杨光勋等得知张烈被获，起意劫囚，邀集添弟会会众在斗六门地方杀害把总陈和及随行兵丁，将张烈救走。后台湾总兵柴大纪与知府孙景燧率军陆续将杨光勋并二会会众共一百余人逮捕，杨光勋等十八人就地正法，其他各犯予以轻重不等的处罚。

本来杨氏兄弟争家夺产、抗官劫人与林爽文毫不相干。但是，被杨光勋救出来的张烈和其他几个添弟会成员藏匿在林爽文的居住地大里杙庄，并得到林爽文等人的暗中保护。追捕添弟会漏网之鱼，是福建和台湾地方大员的既定方针，[1] 在获悉张烈等人逃亡到大里杙庄后，他们自然将目标瞄准该村，至此，林爽文

---

① 台湾史料集成编辑委员会：《明清台湾档案汇编》（第 29 册），远流出版社，2006，第 482 页。

与官方的矛盾开始激化。当时，有传言说林爽文势力大增，附和者日多，林氏吩咐众人或经理粮储，或造器械，更引起台湾地方政府的警觉。

林爽文的最终起事，还与新任彰化知县俞峻有关。乾隆五十一年（1786 年）十月，俞氏上任，他主张必须施以重典，清除后患。迫于台湾道永福和俞峻的压力，台湾总兵柴大纪派中营游击耿世文率兵三百名开赴彰化，与俞峻等往大里杙庄搜捕杨氏兄弟案的余党，并扬言如果大里杙庄不交出张烈等人，就将该村焚毁。大里杙庄本来就暗潮涌动，民心不安，“今因彰化文武官同到大墩围拿林爽文并杨光勋案内逸犯，还说要防火烧庄。林爽文才起意纠集多人，劫了大墩营盘”[①]。林爽文自己也称：“斗六门地方，有杨光勋弟兄，因分家起衅，立会招人入伙，被人告发，并牵连我们，一齐呈告。彰化文武官员，差人各处查办，衙役等从中勒索，无论好人、歹人，纷纷乱拿，以致各村庄俱被滋扰。那时，林泮等房屋已被官兵烧毁，他同王芬、陈奉先……起意招集各庄民人，抗拒官兵，就来邀我。”[②] 从上述供词看，官方对此问题的处理显然不当，抓捕也有扩大化嫌疑。且俞峻等人不敢进入大里杙村直接抓人，“驻营于五里外大墩，谕村民擒献，否则村且毁，先焚数小村怵之，被焚者实无辜也”[③]，造成当地村民极大的恐慌和不满，并最终引发这场大规模的事件。

十一月二十五日，大里杙村二百余人集会，希望推选林爽文为头领，林氏族人见情形不对，将林爽文藏匿在后山之中。二十七日晚，刘升派人潜入官军营中，自称奉俞知县命令赴大里杙招

---

① 中国人民大学清史研究所、中国第一历史档案馆：《天地会》（第 1 册），中国人民大学出版社，1980，第 64 页。

② 刘如仲等：《台湾林爽文起义资料选编》，福建人民出版社，1984，第 218 页。

③ 昭梿：《啸亭杂录》，中华书局，1980，第 154 页。

抚庄民，现潜回报告机密事宜。潜入军营后，他们首先放火将官军火药库烧毁，之后起事民众结队而至，官兵仓皇应战，一时溃散，俞峻、耿世文及北路协副将赫生额、千总陈士杰、外委方日高皆战死。二十八日，起事民众攻破县城径入县署，杀典史冯启宗，散狱囚，劫仓库。同知长庚、知府孙景燧先后被擒，都司王宗武、同知刘亨基、把总陈国印、外委王光明及陈捷魁等数十人被杀害。攻陷彰化后，众人不服刘升领导，在林泮的筹划下，林爽文出山，成为起事者的头领。彰化起兵反清，引起连锁反应，北路各地民众四出攻劫，焚毁营汛，杀猫雾束巡检渠永湜，执南投县丞洪智。诸罗、淡水官兵闻警，皆惊惶无措。

占领彰化后，起事民众对下一步如何活动产生争执，部分人认为应当先攻淡水，以清后路，部分人认为大军应当直接南下进攻台湾府城。军师董喜建议以部分民众偷袭北部淡水地区，林爽文自己率领大军南下，从鹿仔港进攻诸罗县，而后直逼台湾府城，林爽文认为这一计划切实可行。十二月一日，林爽文以杨轩为副元帅，刘贤士为海防同知，刘四为彰化知县，率众七百人守彰化，又以王作为扫北将军，率众六百人袭扰淡水。他自率大军南下彰化，攻击九芎林、斗六门、庵古坑、笨港等处，笨港县丞徐英、斗六门巡检陈圣传、防笨港汛千总林魁、防斗六门汛把总陈国忠，见起事者来势汹汹，先后逃亡他地。四日，林爽文抵达西门外台斗坑边，派遣间谍潜入诸罗县城，欲联络城中民众为内应。先是，彰化既陷，署诸罗县知县董启埏、守备郝辉龙遣人赴郡告急，总兵柴大纪令游击李中扬、千总苏明耀及魏大鹏等领兵六百赴援。由于知县董启埏不相信民心可用，导致民众不积极参与防守。六日，城中火起，起事民众乘势直扑北门，官兵溃败，林爽文所部入城，杀知县董启埏，典史钟燕超、试用知县唐镒、游击李中扬、守备郝辉龙等皆被击毙，诸罗失陷。

得到彰化、诸罗相继失守的消息，台湾总兵柴大纪大惊失色，亲自率领水陆官军一千四百人出师北征。十二月六日，柴大纪率军抵达湾里溪，闻诸罗失守，退屯盐埕桥，从一名间谍那里获知，林爽文部兵分二路，一自诸罗山下加冬直抵府北，一自笨港浮海南下攻府西，准备夹击府城。柴大纪令水师哨船巡缉海口，严防水路，而自己率军驻守在盐埕桥以备不虞。七日，林爽文部水军渔船逼近，官军炮火齐发，击沉数艘船只，起事民众不得不撤离以避其锋芒。在官军炮火的攻击下，林部陆军也损失惨重，退守大穆降。据柴大纪的报告，双方在盐埕桥的战斗相当激烈。十一日，林爽文部水陆大军进攻盐埕桥官兵，此时林爽文吸取了先前因为没有重火器而不断被官军打击的教训，将湿透的棉被遮在牛车上，用以抵挡官军猛烈的炮火。不过，牛车棉被仍无法抵御大炮的威力，双方激战多时后，起事者被迫后撤。十二日的战斗，双方互有胜负，台湾知县王露带义民七八百名亦来助战。十三日，柴大纪饬令守备邱能成、外委蔡开祥带兵三百名，潜往离营盘十余里处埋伏，听候营盘有号炮响，即前后夹击。起事民众死伤数百人，林爽文手臂受伤，撤退至大穆降。①

在林爽文于台湾北部攻城拔寨之时，南部的庄大田也攻陷了凤山县城，并计划与林爽文合围台湾府城。庄大田，漳州平和人，乾隆七年（1742 年）随父庄二渡台湾占籍诸罗县，后迁居凤山笃加港。林爽文起事，庄大田族弟庄大韭啸聚民众以应之，一时无人为首，众人皆推庄大田。据庄大田自己说，他其实不愿意参与起事，“众人不肯远行，要庄大韭做大哥，因他不能服众，就来寻我，我听见就逃走到台湾县三角窟地方，又被他们追赶回来，一定要推我做大哥”②。庄大田自称“南路辅国大元帅庄”，

① 中国人民大学清史研究所、中国第一历史档案馆：《天地会》（第 1 册），中国人民大学出版社，1980，第236—237 页。

② 刘如仲等：《台湾林爽文起义资料选编》，福建人民出版社，1984，第 225 页。

其余诸人各封号不等，数日之间，汇集至数千人。十二月十三日，庄大田率众攻凤山县。南路营参将瑚图里领兵三百人出北门抵御，未等庄大田等攻至北门，随即乘马南逃。知县汤大奎、典史史谦、千总丁得秋、把总许得升、外委唐宗保、王朝桂等战死，凤山县城遂陷。十四日，凤山败退下来的兵丁溃败到府城，台湾方面始知凤山失守。

林爽文在大穆降得知庄大田攻陷凤山县城的消息后，随即派人与之联络，准备在大武垄会师，合击台湾府城。同知杨廷理、守备王天植获得相关情报后，统领官兵、义民数百人往攻大穆降，以断林爽文南路会合之路。二十四日，双方在台南大湾激战，起事民众蜂拥而至，官兵溃败，千总沈端战死，同知杨廷理、守备王天植在数十名番民的拼死保护下仓皇逃亡，林、庄二部胜利会师。

三十日，林爽文设坛杀牛豕祭纛，准备大举进攻府城，并誓言："不克，誓不归矣。"① 当时台湾府城的防守相当严密，柴大纪在盐埕桥守护北门，蔡攀龙在桶盘栈守护南门，府城西部濒临大海，唯东门防守相对薄弱，林爽文决定派遣偏师拖住盐埕桥、桶盘栈的南北官兵，以主力进攻府城东门。是日黎明时分，林爽文率众攻大东门，台湾道永福令知县王露、外委王国志领义民千人往桶盘栈助战，而自率同知杨廷理守大东门。杨廷理率义民二十人从小东门攻林爽之部之后，游击郑嵩、左渊领兵自小南门攻其左。林爽文部一时大乱，被迫撤退。

林爽文之攻府城，先后七扰盐埕桥，再攻府城，死伤过半，仍不能动摇府城的防守。在北部起事民众亦连遭败绩，鹿港义民收复彰化，擒起事首领杨振国。恰在此时，又有传言说福建水师

---

① 《平台纪事本末》，"台湾文献丛刊"第16种，台湾银行经济研究室，1958。

提督黄仕简率领大兵将至，林爽文见一时无法攻陷府城，遂退守盐水港，此后不久返回诸罗县。

二、常青入台与双方攻守

得知台湾发生动乱且官军败绩连连的消息，闽浙总督常青驰赴泉州，居中策应，调集水陆大军渡台作战。水师提督黄仕简领水师金门、铜山兵二千，由厦门渡鹿耳门。陆路提督任承恩领陆路提标长福、兴化兵二千人，由蚶江渡鹿仔港。海坛镇总兵郝壮猷领督标海坛、烽火、闽安兵一千八百人，由闽安渡八里坌，后至鹿耳门。闽安副将徐鼎士领督标、抚标闽安兵一千七百人，直渡八里坌。此外，又调延平、建宁兵一千六百人由汀州镇总兵普吉保统领，福宁、桐山兵一千由福宁游击延山统领，以备接应。在人员调整上，调福州府同知杨绍裘往署台湾府事，降调同知王隽往署北路理番同知，降调知县黄嘉训往署诸罗县，候补知县宋学灏往署彰化县，新调凤山县知县张升吉即往凤山任事。乾隆五十二年（1787 年）正月四日，水师提督黄仕简、海坛镇总兵郝壮猷至台湾府，六日，陆路提督任承恩至鹿仔港，至当年二月，福建援台大军共计九千五百人。①

正月十三日，黄仕简对赴台官军做出作战部署，准备分路进攻林爽文部。令总兵柴大纪率游击林光玉、杨起麟，守备邱能成、杨彨、李隆，参将潘韬等领兵二千三百余人收复诸罗，令海坛总兵郝壮猷率副将丁朝雄，参将那穆素里、瑚图里，游击陈元、蔡攀龙，都司罗光照，守备黄乔等领兵二千三百余人收复凤山县，黄仕简本人则领兵固守台湾府城。

在清除府城附近的隐患后，十八日，柴大纪由铁线桥行至下

---

① 《钦定平定台湾纪略》，“台湾文献丛刊”第 102 种，台湾银行经济研究室，1961。

加冬地方，遇起事民众百余，生擒郑发、叶初等数十人，并当即正法。[1] 二十一日，双方在三部竹遭遇，柴大纪生获林爽文部护驾大将军廖东，后屯驻在三部竹，遣守备邱能成为先锋，打探林爽文部虚实。二十二日抵田洋，与万余名起事民众再次激战，生擒八十余人，其他诸人逃窜至诸罗县城。守备邱能成奋勇当先，攻开城门，林爽文部由北门而逸，诸罗县城重新回到清政府手中。

与此同时，总兵郝壮猷也对凤山县展开攻击。十九日，郝壮猷在大湖打死庄大田部四百余人，一时军威大震。二十一日，郝壮猷探得三四千人在西园庄地方，随即于二十三日令游击蔡攀龙、署守备林芳带兵由北路，参将瑚图里同署守备卢思聪带兵由南路，副将丁朝雄等带同义兵、乡勇由中路，三路夹攻，打死三百余人。为进一步肃清凤山一带残敌，黄仕简另调兵丁六百名听郝壮猷调度。但是，由于凤山地势险要，庄大田部与官军展开游击战，导致郝壮猷始终无法突破起事者的防线。二月十三日，看到官军进攻凤山没有什么进展，黄仕简采纳台湾道永福的建议，以福宁游击延山领五百人赴大湖，又令游击郑嵩以水师官兵五百人由海道至打鼓山登岸，绕攻凤山之南。二十日郝壮猷行至桥仔头地方，以火炮将庄大田部击溃，二十一日由桥仔头进攻，当日即抵凤山，他亲自带领弁兵、义民极力攻城，并与一同由海道前来的郑嵩形成合围之势，庄大田部寡不敌众，由北门奔逃，凤山县遂为官军收复。

在鹿港，陆路提督任承恩也开始了反击。正月六日抵达鹿港后，于十一日分派游击穆腾额、守备潘国材带兵五百名由员林进攻中路南投各庄，游击海亮带兵三百名并乡勇、熟番人等进攻南

---

① 中国人民大学清史研究所、中国第一历史档案馆：《天地会》（第1册），中国人民大学出版社，1980，第356—357页。

路嵌项各庄，守备常万雄带兵三百名并乡勇等进攻北路北投各庄，并派都司马元勋带兵三百驻扎下加冬防守浊水溪后路。

十六日，官军抓获林爽文部间谍三名，获知林爽文因攻府城失利，又闻得鹿港增兵，恐怕其根据地大里杙有危险，已经率领伙众由诸罗、斗六门绕回内山，于十三日到大里杙，并约会陈泮等召集党伙，分抗官兵。任承恩遂将游击海亮、穆腾额领兵六百名并署都司张奉廷领兵二百名，调至马鸣山一路，防御大里杙，又派都司马元勋、守备常万雄将原带兵七百名，留守埔心庄，防范虎仔坑一路，余兵七百名留为防守鹿港海口及四路设卡应用。二十二日，双方在柴坑仔、田中央激战，官军以炮火进攻，民众退守大肚溪东岸。傍晚，官军见当地道路狭窄，四面皆竹丛蔗林，并无扎营处所，担心遭遇不测，遂准备回撤。行至刺仔尾地方，被起事民众伏击，官军大乱，后借助火力勉强稳住阵脚。任承恩见一时无法击败林爽文部，便分派官兵，督同乡民四处截杀，严守内渡各海口，防止林爽文偷袭。同时，他密令番社通事潘明聪等，进入内山悬赏捉拿起事之番民。此后，林爽文以大里杙为据点，双方互有攻守，官军未取得明显的优势。

对于黄仕简、任承恩二人在台湾的作为，乾隆显然极为不满。起初，乾隆帝没有认识到林爽文事件的严重性，认为福建水陆提督同时赴台有点小题大做，“岂有水陆两提督远涉重洋办一匪类，置内地于不顾之理”①。随着事态逐渐扩大，而二人办理又十分不力，乾隆开始加大对他们的批评力度。他认定黄仕简、任承恩二人行动迟缓，贻误军机，必须加以惩处，“至黄仕简、任承恩节次奏报情形，总属彼此推诿，一味因循，以致不能克期蒇事。其贻误之咎，已无可辞”②。

① 许毓良：《清代台湾军事与社会》，九州出版社，2008，第240页。

② 中国人民大学清史研究所、中国第一历史档案馆：《天地会》（第1册），中国人民大学出版社，1980，第382页。

面对愈演愈烈的台湾局势，乾隆皇帝首先对有关人员进行调整。乾隆五十二年（1787 年）正月，江南提督蓝元枚调任福建陆路提督，闽浙总督常青与湖广总督李侍尧对调，但常青不必赴湖广，仍留福建会办军务。由于乾隆帝一再催促，且新任闽浙总督于二月十九日到福建，身在泉州督战的常青随即开展赴台指挥作战的准备工作。而黄仕简、任承恩二人则于三月二十一日被革职查办。

三月九日，常青抵台，随即发现台湾军队数量过少，合计新旧兵丁仅一万三千余人，不但无法有效与林爽文周旋，甚至连自保都很困难。常青赴台后，闽浙总督李侍尧即至泉州，他见官兵势分力弱，即移会两广总督孙士毅，密挑健兵四千备征调。此时常青请求增兵七千，李侍尧在此基础上又商调浙江兵三千。为进一步加强台湾的军事力量，清廷授湖广总督常青为将军，福州将军恒瑞、福建陆路提督蓝元枚为参赞大臣领兵前往台湾，诏总督李侍尧亲至厦门、蚶江照料军行。四月二十日，相关消息到达台湾，常青见大军将至，才略感放心。

三四月间，刚刚抵台的常青遭遇了几场硬仗。在其抵达台湾的前一日，即三月八日，在庄大田部的猛烈攻击下，凤山县再度失守，总兵郝壮猷、参将那穆素里、都司罗光照、守备黄乔皆逃回府城，庄大田乘胜准备进攻府城。二十三日，庄大田进攻府城小南门，桶盘栈官兵御之，庄部退屯上中洲。二十七日，林爽文遣其弟林永率众千人至大穆降，号称十万，府城一时间非常紧张。庄大田吩咐众人分头攻击府城，他本人进攻桶盘栈，庄锡舍攻小南门，谢桧、陈建平攻草店尾和大东门，林永攻大北门，许尚、陈聘攻柴头港和小北门。清军方面，常青命游击蔡攀龙固守桶盘栈，游击邱维扬、守备黄象新固守柴头港，守备曾绍龙固守草店尾，守备王天植守小东门，参将那穆素里保护春牛埔城脚，都司罗光照守小南门，参将朱鼎、左渊等防守大、小北门，他自己亲赴大东门督战。府城攻防战相当激烈。庄大田此次攻击府城未果，主要缘于该阵营庄锡舍临阵倒戈。庄锡舍，泉州晋江人。林爽文起事，庄大田纠漳人、庄锡舍纠泉人响应，继而庄部共推庄大田为主，凡号令皆庄大田出，庄锡舍心怀不满。再破凤山之时，庄锡舍出力居多，遂居功自傲。庄锡舍有亲属充台湾道吏，彼此通信往来不绝，庄大田疑之。台湾道永福闻其互相猜忌，遂通过其亲属招降，庄锡舍率军二千余人投降。常青立予庄锡舍六品顶戴，赏银二百两，令其出城迎战庄大田，庄大田闻庄锡舍降，恐生他变，召集各路人马退守南潭。①

在南路府城激战正酣之际，三月二十九日，林爽文纠集数万人，分路进攻诸罗，柴大纪分遣林光玉、李隆、蔡开祥等分守东门、南门和西门，他亲率游击杨起麟等在北门外守御。清军以火炮轰击起事民众，林爽文部大败。四月四日，林爽文再次纠众数万，分作三路攻诸罗县东、北、西三门营盘。各城门外将弁兵丁齐放枪炮，打裂大炮两门，柴大纪率官兵、义民及壮番一齐冲杀，追至自石庄。在南门外草店尾，双方亦有战斗，官兵依靠人数和武器优势将之击败。四月十日，林爽文分作三路攻击诸罗东、西、北三门，官军以大炮数十门，打死数百名起事民众。起事民众依恃人数众多，冒着炮火继续攻击，游击杨起麟、守备邱能成等各队官兵，并各义民、社番一齐向前力杀，林爽文部始后撤。十二日，双方又一次展开激战，林爽文因武器上的劣势，仍以失败告终。②

四五月间，由于清军内部的争执，错失了打通南北通道的时机。先是，常青檄总兵柴大纪合鹿港官兵攻斗六门，以通南北道

① 《钦定平定台湾纪略》卷十五，“台湾文献丛刊”第102种，台湾银行经济研究室，1961。

② 中国人民大学清史研究所、中国第一历史档案馆：《天地会》（第2册），中国人民大学出版社，1980，第191—193页。

路。柴大纪认为诸罗守兵过少，不能轻易出动，他建议应分兵三路：第一路从他里雾出虎尾溪至大里杙；第二路从大埔林出斗六门向东，由石榴班、水沙连至南投；第三路由总兵普吉保从鹿港出东西螺至石榴班合兵。他还请发兵援助诸罗县城。四月十五日，参将潘韬等率水师一千一百人往诸罗，在遭遇伏击后十六日改由鹿耳门觅海船取道笨港至诸罗县。在常青调兵遣将之时，柴大纪再次告诸罗危急，府城与诸罗之间的重要据点麻豆也存在失守的可能性。常青飞檄总兵普吉保带鹿港大兵至诸罗，与柴大纪合兵，檄守备黄乔救麻豆。四月二十三日，黄乔带兵三百名被围困在大溪墘无法前进，在当地村民的帮助下才摆脱林爽文部的纠缠向麻豆进发，起事民众急攻麻豆，黄乔不能守，屡书告急。柴大纪遣兵救援，但还未等援兵抵达麻豆，该地已经失守。普吉保率领的官军于五月一日至土库，在这里普吉保与柴大纪由于意见不同发生争吵，各自返回驻地，诸罗附近大片区域为林爽文部占据，官军的处境更为艰难。①

五月十三日，参赞恒瑞，总兵梁朝桂、魏大斌等先后至台湾。大兵齐集，常青准备开展大规模反击。十五日，常青以总兵梁朝桂、魏大斌为前锋，庄锡舍为向导，统领满汉官兵五千五百人，誓师讨伐庄大田部。此时庄大田屯驻在南潭，常青遣总兵梁朝桂前往攻击。官军在关帝厅徘徊许久，庄大田趁机纠集大武垄许尚、陈聘等率众数千人，在南潭掘壕树栅，修筑工事。二十七日，常青、恒瑞率大军攻南潭，庄大田分三路迎战，官兵大败而归，退据嵌顶。

常青连遭败绩，蓝元枚抵台后，也未能从根本上扭转战局。五月九日，蓝元枚统领浙江兵二千名至鹿港，准备毕其功于一

---

① 《平台纪事本末》，“台湾文献丛刊”第16种，台湾银行经济研究室，1958。

役，与林爽文决一死战。十五日，蓝元枚檄普吉保领游击海亮、都司陈邦光、守备丁士伟率兵千人防八卦山，派守备张奉廷率兵三百人防大肚溪，自率游击瑑灵阿、穆腾额，守备唐昌宗、潘国材，直抵柴坑仔，准备三路夹击进攻彰化。双方在彰化县北门激战，林爽文部陈泮、林琴依靠当地有利的地形对官军分头阻击，使他们彼此接应不暇，官军大败，守备唐昌宗、千总魏际荣、把总罗洪灿、外委潘建和吉兆及兵丁一百余人皆死之。经此一役，对双方的力量有了进一步了解之后，蓝元枚更是感到平定事宜有相当的难度。二十五日，他报告说，彰化县由于连年战乱，闽粤民众杂居，彼此仇杀不止，民众逃亡各地，缺衣少食，在鹿港和大里杙的民人不下二十万众，其中多有跟随林爽文与官方作对者。[①] 六月四日，蓝元枚再次奏称，彰化田中央、南投庄、大肚溪三处隘口屯聚大量起事民众，他们紧守大里杙，防备官兵进攻。诸罗县属民众陆续焚抢沿海之安溪寮、龙船窝、铁线桥等庄，计二十余里，以致诸罗、彰化道路不能相通，其近海民人，多有搬家乘船逃到鹿港，而鹿港居民，甚至有欲搬家口货物渡回泉州者。为加强鹿港防守，蓝元枚派拨官兵义民，在番仔沟、马芝遴两处险要，安设营盘，增添堆卡，又另拨官兵义民往二林、大突沿海一带堵御，遥为诸罗声援。[②]

六月十三日，蓝元枚请增兵五千，合计原有军队，分为两路进攻，一由埤头攻杀东螺，扎营二八水；一由二林攻杀西螺，而后进攻斗六门。七月三日，林爽文部林领从诸罗县返回，纠王田、犁头店等庄民众，攻击鹿港附近的阿束等社。双方在中寮溪州遭遇，官军以炮火攻击，击毙一百余人。十七日，蓝元枚筹划

---

① 中国人民大学清史研究所、中国第一历史档案馆：《天地会》（第2册），中国人民大学出版社，1980，第301页。

② 中国人民大学清史研究所、中国第一历史档案馆：《天地会》（第2册），中国人民大学出版社，1980，第344页。

攻击西螺，他认为攻击该地将有效瓦解林爽文的斗志。是日，他密令守备张奉廷带兵同二林义民、武生陈大用等自二林由嵌头厝进攻西螺，又令牌头兵民由条圳塘前进夹攻之。时西螺一带起事民众共有千余人，并无防备，被官兵施放枪炮击毙数十众。考虑到西螺离斗六门不远，兵力稍单，未便扎营，蓝元枚命令张奉廷仍带兵驻扎二林，严加堵截，相机行事。总体而论，蓝元枚赴台后，其在鹿港一带的军事围攻并未收到明显的效果。

进入六月后，双方主要在彰化、诸罗一带交战。由于先前笨港军队撤回到县城，六月一日笨港失守。十日，蔡福、李七、叶省率众三千人攻鹿仔草。柴大纪遣游击李隆率兵五百人增援，被林爽文在竹仔脚、田洋一带伏击，兵丁死亡一百三十余人。至是竹仔脚、大仑、倒店皆被起事民众占领，盐水港、鹿仔草与诸罗阻绝。十五日，总兵魏大斌等率领一千五百余人从关帝厅出发，由海道赴援诸罗。大军于十七日至鹿仔草，十八日魏大斌自鹿仔草进兵诸罗县城，在大仑被蔡福等伏击，官军惊溃，损失兵丁二百余人。魏大斌大仑惨败，让诸罗县城的防守更加危险，诸罗守城兵民死亡相继，柴大纪几不能支，常青遣福宁游击田蓝玉、督标参将张万魁率师援之。田蓝玉率一千人于六月二十六日从关帝厅由海道赴援诸罗，张万魁亦于七月初八率一千人向诸罗进发。为保证有足够的兵力，常青同时派健锐营章京官保德成额、参将特克什布、都司邵振纲带福宁并下淡水汛兵三百人同往。既而下淡水粤庄义民首周敦纪等率义民一千二百人请随大军自效，常青许之。参将瑚图里、都司邵振纲亦领弁兵六百余人随义民赴军前。至七月十一日张万魁至鹿仔草为止，驻扎在该地支援诸罗的官军已有四千余名。七月十三日，总兵魏大斌等兵分三路，以义民黄奠邦、蓝应举、陈宗器为向导，从倒店、半天厝大路向诸罗进军。大军前进至倒店，将近诸罗，官兵皆喜，一时放松了警惕，被早就埋伏在此的林爽文部打个措手不及。官兵惊慌错乱，弃械逃亡，千总钟川旸等数十人阵亡，兵丁、义民战死者一千三百余人，参将张万魁弃马驰至三苞竹被当地义民所救得以免死。诸罗县防守依旧十分艰难。

八月二十日，盐水港游击杨起麟、鹿仔草游击邱能成等带兵二千一百余分三队向诸罗县进发，在大仑庄被倒店、竹仔脚等处的林爽文部包围，时大雨如注，溪水陡涨，官兵阵乱，首尾不能相救。杨起麟、贵林等战死，蔡攀龙、孙全谋等冲出包围圈，进入诸罗城内，但携带器械、粮饷尽被掠走。早在七月十五日、十八日、二十一日，乾隆皇帝连续三次对常青迟缓的军事行动表达不满，闽浙总督李侍尧更直接告知说："诸罗若失，将军岂能任此重大。"[①] 重重压力之下，常青决定出击诸罗。八月二十二日，参赞恒瑞统领广东福州驻防、闽粤绿营兵三千，由海道赴援诸罗。二十五日恒瑞至盐水港。起事众人往来攻扰盐水港、鹿仔草。二十八日，起事民众在黄玉娘带领下，与当地的民众内外合击，攻陷鹿仔草，官兵溃败，逃往盐水港。二十九日，总兵梁朝桂统领兵丁一千人自关帝厅赴盐水港。九月四日、十四日，双方在盐水港大战，官军获胜，大大鼓舞了士气。在常青的不断催促下，九月十五日，普吉保率兵五千从鹿仔港出发，沿海岸向北部进军。十七日至笨港，后退守元长庄。九月间，常青先后遣千总王国志、董国瑞带兵二百名、府城义民二千名，泉州城守营游击张无咎、都司吴壮图带兵一千名赴盐水港，以加强该地的防守。

时诸罗被围日久，恒瑞驻盐水港，普吉保驻元长庄，皆观望不敢进。诸罗县城粮食供应不足，连乾隆帝也对能否守住该城开始表示怀疑，遂告知柴大纪"不必拘与城存亡之见，如势不可守，即当完师出重围，再图进取"。柴大纪得旨与众人商议后，

① 《平台纪事本末》，"台湾文献丛刊"第16种，台湾银行经济研究室，1958。

决定固守待援。纵观常青数月在台平叛，并未取得理想的效果，反而使得林爽文与庄大田有日益强大的趋势。

三、福康安平定林爽文事件

乾隆五十二年（1787 年）八月二日，乾隆帝任命福康安为钦差大臣更换常青，督办军务。授福康安为将军，并授海兰察为参赞大臣，普尔普、舒亮为领队大臣，恒瑞、蓝元枚、柴大纪仍着照前参赞军务，[①] 并令闽台总督李侍尧提供充足的后勤保障，通盘核算，妥为经理，勿使稍有短缺。八月九日，福康安统帅湖北、四川、湖南、贵州等地官军共一万七千人从北京出发，北京至福建路途遥远，大军一路停停走走，至十月二十八日，才从泉州蚶江崇武澳放洋，次日至鹿仔港，十一月二日，福康安统领官兵登岸，即日扎营马芝遴。

十一月三日，为对固守诸罗县城的兵民表示鼓励，乾隆皇帝下令将该县改名为嘉义县。他早就对嘉义县与府城之间的通道迟迟无法打通非常不满，命令福康安到台湾后的首要任务就是与普吉保会师，解嘉义之围。

福康安深知大里杙是林爽文部的根据地，他派遣舒亮率军一千余人由乌日庄进兵攻大里杙，同知徐梦麟由大肚进攻大里杙，造成官军欲围攻大里杙的态势。八日，福康安命令兵分五路并进嘉义县城，由海兰察、鄂辉、普尔普、穆克登阿、普吉保等分领之。大军到达仑仔顶时，双方打响第一次遭遇战，仑仔顶民众不虞官兵遽至，仓促出阵，官兵大获全胜。此后，福康安所部连战连捷，进展非常顺利。九日，海兰察进至距嘉义六七里的牛稠山地方，林爽文部阻溪自固，在山梁屯扎，希图四面围裹，将官军

① 中国人民大学清史研究所、中国第一历史档案馆：《天地会》（第 3 册），中国人民大学出版社，1982，第 139 页。

重重包围。海兰察带同巴图鲁侍卫官兵直越溪河，东西攻击，起事民众一时无法抵挡，大败溃散，清军于当晚进入嘉义县城。五月之围，终于一朝得解。十日，福康安出城搜剿林爽文余部，在大仑地方与恒瑞会师。①

此后数日间，福康安的主要工作是清剿嘉义县周边的林爽文余部，为进攻斗六门扫除障碍。他遣普尔普带盐水港、鹿仔草之师通府城道路，命总兵郑国卿守盐水港，总兵梁朝桂守鹿仔草，提督柴大纪、蔡攀龙守嘉义县。安排妥当后，福康安等分带官兵并熟悉路径之义民首黄奠邦、王得禄、陈宗器等，在林爽文旧时屯聚之地，详加搜捕，各庄民众纷纷响应，嘉义县城周边的隐患消失殆尽。另有舒亮一路，十五日前往大肚进攻，大败起事民众，并乘胜攻破北大肚、南大肚、王田庄等十五庄。十六日，普尔普至盐水港，先后于茅港尾、湾里溪与林爽文部激战，十七日至三坎店，与台湾知府杨廷理会合，这也意味着府城至嘉义的通道正式打通。二十日，福康安率大军向斗六门进发。林爽文部撤离嘉义后，占聚中林、大埔林、大埔尾三庄，其主力主要在中林聚集。福康安令恒瑞、普吉保攻大埔林，鄂辉、袁国璜攻大埔尾，海兰察率额尔登宝、穆克登阿、春宁等攻中林，他自率额尔登布、张芝元、吴宗茂为后殿。海兰察等以骑兵部队冲击中林守军，林爽文部顿时奔溃，大埔林、大埔尾也兵败如山倒，官军顺利占领三庄。二十一日清晨，清军开始攻击斗六门，官兵奋勇杀敌，砍破用于防守的栅栏，斗六门回到官军手中。

围攻嘉义失败后，林爽文本人开始谋划退路。十一月二十一日，他退守其根据地大里杙。得知这一消息后，福康安率军从八卦山进军，二十四日到达距大里杙仅五里之遥的平台庄，二十五

---

① 中国人民大学清史研究所、中国第一历史档案馆：《天地会》（第4册），中国人民大学出版社，1983，第176—177页。

日，清军以海兰察、普尔普率前锋先进，林爽文率万余人倾巢出击，双方激战甚久，待次日清晨攻破大里杙时，林爽文已于夜半逃亡。大里杙既破，福康安未获林爽文踪迹，遂分兵入山四面搜捕。十二月四日，官军攻克起事民众的一个重要据点集集埔，林爽文其实就在此地，但再次侥幸逃脱。为防止起事民众逃入内山，福康安派兵分驻各进山要道，并遣义民入山招谕百姓，其自首者许令免罪。十三日，林部头目杜敷擒林爽文父母及妻子、弟弟送清军军营。由于官军封堵了逃往内山的道路，林爽文率部暂时于南投县小半天集中，小半天在万山之中，地势非常险要。十八日，官兵攻克小半天，林爽文再次逃亡，由鹤骨社、狮子社沿山逃走，又为生番剿杀，所部死伤殆尽。万般无奈之下，林爽文准备投奔先前的旧相识淡水厅役高振，但此时高振已经为福康安服务，以义民首身份随官兵四处缉拿起事民众。乾隆五十三年（1788年）正月四日，林爽文逃至老衢崎，与高振相遇，高振即密报官兵擒之。随着林爽文被擒，北路战事也宣告结束。①

正月十四日，福康安分兵三路南下，十六日与庄大田部在牛庄激战，庄部首领苏魁被杀、陈献瑞被擒。十九日，福康安等直抵南潭，常青等亦各率兵马来会。二十日，大兵发南潭，连克参头社、大武垄隘口，庄大田等由内山南走水底寮。普尔普、鄂辉分别从大武垄北面和南面深入内山搜捕。二十五日，大兵次下埤头，在此被庄大田部伏击。参赞海兰察为之震惊，率侍卫巴图鲁直抵枋寮，生擒蓝九荣等，庄大田在水底寮闻之，逃往山峻林密、道路险恶的琅峤。

二月四日，福康安决心清剿庄大田残余力量，他首先重赏琅峤各社番众，令其堵缉内山隘口。五日，清军从风港出发，凡遇

---

① 《平台纪事本末》，“台湾文献丛刊”第16种，台湾银行经济研究室，1958。

隘口，皆留兵守之，导致庄大田无路可退。庄氏无奈之下，率众弃械隐于山谷，官兵分途搜缉，生擒庄大田等人。南部战事至此终结。①

四、林爽文事件的善后措施

林爽文事件前后持续一年有余，清政府调兵遣将，先后调动闽、浙、粤等地水陆官军五万余人，花费近千万两军费，才平息了此次事件。乾隆皇帝号称十全武功老人，平定林爽文事件即为其武功之一，由此可见该事件对于台湾乃至对于清政府的影响之大。

林爽文事件后，清政府对台湾的整顿是从查处柴大纪案开始的。在事件爆发前，乾隆皇帝已经风闻柴大纪有贪污行为，曾经有将其撤换的想法，孰料林爽文率众起事，给柴大纪提供了一个继续留任的机会。平定林爽文事件期间，尽管柴大纪发挥作用非常有限，但他率军攻陷诸罗县城并在此固守相当长的时间，即便在收到如果守城无望可以弃城突围的上谕后，他依然坚守城池。对于柴大纪的举动，乾隆帝大为感动。是故，当福康安上奏历数柴大纪贪赃行为时，乾隆还不时为其辩护，指责福康安不应冒昧参奏柴大纪，甚至将此事上升到满汉关系的高度。

不过，在听取杭州将军德成有关柴大纪的情况后，乾隆帝大为光火，下令福康安、李侍尧、琅玕等人将柴大纪违法乱纪的事实上奏。根据李侍尧的奏折，乾隆皇帝认定，柴大纪贪纵营私，确为事实，乾隆五十三年（1788 年）正月二十三日，柴大纪被革职查办。七月二十一日，柴大纪被杀。

以柴大纪为突破点，福康安在台湾掀起大规模整肃吏治行

---

① 中国人民大学清史研究所、中国第一历史档案馆：《天地会》（第 4 册），中国人民大学出版社，1983，第382—386 页。

动，台湾道永福处绞监候，其他各文武官员分别施以不同的惩罚。此后，鉴于官吏的选用对维护台湾稳定的重要性，乾隆帝谕令，“嗣后该处道府缺出，俱着请旨简放”[①]，此即意味着由皇帝本人亲自确定台湾的有关任职人选。林爽文事件后，台湾总兵也多由满人担任。[②] 为避免文武不和导致彼此争执的现象，乾隆令应办事务由台湾道和总兵联合处理，联衔具奏，“向来台湾一切案件，有应归总兵办理者，有应归道员办理者，事权分隶文武衙门，或致日久互相推诿。将来徐嗣曾内渡后，所有台湾应办事件，俱着责成奎林、万钟杰二人会同办理。如有应行具奏者，俱着联衔具奏，不得歧分文武，彼此诿卸”[③]。

平定林爽文事件的过程中，台湾军队的孱弱暴露无遗。六月六日，福康安、徐嗣曾联署上奏清查台湾积弊善后事宜，其中主要就是整顿军备。首先，严格稽查各营操演。凡水陆各营，要按照操演枪箭之期，兵丁等齐集教场，逐名点验，不许一名不到。其分防营汛，毋论冲僻地方，均应一律按期操演，一体开单呈报。其次，水师兵丁须按期出洋巡哨。水师将弁应按期亲自出洋，周历各处，实力哨查，不得装点军容，张扬声势，徒衍虚文。其出洋之时，务将港澳之险易，风信之向背及驾船之舵缭斗椗诸事，讲求通晓，时时操练。再次，总兵须按时巡视各地军伍。台湾镇总兵，向例于每年冬间巡查南北两路，各营供应途中所需和夫价，给各地带来一定的负担。嗣后凡总兵巡查全郡，一应供应、夫价尽行革除，不许丝毫派累。其所需费用，照大陆出

---

① 张本政：《〈清实录〉台湾史资料专辑》，福建人民出版社，1993，第473页。

② 陈汉光：《台湾镇标、道标、城守职官表》，《台湾文献》第19卷第1期。

③ 张本政：《〈清实录〉台湾史资料专辑》，福建人民出版社，1993，第588页。

差官兵给与差费之例，酌给盘费，入于本省公费内报销。所有巡阅地方，务须北自淡水石门，南自凤山水底寮，毋论冲僻汛地，一律按汛操阅兵丁技艺、点验屯番。第四，严行禁止兵丁贸易、离营等弊端。第五，革除兵丁杂役名目和包差弊端。台湾各营，自总兵至守备衙门，皆有兵丁听候差遣。府城内兵丁二千七百余名，在各处署内当差者，已逾三分之一，作战士兵很少。应建立各级官署当差士兵定制，尽量减少杂役人数，其余悉令归营操练。第六，严格审查换防戍兵。嗣后班军赴台，水师戍兵由陆路提督验看，陆路戍兵由水师提督验看，必须年力壮健，方准配渡，倘有应名充数及屡次借端换防情弊，立时究参，驳回另换。①经此整顿后，台地军务有了一定的起色。

第三节　戴潮春事件

一、戴潮春事件爆发与彰化失陷

戴潮春，字万生，台湾彰化四张犁庄人，原籍福建龙溪县。戴家在当地属于富裕大户，戴氏本人时充任北路协稿识。戴潮春兄长戴万桂以田租为阿罩雾人所占，与张水等招集股户成立八卦会，立约有事相援。由于担心自身受到牵连，戴潮春并未参与其中。不料北路协副将夏汝贤的行为导致事情突变，他得知戴家非常富有之后，不断罗织其罪状，肆意勒索，戴氏不从，被他革职归家。戴潮春回归故里后，继承其兄的事业，将八卦会改名天地会。当是时，台湾各地盗贼孔多，大陆太平天国运动尚未平息，

---

① 中国人民大学清史研究所、中国第一历史档案馆：《天地会》（第5册），中国人民大学出版社，1986，第93页。

台地人心惶惶，故入会者很多，其中不乏世家大族。

在发展天地会的过程中，戴潮春成功利用了其先前曾经在官府服役的优势，取得了官方的支持。他请知县高廷镜给戳，假名团练，自备乡勇三百名随官捕盗，遂为官府倚重。有了官方的名义，戴氏天地会更为兴盛，“有布赂巨金始得窜名会中者”①。戴潮春部属郑玉麟、黄丕建、戴彩龙、叶虎鞭等也四处转相招纳，南北两路民众多聚以应之。

同治元年（1862 年），高廷镜免，雷以镇接任，仍倚戴潮春办事。当时各地会党势力大增，白昼抢杀，不但官方无法制止，即便连戴潮春也不能约束，终成地方大患。天地会同安寮十二庄大总理陈庆安，在陈肉凤、黄清溪、陈老秦等的帮助下，羽翼丰满，声势甚张。雷以镇闻陈之行为，遂带兵勇百余人亲到同安寮究办。但是，他不但没有见到陈庆安，还被陈肉凤羞辱一番，快快而回，自此部分会徒更加嚣张。

三月，新任台湾兵备道孔昭慈闻大突庄民众起事，始驰莅彰化，犹思抚辑。他檄召淡水同知秋曰觐来彰化会同处理。三月九日，孔昭慈、秋曰觐等率领北路协副将林得成、守备游绍芳、义首林晟和林奠国等出征。官军先在大里杙小胜，十五日，官军至东大墩，与戴氏部下交火。林晟素与林奠国有切齿之恨，和秋曰觐亦不和睦，故双方甫一交战，林晟乘机倒戈，官兵大败。林奠国退归阿罩雾固守，秋曰觐率官兵退驻民间竹围。十六日，秋曰觐见形势不妙，率官军杀出。由于戴部人数过多，官军终于寡不敌众，被迫撤离。秋曰觐败退途中陷入泥潭被杀害，林得成被活捉，守备郭得升、把总郭秉衡皆战死。经此一役，戴潮春不得不正式起事。

---

① 林豪：《东瀛纪事》，“台湾文献丛刊”第 8 种，台湾银行经济研究室，1957。

三月十七日，戴潮春率众进攻彰化县城。此时彰化的精锐部队由于已被秋曰觐带出，县城防守非常空虚。鉴于双方力量悬殊，幕友汪宝箴建议撤出彰化县城，退守鹿港，以图后效，孔昭慈不听；千总杨夺元请趁戴部立足未稳，出城与之决一死战，或可有胜利的机会，孔亦不听。“十八、十九两天，铳子如雨；城内空虚，草木皆兵”①。十九日夜，预先埋伏在东门的何有章、陈在等开东门引民众入城，一阵冲杀过后官军惨败，死者甚众。二十日早晨，戴部发布安民告示，令各门前置香案，以红布缠身即免杀，旋以鼓乐迎戴潮春入城。面对惨败的局面，台湾道孔昭慈感叹决策失误，服毒自尽。

占领彰化后，戴潮春自称大元帅，其他各人封赏有差。不过，戴氏阵营从一开始就存在较大的分歧，不同力量之间并没有真正统合为一体。即便在起事的最初阶段，各种矛盾就已经非常尖锐。如戴潮春本人系漳州人，且在台湾漳、泉之间历来界限分明，起事民众攻破彰化，城内百姓四散逃生，漳人通行无碍，泉人出则被掠，叶虎鞭、陈大戇、林大用皆泉人，心中愤愤不平。二十九日，叶虎鞭带泉人数百占领东、南二门，泉人方得向白沙坑、鹿港等处逃生。

林晟自倒戈后一直犹豫不决，先与洪丛、何守等密谋擒拿戴潮春献给官府，此时戴氏也屡次送林晟黄马褂、令牌、印信，希望共同反抗清政府。在彰化人江有仁等的策动下，林晟最终决定起事，遂自称大元帅，与戴潮春俱称千岁。五月，林晟进入彰化县城，与戴潮春发生争执，戴氏见林晟势力渐长，遂将彰化县城让与林晟，自己回到老家四张犁，称东王。

戴潮春、林晟二人起事的消息很快传开，各地纷纷响应，声

---

① 蔡青筠：《戴案纪略》，“台湾文献丛刊”第206种，台湾银行经济研究室，1964。

势浩大。已调任湖北道员的台湾知府洪毓琛得到彰化失守的消息，决定留下，主持平定戴潮春事件。兵马未动，粮草先行。洪毓琛首先成立了筹防局，以举人黄景祈与吴尚震、拔贡生黄应清等为局长，筹借洋商十五万两，以关税抵还。他还在各处要隘，设立腰站，传递文书。

四月间，官军与戴潮春部在阿罩雾前厝庄、鹿港、嘉义县城一带交战，互有胜负。林晟为阿罩雾后厝庄人，其与前厝庄连年械斗不止，戴潮春亦尝与前厝庄人争田。至此二人联合起来纠集数万人进攻前厝庄，前厝庄人林天和、林文明竭力拒守，双方激战十余日，后因广东籍义首罗冠英起兵来援，林晟见取胜无望，遂退守彰化县城。戴部陈弄率众围攻水师游击江国珍固守的鹿港。官兵在鹿港附近众多义庄的支持下，最终迫使戴潮春部撤退。其中泉州人叶虎鞭发挥了重大作用。戴氏原令叶虎鞭进攻鹿港，虎鞭以“鹿港乃泉人生聚之区”拒之，因戴氏内部漳、泉之争，叶虎鞭早就心怀不满，遂脱离戴潮春部。得知鹿港危急的消息后，叶虎鞭联合三十五庄陈大戇，各率数千人来援鹿港。陈弄见各庄民众越聚越多，围攻鹿港无望，遂撤兵。

二、斗六门与大甲攻防战

五月，台湾挂印总兵林向荣在府城举行誓师大会，亲率三千人，以都司陈宝三为统带、同知凌长敬为粮台，准备北上讨伐起事民众。九日，大军次枋埤，听闻戴部在南靖厝等处，遂结五大营与战。戴部万余人在八掌溪与官军相持，双方各有胜负。二十八日，戴氏另外一部分民众偷袭白沙墩，截断盐水港粮道，官兵前后受敌，损失惨重。林向荣万分震惊，夜率敢死队偷袭戴部驻地，稍振士气，后退守安溪寮待救。

戴潮春在围攻嘉义县城无果的情况下，转攻防守较弱的斗六门。由于双方力量悬殊，官军的情形十分危急，幸有副将王国忠从嘉义率兵赶来支援，才抵挡住戴氏的攻击。双方在斗六门相持不下，戴氏继续围困嘉义，官军屡次欲突破包围圈支援城内守军，均以失败告终。

在官军一筹莫展之时，台湾总兵林向荣之弟林向皋自厦门募精兵五百人逼近安溪寮。双方数次交战，戴部败绩连连，先前作为戴部主力的店仔口吴墙、柳仔林黄知羔也从戴阵营投降，一时间戴部士气大挫。至此嘉义县城已经被围困达三个月之久，城中弹尽粮绝，十分困难。林向荣以林有才、王飞虎为先锋，守备龚朝俊、把总宁长泰、外委柯必从、勇首李志扬与李得龙带精兵救嘉义，把总段得寿亦引屯番三百人助攻。官军与戴部严办、陈弄等大战数日，生擒戴阵营头领数人，城中绅士王朝辅、陈熙年亦率兵开城夹击，嘉城围遂解。

林向荣既解嘉义之围，便开始筹划与曾玉明会师以攻彰化。由于粮饷不足，准备就近向当地富户劝捐，再联合海口泉人村落为声援。戴氏阵营故意制造一些流言，谓林勒捐百姓，兵备道洪毓琛不明所以，飞檄促令林向荣尽快出师。林氏不得已率领军伍向彰化进发。官军至斗六门，被戴部二万余截杀，双方大战数日，石榴班另外一部起事民众四千余人来助，林不支，败退斗六门。七月，戴潮春再次增兵围困官军，将斗六门四面围困数重，王国忠率部下冲突数次未能成功，官军外援断绝。洪毓琛至此才知中计，急忙派员调涂库义首陈澄清带庄勇数百人增援林向荣，嘉义城绅士王朝辅、店仔口吴墙等均欲前往救援，无奈戴部人数众多，声势浩大，他们孤掌难鸣，望而止步。

此时林向荣的情况已经十分危急，他率数千众坐困孤城，军士枵腹力战，至采草为食。副将王国忠建议集中兵力杀开一条血路，退守海峰仑待援，安平守备林国泰则称援兵很快就到，林向荣犹豫不决，失去了突围的最好时机。九月十三日，戴潮春向斗六门发起攻击，林向荣胞弟林向皋往海峰仑求援未果，官军无法抵挡，败退至土围内。十七日夜，王国忠率部突围时被捕，屯番把总潘永寿、外委刘金彦临阵反叛，引导戴部入城，林向荣服药自尽。斗六门遂陷。

在台湾北部，起事民众和官军对大甲地方展开争夺战。大甲为台湾北部防守要塞，关系到北部区域尤其是淡水的安危。与嘉义县城相比，大甲几乎没有城防，且兵丁较少，防守十分困难。淡水同知秋曰觐兵败身亡后，一时间淡水厅事务无人管理，当地陷入混乱状态。大甲人王和尚遂纠集陈再添、庄柳窜入大甲，勒派铺户，诱胁民众，谋窥竹堑，大甲守备洪某、巡检吴某不战而逃。戴潮春遣蒋马泉至大甲管理政务，百姓皆具香案迎接，但起事民众毫无组织纪律，欺压良善，又引起百姓强烈的反感。

五月五日，竹堑总局林占梅遣勇首蔡宇、陈缉熙率兵四百名赴大甲，当地王、陈两大姓正为细故互相械斗，官军乘机将之击溃，收复大甲。王和尚见官军无多，遂于六日纠集众人反攻大甲，并截断官军的水道。十三日，代理淡水同知张世英率兵及义民赴大甲，官军一时士气大涨，在大甲城外与戴潮春部激战，擒斩头领戴瑞必。二十一日，王和尚复纠万余人以杨大奇为先锋围大甲，张世英登城击鼓，义首罗冠英开门急击破之，大甲围解。

十一月十日，林晟纠集千余人第二次攻击大甲。十一日双方在大安庄开战，罗冠英率部迎击，林占梅遣千总曾捷步支援，官军大败。次日，林晟等诈退，埋伏在水尾溪，另一股由顶店以窥北门，守备郑荣出城迎战，双方互有伤亡。十八日官军主动出击，曾捷步等带兵出东门，义首黄定安、陈此出西门，罗冠英出中路，大战于水汴头。林晟以藤牌军为先锋横冲直撞，官军溃败，死伤甚多。十二月一日，郑荣带兵五百进攻戴部所在的松仔脚，面对仅有六十余人的起事民众，却以失败告终。戴部何守、江有仁、王和尚等指挥众人由水汴头再次进攻官军，噶玛兰生员黄某带屯番三百名，与保安军夹击于水尾坑，戴阵营乃退。此后双方互有战事，各有胜负。十三日，罗冠英、廖廷凤、廖江峰带生番乡勇千余名，一路由大甲溪，一路由六分崎，绕大甲东以援大甲。十四日，官军内外合击，大败起事民众。林晟得知林占梅遣曾捷步之弟曾捷升解运铅弹、火药并精兵三百名支援，又闻水师提督吴鸿源统兵三千人抵郡，鹿港亦有兵由帆船抵冲西港登岸，感到攻击大甲无望，遂退兵而去。

同治二年（1863 年）正月十八日，林晟再次纠集众人围攻大甲，候补同知王桢率义首林盛战于磁磘庄，双方激战中，忽然戴部大队人马赶到，官兵力不能及，大甲再次被围。二十日，林晟登铁砧山祭祀，与官兵战于水尾社庄，中炮受伤，遂退至四块厝，大甲终于得以保全。

三、丁曰健入台与戴潮春事件的平定

丁曰健与台湾渊源颇深，道光后期，先后历任台湾厅、县各官十余年，迭次办理军务。戴潮春事件愈演愈烈，总兵林向荣战败身亡，道员洪毓琛积劳成疾病逝。台地总督大员的缺失，让彰化、嘉义一带的起事民众声势愈加盛大，再加之凤山有闽、粤、番之械斗，北淡水抢劫频仍，一时间人心惶惶，全台倾覆堪虞。此时，有关方面准备启用对台湾事务较为熟稔的丁曰健。同治二年（1863 年）七月，丁氏称自己重病在身，无法担当重任。不过，他并非对时事不闻不问，针对当时台湾的具体情况，他提出“平台药言”六则，系统了阐述平定戴潮春事件的基本理念。① 八月四日，丁曰健得知自己被任命为台湾道，督办全台军务，节制南北各军，遂不再推辞，开始筹划出征台湾。

① 丁曰健提出六条措施：筹饷宜宽备、生力军宜速调、赏罚宜严申、行师宜间道出奇、文武员弁宜慎选、彰斗克复后余党当严搜。参见丁曰健：《治台必告录》卷六《平台药言》，“台湾文献丛刊”第 17 种，台湾银行经济研究室，1959。

九月九日，丁曰健由五虎口开行在淡水沪尾登岸。抵台伊始，他即发布安民告示，告知各乡村总董、头人、绅耆等民众奋勇杀敌，立功受奖。丁曰健的策略是，集结旧部闽粤精勇、各庄练丁和其他援军共计万余人，从北往南由大甲各路进兵，直捣彰化，克复彰化县城后，廓清嘉义中路，然后再图解决府城之困。

一切安排妥当后，丁曰健亲统兵勇沿途进军，直抵彰化境内，水陆两军连日大捷，清军士气大振。在大甲附近的三汊河、蕉坑一带，居民稀少，戴氏所部刘阿妹一直在当地活动。为确保大甲安全，维持通往彰化的道路畅通，丁曰健派范义庭并营弁邵桓带领新募勇丁赶赴大甲，并令主事周懋琦偕同署大甲守备陈兆麟、营弁周凤翔带领省兵准备策应。与此同时，他亲自率领部分军队至吞霄，派义首郑捷英、庄民郑阿婴等夜入蕉坑，出其不备，杀死刘阿妹。刘阿妹被杀，大甲一带起事民众立时逃散。

大甲人心既定，丁曰健随即拔营进驻彰化牛骂头。为避免造成被动局面，他决定分击合围。十月十四日，他派候补知县白骥良，营弁侯元桢，义首刘维翰、戴朝清、张琳生等带粤勇四百名，驰入内山四张犁，会同张世英并义首罗冠英、廖廷凤等进攻犁头店一带，牵制内山起事民众不能出援葭投庄。十五日，张世英等人分三路攻击内山各庄，一由四张犁中路攻石牌庄棋盘厝，一由赖厝埔攻何厝庄，一由坝仔街攻西大墩，平定何厝庄等七处，彻底隔断内山与彰化平原地带的联络。

彰化城北，以大肚溪为险要，大肚溪以葭投庄为屏蔽，水里港庄则是接济葭投粮药之处，由水里港迤西一带福州厝等处数十庄，为葭投之藩篱。丁曰健认为，“欲攻葭投，必先撤其藩篱，绝其粮道。然后截断其椗，庶易得手”①。十五日黎明，他派范义

---

① 丁曰健：《治台必告录》卷六《平台药言》，“台湾文献丛刊”第17种，台湾银行经济研究室，1959。

庭、举人蔡鸿猷、文生蔡怀斌、训导杨清珠、义首姜殿邦等率带闽、粤各勇练丁共三千余名，往攻水里港；派王桢、都司衔守备陈捷元与郑荣、义首杨至器等分攻田中央、海陂厝等庄；派守备陈兆麟率营弁张荣贵、余见成等带领省兵，往来策应。双方激战数回合，各庄首尾不能相应，自顾不暇，水里港庄民众因孤立无援，弃庄突围，沿海而逃，剩余各庄民众逃往葭投庄。

在南路，鹿港同知兴廉于十月九日起率守备陈启祥、外委叶保国与凌定邦、委员沈忠照等先后攻破竹仔脚、龟壳花、阿麻厝等大小庄二十余处，鹿港至北斗大路疏通。

彰化北部道路打通以后，丁曰健开始筹划占领葭投庄，彻底清除彰化大肚溪以北地区之敌。为此，他请台湾总兵曾玉明展开对彰化县城的佯攻，并派军围攻城北之中庄寮等处。戴部中计，兵力四处防守，大为分散。十月二十一日，丁曰健派候补知县王桢等带勇五百名，进扎海陂厝；守备陈捷元等带勇五百名，进扎福州厝；通判王成瑞等带粤勇七百名，分扎涂角窟、头湖庄；范义庭等带勇六百名，进扎水里港；参将田如松等带省兵四百名，进扎田中央；举人蔡鸿猷等率带壮丁，进扎八角亭一带。他本人率营弁江瑛图、县丞胡培、义首张辅军与施福等，带领亲军四百名，移扎三块厝。清军从西、北两面轮番攻击葭投庄，双方激战数日，互有胜负。二十五日，戴部反击不成，反被清军团团围困，清军乘胜追击，直抵葭投庄外。葭投庄长亘十五六里，广阔亦四五里，深沟固垒，铳柜炮楼周列环布。为确保成功，丁曰健继续调兵遣将，并派人潜入该庄，伪作戴部内山援军。三十日黎明，几路大军齐攻葭投，起事民众各自为战，四处寻隙而逃。是役清军大获全胜，彰化大肚溪以北肃清。

彰化外围的肃清工作完成后，收复彰化县城成为台湾文武大员的首要目标。十一月一日，台湾总兵曾玉明饬都司游绍芳带勇三百名，出击平和厝；守备颜逢春、练锋等带陆路提标、兴化各营兵四百名，分击湳仔尾；职员曾云峰等同鹿港同知兴廉所派局勇三百名，出击诏安厝。二日，丁曰健派范义庭等带勇八百名，越大肚山而南，进攻柴坑庄；都司陈捷元等带勇五百名，从大肚中渡以攻茄冬脚；知县王桢等带勇五百名，从大肚下渡而东，与范义庭等军会合攻击。他率参将田如松等带省兵四百名，分扎于大肚溪南北两岸，以防内山增援。一切布置妥当后，清军开始围攻彰化县城。二日夜，先前派入的间谍在城中放火，戴部大乱，他们乘机打开城门，曾玉明督同曾云峰等从西门而入，丁曰健同时督军从北门而入。是役生擒戴氏阵营元帅江有仁，先锋陈卯、余茂胜、林宝、黄旭日四名，彰化县城收复。

彰化的收复对于台湾地方当局来说意义重大。丁曰健趁机招集流离，开圳劝农，筹办善后，形势大为好转。清军自十二月五日至八日，先后分五路攻破目宜山、江毛社、丙郎庄、社头仑仔等处村庄大小四十余处。九日，张厝庄被攻破，戴潮春逃至芋蓁仔庄。十一日至十七日，清兵不分日夜轮放大炮，该庄被夷为平地。十八日，清军两面夹攻，戴潮春身穿黄衣，绕遁于竹林之内，陈朝忠、林文光、曾登贵、勇首林得胜等将戴潮春擒获。验明正身后，本拟将其押送到福建省城审理，为防止中途发生意外，丁曰健随即将其在台湾正法。①

戴潮春死后，起事民众的另外几股势力更加不相统属，四分五裂。其中最大的一支由林晟率领，他自称“燕王”。林晟数次

---

① 关于戴潮春被捕，史料记载有较大差异。根据丁曰健上报的奏折，系被陈朝忠等人抓获。《戴施两案纪略》云：戴潮春逃窜武西堡，藏匿在七十二庄张三显家，后张氏将其擒拿交给官军。同治三年（1864年）正月二十七日上谕称：曾元福、丁曰健奏“生擒首逆、剿灭巨股会匪”一折，与林文察同日奏报情形大略相同。且丁、林二人为平定戴潮春事件多有争执，基本不存在串通的可能性。考虑到丁、林二人的身份，且捕获戴氏的战役丁曰健亲自参加，上述记载应当是可信的。

围攻大甲失败后，遂返回四块厝固守。同治三年（1864 年）正月，林文察统帅所部，以王世清为左翼，以林文凤为右翼，他亲率部分人马为中路，直捣四块厝。双方连战数日，林部多投降清军。林晟自知难逃此劫，遂以火药自燃。

同治三年（1864 年）五月，彰化知县凌定国强攻戴氏余党张三显盘踞的陈厝庄，张氏逃亡至张厝庄后被凌氏俘获，就地正法。自称“西王”的陈弄，也于当年五月被林文察斩于军前。

尽管戴潮春事件前后持续时间较长，但无论是对台湾社会的影响还是清政府的重视程度，都无法与朱一贵事件和林爽文事件相比。这时候，清政府面临严重的内忧外患。西方列强动辄兵临城下，清政府先后被迫签订若干不平等条约。国内太平天国运动正处于鼎盛时期，清军接连败仗，处境窘迫。在这种情况下，清廷自然不可能对一个地方性事件给予太多关注。但是，戴潮春事件对台湾自身的影响相当大，一定程度上改变了台湾地方政府的治理思维和方略。

第八章

列强侵略台湾与刘铭传新政①

第一节　近代列强对台湾的侵略

一、鸦片战争期间英国侵犯台湾

近代西方列强炮舰频繁叩关，起于鸦片战争，对于台湾来说，亦是如此。鸦片战争前，台湾是全国鸦片走私活动最为猖獗的地区之一。在道光十九年（1839 年）清政府开始严厉禁烟后，即有英国鸦片商发出占领中国沿海某些岛屿的无耻言论。如鸦片贩子威廉·查甸提出："我们必须着手占领三四个岛屿，譬如台湾、金门和厦门，或只占领后两处，而截断通台湾的贸易。"至

① 本章由福建中医药大学王尊旺、张孙彪撰写。

道光二十一年英国出兵侵华前，外交大臣曾经指示英军统帅懿律在中国东南沿海地带寻找占领一个岛屿，“凡是能够用做远征军的供应中心和行政基地，并且将来也可以作为不列颠商务的安全根据地的就行”①。从战略位置研究判断，这个岛屿或是台湾或是舟山群岛，而不是香港。不过，对于是否占据台湾作为侵略基地一事，英国政府内部看法不一，意见多有分歧。最终，鸦片战争期间英军并没有将台湾作为主要的攻击占领目标。

不过清政府在战争进行中，并不清楚英军的真实意图，所以对台湾的防务不敢稍有懈怠。道光二十年（1840 年）七月间，闽浙总督邓廷桢奏称：“闽洋紧要之区，以厦门、台湾为最，而台湾尤为该夷歆羡之地，不可不为之防！”② 时任台湾道姚莹也对台湾海防深表忧虑。③ 当英军攻陷定海北上天津之际，姚莹和台湾镇总兵达洪阿为预防万一，调集兵力，分守澎湖、安平、鸡笼、淡水诸海口，增设炮台，整修战备，全面谋划全岛防务。六月，一艘英国军舰驶入鹿耳门，被台湾水师击败后仓皇逃窜。④

当时全岛的防务计划，在姚莹于道光二十一年（1841 年）八月二十六日上奏的《鸡笼破获夷舟》中如此描述：“台湾地势绵长一千四百余里，要口林立，臣等自上年先后亲往南北大小各口履勘，筑设炮墩，调兵募勇设防，复于沪尾添设石炮台一座、鸡笼炮台改筑石炮、台左右添筑石墙，并将督臣颜伯焘发运新铸之八千斤大炮四门、六千斤大炮二门，分置安平及鸡笼、沪尾三口，

① 严中平：《英国贩子策划鸦片战争的活动》，《近代史资料》1958 年第 4 期，第 34—52 页。

② 《筹办夷务始末选辑》卷一，“台湾文献丛刊”第 203 种，台湾银行经济研究室，1964。

③ 台湾史料集成编辑委员会：《明清台湾档案汇编》（第 56 册），远流出版社，2007，第 348 页。

④ 台湾史料集成编辑委员会：《明清台湾档案汇编》（第 56 册），远流出版社，2007，第 390 页。

以期巩固。后闻粤东议抚，臣等因夷情反复，仍不敢撤防。……台湾戍兵名虽一万四千，除事故缺额换班未补一千余名外，澎湖两营隔海，噶玛兰一营远在山后，其余分布一厅四县余地一百四十余区，在在皆须弹压，未便调动。是以每当有事，兵力仍单。臣等督同知府熊一本，熟商将巡洋舟师概行收回，严守口岸，陆路存城及诸要汛，仍旧不动。惟于外汛中，酌量抽添，一面饬调各处团练之义勇分别加防。”① 姚莹认为中国水师战船根本不是英舰的对手，所以制定以严防海口为主导思想的战争部署。此外考虑到全岛兵员不足的现实状况，下令各庄头人组织团练予以弥补，总计二厅四县共组团练壮勇一万三千余人，这些民间力量在此后与英军作战中发挥了重要作用。

道光二十一年（1841 年）八月，英舰对台湾的侦伺愈发频繁。十五日，有英舰纳尔布达号闯入近口门之万人堆洋面，隔日进入口门发炮攻击二沙湾炮台，“打坏兵房一间，我兵尚无损伤。……邱镇功并手放一炮。惟八千斤六千斤大炮有准，立见夷船桅折索断，船即随水退出口外，海涌骤起，冲礁击碎。夷人纷纷落水，死者不计其数，或凫水上岸，或上杉板驶窜。……前后共计斩馘白夷五人，红夷五人，黑夷二十二人，生擒黑夷一百三十三人，同捞获夷炮十门，搜获夷书图册多件”②。此即纳尔布达号事件，是中英鸦片战争开战之后中方第一次大捷，甚属难得。

十月十九日，又有一艘英舰驶入万人堆，并派遣军队首次登陆陆地，声称索还之前被俘英军，双方互射火炮后，英方见清守

---

① 姚莹：《东溟奏稿》卷二《鸡笼破获夷舟奏》，“台湾文献丛刊”第 49 种，台湾银行经济研究室，1959。

② 达洪阿等：《福建台湾镇总兵达洪阿等奏为英船攻击鸡笼炮台我兵还击获胜折》，中国第一历史档案馆：《鸦片战争档案史料》（第 4 册），上海人民出版社，1987，第 188 页。

军人数众多且占据险要地形，自动撤去。[①]

道光二十二年（1842年）正月三十日，英舰安妮号随带舢板四只，在淡水、彰化交界之大安港外洋欲行入口。守军在港口迤北之土地公港分兵埋伏，设计由渔民周梓，与夷人广东汉奸作土音招呼，诱从土地公港驶进。船果为暗礁所搁，不能行驶。该处埋伏兵勇齐起施放火炮，奋力攻击，其船遂破，夷人纷纷落水，死者不计其数。复有数十人手持短械，跳上渔船，兵勇奋力围击，杀毙白夷一人，红黑夷数十人；生擒白夷十八人，红夷一人，黑夷三十人，广东汉奸五名。夺获夷炮十门，又铁炮一门、鸟枪五杆、腰刀十把，均系镇海宁波营中之物。[②] 此即安妮号事件，中方称之为土地公港战役。经此战后，英舰不敢复窥台湾，仅偶尔在外海或者无驻军的海港侦伺。

英军这几次侵犯台湾，都以失利收场，台湾军民的英勇抗击是鸦片战争中中方少有的亮点。正如姚莹概括鸦片战争的台湾战事，称英国侵略者“五犯台湾，不得一利。两击走，一潜遁，两破其舟，擒其众而斩之”。他认为胜利的获得来自全岛军民的团结一致，“卒得保守岩疆，危而获安，未烦内地一兵一矢者，皆赖文武士民之力”。[③] 台湾在鸦片战争中虽然不是一个主战场，中英双方也并未在陆上交战，但清廷从中汲取防御经验一二。诚如学者许毓良所言，“姚莹在战争期间为台湾设计的整体防卫，对日后台湾在应付与日俱增的对外战争中，别具时代性意义”[④]。

---

① 台湾史料集成编辑委员会：《明清台湾档案汇编》（第57册），远流出版社，2007，第185页。

② 达洪阿等：《台湾镇总兵达洪阿等奏报计破再犯台湾之英船并斩俘获胜折》，《鸦片战争档案史料》（第5册），上海人民出版社，1987，第72页。

③ 中国史学会：《鸦片战争》（第4册），上海人民出版社，1957，第527—529页。

④ 许毓良：《清代台湾的海防》，社会科学文献出版社，2003，第179页。

二、樟脑事件与英国占领安平

鸦片战争之后，清政府被迫签订一系列不平等条约，西方列强在华攫取了五口通商、协议关税、领事裁判权、片面最惠国待遇等一系列侵略权益。对于台湾而言，根据《天津条约》与《北京条约》的开放通商口岸规定，台湾几个重要港口陆续对外开放，分别是：同治元年（1862 年）开放淡水，同治二年开放鸡笼，同治三年开放安平和打狗。于是，英、美、法各国渐次进入台湾通商，这其中又以英国的势力最大。在较长的一段时间里，台湾海关税务司及其以下的高级关员绝大多数由英人充任。当时在台湾规模较大的二十一家外国洋行中，英国有十三家之多，其中有著名的怡和、德记等行。在此背景下，英籍商人与本地居民或管理者不断因利益发生冲突，产生了诸多纷争，华洋商教冲突不断发生，有时甚至引起军事干涉。樟脑事件即此突出典型事例。

樟脑为台湾特产之一，其品质优良且当时产量占全世界十之七八，因此自鸦片战争以后，外国商人竞相来台收购樟脑。初始樟脑的外输售卖由英国怡和和邓特两个洋行控制。同治二年（1863 年），清政府不甘于樟脑贸易利权外溢，于是听取和采纳了台湾道的建议，实行樟脑专卖制度，即由官府办脑馆向制脑业者直接收购，尔后转售洋行，从而打破此前洋行长期垄断樟脑贸易的局面。此举自然招致外国洋行的联合反对，他们通过英驻安平领事出面交涉。未果之后，更由英公使出面与总理衙门交涉，不过均遭清政府拒绝，此为后面樟脑纠纷乃至升级为战事埋下伏笔。

同治七年（1868 年），英国商人必麒麟在事先未征得许可的情况下，擅自在台中梧栖开设洋栈，将收购得来的价值六千元的樟脑偷运出口，被鹿港同知洪熙恬查获扣留。英国驻打狗领事提出抗议，台湾兵备道梁元桂回复以樟脑属于官营事业，无论何人均不得私自购买、运输。之后，必麒麟又私自潜往梧栖，梁元桂根据条约规定，发文通缉。不料，必麒麟竟开枪抗拒，并潜逃至淡水。当时，台湾又接连发生教案数起，艋舺英商因租行栈纠纷被台民殴打，中外纷争迭起。英驻台领事吉必勋以保护在台英商为名，要求英政府派遣军舰来台协助。

清政府见此紧张情势，初始决意采用外交协商方式加以解决。闽浙总督英桂派兴泉永道曾宪德渡台处理，在求全方针指导之下，曾宪德大体答应了英方的要求。孰料英国得寸进尺，竟提出撤换台湾兵备道梁元桂要求，此一无理要求被曾宪德以权限不足的理由加以婉拒。十月七日，英舰开抵台湾。第二日，英国海军少校茄当布告准备占领安平，十日先恫吓中国兵船撤离港外，继又要求所有中国兵士于一小时之内退出安平城，百般威胁。终在十二日下午，英舰首先炮轰安平，夜间派陆战队登岸，突入安平协署。中国守军仓促应战，死伤惨重，英军遂占领安平。在此之际，曾宪德会同台湾府知府叶宗元与英方重开谈判。在英国炮舰威逼之下，中英达成协议，清政府答应废止樟脑官营、允许外商自由收购，赔偿怡记洋行损失，撤换道台、鹿港同知、凤山知县等官员，承认传教士在台各地有传教、居住之权。一场因樟脑而引起的纠纷战事，在清政府的妥协退让之下方告平息。

三、罗妹号事件与美国出兵琅峤

鸦片战争之后，中国被迫允许五口通商，于是一时间海上外国船舶数量突增。台湾沿海风高浪急，沿岸暗礁密布，南端海面尤险，故行走台湾洋面船只，遭风涛暗礁击碎之事时有发生。因此，清季外国船只在台湾近海遭难者较多。这本属自然灾难，但因遇难人员漂流登岸后常误入生番地界而被劫掠甚至杀害，列强由此以船员被劫掠为借口而大兵压境，欲行侵台阴谋。考察清代台湾史，此类事件实始自罗妹号事件。

罗妹号事件的缘起是：同治六年（1867 年）三月，一艘自汕头驶赴辽宁牛庄的美国商船罗妹号在台湾海峡南端被飓风吹触海礁，船主亨德及水手共十四人落海漂流至琅峤（今恒春）登岸，随即被鬼仔角山民戕害十三人，仅一华籍水手侥幸逃生后至打狗报告英国领事馆。

论及罗妹号事件发生的原因，连横说："台湾生番久属化外，杀人为雄。航海遇风，或至其地，辄遇害。而番政措施未得其宜，故每出交涉，几危台湾者数矣。"[①] 他直接指出清廷少数民族政策措施不力，导致美国有机可乘。除此之外，尚有另外一层促成因素，即美国对于台湾价值的重视以及阴谋占取之企图。早在咸丰六年（1856 年）亚罗号事件发生后，时任美国驻华公使巴驾就曾提出由美、英、法"三国分割台湾、舟山及朝鲜的建议，把台湾的商业大门无限制地打开"。次年他给美国国务院的秘密报告中说："该岛不会很长远地留在中国统治下是可能的，如果该岛一旦与中国断绝政府关系……则美国显然应占有该岛，特别是从势力均衡的原则来看，应该如此。"[②] 由此可见，美国不过是借罗妹号船难事件，意图实现占有台湾的计划。美国虽是西方列强后起之国，但在拓展海外殖民地欲望方面，其实与英法等老牌资本主义国家并无二致。

英领事贾禄接到报告，一面致函台湾道吴大廷，要求惩办行凶者，一面则派遣军舰至出事地点调查，他们在登陆后遭遇山民阻击，随后进行炮轰回击。吴大廷闻报即飞饬凤山县查办，同时函复贾禄称："生番不归地方官管辖，嗣后请饬外国商人谨遵土牛之禁，不可擅入生番境界，以免滋事。"凤山知县吴本杰在与

---

① 连横：《台湾通史》卷十四《外交志》，商务印书馆，1983。

② 《美国驻华专使巴驾给美国国务院的秘密报告》，《中国近代对外关系史资料选辑（1840—1949）》，上海人民出版社，1977。

贾禄晤商时也告知，“该处山海险阻，不便进兵”，① 一副息事宁人的姿态。美国驻厦门领事李仙得（一译李让礼）获悉该事，即赴福州向闽浙总督吴棠、闽抚李福泰提出交涉，要求对凶徒严加惩处。不久，李仙得从福州前往台南，抵台后即照会台湾镇总兵刘明灯、台湾道吴大廷，要求派兵会剿。二人当即饬令台湾府有司选派屯丁兵丁多人，直赴琅峤地方，希望拿获数人，以免给美国人造成口实。② 行动无果后，刘、吴二人称：“台地生番，穴处猱居，不隶版图，为王化所不及。我国早有土牛之禁，士庶商民不准擅入。……除再饬凤山营、县派拨兵役设法查办外，所有贵国兵船会办此案之处，请不必行。”③ 不过在事态逐渐严重，尤其是美国驻北京领事馆照会总理衙门之后，清政府飞咨闽省督抚饬令台湾地方官员从速查办，并告以“生番虽非法律能绳，其地究系中国地面，与该国领事等辩论，仍不可露出非中国版图之说，以致洋人生心”④。这乃是对此前台湾镇道推诿生番地区不隶版图之说的纠正。

在台湾的李仙得对于福建、台湾两地官员的搪塞拖延，愤怒不已，失去耐心，遂决意自行兴兵报复。同治六年（1867 年）五月十二日，美舰队大举犯台，群聚台湾南端海湾停泊。十八日，美舰自恃坚船利炮，下令陆战队在龟仔角登陆，而番民利用熟悉地形之利，沿途设伏阻击，美军伤亡惨重，最终狼狈逃回舰船。在使用武力受挫失败后，美国放弃军事武力报复的尝试，转用外

---

①《筹办夷务始末（同治朝）》卷四十九，“近代中国史料丛刊”第 62 辑，文海出版社，1966。

② 台湾史料集成编辑委员会：《明清台湾档案汇编》（第 68 册），远流出版社，2008，第 363 页。

③ 转引自黄嘉谟：《美国与台湾》，台湾“中央研究院”近代史研究所，1966，第 204 页。

④《筹办夷务始末（同治朝）》卷五十，“近代中国史料丛刊”第 62 辑，文海出版社，1966。

交施压的方式。在英商必麒麟的协助下，九月十三日，李仙得私自与番民首领卓杞笃会谈，卓杞笃允诺此后对外国遇难人员生命财产给予保护，李仙得才表示此事不再追究，双方议订章程十条而达成议和。台湾镇道亦“俯如所请”，至此罗妹号事件才得以落幕。事件虽以和平收场，但李仙得直接和台湾南部的番社代表签订国际协约。事后，李仙得在呈报给美国国务院的报告中亦写道：“此行打开了美国与中国南部生番直接交往的门径，……又达到保持美国声威播及中国的任务。”①

对于清政府而言，通过罗妹号事件，他们更加意识到台湾生番治理的急迫性，此问题动辄牵涉台湾主权问题。只不过清政府在台行政管理消极低效，治理开发生番地区节奏缓慢，同治十三年（1874 年）牡丹社事件即此顽疾的复发。

四、德英商人侵垦大南澳

早在乾隆三十六年（1771 年），在西方殖民帝国尚未大规模侵华之时，即有一批西方冒险家乘俄国军舰进入台湾东北部落山区活动。这批冒险者的首领贝尼奥斯基曾在匈牙利军队任高级军官，后参加对俄战争被俘，羁押在堪察加半岛监狱中。乾隆三十六年，他率同其他二十八名波兰囚犯夺船漂至台湾东岸秀姑峦溪口登陆。因遭受番民攻击而北上澳底，并与当地酋长花波结盟。在此过程中，他观察到台湾糖、米、木材等物产资源极为丰富，遂萌发殖民台湾的念头。他广泛调查当地居民物产，测绘登陆地形，拟定一份《台湾殖民方案概要》，其要旨如下：“以台湾作为特许团体计划而成的殖民地，赖母国政府的保护，得到国库贷款的殖民团体握东方贸易的航海权，且允许派遣定额的守备军，支办其经费以得到使用这些事物的权利。预计三年后成功，加上相

---

① 林子候：《台湾涉外关系史》，台湾三民书局，1978，第 265 页。

当的利息，偿还国库的债务。”① 在离台返欧后，贝尼奥斯基持此殖民方案辗转游说奥地利、英国，却未获任何国家赞同支持。贝尼奥斯基的殖民台湾计划虽未实现，但一些西方殖民者企图从清政府统治较为薄弱的台湾东部部落打开缺口，进而侵略整个台湾的念头不时浮现。同治七年（1868 年），德英两国商人阴谋侵垦大南澳即典型的例子。

大南澳亦名南澳，该处土地肥沃，人烟稀少，所以极易引起外国殖民探险家的垂涎。同治七年（1868 年），德国鸦片商人美利士观察到台东诸番地为官府势力所不及，决定在此建立殖民地。他首先选了一个熟悉当地部落情况的英国樟脑商人荷恩，并且冒用德国领事名义给了荷恩一份执照，供应资金，让其前往大南澳开山伐木，占垦经营。噶玛兰通判丁承禧问询之后，即派人婉言劝阻。不料，荷恩一众根本不加理睬，肆意强占大南澳，用盐布等物结交番社，任意砍伐贵重木材运至基隆售卖，俨然以当地统治者自居。丁承禧见劝阻无效，乃向美利士和英国驻台领事质问交涉，要求将荷恩撤回惩办。起初英德两国互相推诿，最后竟然声称该地乃内山生番地界，非噶玛兰地方官所辖，可谓强词夺理，侵占殖民之心昭然若揭。

此番交涉未果，清政府遂提高外交交涉层级，经闽省督抚咨呈总理衙门，由总理衙门照会英、德两国使臣，认为两国纵容国民侵垦大南澳乃违约之举动，因为“合约所载，只准各国商人在中国地方贸易，至山场土产各有其主，断无可以任令外国人自行采取之理”。德国使臣李福斯、英国使臣阿礼国虽先后回复已戒饬查禁，其实仍暗中袒护。在此怂恿鼓动之下，美利士、荷恩在大南澳垦殖如故，并且继续扩大垦伐规模，甚至私运军火赴苏澳

① （日）山崎繁树、野上矫介：《1600～1930 台湾史》，武陵出版有限公司，1998，第149 页。

等处贩卖。不久，总理衙门再次给英、德两国使臣照会，指出“似此背约妄行，殊于通商大局有碍”。照会中声言已行文闽省督抚着台湾镇道“自行拿办”，“如敢恃强抗拒……只好伤毙无论”。英国驻沪尾领事额勒格里不但不阻止查禁，还大言不惭地辩解大南澳“不入中国版图，该洋人与生番和睦，垦地开堡，并非强抢霸占”，后面又言美利士等人“动用巨款开辟垦地”，应请地方官“变价赔偿”，意图勒索。闽省督抚在咨函中严正指出：“查生番所居之地，皆隶中国界内，大南澳并非通商口岸，洋人固不准私往向生番租地开垦，其地亦非生番所能擅租。”① 总理衙门据此又照会英、德两国公使，嗣再次复咨闽省督抚：美利士、荷恩等“如敢恃强抗拒，伤毙无论，自应及早驱除，以消全台之患”②。在总理衙门屡次质问抗议之下，加之英、德两国之举引起其他列强不满，同治八年（1869 年）八月，英国派舰勒令荷恩撤出大南澳，大南澳侵垦事件乃告结束，也暂时中止了英德两国企图染指台湾东部的野心。

五、牡丹社事件与日本侵略台湾

日本窥伺台湾一地，其实远早于西欧列强，由明代倭寇滋扰中国东南海疆即开其端倪。同治十三年（1874 年），日本以牡丹社事件为借口，公然出兵攻打台湾牡丹、高士佛等社，严重侵犯中国领土主权，此乃其酝酿有时的南进政策的一次大胆冒险尝试。牡丹社事件作为明治维新之后日本向外侵略扩张的首次真刀实枪的预演，对日本近代历史意义深远，如吕万和所言：“1874 年的侵台战争规模不大，却为此后日本军国主义的对外侵略扩张

① 《筹办夷务始末（同治朝）》卷六十六，“近代中国史料丛刊”第 62 辑，文海出版社，1966。

② 《筹办夷务始末（同治朝）》卷六十八，“近代中国史料丛刊”第 62 辑，文海出版社，1966。

和军事冒险主义提供了原型。”①

同治十年（1871 年），琉球宫古岛两艘贡船遇风漂流至台湾，其中一艘在台湾南部八瑶湾触礁沉没。全船六十九人，除三人溺毙，幸存者六十六人凫水登岸，因误入牡丹社域，当中有五十四人被高士佛、牡丹两社人杀害。剩余十二人得到汉人居民杨友旺的救护而幸运脱险，后经凤山县护送至府城，再辗转福州回到琉球。

同治十一年（1872 年），日本册封琉球王尚泰为“藩主”，强迫确立日琉的宗藩关系。这也成为日本侵犯台湾的借口之一。

同治十二年（1873 年）春，又有日本船运业者佐藤利八等四人遭遇海上暴风，而被吹至卑南社附近，船碎登岸，险遭不测，幸得一名汉人救护，后在台湾府协助之下，他们被送到上海的日本领事馆。当时日本外务大臣还发来谢函，感谢清政府救护之功，讵料翌年却宣称台湾生番嗜杀成性，行劫日本国民。

同治十二年（1873 年），日本以换约及庆贺同治皇帝亲政为名，派遣副岛外务卿来华。换约、觐见后，副岛特派外务大臣柳原前光至总理衙门，试探清廷对于台湾番民杀害琉球国船民事情的态度。毛昶熙、董恂回复：“只闻悉生番曾掠害琉球国民，并不知此事与贵国有何相干。按琉球本系我朝之藩属，当时琉球人有自生番处逃出者，我朝命官曾予救恤，后转往福建，经我总督仁爱倍加，俱已送还其本国。”柳原问：“贵国对狂暴虐杀琉民之生番又曾作何处置？”毛答：“该岛之民向有生熟两种，其已服我朝王化者为熟番，已设府县施治；其未服者为生番，姑置之化外，尚未甚加治理。”又说：“生番之横暴未能制服，是乃我政教未逮所致。”② 日本后来即抓住清廷官员在问答中的“失言”作为

---

① 吕万和：《简明日本近代史》，天津人民出版社，1984，第 71 页。

② 《日本外交文书·明治时期》（第 6 卷），日本国际协会发行，1939，第 178—179 页。

侵台的借口。

其实这两起船难事件发生伊始，在中日政府间并未发生太大争议，直到同治十三年（1874 年）日本决意侵犯台湾之时，才成为日方“振振有词”的战争借口。当时日本外务省的一份内部报告透露日本真实动机：“此番机会乃日本张威于亚细亚之良机。其原因乃台湾可谓亚细亚咽喉之地，土地肥沃，物产丰富，欧洲垂涎于此岛之国家不少。若我不能得此地而为彼所得，其利害之分，自不待言。故实施此举。”①

同治十三年（1874 年），日本拟定通过《台湾番地征伐要略》，以此作为侵台指导大纲。“其要点为：一、台湾生番之部落系清朝治权未及之地，此事可由清朝所刊印之书籍中求证。尤其是去年（1873 年）副岛种臣使清之际，清廷官员亦答以生番系化外之民，故将番地视为无主之地，不无道理；二、琉球系日本之藩属，为琉球人民复仇是日本帝国政府的义务；三、清廷官员倘若主张琉球尚按时入贡，亦为中国之藩属，日本应回避争论此事。因为控制之实权已操在日本，且台湾问题解决之后，若有意制止琉球之入贡中国，此刻不必与清廷争论琉球之宗主权；四、清朝属下之台湾地方官，若抗议日军之登陆，日军应采集证据坚持番地为无主之地。若争论趋于复杂，则促其向日本本国政府谈判；总之，借故推托，迟延时日，而乘机造成占领台湾的事实。”②

日本又派桦山资纪、水野遵等人前往琅峤、柴城等地调查，绘制地图，积极进行战争筹划。三月，日本组织所谓的“台湾生番探险队”，任命陆军中将西乡从道为“台湾番地事务都督”，参议大隈重信为“台湾番地事务长官”，并聘请对台湾极为熟悉的原美国驻厦门领事李仙得为顾问，租用英、美船只运载军队三千

---

① 信夫清三郎：《日本政治史》，上海译文出版社，1988，第 351 页。

② 张海鹏、陶文钊主编：《台湾史稿》，凤凰出版社，2012，第 112—113 页。

多人开往台湾。三月二十二日，日军在琅峤社寮登陆，逆四重溪而上，初始与保力、四重溪一带民众交锋。四月七日，日军组织二百余人进攻石门，受到当地番民的顽强阻击，双方互有伤亡，日军后占领石门。四月中旬，日军扩大升级战事规模，主力三千余人分兵三路，分别从枫港、石门、竹社夹攻牡丹等社，牡丹、高士佛等社迎击后即退入后山躲避。日军于是攻入牡丹、高士佛、加之来、竹仔四社，将居民茅屋付之一炬。日军攻占牡丹社后，在龟山建立所谓的“台湾番地都督府”，开辟道路、兴建医院和军营等，并向后山各处番社分发日本国旗，欲为久踞之计。

反观清政府对于日军侵台的反应，却显迟滞消极。三月三日当日本按照原计划出兵台湾时，英国驻华公使威妥玛向总理衙门发去文函，询问清廷是否知道日本正在准备行动。当时主事官员如恭亲王奕䜣等回答不知，随后几日法国、西班牙使臣陆续前来询问此事，清政府方才意识到事态严重。在日军登陆琅峤一周之后，恭亲王汇集各路消息启奏，一面诧异于时任闽浙总督李鹤年对于如此重大事件竟然没有奏报，一面谕令船政大臣沈葆桢以巡阅为名前往台湾察看，相机办理。① 直到四月十四日清廷终于认清时局，知道这次日军侵台并非简单的涉外事件，而带有长期占领台湾的野心。因此匆忙任命沈葆桢为钦差办理台湾等处海防兼理各国事务大臣，授权节制福建省镇道以下各官，江苏、广东沿海各口轮船准其调遣，“着即体察情形，或谕以情理，或示以兵威，悉心酌度，妥速办理”②。沈葆桢随后与闽省将军、闽浙督抚联衔呈奏《会筹台防折》，提出联外交、储利器、储人才、通消息等四项保台措施。

---

① 《同治甲戌日兵侵台始末》，“台湾文献丛刊”第38种，台湾银行经济研究室，1959。

② 张本政：《〈清实录〉台湾史资料专辑》，福建人民出版社，1993，第999页。

经过一番紧张的准备，五月一日，沈葆桢同福建布政司潘霨、台湾道夏献纶、船政德籍监督日意格、帮办斯恭塞格从福州马尾分乘安澜、伏波、飞云号军舰前往台湾，于四日抵达安平。经过与台湾镇道会商后，沈葆桢提出三项应变之道——“理论”、“设防”、“开禁”，主张“预防与舌战，必同时并举”[1]。在设防方面，在海上以扬武、飞云、安澜、靖远、镇威、伏波等六艘军舰常驻澎湖，福星一号驻防台北；就地招募大量乡勇，弥补台湾防务力量不足；从大陆调兵增援，特别是淮军精锐六千五百人亦抵台增援。中日双方积极备战，形成武力对峙局面。

日本在武力侵台的同时，在外交上挑起了中日关于台湾内山领土主权及中、日与琉球关系的激烈争论。其实，日本早在派兵侵入台湾之前，即在外交层面预先加以铺垫。譬如上文提及的同治十二年（1873 年）日本派遣外务卿副岛种臣来华互换条约，其真正目的就在于套取当时清廷对于台湾、朝鲜的态度，截取清廷官员非正式的言谈中对日本有利的言论作为其出兵的借口。

战事期间，清政府通过不同层面向日方声明台湾内山并非无主之地，主权归属于中国。譬如五月八日，潘霨会晤西乡从道时带去的沈葆桢致西乡的照会中，声明：“生番土地，隶中国者二百余年”，并在驳斥以琉球难民被戕为侵台借口之一时指出：“无论琉球虽弱，亦俨然一国，尽可自鸣不平。”在驳斥佐藤利八等人财物被劫掠为侵台借口之二时指出，“夫凫水逃生，何有余资可劫？天下有劫人之财，肯养其人数日不受值者耶？即谓地方官所报难民口供不足据，贵国谢函具在，并未涉及劫掠一言”，最后严正指出：“无论中国版图尺寸不敢以与人，即通商诸邦岂甘心贵国独享其利？”[2] 虽然清政府在日本侵台伊始，寄希望于外交

---

① 沈葆桢：《沈文肃公牍》，福建人民出版社，2008，第 7 页。

② 王元穉辑：《甲戌公牍钞存》，“台湾文献丛刊”第 39 种，台湾银行经济研究室，1959。

谈判，主张“衅不我开”，不过捍卫台湾领土主权之态度非常鲜明，同时具有作战的思想准备。沈葆桢其实了解日本在战争期间外交活动之后的真实意图，认为“战备一集而后理或可行，否则唇舌无济也”①。

日本在台湾登陆之后，随着战事时间的拖延，外交上处于孤立状态，国内反对声音亦逐渐增多。加之当时登陆士兵不服台湾水土，尤其是入夏后犯病者日多，陷于困境。同时，清政府不断增援台湾，进行开山抚番，逐渐强硬宣称维护全岛的主权，使日方认识到长期占据和开发台湾并非容易之事。鉴于武力征服不太符合现实情况，日方转而寄希望于外交谈判。六月，柳原前光奉命前往北京，日本政府给他的训令中，要求他采用外交手段索赔、罢兵。因此，此后柳原与总理衙门进行多次谈判，虽然还在坚称出兵乃讨伐“无主土地”之暴民，但口风已经大不如派兵前那么强硬，而且开始试探清政府是否同意“赔偿”兵费来交换撤兵。随后日本更是派遣全权大臣大久保利通至北京，双方进行了七次会谈，并来往照会多件。谈判初始，大久保利通否认清政府对台湾东部山地拥有主权，还援引《万国公法》，凡政教不及之地，不得列入版图。但此论遭到清廷参与谈判官员的断然否决，严肃驳斥日方所谓台湾内山不属于中国版图的谬论，可见中方对于台湾主权立场非常鲜明坚定。见此情势，大久保利通提出：“欲保全好谊，必翻然改图，别有两便办法。”② 接着，他大谈日军在台数月时间，耗费军费多少、伤亡兵勇多少、伐木开路费用多少，勒索清政府给予赔款补偿。清政府回应“两国并未失和，并未开仗，如何能讲偿费”，谈判一度陷入僵局之中。

此时，英、法、美出面调停，双方最终达成协议，同治十三

---

① 沈葆桢：《沈文肃公牍》，福建人民出版社，2008，第 11 页。

② 《日本外交文书·明治时期》（第 7 卷），日本国际协会发行，1939，第 263 页。

年（1874年）九月二十一日，《中日台湾事件专条》（又称《中日北京专条》）签订。条文共三条：一、日本国此次所办，原为保民义举起见，中国不指为不是。二、前次所有杀害难民之家，中国定给抚恤银两，日本所有在该处修道建屋等件，中国愿留自用，先行议定筹补银两，别有议办之据。三、所有此事两国一切往来公文，彼此撤回注销，永为罢论；至于该处生番，中国自宜设法妥为约束，以期永保航客不能再受凶害。①

条约签订后，侵台日军于同年十月二十三日撤出台湾，历时三年的牡丹社事件终于平息下来。日本入侵台湾是对中国在台湾的主权和领土完整的一次重大挑战。这次严重的边疆危机，对于台湾来说并未全然无获，清政府通过此事开始重视台湾一地的发展，“于是葆桢奏开番界，析疆置吏，而台湾局面一变”②。

六、中法战争中的台湾

日本侵台事件过去十年，台湾再次被战火殃及，只不过侵略者换成了法国。台湾学者许毓良在《清代台湾的海防》一书中指出，中法战争是台湾首次沦为主战场的战争，他的分析是，“清末鸦片战争台湾虽受波及，但英军的主力其实放在东南沿海及长江流域。第二次鸦片战争英法联军主战场都在华北。牡丹社事件中日两国虽调兵在台湾南部对峙，但并无短兵相接的战事爆发。唯独中法战争，为台湾近代首次遭遇的一次重大兵燹”③，此言诚然不虚。

中法战争初因法国挑战清政府在越南的藩主国地位而起，法方意在追求殖民利益，中方为王朝体制和西南边疆安全而战。这

① 王铁崖：《中外旧约章》（第1册），生活·读书·新知三联书店，1957，第343页。

② 连横：《台湾通史》卷十四《外交志》，商务印书馆，1983。

③ 许毓良：《清代台湾的海防》，社会科学文献出版社，2003，第183页。

场战争在中国近代史上具有众多独特面，表面上清政府为“名存而实不至”的藩属国利益而战，逐渐卷入旋涡，和战瞬息变化，实际上清政府决策层在战略层面上混乱不清，难以在战争成本和国防利益上取得较佳的平衡点。

当法国内阁决意将台湾锁定为“据地索质”的抵押品，远东舰队驶入台湾海峡时，原来局限于中越边界的武装纠纷扩大、升级了，清政府决策层随之将目光投射到东南一隅。法国舰队鼓轮而来，瞬时拉近两个原本距离遥远且不相干涉的地域，东南海疆危机凸显，而这正是近代化战争的特点。有了蒸汽机作为推动力的海军战舰，法方可以依自己的战略构想促成战场的形成，尚处在冷兵器战争思维的清政府只能被动应战。战火引至本国国土上进行，使清廷上下对危机顿感切肤之痛。闽台地区尤其是台湾岛笼罩在战争阴霾之下，福建水师在甲申战役中毁于一旦，此后中法双方在台湾岛北部展开了长期的拉锯战，彼此互有胜负。闽台区域虽在西方大航海时代之后多受西方列强垂涎、侵略，台湾更因为其战略地理价值屡受外力侵迫，但中法战争应为闽台地区第一次近代化中外战争，中国在台湾的主权在这场战争中受到最为严峻的威胁。

中法战争分为前后两个阶段，第一阶段在越南北部及中越边境进行；第二阶段战火扩大到台湾海峡两岸，有陆战和海战两个战场，尤其以台湾战事最为激烈。中法战争期间，法国选定台湾作为进攻目标，其意图体现在四个方面：首先台湾孤悬海外，守御薄弱，容易攻占；再则台湾有丰富而优质的煤矿资源，可以供应法国军舰补给之需；三则与武力威胁京津地区相比，这个选择不会引起其他西方列强的国际干涉；四则可以据为控制西太平洋的基地。于是，《中法简明条约》签订不久，在清政府拒绝法国勒索巨额赔款要求后，法国即将战火从越南引向中国本土，台湾遂成为战事焦点。光绪十年（1884 年）六月十五日，法国兵船突然猛轰基隆炮台，守军奋起还击，至此揭开中法台湾战役的序幕。

第一次基隆战役，起初法军凭借炮舰优势迅速摧毁炮台，时台清军统帅刘铭传命令守军各部撤出海滩，退守山后，诱敌深入。其后，法军陆战队登岸向基隆市街搜索前进，遭到清军的三面伏击，伤亡百余人，被迫撤回舰上，法军第一次侵占基隆的计划惨遭失败。刘铭传在奏折中详细描述道："十六日卯刻，法兵四五百人，半在曹志忠营北山上筑营，余二百人直薄曹志忠之垒，仍用轮船炸炮助攻。自卯至午，枪炮不息。曹志忠一面饬守本营，亲督王三星等率队二百人出战。臣即令章高元、苏得胜率队百余人袭其东，复派已革游击邓长安率亲军小队六十人绕击其西。曹志忠见两路夹攻，士气益壮。法见我军之夹攻也，连轰巨炮以敌之。枪战逾时，我军所持后膛枪皆能命中……敌军大溃。"①

法军在侵犯基隆首战受挫之后，除留下少数战舰封锁基隆洋面外，海军提督孤拔转而率十艘战舰驶入福州马江。七月三日下午，法军突然向毫无准备的福建水师发动突袭，致其几全军覆没。六日，一直犹豫于是否向法国宣战的清廷发布上谕，正式对法宣战。马江海战的惨败对台湾战事产生深刻影响，由于福建水师的全军覆没，从此法军就牢牢地掌握了台湾海峡的制海权，得以随心所欲地全力侵台，而在台清军遂彻底沦为守岛孤军，在兵员补充、物资补给、情报通信方面愈发困难。

八月十三日，法军发动第二次基隆战役，并分舰进攻沪尾。在十余艘法舰、百余门大炮的猛烈炮轰下，清军抵抗约两小时后，被迫后撤。法军乘势登陆进攻，基隆港湾及周围阵地尽失，基隆市区即刻告急。此时，法军亦猛力进攻沪尾。刘铭传权衡当

---

① 刘铭传：《刘壮肃公奏议》卷三《恭报到台日期并筹办台北防务折》，"台湾文献丛刊"第27种，台湾银行经济研究室，1958。

时形势后，做出分析，“以基隆万分危迫，沪尾又被急攻，基隆无兵可分，沪尾又当基隆后路，离（台北）府城只三十里，仅恃一线之口，商船声息稍通，军装粮饷，尽在府城；沪口除沉船外，台脆兵单，万无足恃。倘根本一失，前军不战自溃，必至全局瓦解，莫可挽回。不得不先其所急，移师后路，借保府城”。于是下令基隆守军曹志忠、章高元率部撤离基隆，“驰救沪尾”。①刘铭传此举一方面因应沪尾危局，其实情乃是面对基隆取胜无望而欲保存有生力量。清军的撤退使法军于次日轻易占领了基隆。

但法军在另一战场沪尾却出乎意料地失败了，事后法方统计，据说法军死四十九人，伤十七人，清军死八十人，伤二百人。② 法方对于沪尾守卫清军毫无畏惧、奋勇战斗的精神深感震撼：“中国人在此次战斗中表现出了极大的勇敢与顽强，而这种品质通常是不为人们所承认的。他们手中的优良武器使他们更加充满了信心，并大大减少了对我们的武器所产生的恐惧心理。他们之中虽有人仅用长矛作战，但往往有其他人相助。面对我们的刺刀冲锋，他们紧靠一起，熟练地用长矛抵御。”③ 在台清军虽装备不如法人，但凭借战术得当、精神意志坚强、熟悉地形等有利条件，给予法军一次迎头痛击。沪尾的战败，大大挫伤了侵台法军的士气，“十月八日对于淡水所作的企图，永不再试了。而且中国方面在那里坚强地筑了防御工事，派去了很多的军队。我们的战舰留在河口前面，仅封锁港口而已，就这样，直至和约签订”④。

通过沪尾战役，法国人终于深切感受台湾守军并非不堪一

---

① 刘铭传：《刘壮肃公奏议》卷三《法船并犯台北基沪俱危移保后路折》，“台湾文献丛刊”第27种，台湾银行经济研究室，1958。

② 张振鹍主编：《中法战争》（第4册），中华书局，2002，第150页。

③ 法国海军部档案BB—4 1959，第150页，转引自黄振南：《中法战争诸役考》，广西师范大学出版社，1998，第219页。

④ 张振鹍主编：《中法战争》（第4册），中华书局，2002，第573页。

击，军事作战意愿大为减弱，转而以保留据有基隆及淡水的海关及矿区若干年为条件向清政府勒索战争赔款，而这些条件又再一次被清政府断然拒绝。法远东舰队为围困台湾，开始实行台湾海峡的全面封锁。

光绪十年（1884年）九月五日，法军舰队统帅孤拔宣布封锁台湾西岸各海口，“本提督统领水师，现今中、法两国因炮还炮、以枪还枪，只以刻奉全权文凭，准于九月初四日起封闭台湾南西北东海口……已派兵船禁止各国船只来往出入。若有贸易之船，可缓三日，将船货统卸空，赶紧开出海口。倘有船不听命、违禁法国作事者，即照《万国公法》例约，早已载明诸有约各国”①。

当时的台湾道刘璈“接法军封港之文，愤其违犯公法，晤商各领事，请干涉”，并在送达朝廷的一份奏折中，认为法国在五个方面违背了《万国公法》：“查《万国公法》本有战国封堵敌国海口之例，局外各国原不能禁。惟法人今日情形，其不合公法不应封口者五，不应封而准有碍各国今后通商者亦五，不能不先情咨明各国一为理论。”②

以当时法国在中国沿海舰队的实力而论，并无能力严格遵照国际法的规定对台湾进行实力封锁。刘璈判定法军封锁台湾海峡的状态为“废弛”。在刘璈进行交涉后，法国人在光绪十年（1884年）十一月二十二日发布公告，宣称自即日起，从大甲至台湾海岸南端，重新封锁，随之加强了海上盘查。

刘璈在十一月二十八日的奏折中又言道：“职道按《公法》二十八节，战者行封港事既系明告而封，其弛封亦当速告而弛；否则，即为使诈局外之国。”可见刘璈认定法国二十二日起对台

---

① 王彦威：《清季外交史料选辑》，“台湾文献丛刊”第198种，台湾银行经济研究室，1964。

② 连横：《台湾通史》卷十四《外交志》，商务印书馆，1983。

湾重新进行封锁的行为违反了《公法》之说，系完全符合《公法》的文本论述，其辩解不管在法理上，还是在实践当中都是站得住脚的。因为台湾海峡的再度封锁，“其效果却被评价为‘对外国人非常严重，可是对中国人几乎毫无损害’”，当时在华英国海军将领陶威尔也报告道：“外国的船只被法国扣住，但中国的民船却随意地溜进溜出。”① 根据《公法》“战时封锁”所要达到的让对方“立时纳降”角度来看，台湾抗法力量并没有因为法方施行封锁而被削弱，结果恰好相反，正如刘璈指出台海封锁“是困之无可困，速和转速战也”。

但是，光绪十一年（1885年）正月三日，清廷接到当时督办台湾军务福建巡抚刘铭传的急电，告知由于刘璈“忽照会英领事，责其废弛”，结果是“英据文转法，复行封禁，询查更严”。② 清廷上层决策者由于对《公法》毫无知晓，搞不清楚刘璈“此举是何意见”，于是饬令闽浙总督杨昌浚彻查此事。当时督办福建军务大臣左宗棠即上奏朝廷为刘璈的言行做了辩护，“查《万国公法》，虽有战国封堵敌国海口之例，然如系不义之战，诸国例得辨问。公法所载城池地方被战者围困，局外者不得与之贸易，固也；若台湾仅失基隆偏隅，旦夕可以收复，岂得以围困论？乃仅凭法夷一纸空文，遽准堵塞。在我固多不便，而于各国商务尤有窒碍”，要求总理各国事务衙门，照会各国驻京公使，“据理辩论，立开台湾海口，以保商局”。③ 刘铭传在此事上向清廷告刘璈的状，不能归属于闽台战场早已存在的“湘淮畛域之见”，而是

① （英）季南：《英国对华外交（1880—1885年）》，商务印书馆，1984，第173页。

② 张本政：《〈清实录〉台湾史资料专辑》，福建人民出版社，1993，第1122页。

③ 台湾史料集成编辑委员会：《明清台湾档案汇编》（第89册），远流出版社，2009，第82页。

刘铭传和清廷上层不知《公法》所造成的。

自基隆被占后，清政府对于台湾安危非常关心，除了不断下令刘铭传组织收复，还催促新授钦差大臣左宗棠、闽浙总督杨昌浚迅速上任，并谕令各省派兵、济械，急援台湾。法军为了摆脱进退维谷的困境，在光绪十一年（1885 年）三月十三日派舰炮击澎湖，并实施登陆，在十五日占领妈宫，澎湖全岛沦陷。不过法军此举除了进一步威胁清廷，增加谈判筹码之外，更是为了掩护其军事撤退。早在光绪十年十二月十三日法国海军部致孤拔密电中就说："为着缓和我们放弃台湾岛所生的结果起见，政府决定占领澎湖群岛。"孤拔也在回复电文中说："提督完全了解，政府主张占领澎湖，目的仅在润色以后的台湾撤退。"① 与此同时，清军取得镇南关大捷，导致法国茹费理内阁倒台。不久，孤拔收到巴黎令其增援越南战区的急电，计划自基隆撤退。在此情势下，清政府却决意"乘胜即收"，在二月十九日与法国政府签订停战协定。三月二日法舰撤除对基隆及淡水的封锁。四月二十七日，中法《越南条约》在天津正式签订，按照条约规定，法军在之后两个月内从基隆、澎湖撤走，台湾危机至此解除。

回顾道光二十年（1840 年）以来列强觊觎和侵犯台湾的史实，有一个问题值得关注，即各列强所持的动机。英、德、美对台湾的企图和侵犯，其所持的动机集中于商务殖民利益的获取，而日、法对领土主权的侵占企图比较强烈。对于清政府而言，在列强不断在台滋事侵犯的压力之下，清政府逐渐有所觉醒，但在治台政策上仍显消极保守，在受外力侵犯时常采取息事宁人的姿态，这实际上更加助长列强觊觎台湾的嚣张气势。

---

① 伯琴编：《法军侵台档》，"近代中国史料丛刊"第 74 辑，文海出版社，1974。

第二节　沈葆桢治台与台湾建省

一、沈葆桢的治台方策

日本侵台事件基本平息后，清政府总理各国事务大臣恭亲王奕䜣等联衔上《海防亟宜切筹》一折，以日军侵台事件为戒，提出加强海防的六条意见，当日奉旨密谕沿海沿江各督抚、将军筹议，“着沈葆桢、文煜、李鹤年、王凯泰、潘霨悉心筹商，所有台湾兵勇应如何酌留？淮军素称得力，现在业已到台，应如何分扎防堵？全台事宜应如何布置？该大臣等务要妥为经画，以善将来”①。因此，从同治十三年（1874 年）底至光绪元年（1875 年）上半年，在清廷内部进行了一次关于海防问题的大讨论，通过这次讨论，在用人、练兵、简器、造船、筹饷等方面，诸多军政大员提出了加强海防包括加强台防的措施。文祥在奏折中提出“夫日本，东洋一小国耳，新习西洋兵法，仅购铁甲船二只，竟敢借端发难。……若再因循泄沓，而不亟求整顿，一旦生变，更形棘手”②，“亟求整顿”台湾防务的言论得到朝野上下一致赞同。李鸿章也指出：日本近年改变旧制后“其势日强”，故敢“称雄中土，藐视中国，有窥犯台湾之举”。他认为“泰西虽强，尚在七万里之外，日本近在户闼，伺我虚实，诚为中国永久大患”。两江总督李宗羲也提出“台湾一岛，形势雄胜，与福州、厦门相为犄角，东南俯瞰葛罗巴、吕宋，西南遥制越南、暹罗、缅甸、新

① 中国史学会主编：《洋务运动》（第 1 册），上海人民出版社，1961，第 35 页。

② 《同治甲戌日兵侵台始末》，“台湾文献丛刊”第 38 种，台湾银行经济研究室，1959。

加坡，北遏日本之路，东阻泰西之往来，宜为中国第一门户，此倭人所以垂涎也”。

这些建言中以沈葆桢所上《全台善后事宜并请旨移驻巡抚折》最为全面，也最具前瞻性，这显然与沈葆桢亲历侵台事件，对于事件所暴露的台防等问题有着独到观察有关。他认为“惟此次之善后，与往时不同。台地之所谓善后，即台地之所谓创始也；善后难，以创始为善后则尤难”[①]。因此，沈氏结合台地实际情况，提出种种善后措施，涉及移驻巡抚、添设郡县、开山抚番、招垦开禁、整顿营伍、倡办企业等。这些举措发展了全岛经济，补强了台湾防务力量，并为日后台湾正式建省奠定了坚实基础。沈葆桢也因此被后世认为是台湾近代化的倡导者和奠基人。

1. 移驻巡抚，添设郡县

沈葆桢经过“夙夜深思，为台民计，为闽省计，为沿海筹防计”，提出“仿江苏巡抚分驻苏州之例，移福建巡抚驻台，而后一举而数善备”。他在《全台善后事宜并请旨移驻巡抚折》中列举福建巡抚驻台有十二便，洋洋洒洒，纵论台湾旧时行政管理制度存在的诸多弊端，认为打破旧的格局乃台湾防务提升、消除列强觊觎的根本之道。

他详细论述如下：“尝综前、后山之幅员计之，可建郡者三，可建县者有十数，固非一府所能辖。欲别建一省，又苦器局之未成；而闽省向需台米接济、台饷向由省城转输，彼此相依，不能离而为二。环海口岸，处处宜防；洋族教堂，渐渐分布。居民向有漳籍、泉籍、粤籍之分，番族又有生番、熟番、屯番之异；气类既殊，抚驭匪易。况以创始之事，为善后之谋，徒静镇之非宜，欲循例而无自！……臣等再四思维，宜仿江苏巡抚分驻苏州

① 沈葆桢：《福建台湾奏折·请移驻巡抚折》，“台湾文献丛刊”第29种，台湾银行经济研究室，1959。

之例，移福建巡抚驻台，而后一举而数善备。何以言之？镇道虽有专责，事必禀承督抚而行，重洋远隔，文报稽延，率意径行，又嫌专擅。驻巡抚，则有事可立断，其便一。镇治兵、道治民，本两相辅也，转两相妨。职分不相统摄，意见不免参差，上各有所疑，下各有所恃，不贤者以为推卸地步，其贤者亦时时存形迹于其间。驻巡抚，则统属文武，权归一尊，镇、道不敢不各修所职，其便二。镇、道有节制文武之责，而无遴选文武之权。文官之贪廉、武弁之勇怯，督、抚所闻与镇、道所见，时或互异。驻台则不待采访，而耳目能周，黜陟可以立定，其便三。城社之巨奸，民间之冤抑，睹闻亲切，法令易行，公道速伸，人心帖服，其便四。台民烟瘾本多，台兵为甚。海疆营制久坏，台兵为尤。良以弁兵由督、抚、提、标抽取而来，各有恃其本帅之见。镇将设法羁縻，只求其不生意外之事，是以比屋窝赌，如贾之于市、农之于田。有巡抚，则考察无所瞻徇，训练乃有实际，其便五。福建地瘠民贫，州、县率多亏累，恒视台地为调剂之区。不肖者骫法取盈，往往不免。有巡抚以临之，贪黩之风得以渐戢，其便六。向来台员不得志于镇、道，及其内渡，每造蜚语中伤之，镇、道时或为所挟。有巡抚，则此技悉穷，其便七。台民游惰可恶，而实戆直可怜。所以常闻蠢动者，始由官以吏役为爪牙，吏役以民为鱼肉，继则民以官为仇雠。词讼不清，而械斗、扎厝之端起，奸宄得志，而竖旗聚众之势成。有巡抚，则能预拔乱本而塞祸源，其便八。况开地伊始，地殊势异，成法难拘，可以因心酌裁，其便九。新建郡邑，骤立营堡，无地不需人才，丞倅将领可以随时扎调，其便十。设官分职，有宜经久者、有属权宜者，随时增革，不至廪食之虚糜，其便十有一。开煤、炼铁有第资民力者，有宜参用洋机者，就近察勘，可以择地而兴利，其便十有二。”

该折在光绪元年（1875 年）虽经奉旨批准，但并没有得以实行，由于闽中督抚持有不同意见，而且移驻也存在诸多实际困难，后将方案调整为省台兼顾。时任福建巡抚王凯泰进一步提出闽抚“冬春驻台，夏秋驻省”的建议，经沈葆桢同意后复奏朝廷，清廷谕旨下令实行，这是台湾建省的第一步。

除了巡抚移驻外，沈葆桢经过实地考察，提出了对台湾政区实行重大调整的建议。同治十三年（1874年）十二月二十三日，沈葆桢向清廷上《请琅峤筑城设官折》[①]，不久，清廷正式批准恒春置县。台湾南部琅峤自鸦片战争后，不断招致英、美、日等国舰船的侵扰，更是日军侵台选定的目标。光绪元年（1875年）六月十八日，沈葆桢与李鹤年、王凯泰上《台北拟建一府三县折》，认为“台北口岸四通，荒壤日辟，外防内治，政令难周。拟建府治，治辖一厅三县，而便控驭而固地方”[②]。同日沈葆桢还上《请改驻南北路理番同知片》。十二月二十二日，清政府批准沈葆桢的建议，台湾建置由一府四县三厅变为二府八县四厅，即：台湾府，管辖台湾县、凤山县、恒春县、嘉义县、彰化县、澎湖厅、卑南厅、埔里社厅；台北府，管辖淡水县、宜兰县、新竹县、基隆厅。添设郡县后，清政府加强了对台湾南北内山的行政管理。

2. 开山抚番，开禁招垦

在日军侵台期间，沈葆桢即着手“一面抚番，一面开路”，不过当时的抚番开路规模不大，而且属于战时权宜之策。战事结束后，沈葆桢即在《会筹全台大局疏》中指出，“为会筹全台大局，抚番开路，势难中止”，对于开山抚番的意义，沈氏颇有远见地指明：“人第知今日开山之为抚番，固不知今日抚番之实以防海也”，认为此项事业关系台湾安危，而且关系南北洋全局。

---

① 沈葆桢：《福建台湾奏折·请琅峤筑城设官折》，“台湾文献丛刊”第29种，台湾银行经济研究室，1959。

② 沈葆桢：《福建台湾奏折·台北拟建一府三县折》，“台湾文献丛刊”第29种，台湾银行经济研究室，1959。

他强调“经营后山为防患计，非为兴利计。为兴利尽可缓图，为防患势难中止”，原因在于“外人之垂涎台地，非一日亦非一国也。去岁倭事，特嚆矢耳”，假若后山一带“我不尽收版图，彼必阴谋侵占”。[①] 在沈葆桢之前，清政府其实已有抚番之举，但沈葆桢所主持的抚番将其与开山紧密联系，他认为“务开山而不先抚番，则开山无从下手，欲抚番而不先开山，则抚番仍属空谈”。开山分三路进行，北路自苏澳至岐莱，南路一由赤山至卑南，一由射寮至卑南，中路由林杞埔而东至璞石阁。开山同时，沿途筑设碉堡，派兵屯营，安抚“良番”，平服“凶番”。

在此开山过程中也留下相当多的遗迹。北路由罗大春开山的道路，即今日苏花公路的前身，当时开成后亦建有纪念碑，碑文云：

> 大清同治十三年六月丙戌，福建陆路提督黔中罗大春钦奉谕旨，巡防台朔，开禁抚番，秋七月癸丑，师次苏澳，八月辛未，达大南澳。初，台澎道江右夏献纶以千人伐木通道，自苏澳及东澳，七月戊午，还郡东澳。以往万山茸然，恒古未薙，凶番伏戎，大为民害，大春征募济师，斧之、斤之、阶之、级之、碉之、堡之，又从而以番说番，招抚之。于戏！军士缒幽凿险，宿瘴食雾，疫疠不侵，道路以辟。朝廷威福也，将校用命也，不可不纪，嘱幕次三衢范应祥撰文，三山应道木书丹，龙眠方宗亮、齐安高士俊选石勒诸大南澳道左。黔中冯安国监造。[②]

此外，南路昆仑坳古道、中路八通关古道，都是在此时期建

① 《道咸同光四朝奏议选辑·会筹全台大局疏》，“台湾文献丛刊”第288种，台湾银行经济研究室，1971。

② 碑存宜兰县苏澳镇南强里南澳路2号。

造的道路的遗迹。后来发展出来的北横、中横、南横等公路都是在这三路古道的基础上建立的。

在开山抚番的同时，清政府大力招募民众随往耕垦。沈葆桢认为“欲开山不先开垦，则路虽通而仍塞”，但清政府以前实行的禁止民众迁台的禁令成为最大的障碍。沈葆桢奏请开“严禁内地民人渡台之旧例”，开“严禁台民私入番界之旧例”。光绪元年（1875 年）正月十日，清廷谕令：“沈葆桢等将后山地面设法开辟，旷土亟须招垦，一切规制自宜因时变通。所有从前不准内地民人渡台各例禁，着悉与开除。其贩卖铁、竹两项，并着一律弛禁，以广招徕。”① 由此废除了“禁渡”政策。清廷废除旧禁，正式准予台湾全部开放，从此大陆各地的民众可以自由来往于台湾。此举吸引大陆民众，尤其是福建沿海居民渡海前往台湾开垦。清政府又在厦门、汕头、香港等地设立招垦机构，规定“凡应募者与以便宜，日给口粮，人授地一甲，助以牛种农器，三年之后，始征其租”②。凡是愿意前往台湾者免费乘船，至台湾后，政府给予口粮、耕牛、农具、种子等，并且三年之内免征赋税。通过开山抚番和开禁招垦，清政府在台湾东部番民居住的山区推广了政令，确立治权，促进了东部山区的开发和发展，打破了台湾东西部的隔离状态。

3. 充实军备，加强海防

沈葆桢奉命来台督办台湾防务后，发现台地班兵不可用，原先的营伍积久弊生，遂决定裁撤大陆来台的班兵，改由在本地招募。他于光绪元年（1875 年）七月奏请仿淮楚军营制而归并台地营伍，以五百人为一营。南路九营专顾凤山、台湾、嘉义三县；中路三营专顾彰化县；北路三营专顾淡水、宜兰县；澎湖两营专

---

① 张本政：《〈清实录〉台湾史资料专辑》，福建人民出版社，1993，第 1021 页。

② 连横：《台湾通史》卷十五《抚垦志》，商务印书馆，1983。

管澎湖。各部扼要驻扎，统归巡抚统辖。鉴于台湾防务端赖海防，而台地旧有水师战船仅能巡缉海盗而已，已经不合台海海防之需，沈氏多次向清廷奏购铁甲船，认为“百号之艇船，不敌一号之大兵轮船”①。在海口防御方面，他在同治十三年（1874 年）兴建安平炮台，仿西洋新法，此乃中国最早使用混凝土所建的新式炮台；又在台南旗后海口凿山垒土，构建炮台六座。此外，鉴于澎湖为台、厦命脉，当年日军侵台时，即在此地安置大炮十尊，以加强防卫。同时在台郡兴建军装局及火药局。沈葆桢加强台湾防卫的诸多措施，奠定了台湾近代海防的基础。

清政府对于日本侵台事件的善后措施，还包括鼓励开采煤矿、倡议修筑铁路等等。在开山抚番、设防开禁政策施行之下，台湾一改往日闭塞面貌，与大陆来往联系更加密切，开启了迈向近代化的脚步。

二、台湾建省

在中法战争中，中方在军事层面上并没有完全失败，闽台战场中法双方一度陷于胶着状态。法方在谈判桌上唯一的筹码就是基隆一地，细究中方最后采取让步的缘由，显然是对台湾岛整体抗法斗争的胜利缺乏信心，这在法军封锁台湾海峡，切断闽台之间的作战联系后表现得尤为明显。战争暴露了清政府在东南海防体系上的突出弱点，不仅海军力量十分薄弱，台湾防务尤不可恃，一旦援绝，难以自守。战后，清廷内部进行了一次加强海防的讨论，创建海军、加强台防成为这次讨论的两个重要内容。由此可见近代闽台地区这场危机唤醒了清朝上层对台湾地区防务和建设的意识，从而重新思考大陆、海峡、岛屿三者防务的联系，

---

① 沈葆桢：《福建台湾奏折·覆议海洋水师片》，“台湾文献丛刊”第 29 种，台湾银行经济研究室，1959。

由此促使了台湾建省这项具有深远意义的战略决策浮出水面。

1. 闽台分省奏案的历史

康熙二十三年（1684 年），清朝就开始在台湾设治。当年正月二十一日，福建提督靖海将军侯施琅认为“台湾有地数千里，人民十万，弃之必为外国所踞，奸宄之徒窜匿其中，亦未可料”①，上奏请设台湾镇守官弁。康熙帝也担忧“海寇游魂，潜据台湾，尚为闽害”②，若放弃对台湾的管辖，对福建及东南海防会构成一定的潜在威胁。于是，清政府在台湾岛设一府三县，明谕台湾隶属福建省管辖。虽然后来随着台湾日渐开辟，清朝在台湾的行政建置也随之增添改变，比如出现有巡视台湾满汉御史、台湾镇道等等，但是台湾直接隶属福建的状况，一直到光绪十四年（1888 年）台湾最终完成建省才得以改变。

闽台分省奏案的历史可以远溯到乾隆二年（1737 年）内阁学士兼礼部侍郎吴金上奏建议将台湾单列一省，光绪十一年（1885 年）清政府将福建巡抚改为台湾巡抚，开启台湾建省进程，一直到光绪十四年台湾最终完成建省，跨越了约一百五十年，可以将其简略地划分为三个历史阶段。

第一阶段：闽台分省要求的最早提出。乾隆二年（1737 年）五月十日，乾隆朝内阁学士兼礼部侍郎吴金基于自己对台湾在中国整个海防中的战略地位重要性的认识和台湾原有的行政机构难以对台湾实行有效治理的状况，上奏清廷主张“宜将治台湾另分一省，专设巡抚一员，带兵部侍郎衔，抚台湾地方，统辖文武”。清政府于五月十四日否定了吴金的提议，理由是台湾“以弹丸之地辖属不过一府四县，而竟改为省制，于体不可，于事无益，吴

① 张本政：《〈清实录〉台湾史资料专辑》，福建人民出版社，1993，第 63 页。

② 张本政：《〈清实录〉台湾史资料专辑》，福建人民出版社，1993，第 72 页。

金此奏，应无庸议”①。吴金的台湾建省之议的根本意义，并不在于是否立即被乾隆帝所采纳，而在于揭示台湾在整个中国海防中重要的战略地位，以及为巩固中国海防而加强台湾治理的重要性，同时也揭示了台湾建省的历史必然性。

第二阶段：19 世纪 70 年代，清政府内部出现第二次台湾建省之议。这次建省之议由开始的“闽抚驻台”发展到“请改福建巡抚为台湾巡抚”。

这次台湾建省之议起因是同治十三年（1874 年）发生的日本侵台事件。此事件虽以签订《中日台湾事件专条》而了结，但此次危机对清廷震动很大，众多有识之士开始认识到台湾在我国海防上的重要地位。同治十三年十一月十五日，时任钦差办理台湾等处海防兼理各国事务大臣沈葆桢奏请将福建巡抚移驻台湾，认为“年来洋务日密，偏重于东南，台湾海外孤悬，七省以为门户，其关系非轻”。作为“七省门户”的台湾，又是列强长期觊觎的对象，他说“台地向称饶沃，久为他族所垂涎，今虽外患暂平，旁人仍眈眈相视，未雨绸缪之计正在斯时。而后山前山，其当变革者，其当创建者，非数十年不能成功”，主张“先得一主持大局者，事事得以纲举目张”，建议可仿江苏巡抚分驻苏州之例，福建巡抚驻台湾，统率台湾文武官员及处理一切善后事务。沈葆桢认为此时台湾单独设行省条件尚未具备，“欲别建一省，又苦器局之未成；而闽省向需台米接济、台饷向由省城转输，彼此相依，不能离而为二”②。次年年初，总理衙门与吏部议定，“移福建巡抚

---

① 台湾“中央研究院”历史语言研究所编：《明清史料戊编》（上），中华书局，1987，第 145—146 页。

② 吴元炳辑：《沈文肃公政书》卷五《请移驻巡抚折》，“近代中国史料丛刊”第 66 辑，文海出版社，1967。

驻台”。

然而，因移福建巡抚驻台的方案在实践中存在诸多困难，福州将军文煜、闽浙总督李鹤年、福建巡抚王凯泰和沈葆桢又联衔上奏《会筹全台大局疏》，其中提出“巡抚兼顾省台”的主张。在这份奏疏中督抚们表露了台湾分省与不分省两难的看法：“以事势论之，台湾之饷源人才，皆取资于省会，而省会之煤斤米石，亦借润于台湾，畛域分而呼应不灵，不特巡抚束手一省而断其左臂，倘海上事起，总督亦必有掣肘之时，况自去年五月以来，凡台湾所需，取办于船政者，十盖八九。臣葆桢去台后，必接办船政之员，所以代台湾周转者，一如臣葆桢在台时，于台事方无窒碍，若另设一省，恐船政不能联为一气，将事事皆窒矣。省台兼顾，重洋跋涉，臣凯泰非不知往返之烦也。行乎其所不得不行也。”① 后王凯泰提出福建巡抚可以“冬春驻台、夏秋驻省”，朝廷谕旨“着照所请办理”。②

事实上，福建巡抚“冬春驻台、夏秋驻省”，并不能做到时时、事事、处处同时兼顾闽台。因此，在朝廷旨准福建巡抚“冬春驻台、夏秋驻省”后不久，朝廷内外重臣纷纷上奏，提出不同的意见，其中以当时任福建巡抚的丁日昌的奏稿最为典型。他认为省台难以兼顾，“冬春驻台，夏秋驻省，又安能保夏秋之间生番不蠢动乎；外人不欺凌乎？”③ 他从加强台湾防务建设出发，请求朝廷“速派威望素著知兵重臣，驻台督办”④。朝廷对于丁日昌

---

① 《道咸同光四朝奏议选辑·会筹全台大局疏》，“台湾文献丛刊”第288种，台湾银行经济研究室，1971。

② 张本政：《〈清实录〉台湾史资料专辑》，福建人民出版社，1993，第1031页。

③ 丁日昌：《丁中丞政书·抚闽奏稿》卷三《省台远隔重洋难以兼顾片》，“近代中国史料丛刊”第77辑，文海出版社，1974。

④ 《道咸同光四朝奏议选辑·请速筹台事全局疏》，“台湾文献丛刊”第288种，台湾银行经济研究室，1971。

的奏稿极为重视，于光绪二年（1876 年）十一月十九日向南北洋大臣发出上谕："丁日昌奏台湾亟应统筹全局，省台势难兼顾情形，着该督等速议具奏等因。"[①] 沈葆桢奉旨复奏，认为"专派重臣"，"不如责成督抚"，因为台湾"矿务垦务，他人得以为力，而吏治营政，非督抚断难为功"[②]。沈葆桢仍然坚持自己福建巡抚"省台兼顾"的主张。

光绪二年（1876 年）十二月，内阁学士兼刑部侍郎袁保恒也上奏清廷，明确提出了改福建巡抚为台湾巡抚的主张，他在奏折中说道："（台湾）地虽僻处海澨，而物产丰富"，"非专驻大臣、镇以重兵"，"未易为功"，"改福建巡抚为台湾巡抚，常川驻守，经理全台；其福建全省事宜，专归总督办理"。[③] 袁保恒的"改福建巡抚为台湾巡抚"的主张中肯而有见地，而且在当时条件下是可行的。这一主张是福建巡抚"省台兼顾"主张的发展，成为该历史阶段台湾建省之议中最具代表性的主张。尽管因沈葆桢等重臣的意见对朝廷的决策具有举足轻重的作用，袁保恒的建议未被采纳，但这一建议直接影响到后来台湾建省大计的主持者左宗棠，在台湾建省观念上也是一次大的突破，台湾建省的最终方案就是在袁保恒的建议上，加以构建完善而成的。

第三阶段：19 世纪 80 年代，清政府内部出现第三次台湾建省之议，此次台湾建省之议发生在中法战争之后，并且由朝廷重臣左宗棠领衔倡议。朝廷再三权衡之后，遂于光绪十一年（1885 年）九月五日做出"改福建巡抚为台湾巡抚"的决策。

---

① 《道咸同光四朝奏议选辑·筹商台湾事宜疏》，"台湾文献丛刊"第 288 种，台湾银行经济研究室，1971。

② 《道咸同光四朝奏议选辑·筹商台湾事宜疏》，"台湾文献丛刊"第 288 种，台湾银行经济研究室，1971。

③ 《清季申报台湾纪事辑录六·侍郎袁（保恒）奏请福建巡抚改为台湾巡抚片》，"台湾文献丛刊"第 247 种，台湾银行经济研究室，1971。

光绪九年（1883 年），中法处于战争边缘。台湾、琼州和舟山三处被法国人列为“据地为质”的目标。中法战争爆发后，台湾海防的地位日趋凸显。次年，清政府为了加强台湾防务，抗击法军侵台，特诏“前直隶提督刘铭传着赏给巡抚衔，督办台湾事（军）务。所有台湾镇道以下各官均归节制”①，事实上已给予刘铭传巡抚的地位和权力。虽然刘铭传领导台湾军民抗击法军，取得重大的胜利，但这场战争同时也暴露了长期以来清政府在台湾防务建设上的严重问题。台湾的战略地位在中法战事之后引起清朝中央政府的高度重视，改变了其原来对台湾建省的消极态度。

中法战争一结束，左宗棠便遵旨筹议海防事务。他论证了台湾当亟建省的必要性，“今日之事势，以海防为要图，而闽省之筹防，以台湾为重地。台虽设有镇道，一切政事，必禀承督抚，重洋悬隔，文报往来，平时且不免稽迟，有事则更虞梗塞，如前次法人之变，海道不通，诸多阻碍，其已事也”②；并且列举比较了自沈葆桢之后的相关建议，如闽浙总督李鹤年、福建巡抚王凯泰的以巡抚兼顾闽台二地疏，侍郎袁保恒请将福建巡抚改为台湾巡抚疏和丁日昌的有关奏疏后，指出“臣合观前后奏折，督抚大臣谋虑虽周，未免各有意见，盖王凯泰因该地瘴疠时行，心怀畏却，故沈葆桢循其意而改为分驻之议，丁日昌所请重臣督办，亦非久远之图，皆不如袁保恒事外旁观，识议较为切当。夫台虽系岛屿，绵亘亦一千余里，旧制设官之地，只海滨三分之一，每年物产关税，较之广西、贵州等省，有盈无绌。倘抚番之政，能切实推行，自然之利，不为因循废弃，居然海外一大都会也。且以形势言，孤峙大洋，以七省门户，关系全局，甚非浅鲜，其中如讲求军备，整顿吏治，培养风气，疏浚利源，在在均关紧要，非

---

① 张本政：《〈清实录〉台湾史资料专辑》，福建人民出版社，1993，第1079 页。

② 连横：《台湾通史》卷六《职官志》，商务印书馆，1983。

有重臣以专驻之，则办理必有棘手。以臣愚见，惟有如袁保恒所请，将福建巡抚改为台湾巡抚，所有台、澎一切应办事宜概归该抚一手经理，庶事有专责，于台防善后大有裨益”。与此同时，其他各大臣也纷纷上奏，“当是时，内外臣工条陈台湾善后者凡十数起”。其中有贵州按察使司李元度请以福建巡抚专驻台湾，言道：“台湾地大物博，百利未兴，若能经理得人，需以岁月，何遽不如日本哉。夫强弱无异民，不善用之则弱，能善用之则强。应请简任巡抚、镇道，久任而责成之，辟土地，课农桑，征赋税，修武备，则七省之藩篱永固，而台湾可无害矣。”①

清政府将这些奏疏集中交给朝中各大臣，会同各省督抚议奏，并最终统一了认识。光绪十一年（1885 年）九月五日醇亲王奕譞、庆亲王奕劻、北洋通商大臣李鸿章等上奏言道：“台湾为南洋枢要，延袤千余里，民物繁富。通商以后，今昔情形，迥然不同，宜有大员驻扎控制。若以福建巡抚改为台湾巡抚，以专责成，似属相宜。”② 慈禧太后得到奏折后，当天即发出懿旨：“台湾为南洋门户，关系紧要，自应因时变通，以资控制。着将福建巡抚改为台湾巡抚，常川驻扎，福建巡抚事即着闽浙总督兼管，所有一切事宜，该督详细筹议，奏明办理。”③ 十月十九日光绪帝颁发谕旨要求迅速建省，并且提出了较为详细的意见：“前有旨将福建巡抚改为台湾巡抚，一切改设事宜，令该督抚详筹议奏。……其余未尽事宜，该督抚如有所见，务当明晰敷陈，以备采择。”④ 至此，划台湾为单一行省的大政方针已定。

---

① 连横：《台湾通史》卷六《职官志》，商务印书馆，1983。

② 连横：《台湾通史》卷六《职官志》，商务印书馆，1983。

③ 张本政：《〈清实录〉台湾史资料专辑》，福建人民出版社，1993，第 1143 页。

④ 张本政：《〈清实录〉台湾史资料专辑》，福建人民出版社，1993，第 1145 页。

光绪十一年（1885 年）十月十九日，兵部将台湾建省的决策通告在台的刘铭传。可在此时，刘铭传提出了从缓改省的意见。他在十月二十七日向朝廷上的《台湾暂难改省折》中，认为台湾应从缓建省，刘铭传的理由主要是为了巩固和发展在中法战争中业已形成的“闽台联防”台湾防务体系，认为匆忙建省，台湾失去闽省的财政支持后，不管是筹备还是未来的发展都将步履艰难。他从财政上论述暂缓建省的理由，提出：“台湾所出财赋，较之贵州、新疆则有余，惟沿海八县之地，番居其六，民居其四，重洋远隔，倚傍一空，猝有难端，全恃闽疆为根本，声气联络，痛痒相关，以助孤危之境。”① 不久之后，闽浙总督杨昌浚也上了一份《筹议台湾改设事宜》的奏折，称“臣查台湾为南洋门户，七省藩篱。有事之秋，非但闽台唇齿相依，不容稍分畛域；即沿海各省，亦当通力合作，乃可相与有成。就现在情形而论，以两府八县设立行省，似觉名实不称”②。杨昌浚从闽台关系以及台湾现有条件出发，认为建省条件并未成熟。但他又有犹豫的心态，折中言道“然前明京兆、宣大两府曾设总督，国朝湖南曾设偏沅巡抚，皆因地制宜，随时变通，以期实效”③，似乎又同意台湾改省，所以闽浙总督杨昌浚的态度是游离两端，并不确定的。

根据刘铭传、杨昌浚议复折，又经历一段时间的慎重考虑，慈禧于十二月十二日发出懿旨：“台湾为南洋门户。业经钦奉懿旨，将福建巡抚改为台湾巡抚，刘铭传所请从缓改设巡抚，着毋庸议。杨昌浚所奏添设台北道不如添设藩司，系为因地制宜起

---

① 刘铭传：《刘壮肃公奏议》卷二《台湾暂难改省折》，“台湾文献丛刊”第 27 种，台湾银行经济研究室，1958。

② 《刘铭传抚台前后档案》，“近代中国史料丛刊”第 74 辑，文海出版社，1974。

③ 《刘铭传抚台前后档案》，“近代中国史料丛刊”第 74 辑，文海出版社，1974。

见，自可准行。”对于刘铭传强调的闽台联防思想，朝廷明确指出：“台湾虽设行省，必须福建联成一气，如甘肃、新疆之制，庶可内外相维。”① 清政府在中法战争失利之后，痛定思痛，汲取了教训，做出闽台分省的决策，终于走完了漫长的台湾建省之路。

虽然从总体上看，台湾建省决策具有相对的滞后性，但有清一代，清政府鉴于台湾内外部因素，台湾岛内“草泽群雄，后先崛起，朱、林以下，辄启兵戎，喋血山河，籍言恢复”，另一方面，“顾自海通以来，西力东渐，运会之趋，莫可阻遏。于是而有英人之役，有美船之役，有法军之役，外交兵祸，相逼而来”，② 在这种复杂的情势之下，清政府侧重从加强台湾军事防务力量出发，逐渐对台湾地区行政建置进行变革，最后做出闽台分省的决策，使得台湾成为继光绪十年（1884 年）新疆建省之后中国的又一行省。

2. 中法战争成为闽台分省的契机

中法战争中，法军占领基隆，封锁台湾海峡，达到“据地为质，索要巨款”的目的。在这样强烈的外力刺激之下，清政府的治台政策必然随之进行调整。台湾的建省虽是历史发展的客观趋势，但是清政府决策层在治理台湾的历史进程中主动性不足，直到中法战争的屈辱降至头上，才加快了台湾建省的进程。

中法战争中闽台防务体系暴露出来的弱点，是清朝统治者思考台湾行政制度变革的出发点。闽台防务体系是由多种因素构建的，清廷坚持的海防模式和台湾的行政管理是其中的重要因素，因为正是这两者决定了闽台防务体系的营建水平。关于前者，台湾学者许毓良《清代台湾的海防》有着详细的论述。至于后者，

① 刘铭传：《刘壮肃公奏议》卷二《台湾暂难改省折》，“台湾文献丛刊”第 27 种，台湾银行经济研究室，1958。

② 连横：《台湾通史·自序》，商务印书馆，1983。

可以分成三个方面来加以考察：

第一，清政府在台湾的行政管理制度必然引起战时事权不专一，战场统一指挥权无法构建。

光绪十年（1884 年），台湾道刘璈就致函南洋大臣左宗棠，详细陈述了台湾行政建置及台地军队指挥系统上存在事权不专一的弊端，认为这个问题不及时解决，后果将是“事权杂出，贻误要疆”。刘璈指出“我权不一，是我先为我制，何能制敌，此又陆防之难者。盖以远隔重洋，事事扞格，职道鉴前虑后，曾以权缓急，决疑难，定刑赏三大端，断非专阃节制不可”①，他建议清政府给予他专折上奏的权力，或者“请另简知兵大员抑饬职道督办以专责成之处”。

考察战前清政府在台行政制度安排，整套行政建置中，台湾道应该是台湾的最高级别行政官员，名义上统率全台总体军事防务布置。但因为巡道与总兵职权相埒，又分别隶属于文、武两个系统，两套系统在平时不但不能齐心协力，反而遇事互相牵掣，以致行政效率低下。遇到紧急事件，特别是外族入侵时，台湾全岛就缺少一位统辖文武的大员迅速做出决策，往往要递送文报到福建督抚去商议，等到决定再返回到台时，已是事过境迁，决策的效率异常低下。这是台湾行政建制中的最大弊端，在和平时期就表现为上下层级界限没有完全清晰，行政决策、执行极不顺畅。

法军侵台前，台湾兵备道刘璈虽有沈葆桢、左宗棠等重臣的鼎力支持，但仍然在处理台湾事务上有许多掣肘之处。这一点突出反映在他与当时担任台湾镇总兵的吴光亮的尖锐矛盾上。吴光亮处处与刘璈针锋相对，对台湾防务布置也是敷衍了事。清政府在中法战争爆发前做出了全台防务分五路部署的决定，但刘璈

① 连横：《台湾通史》卷三十三《列传五·刘璈》，商务印书馆，1983。

“所得调度者，仅一客军。此外分路各军，自皆不得擅行调度，事必报明办理，非报自不得擅办。即报明不候批回，擅办亦仍干咎。由报而批、待批再办，动经累月”[1]，再加上得不到闽浙总督何璟的支持，刘璈也只能感叹，“台军不由统调、台事不由专办，是阳加责成之虚名、阴埋掣肘之实祸”[2]。清政府鉴于台湾防务越来越紧要的状况，在光绪十年（1884 年）二月二十三日明发谕旨，将吴光亮调离台湾镇总兵职位，并用曾经署理台湾镇总兵，而且与刘璈个人私交甚好的杨在元入替，暂时解决了台湾镇、道互相拆台，破坏战前台湾军事防务建设的问题。

但是清政府只是从用人的层面上解决了问题，并没有深入触及台湾行政制度、军事指挥系统上存在的“硬伤”，也就是事权不专一。所以这个弊端的重现、发作也是必然。刘铭传与刘璈的“两刘交恶”，只是刘璈与吴光亮之争的翻版而已。

清廷当时派驻台湾负责防御的大臣有两位，一为负责台北的刘铭传，一为负责台南的刘璈。刘铭传虽有朝廷督办台湾军务兼福建巡抚头衔，但是台湾兵饷的筹措和发放的责任却在台湾道刘璈。光绪十年（1884 年）十月，刘铭传因饷事上奏时，曾指责刘璈：“台道六月报存库八十万仅借台北七万，显系膜视台北防军。”清政府非常重视这件事情，“饬江苏候补道陈志鸣统帅援台之便，以盘库为名，调查簿册”。奉旨查核的结果，却是“刘璈于六月内即拨解九万八千余两，六至十月又解银三十四万一千余两。此外，刘璈还支应南、中、前、后四路营饷及粮台经费，购制军装、火药、电线，修理炮台，起建兵房炮垒，一切共享银七十四万六千余两”。新任闽浙总督杨昌浚上奏回复军机处时，用

① 伯琴编：《法军侵台档》，“近代中国史料丛刊”第 74 辑，文海出版社，1974。

② 伯琴编：《法军侵台档》，“近代中国史料丛刊”第 74 辑，文海出版社，1974。

的也是“不特刘璈尚无膜视台北，即刘铭传亦复体恤台南”这样模糊不清的言语，掩盖了两刘在抗法过程当中极深的矛盾。①

由于台湾的防务纠缠了太多的个人恩怨、门户之见，无法形成集中统一的战场指挥权，极大消耗了台湾在抗击法军侵略者中的合力。

清政府在战后总结经验，考虑闽台分省时，就把台湾行政建置上存在的事权不专一的问题纳入考虑筹划当中。正如连横在《台湾通史》中指出：“必豫筹于平日，乃能应用于临时，固非欲速见小，所能为功，尤非偏持遥制，所能济事。如再故事奉行，回护前失，狃于近似，浑忘远谋，势必仍旧仓皇，兵饷两蹙。”②

第二，台湾独立防御力量薄弱，且过于依赖外部的接济，法方对台湾海峡的封锁即能切断闽台之间的防务合作。

道光二十年（1840 年）爆发的鸦片战争，台湾岛的防御虽获胜利，但是英方封锁台湾海峡的战术已初见威力了，可惜清政府对此极为漠视，战役的胜利换来的是清廷对福建地方官员的嘉奖，陈旧、落后的海防思想和治台政策并未受到应有的检讨。因此当中法战争蔓延到闽台地区时，台湾就没有那么幸运了。

马江战役之后，福建水师几乎全军覆没，台湾海峡的制海权自然掌控在了法军手上，台湾因失去舰队拱卫，而变得岌岌可危。另一方面，法军虽然占据了基隆港，但是没有足够的陆军部队上岸作战。鉴于台湾系一孤岛，隶属福建，作战的人员、枪械、粮饷都需要从大陆东渡接济，法军因此做出了封锁台湾港口的部署，切断闽台之间的军事运输补给线，削弱了台湾独立防御力量，逼迫清政府接受他们“据地为质，索要巨款”的战略企图。

---

① 伯琴编：《法军侵台档》，“近代中国史料丛刊”第 74 辑，文海出版社，1974。

② 连横：《台湾通史》卷三十三《列传五·刘璈》，商务印书馆，1983。

光绪十年（1884 年）九月五日，法军首次宣布封锁台湾西岸各海口，法军舰队统帅孤拔“布告封港，北自苏澳，南至鹅銮鼻，凡三百三十九海里，禁出入。分驻兵船巡缉，以苏澳至基隆八艘，淡水至安平三艘，打鼓至恒春二艘。航行之船须距岸五海里外，否则击之”[1]。十一月二十二日法军发布公告，宣称自是日起，从大甲至台湾海岸南端，重新封锁。澎湖群岛及闽浙各港船户，“或于昏夜中于安平及打狗以北之布袋嘴偷渡”[2]，不时突破封锁线，运来补给，但这种方式作用毕竟有限。法军紧紧抓住闽台防务体系这个软肋，顺利操纵了闽台战场的大势走向，以至于在谈判桌上占据了主导优势，牵着清政府的鼻子行事。

法军的封锁之举，彻底暴露了清政府对台湾一地独立防务力量建设过于疏忽的缺陷。在清政府全面开展洋务自强运动，陆续在全国各地安排近代化军民企业时，台湾并没有进入决策层的视野，没有一个洋务运动项目在台湾落地。在台军队得不到近代化兵器的支持，只能勉强应付于开山抚番事业。这其中的道理很简单，19 世纪 60 年代以来开展的洋务自强运动，属于典型的官方主导型，其中的企业都是由地方实力督抚一手操办起来的，福建船政局没有当时闽浙总督左宗棠的鼎力支持，其落户马尾谈何容易。因此，台湾仅凭台湾道的官阶要打动决策层将洋务项目放在台湾，更是难上加难。而台湾建省之后，在刘铭传的主持下，台湾的洋务自强运动却能展开，各项近代化事业的创办，夯实了台湾的防务力量基础，俨然有超越大陆之势。两相比较之下，当深知原先镇、道行政建置，严重阻缓了台湾的独立防御力量的构建。

第三，闽台两地之间和台湾本岛通信系统陈旧落后，无法保证战场信息顺畅沟通。

---

① 连横：《台湾通史》卷十四《外交志》，商务印书馆，1983。

② 中国近代经济史资料丛刊编辑委员会主编：《中国海关与中法战争》，中华书局，1983，第 226 页。

众所周知，战场讯息瞬息万变，指挥者要做出适应战场变化的战略部署，信息的渠道通畅是至关重要的。但是，由于清政府长期忽视了闽台之间及台湾本岛的邮电建设，结果在中法战争中无法快速搜集、汇总敌方情报供战场指挥者运筹帷幄，各个战场基本上是各自为战，战场互补性极差。

闽台之间，“台虽设有镇道，一切政事，必禀承督抚，重洋悬隔，文报往来，平时且不免稽迟，有事则更虞梗塞。如前次法人之变，海道不通，诸多阻碍，其已事也”[①]。其实这个隐患在沈葆桢同治十三年（1874年）奉命巡视台湾，处置日本侵台事件时已经向清政府指出了，“中国无电线，不得不借重轮船，台、厦文报动淹旬月，于军务殊属窒碍”。光绪七年（1881年），巡抚岑毓英巡视台湾后，“以台地孤悬海外，非舟莫渡，商诸船政大臣，派拨琛航、永保两轮船，循环来往，以速文报”，“其后又增伏波、万年清两船，以速邮递”[②]。但是以轮船传递文报的方式大大受制于台湾海峡的自然环境，如果遇到恶劣天气，海面上惊涛骇浪，不适于船只行驶时，文书邮件就无法递送。

台湾本岛的通信体系则是更为落后。它沿袭明朝驿递制度，南北设置铺兵，“凡递送公文，照古法，以一昼夜合为一百刻，每三刻行一铺，昼夜须行三百里”[③]。鉴于台湾山地多、道路多有堵塞的情势，文报的传递效率可想而知。据连横《台湾通史·邮传志》记载：“台湾以远隔重洋，向未设立，仅置铺兵，以事递送，军务之时，兼用塘兵。顾此为公家之用，民间私信必觅长足以寄。市镇繁盛之区，或设信局，以代传命。信资之数，按道为差，而每多阻滞，或致遗失，不能朝发夕至也。”[④] 由于台湾岛内通信系

---

① 连横：《台湾通史》卷六《职官志》，商务印书馆，1983。
② 连横：《台湾通史》卷十九《邮传志》，商务印书馆，1983。
③ 连横：《台湾通史》卷十九《邮传志》，商务印书馆，1983。
④ 连横：《台湾通史》卷十九《邮传志》，商务印书馆，1983。

统落后，中法战争中台湾被分割为南、北两个战场，可以说在此产生的信息距离，远甚于地理距离。而法国军队虽然长途远征，但是在台海战场上依靠的是快捷的通讯舰来传递军事情报，如有重要事宜请示法国内阁，凭借的是当时最为先进的电信邮递。

中法双方在信息战中优劣立现，如果清政府在中法战争之前听取沈葆桢的建议，在台湾南北之间和闽台之间架设电线，如此便能“消息互通，一日可达，执事便于指授机宜”，也不会有刘铭传给闽浙总督的文报竟然比法国舰队统帅发往法国内阁的还慢的情况出现。但历史不能假设。

从以上三点看出，台湾的“福建台湾府”的行政设置，已经不再适应台湾的发展及其军事防务的开展，清政府在台湾建省谋略上游移不定种下的苦果，终于在战争中尝到。因此，台湾建省是势所必然，建省之后，可以从制度层面上解决这三项缺陷，总体上加强台湾全岛的独立防御力量。光绪十一年（1885 年）台湾建省之后的历史事实可以作为佐证，刘铭传作为台湾建省后的首任巡抚，拥有政治、财政、军事上的最高权力，可以在较无阻力的情况下推行洋务自强运动，主持修铁路、架电线、建煤矿等等，使得台湾成为全国洋务新政的样板。这些都跟台湾升格为行省是密切相关的。

3. 闽台分省决策的实施

从清廷下诏分省到闽台实现分治，花了近三年的时间。光绪十二年（1886 年）正月，刘铭传虽未接受新颁发的台湾巡抚关防，但自该年正月七日起，上谕已改称“福建台湾巡抚刘铭传”。当时的闽浙总督杨昌浚与刘铭传筹商分省有关事宜，并于六月十三日会衔上《遵议台湾建省事宜》，归纳有关事宜十六条，其中首先提出请改台湾巡抚为福建台湾巡抚。奏折内称：“查台湾为南洋门户，七省藩篱，奉旨改设巡抚，外资控制，内杜觊觎，实为保固海疆至计。惟沿海仅数县之地……气局未成，海外孤悬，与新疆情形迥异。闽、台本为一省，今虽分疆划界，仍须唇齿相依，方可以资臂助。诚应遵旨内外相维，不分畛域，乃能相与有成。……查新疆新设巡抚关防内称‘甘肃新疆巡抚’，台湾本隶福建，巡抚应照新疆名曰‘福建台湾巡抚’。凡司道以下各官，考核大计，闽省由总督主政，台湾由巡抚主政，照旧会衔。巡抚一切赏罚之权，仍巡抚自主。庶可联成一气，内外相维，不致明分畛域。”会奏还指出，台湾“方今整饬海防，百废待举，加之改设行省，经费浩繁”。经由杨昌浚和刘铭传两人商议，定每年拟由闽省各库协银二十四万两，闽海关照旧协银二十万两，并请旨饬下粤海、江海、浙海、九江、江汉五关每年协济银三十六万两，“共成八十万两，以五年为期”。① 这样就初步解决了台湾建省的燃眉之急，也是分省问题上最大的难题，即台湾建省初期的经费来源问题。

八月一日，布政使邵友濂就任。二日，刘铭传又奏请饬部将新铸福建台湾巡抚关防，并布政使印、布库大使印、按司狱印各一颗“迅速颁发，以资钤印”。② 光绪十三年（1887 年）正月二十一日正式开印启用。

综观刘铭传的建省方略，体现了他一贯务实的思想，他将设防、练兵、抚番、清赋置于优先地位，而像城垣、衙署的建设可以稍缓。在这一方案的主导下，台湾建省工作稳步进行，使一个新建的省份在不长的时间里成为全国比较先进的省。③刘铭传经过调查论证，认为台湾“建制方法，形势为先；制治之方，均平

---

① 刘铭传：《刘壮肃公奏议》卷六《遵议台湾建省事宜》，“台湾文献丛刊”第 27 种，台湾银行经济研究室，1958。

② 《刘铭传抚台前后档案》，“近代中国史料丛刊”第 74 辑，文海出版社，1974。

③ 邓孔昭：《试论刘铭传的台湾建省方案》，《台湾研究集刊》2005 年第 4 期。

为要”。他对台湾进行了新的区域规划，因彰化“山环水复，中开平原，气象宏开，又当全台适中之地”，定为省城。改原台湾府为台南府，改台东厅为直隶州。另外，将基隆、澎湖、埔里社等海防重地，一律设置为厅，以重事权。经过调整和增设，台湾政区由原来二府八县四厅，扩充为一州（台东直隶州）、三府（台湾、台南、台北）、四厅（澎湖、基隆、埔里社、花莲港）、十一县（台湾、淡水、新竹、宜兰、彰化、云林、嘉义、苗栗、安平、凤山、恒春）。[①] 初步奠定了今天台湾行政区划的基础，这种行政区划使台湾各地连成一气，形成以省会为中枢的全台开发经营的整体结构，一改过去闽台合制的种种弊端，也便于清政府对台湾进行有效管理。

在兵防建设方面，“澎湖为闽台门户，须设重镇，以固要区，拟将澎湖副将与海坛镇对调”，原台湾镇总兵应销去“挂印”字样，与新调澎湖镇总兵统归巡抚节制，削弱了台湾镇总兵的权力，福建台湾巡抚成为台湾岛最高的军事决策者。《遵议台湾建省事宜》在省府的机关建设、大陆官员来台任职等方面都做出实事求是、切实可行的制度安排。

第三节　刘铭传与近代台湾自强新政

一、刘铭传推行台湾自强新政的背景

台湾建省是在特定地域和特殊历史条件下实现的，带有鲜明的筹防性质，即清政府对于台湾的考虑重点其实落实在国防层

① 《刘铭传抚台前后档案》，“近代中国史料丛刊”第74辑，文海出版社，1974。

面。但是台湾第一任巡抚刘铭传“认识和理想不限于此。……他的抱负是建设台湾为模范省，引导人们走上革新之路，实现全国的富强，使中华民族屹立于世界民族之林”①。因此，在其任内全面推行了以近代化为中心，以加强海防、建成自立之省为目的的自强新政。其实，台湾的近代化建设发端于同治十三年（1874年）日军侵台之后，只是随后清政府游移不定的治台战略规划和主持其事者实施不力，以致成效不彰。因此，中法战争闽台战场烽火硝烟甫一散去，清政府痛定思痛，决意提升台湾行政级别，全面加强台湾一地的建设，而受命主持的正是之前主持抗法保台的军事统领刘铭传。刘铭传所主持的近代台湾自强新政事业，对于台湾的贡献远超抗法保台，台湾人民亦一直怀念其开发建设台湾的历史功绩。袁克吾在《台湾》一书中提及刘铭传开启台湾近代化时代的历史地位：“刘为安徽合肥人，富于创造力，思想稳健，饮酒赋诗，有儒将风。治台之声誉载道，东西人士皆敬之。任职之时，劈头计划，即移台南之政厅于台北，以为省会。划一民地番界，招抚内山之番人，垦辟荒地；设学校，以教番童；尝抱‘德以怀之，威以畏之’之义临番人。此外如军备之整顿，交通之扩张，农工商业之奖励，调查土地，改良地租等，无不次第举行，是为台湾进化时代。”②

因此，台湾近代自强新政的出现，实在是由中法战争闽台战场切肤之痛引起，让台湾的战略地位再次得到清廷高层的重视。加之，全国各地陆续兴起的洋务运动，使清朝统治者深刻明白逆近代化潮流而行已然不合时宜，而洋务运动所积累的经验也为台湾自强新政提供足够的借鉴。另一方面，时代情势固然是直接推动因素，但主持此事者也是关键要素。近代台湾有幸遇到刘铭

---

① 徐万民、周兆利：《刘铭传与台湾建省》，福建人民出版社，2000，第179页。

② 袁克吾：《台湾》，商务印书馆，1927，第12页。

传，他具备强烈的创新意识，秉持“以一岛基国之富强，举一隅之设施，为全国之范”之信念，除了在设防练兵、查田清赋、开山抚番、增设府县等传统治理范畴上进行大刀阔斧的改革之外，还难能可贵地在筑路购船、架设电线、创办新式邮局、开办新式教育方面，进行了一系列的探索和兴办，所推行的种种建设颇有成效，为台湾的近代化奠定坚实基础。在中国近代洋务新政中，亦走出一条独具特色的历史路径。

二、刘铭传主持的台湾自强新政事业

1. 创设铁路事业

刘铭传可谓近代中国倡议兴建铁路的第一人，早在其担任直隶提督期间，就曾向清廷上过《筹造铁路以图自强折》，主张兴办全国铁路计划，只因当时风气未开而未得到清廷重视付诸实践。在其膺任台湾巡抚之后，终于得一机会实现其修筑铁路的理想。光绪十三年（1887 年）三月二十日，刘铭传奏请朝廷在台湾修建铁路，其言“惟台湾一岛，孤悬海外，当此分省伊始，极宜讲求生聚，以广招徕。现在贸易未开，内山货物难以出运，非造铁路不足以繁兴商务，鼓舞新机”，“若能就基隆开修车路，以达台南，不独全台商务兴，且于海防所裨甚大”，他认为铁路之利，除了便于驿务、垦务、商务外，对于台湾有三大便利：

> 台湾四面皆海，除后山无须办防外，其余防不胜防，基、沪、安、旗四口，现已购炮筑台，可资守御，其余新竹、彰化一带，海口分歧，万难遍布军队，概行设守，臣已于奏办台湾善后折内陈明。如遇海疆有事，敌船以旱队猝登，隔绝南北声气，内外夹攻，危迫将不忍言。若修铁路既成，调兵极便，何处有警，瞬息长驱，不虑敌兵断我中路。此有裨于海防者一。

台湾既经分省，须由中路建设省城，方可控制南北。查彰化桥孜图地方，曾经前抚臣岑毓英察看地形，议筹建省，臣上年秋，复亲察勘，地势宽平，气局开展，襟山带海，控制全台，实堪建立省会。惟地近内山，不通水道，不独建筑衙署、庙宇，运料艰难，且恐建城之后，商贾寂寥，虽有省垣，民居稀落。若修车路，货物立见殷繁，建造各工，更多节省。此有裨于建立省城者二。

台北至台南六百里，中隔大溪三道，春夏之交，山水涨漫，行人断绝，无能往来。大甲、房里两溪，岁必淹毙数十人，急须造桥，以便行旅。查大甲、房里、曾文三溪，大者宽至十里，其次小溪二十余道，或宽百余丈。大甲溪经前任抚臣岑毓英督修石坝，以阻漫流，并未修桥，已费洋元三十余万，数月溪流冲刷，今已无存。臣现由上游窄处议修，统计大小溪桥工必需银三十余万两，今该商等承办车路，此项桥工二十余处，一律兴修。火车巨利，暂不必言，公家先省桥工银数十万两。此有裨于台湾工程者三。①

刘铭传列举在台湾修筑铁路直接关系海防增强、省城兴建等，识见宏远，亦可见其对于台湾地理形势了解之透彻。此建议得到清政府的批准和支持，认为此举能大大加强台湾的海防，“该岛南北相距千里，海口纷歧；兵力、饷力，断难处处设守。若修成铁路，调兵灵捷，无虞敌人窥犯，尤属海防百世之利”②。于是，刘铭传在台北府城附近的大稻埕设立“全台铁路商务局”专门机构，指派专人负责，而且制定有《商办台湾铁路章程》，

---

① 刘铭传：《刘壮肃公奏议》卷五《拟修铁路创办商务折》，“台湾文献丛刊”第27种，台湾银行经济研究室，1958。

② 《清季台湾洋务史料》，“台湾文献丛刊”第278种，台湾银行经济研究室，1969。

这为铁路顺利建成提供制度保障。具体而言，铁路修筑过程的重点主要在以下三个方面：

首先，筹集资金。台湾铁路建设有两难：一是资金短缺，二是技术力量不足。刘铭传为了解决前者，委任候补知府李彤恩、商务委员张鸿禄到新加坡设立招商局，联系各埠华侨，向他们招募商股。此举极有成效，获得南洋各地华侨的热烈响应，新加坡、西贡等地闽籍侨商陈新泰、王广余等人纷纷表示愿意投资。在两个月时间里，招得商股七十多万两，此外还在台湾当地发行铁路股票募集民间资本，以铁路营运摊还本息，一时购买铁路股票流行全岛，这些举措保证了铁路建设的急需经费。

其次，订购铁路器材。刘铭传奉旨修路后，即命商务委员向英、德两国订购了铁路钢条三百三十里、铁桥两道、火车客车七十具。自基隆至台北的路轨由德商泰来洋行及山打士洋行承办；自台北至彰化间的路轨由英商怡和洋行承办。此外，又向英、德订购机车、客车七辆。所需的枕木，除了一部分向福建、香港购办以外，大部分采用台湾本地木材。

再次，聘用技术顾问。台湾铁路修建过程中的技术难题，刘铭传通过聘请外国技术人员和华侨专家两个途径来加以解决。例如聘请了工程总督墨尔希、专任检查线路工程师马特逊、工程监督兼设计工程师毕克尔等富有铁路修建与管理经验的欧洲专业技术人员；在聘请华侨专家方面，由李彤恩、张鸿禄到南洋各地招聘有此方面特长的侨民，譬如粤籍华侨工程师张家德，因其造桥技术精湛而延聘至台，刘铭传将铁路沿途大小桥梁的建造任务交其负责，尽其所长。尽管台湾地质情况复杂，但张家德率领许多从旧金山归来的筑路华工，建成大小桥梁七十余座，尤其以淡水河大桥最为闻名遐迩。这些专家技术人员为铁路修建提供了强大的技术保障。

不过，将筑路理想付诸实施，过程还是艰辛曲折的。铁路自大稻埕起工，以余得昌所带昌字四营为工役，工程初期较为顺利，但不久就遇到挫折。由于淡水至基隆之间，山河夹杂，须挖山洞九十余丈，建大小桥梁一百二十余座，穿山渡水，挖高填低，工程颇为浩大。而当时在台各军忙于修筑炮台、剿匪等，无暇代修，均需商局雇夫兴办，多出路工费用，各商也因此观望不前。雪上加霜的是，深得商人信任的承办委员李彤恩又于光绪十四年（1888 年）病故，总办杨宗瀚因病假归，而修路不能停止，刘铭传权衡轻重缓急，决定挪用兴建省城经费，以补贴筑路经费，并改商办为官办。① 光绪十六年，他又奏请清政府将海关所收鸦片厘金每年拨出五万两，以补充铁路经费。历经种种困难，在刘铭传领导下，台北至基隆段六里铁路于光绪十七年正式建成并通车。② 这是中国所建的第二条铁路，是台湾历史上第一条铁路，也是近代中国早期由国人自办自建的首条铁路。不过刘铭传并未等到全台铁路建设整体完工，光绪十七年因朝廷内一系列的非议和攻击，他愤然辞职离去。继任巡抚邵友濂将线路延伸建设至新竹，工程便戛然而止。

虽然，台湾铁路未能如刘铭传最初的设想规划，但其开创意义不可忽视，它成为台湾近代化进程的重要标志，时人与后人均给予高度评价。淡水海关在提及刘铭传主持的铁路修建时说："这条铁路的修筑，并非纯然为了军事的原因，其线路也不是着眼于战略的观点，而是为了有助于台北—大稻埕—艋舺三区合成的商业中心地的贸易，这三个地区共同构成了淡水港的贸易基础。"③从近代中国整体历史观之，台湾铁路由中国自行集资、自行主办、自行控制全部权益，在近代中国铁路史上占有重要地

---

① 台湾史料集成编辑委员会：《明清台湾档案汇编》（第 95 册），远流出版社，2009，第 456—457 页。

② 连横：《台湾通史》卷三十三《列传五·刘铭传》，商务印书馆，1983。

③ 《台湾经济史六集》，台湾银行经济研究室，1955，第 85 页。

位。铁路用款约一百三十万两，每公里造价，远远低于欧洲国家，也低于李鸿章在北方修建的开平铁路。在近代史上，中国大陆铁路基本上是外国列强强行修建或贷款兴建，经营、管理、用人或续借款项等权利均操于他人之手，相比之下，台湾铁路的意义更显伟大。①

2. 发展海上航运

台湾因其四面环海的地理形势，货物和人员的进出往来主要依赖海运。进入近代航海贸易时代，台湾被迫开放门户，全岛经济亦被纳入世界资本主义市场体系。在此背景之下，台湾岛上对外的航运交通逐渐兴盛、繁荣。开港以来，英国的邓特公司、怡和洋行、德忌利士等轮船公司开始定期驶向台湾。同治十年（1871 年），英商德忌利士轮船公司吸收了怡和、嘉士、德记洋行的资金，扩充成为集资百万的大股份有限公司，往来于香港、汕头、厦门、安平、沪尾之间经营航运。由于外商资金雄厚，船只先进，竞争力远远超过依旧以帆船进行运输的台湾本地商人。因此，台湾与大陆之间航运交通的大权逐渐被外商掌控。

鉴于台湾对外航运长期受英国人控制，刘铭传抚台以后，决定改变这种状况，主要通过租用和购置新式轮船，与外国航运企业展开竞争，以此振兴台湾的航运力量。光绪十二年（1886 年），台湾商务局租用威斯麦号轮船，每月租金银洋一千四百元。次年，刘铭传分别花费三万八千两和二万六千两重金向德国订购了威利号和威定号两艘轮船。② 其后，他又用南洋侨商所募集的三十六万两资金，从英国订购了驾时号和斯美号两艘商船。这两艘商船系钢质构造，载重七百多吨，时速十五至十六海里，装载货

① 徐万民、周兆利：《刘铭传与台湾建省》，福建人民出版社，2000，第 190 页。

② 刘铭传：《刘壮肃公奏议》卷首《序·设防略序》，“台湾文献丛刊”第 27 种，台湾银行经济研究室，1958。

物人员，非常便捷。在这两艘商船的基础上，刘铭传在台湾商务局下设置一轮船公司，又先后从德国和香港订购六艘轮船。这八艘轮船，其中两艘作为邮船，另外六艘作为海路运输之用，它们航行于台湾、澎湖、上海、厦门、香港之间，最远航行至新加坡、吕宋等地。台湾轮船公司将闽粤两省到台湾垦地的民众运至台湾，又从台湾运输出口蔗糖、茶叶、硫磺、樟脑等，对于台湾的开发贡献显著。实力不断增强的轮船公司其后开始与外国航运公司展开竞争，例如光绪十六年驾时号和斯美号两船主动降低票价，与航行福州、淡水航线的德忌利士公司争夺客源和货源。

随着航运业和对外贸易的日渐发展，台湾原有的港口已不再能满足经济发展的需求。于是，刘铭传决定疏浚主要港口，以利于船舶进出。譬如基隆港本为良港，因为长期泥沙淤积，不适宜轮船进出停泊。刘铭传遂订制挖泥机器船一艘，进行内河河床及港内航道的疏通。光绪十三年（1887 年），他任命林维源为总办，筹备建设基隆港，只可惜这项工程因其解任而停止。此外，他还指示在淡水、安平、打鼓三处建设灯塔，保障海上通行安全。正是在刘铭传的主持筹划下，台湾的轮船运输业和对外贸易得到较快发展，出入台湾各港口的船只数目也逐年上升。根据相关统计，光绪十一年进出台湾各港的船只仅有一百三十四艘，光绪十七年增加到二百一十艘，提升幅度非常明显，贸易出超额每年增长约三分之一。

3. 创办电报邮政

早在同治十年（1871 年），沈葆桢即奏请设立台湾水陆电报，并曾与上海大东北公司商定有关合同，其后，由于沈氏调任两江，其议遂寝。① 刘铭传在抗法保台期间，经历了文报消息稽延

① 台湾史料集成编辑委员会：《明清台湾档案汇编》（第 93 册），远流出版社，2009，第 259 页。

的无奈，曾经感叹："窃台湾一岛，孤悬海外，往来文报，屡阻风涛，每至匝月兼旬，不通音信。水陆电线，实为万不可缓之急图。"① 战争一结束，刘铭传即着手电报铺设一事。光绪十二年（1886 年），刘铭传在台北设立电报总局和电报学堂。其后与德国泰来洋行签订架设陆路电报线八百里的合同，与英国怡和洋行签订架设海底电报线以及制造巡洋船只的合同。计划旱线由基隆、沪尾合至淡水，由淡水至台湾府城；水线由台北沪尾达福州之川石，澎湖抵台南之安平口，"统计水陆设线一千四百余里，分设川石、沪尾、澎湖、安平水线房四所，除台南、安平、旗后原设报局三处外，添设澎湖、彰化、台北、沪尾、基隆报局五处，一切材料机器、水线轮船、木杆工程、勘路转运、局员经费、洋匠薪资，共银二十八万七千两"②。其经费来源，包括百货厘金银二十二万余两，另外由各茶商捐助。③ 此事曾经由《申报》报道："台湾水、陆电线刻已动工，闻刘省帅与包办之英、德商人定议，于本年四月内一律完工。淡水之水电线，则径达福州省城，并不接至厦门；凡厦门有事电传，则由福省转达。此后海中孤岛传递音信，亦可捷于影响；较之从前之动多睽隔者，岂可同日语哉？"④

该项工程于光绪十三年（1887 年）开工，当年年底海底电报线全线贯通，次年春陆路电报线接通，前后历时一年。电报线的架设开通，使得从此岛内各地联系便捷，更直接促成了台湾与大

---

① 刘铭传：《刘壮肃公奏议》卷五《购办水陆电线折》，"台湾文献丛刊"第 27 种，台湾银行经济研究室，1958。

② 刘铭传：《刘壮肃公奏议》卷五《台湾水陆电线告成援案请奖折》，"台湾文献丛刊"第 27 种，台湾银行经济研究室，1958。

③ 台湾史料集成编辑委员会：《明清台湾档案汇编》（第 97 册），远流出版社，2009，第 92 页。

④ 《清季申报台湾纪事辑录十三·水线达闽》，"台湾文献丛刊"第 247 种，台湾银行经济研究室，1971。

陆的信息瞬息相通，此点在政治、军事上意义重大。

除了开通电报，刘铭传还在台湾创办新式邮政。他有感于旧式驿站邮递系统的低效，于是将旧式驿站全部裁撤，改设邮政，所谓“改驿为邮”。[①] 光绪十四年（1888 年）二月初十在台北创设邮政总局，任命候补道张维卿为总办，下置委员若干，各地多设分局。他制定、颁发了《台湾邮政票章程》，对全台邮政营业事项做出具体的规定：在台北、台南两地分设文报局总站，在陆路以这两地为起始点，将原有驿站改为邮站，根据各地地理形势，分正站、腰站和傍站。各站每日分早晚（早定卯时，晚定未时）两班，由站兵徒步至分站递送文信。最终，全台南北共设邮政分局四十三个，并正式对外营业。其后，在其主持之下，台湾邮政总局发行官用和民用两类邮票。官用邮票专供官府公文传递使用，上面印有“台湾邮票”字样；民用邮票供大众使用，按照邮程和邮件重量计费，上面印有“邮政商票”字样。而台湾与祖国大陆之间的邮件，由南通号、飞捷号两艘邮船按期往来于上海、福州、厦门与台湾各港之间，进行投递传送。与之对应，这一时期大陆的邮政事业尚且由海关试办，并未得到清政府的正式批准。因此，光绪十四年台湾即能创设如此完备的邮政体系，堪称创举。

由刘铭传主持和推进的电线架设、邮局创办，将传统的驿传系统取而代之，开创了我国自主举办邮政的先河，一举奠定了台湾近代邮政通信体系，提升全岛信息的流动效率，更是拉近了台湾与祖国大陆和世界的距离，增强了台湾对外贸易竞争能力。

4. 开发矿产资源

台湾奉诏建省，各项事业次第建设开展，均需经费支持，造成全省财政十分匮乏。面对这种状况，刘铭传考虑利用本地矿产

---

① 台湾史料集成编辑委员会：《明清台湾档案汇编》（第 96 册），远流出版社，2009，第 434 页。

资源，运用近代企业组织形式进行产业开发。在这一方面，最为典型的莫过于基隆煤矿的整顿。

台湾基隆一带盛产煤炭，光绪元年（1875 年）沈葆桢督办台湾军务，以为“垦田之利微，不若煤矿之利巨；垦田之利缓，不若煤矿之利速。全台之利以煤矿为始基，而煤矿之利又以畅销为出路”[①]，在基隆附近的八斗子设置官营煤矿，购买西式先进机器设备进行开采。初期产量逐年上升，不过由于官办经营管理的混乱，从光绪八年煤矿陷入亏损，产量日渐萎缩。中法战争期间，基隆煤矿成为法国远征军觊觎垂涎的目标，为了避免煤矿落入敌手，刘铭传下令拆移挖煤机器，淹没矿井，焚毁厂房。战后，有商人张学熙曾短期承办，但后因亏折本银数千两，一年后黯然退办。此时，正在修复中的福州船政局急需煤炭，而本岛铁路修建和各类机器制造厂对煤炭的需求亦显急迫，所谓“煤炭系为船厂、机局、兵轮要需，不能废弃不办”[②]。在此情势之下，刘铭传决定采用官商合办模式，重启基隆煤炭资源的开发，于是于光绪十三年重建台湾煤务局，任命候补知府张士瑜为总办。其后，由其出面邀请两江总督曾国荃、福州船政大臣裴荫森共同召集募资，官商各半合办基隆煤矿。股权构成具体是：台湾巡抚衙门、两江总督衙门、福州船政局三方各两万两合为六万两作为官股，另外招募商股六万两，总共集资十二万两。[③] 资金到位之后，机器随之添置，外国技师延聘而来，该年生产即迅速恢复，年产量达到一万七千吨。好景不长，在年底之际，因商人对于修建从煤

---

① 沈葆桢：《福建台湾奏折》，“台湾文献丛刊”第 29 种，台湾银行经济研究室，1959。

② 孙毓棠编：《中国近代工业史资料》第一辑（下册），科学出版社，1957，第 598 页。

③ 台湾史料集成编辑委员会：《明清台湾档案汇编》（第 94 册），远流出版社，2009，第 524 页。

矿厂区到基隆码头铁路一事持消极反对态度，进而纷纷退出股份，基隆煤矿被迫又改为官办。官办煤矿运行一段时间后，出现亏损，刘铭传对此感慨“官办积习太深，用人为难”[①]，而且原先矿井煤炭已经采尽，若要开采新井，需要政府投资百万两白银，这不是本来就已经费紧缺的台湾财政所能承担的，如此，基隆煤矿又陷入困境。

适逢其时有英国商人范嘉士向刘铭传表示，愿意以分期偿还八斗煤矿官本银十四万两，换取二十年内基隆煤矿的开采权。此一建议甫出，刘铭传颇为心动，于是他派张士瑜与范嘉士谈判，还草签了《英商范嘉士承办煤矿拟立合同》，[②] 合同言明：合同期限为二十年，期满之后，英商应即撤出；运煤铁路由中国官方修建，英商运煤照付运费；煤矿雇工，除了技术人员之外，一律招募中国工人，不准雇佣外国人；如果发生战争，煤矿应归中国管理等等。这份草拟的合同，既强调矿区主权归属中国，亦体现中外互利原则，而且能使基隆煤矿迅速恢复生产，开辟新矿，增加税收和当地就业岗位，对于台湾产业开发显然有益。光绪十五年（1889 年）六月二十二日，刘铭传奏报清廷：“臣查台湾产煤，系地方自然之利，官办限于资本，不能扩充，且积习太深，骤难尽革。从前岁亏银十万两，自臣经理以来，糜费虽少，每年仍亏银四五万两。以台湾弹丸之地，所入不敷所出，不谋补救，受累无穷。若由该英商承办，不特官本可以收回，即以二十年计之，可免漏卮百万，关税并车路运资，转可得数十万，利源既辟，商务更兴，于地方民生，所裨甚巨。所议章程十一条，臣再三推求，亦无后累。当派矿务委员张士瑜先立草合同，另缮清单，恭呈御

① 中国史学会主编：《洋务运动》（第 7 册），上海人民出版社，1961，第 81 页。

② 台湾史料集成编辑委员会：《明清台湾档案汇编》（第 96 册），远流出版社，2009，第 337 页。

览。事关中外交涉，应请饬下总理衙门会同户部速议定夺。如蒙俞允，再由臣令英商画押承办。”[①] 不料，持保守态度的总理衙门和军机处一班官僚无视现实状况，驳回刘铭传的建议，认为基隆煤矿乃中国自有之利，一旦让外人盘踞二十年，可能会日久生根，丧失利权。基隆煤矿亦错失重新振兴的机遇。

就算如此，刘铭传并不气馁，还在寻找开办煤矿的方法。光绪十六年（1890 年），广东商人及候补知府蔡应维、云南候补道冯城勋等通过全台抚垦事务副使林维源与刘铭传接洽，表示愿意以官商合办形式承办基隆煤矿。[②] 经过商讨，议定集资三十万元，其中商人出资二十万元，缴还原基隆煤矿本银十二万两，矿上房屋机器折价十万元作为官本，其余按月缴煤扣除。唯矿务经营，必须全部由商人主持，政府不加过问，今后无论盈亏，按照成本分三股匀算，这实质上是挂着官商合办招牌的商办。按照此项办法，官方既不需要重新拨款，也不需要委派人员参与经营，同时还能得到煤矿生产恢复后的利益。可这项有利于煤矿发展的计划最终还是遭到清政府的反对，认为有“三可疑”、“五必不可行”、“其利少害多，万难核准”，[③] 并命台湾布政使沈应奎、分巡台湾兵备道唐景崧设法善后，仍归官办，而对刘铭传给予了革职留任处分。至此之后，官办基隆煤矿再也没有振兴起来，不过刘铭传在此过程中展示出的灵活变通和开阔远见，值得赞许。

5. 创办军事工业

军火生产对于台湾这样一个孤悬海外的战略要地来说，其重

---

① 刘铭传：《刘壮肃公奏议》卷八《英商承办基隆煤矿订拟合同折》，“台湾文献丛刊”第 27 种，台湾银行经济研究室，1958。

② 台湾史料集成编辑委员会：《明清台湾档案汇编》（第 97 册），远流出版社，2009，第 350 页。

③ 《清季台湾洋务史料》，“台湾文献丛刊”第 278 种，台湾银行经济研究室，1969。

要性不言而喻。然而中法战争之前，台湾基隆、沪尾、旗后及澎湖等处炮台的大炮均购自外国，而枪炮子弹则由大陆调拨运输。中法战争期间，督办台湾军务的刘铭传面对法舰封锁海面行为，无船可派，一时与祖国隔绝，械饷运济困难重重，此困境对他刺激颇大。就任台湾巡抚之后，他观察到“台湾先后购买后膛洋枪万余杆，各种弹子，不自仿造，子尽则枪皆废弃。且孤悬海外，有事运济艰难。机器局厂工程虽较繁重，为善后计，不能不设法急筹”①。光绪十三年（1887 年）十一月，刘铭传提交了一个详细的购置清单，共计需库平银八万四千余两。② 正是在其推动之下，台湾先后创办机器局和军械所。在机器局方面，由两广总督张之洞代购制造枪弹之机器，命记名提督刘朝干督造机器局厂，在台北府城北门外购买民田，并砌筑基址，分赴各地采办木料。自光绪十一年五月兴工，至次年正月讫工，建成正侧各屋并小机厂一百一十七间。光绪十四年改用东河补用知府丁达意为总办，添建大机器房汽炉房、打铁房，向外洋购料，开始制造各种炮弹。另外，考虑到台北军械无处存储，即就偏西地方，建造军械所七十三间，以资存储军械。

台湾机器局的规模虽然不大，远不及江南、金陵、天津等制造局，但它基本上能够满足台湾的军事需要。继刘铭传任台湾巡抚的邵友濂认为：“台湾机器制造风气已开，火药与子弹相须，渐经学制有法，只须扩充厂屋，略购机器，便可募工造办，免再隔海取资，于台防实多裨益。”③ 因此，邵友濂虽对刘铭传的新政

---

① 刘铭传：《刘壮肃公奏议》卷五《奏报造成机器局军械所并未成大机器厂折》，“台湾文献丛刊”第 27 种，台湾银行经济研究室，1958。

② 台湾史料集成编辑委员会：《明清台湾档案汇编》（第 94 册），远流出版社，2009，第 446—449 页。

③ 中国史学会主编：《洋务运动》，第 4 册，上海人民出版社，1961，第 443 页。

有所压缩，但对台北机器局反而予以进一步的扩充，并添建火药厂，除了购买一部分机器，其余机器即由台湾机器局自己制造。至光绪二十二年（1896年）年底火药局建成投产，台湾在火药上便不再需要大陆的运输援助，实现自给自足。机器局、火药局、军械所等机构的设置，为台湾的防务力量奠定了坚实基础。

6. 开办新式教育

刘铭传在创办铁路、航运等自强新政事业过程中，愈发体会传统科举教育制度的滞后性，渴求能够培养出既具备近代科学文化知识，又能管理新式企业的人才，因此他极力主张引进西学，在台湾开办新式学校。在此方面，以台湾西学馆和电报学堂成绩最大。

刘铭传在推行新政期间，鉴于台湾新式教育落后，“翻译取才内地，重洋遥隔，要挟多端，月薪至百余金，尚非精通西学”[①]，同时因为开铁路、设招商局、创军械机器局等新式事业的需要，决心培育洋务人才，故思聘延教习，就地育才。初拟官绅捐集微资，造就一二良才，以资任用。他期望“（学生）所习语言文字，均有成效可观。拟渐进以图算测量制造之学，冀各学生砥砺研磨，日臻有用。而台地现办机器制造、煤矿铁路，将来亦不患任使无才”[②]。经过核算，开设西式学堂每年约需经费七千余两，俱在盐务项下动支。[③] 光绪十三年（1887年），刘铭传在台北大稻埕六馆街创办西学堂一所，聘请侨居国外多年的中国留学生张尔诚担任学堂总监，延聘英国人布茂林和丹麦人辖治臣为教习。学堂设置的课程，主要讲授英语、法语、历史、地理、数

---

① 刘铭传：《刘壮肃公奏议》卷六《台设西学堂招选生徒延聘西师立案折》，“台湾文献丛刊”第27种，台湾银行经济研究室，1958。

② 刘铭传：《刘壮肃公奏议》卷六《台设西学堂招选生徒延聘西师立案折》，“台湾文献丛刊”第27种，台湾银行经济研究室，1958。

③ 台湾史料集成编辑委员会：《明清台湾档案汇编》（第95册），远流出版社，2009，第226页。

学、理化、测绘等课程，每日巳、午、未、申四时专心西学，早晚则由汉教习督课国文，星期日课试论策。每季委员会同洋教习考校一次，别其差等，分行奖戒。或有不堪造就者，随时撤退补更。[①] 光绪十六年，西学堂迁移至台北登瀛书院西邻新址，办学规模随之扩大。从西学堂创建起至刘铭传离台为止，学堂共培养学生六十四名，成效显著，台湾教育也为之焕然一新。遗憾的是学堂仅开办至光绪十七年，继任巡抚邵友濂将其关闭。

随着海底电线的建成和邮电事业的发展，为了培养电报专门技术人才，刘铭传又决定于光绪十六年（1890年）在台北大稻埕建昌街电报总局内设立电报学堂，第一期招收西学堂的毕业生和福建船政局的电信生十名，学习电报专门技术。学堂聘请外国教习，教授电学与发报技术，以培养司报手和制器手。刘铭传的用意在于，希望自主培养电报专门人才，以后电报事业能自行经理而不受制于外方。这所学堂的创设，意义非凡，可以说，它开启了台湾培养专门人才之先河。此外，刘铭传还动议筹设日语学堂，不过因其辞职离台而未实现。

三、刘铭传倡导台湾自强新政的意义

台湾建省后的近代化举措，还包括整顿盐业、设立伐木局、开发电力、樟脑专卖、硫磺解禁等等，相较于国内其他省份的做法，均别具一格。首任巡抚刘铭传以“一岛基国之富强”、“一隅为全国之范”为宗旨，全面推行自强新政，加强海防，推动了台湾社会经济的发展，加速了台湾迈向近代化的步伐。台湾作为东南海疆屏藩的作用，也愈发得以体现。

刘铭传倡导的自强新政的直接意义，在改变台湾以往过于依

---

① 台湾史料集成编辑委员会：《明清台湾档案汇编》（第95册），远流出版社，2009，第243页。

赖大陆接济的状况。“台地向受内地协饷，岁数十万金，不能自立，田赋悉入豪强；海关税，安平、沪尾二口隶镇闽将军；铭传为巡抚，乃收回，不受协饷，唱抚垦、清丈，益以茶叶、樟脑、煤、铁、林木、百货之税，岁入且三四百万金……抚台，则铁路、电线、邮政、炮台、学堂、船商、火器、水雷诸机械制造，于举国未为之日，独先为之”①。

在自强新政事业中，刘铭传以其卓越的见识和才干发挥了重要的作用。连横在《台湾通史》为其所撰传记中评价：“台湾三百年间，吏才不少，而能立长治之策者，厥惟两人。曰陈参军永华，曰刘巡抚铭传，是皆有大勋劳于国家者也。永华以王佐之才，当艰难之局，其行事若诸葛武侯。而铭传则管、商之流亚也，顾不获成其志，中道以去，此则台人之不幸。然溯其功业，足与台湾不朽矣。”② 刘铭传所推行和创办的各项事功，使其成为推动台湾近代化建设的先驱者，获得台湾洋务运动之父和台湾近代化之父之誉。礼密臣在《台湾的过去与现在》叙述刘铭传与台湾近代化的关联，认为“不论别人对刘铭传的毁誉如何，总不能不承认他是个开明进取的人物，没有普通的清国官吏的自负顽固的脾气。他所为的新设施，有许多是模仿外国的。台湾以前是个半开化的府，而经过刘氏的改革之后，已经成为全清国最进步的一省”③。作为自强新政事业的目击者，他从西方人的立场评价刘铭传对于台湾近代化的贡献，相当客观公允。

---

① 陈衍：《刘铭传别传》，见《台湾关系文献集零》（二），“台湾文献丛刊”第 309 种，台湾银行经济研究室，1972。

② 连横：《台湾通史》卷三十三《列传五·刘铭传》，商务印书馆，1983。

③ 转引自程必定主编：《刘铭传与台湾建省》，黄山书社，2007，第 189 页。

后　　记

《台湾通史》六卷本的出版，是各位热心台湾历史文化学术研究的同仁们通力合作的成果。在此，我要向以下参加本书撰写的各位先生，致以衷心的感谢！

第一卷：宋光宇（台湾“中研院”）、刘慧钦（厦门大学）、刘益昌（台湾“中研院”）

第二卷：陈启钟（龙岩学院）

第三卷：王尊旺（福建中医药大学）、李颖（闽江学院）、庄林丽（福建工程学院）

第四卷：林国平（闽南师范大学、福建师范大学）、马海燕（闽南师范大学）

第五卷：王日根（厦门大学）、苏惠苹（闽南师范大学）

第六卷：施沛琳（闽南师范大学）、赵庆华（天津外国语大学）

全书台湾少数民族部分：徐泓（南开大学、厦门大学）

福建人民出版社编辑在承担本书出版的过程中，付出了艰辛的劳动，对此，一并致以衷心的感谢！

陈支平

图书在版编目(CIP)数据

台湾通史．第三卷，清代．上 / 陈支平主编；王尊旺，李颖，庄林丽著．--福州：福建人民出版社，2020.11（2022.1 重印）

ISBN 978-7-211-08103-5

Ⅰ.①台…　Ⅱ.①陈…　②王…　③李…　④庄…　Ⅲ.①台湾—地方史—清代　Ⅳ.①K295.8

中国版本图书馆 CIP 数据核字（2019）第 245800 号

台湾通史·第三卷·清代（上）

TAIWAN TONGSHI·DISANJUAN ·QINGDAI（SHANG）

作　　者：陈支平　主编　王尊旺　李　颖　庄林丽　著

责任编辑：陈稚瑶

美术编辑：白　玫

出版发行：福建人民出版社　　**电　　话：**0591—87533169（发行部）

网　　址：http://www.fjpph.com　　**电子邮箱：**fjpph7211@126.com

地　　址：福州市东水路 76 号　　**邮政编码：**350001

印　　刷：上海中华印刷有限公司

地　　址：上海市青浦区汇金路 889 号、889 号 7 幢 B 区、C 区

开　　本：700 毫米×1000 毫米　1/16

印　　张：28

字　　数：364 千字

版　　次：2020 年 11 月第 1 版　　2022 年 1 月第 2 次印刷

书　　号：ISBN 978-7-211-08103-5

定　　价：87.00 元